Alfabetização
A QUESTÃO DOS MÉTODOS

Conselho Acadêmico
Ataliba Teixeira de Castilho
Carlos Eduardo Lins da Silva
Carlos Fico
Jaime Cordeiro
José Luiz Fiorin
Tania Regina de Luca

Proibida a reprodução total ou parcial em qualquer mídia
sem a autorização escrita da editora.
Os infratores estão sujeitos às penas da lei.

A Editora não é responsável pelo conteúdo deste livro.
A Autora conhece os fatos narrados, pelos quais é responsável,
assim como se responsabiliza pelos juízos emitidos.

Consulte nosso catálogo completo e últimos lançamentos em **www.editoracontexto.com.br**.

Magda Soares

Alfabetização
A QUESTÃO DOS MÉTODOS

Copyright © 2016 da Autora
Todos os direitos desta edição reservados à
Editora Contexto (Editora Pinsky Ltda.)

Montagem de capa e diagramação
Gustavo S. Vilas Boas

Preparação de textos
Daniela Marini Iwamoto

Revisão
Ana Paula Luccisano

Dados Internacionais de Catalogação na Publicação (CIP)
Angélica Ilacqua CRB-8/7057

Soares, Magda
Alfabetização : a questão dos métodos / Magda Soares. –
1. ed., 8ª reimpressão. – São Paulo : Contexto, 2024.
384 p.

Bibliografia
ISBN 978-85-7244-958-8

1. Alfabetização 2. Língua Portuguesa 3. Ensino fundamental
I. Título

16-0266   CDD 372.4

Índices para catálogo sistemático:
1. Alfabetização

2024

EDITORA CONTEXTO
Diretor editorial: *Jaime Pinsky*

Rua Dr. José Elias, 520 – Alto da Lapa
05083-030 – São Paulo – SP
PABX: (11) 3832 5838
contato@editoracontexto.com.br
www.editoracontexto.com.br

Sumário

Apresentação 9

Alfabetização: o método em questão 15
    Uma questão histórica 16
    A questão atual 23
    Métodos de alfabetização – sempre uma *questão*: por quê? 25
    A proposta deste livro 33
    Por que faceta *linguística*? 37
    Aquisição da escrita: um processo natural? 39
    Aquisição da escrita: um processo de aprendizagem 42
    A faceta linguística da alfabetização:
        a aprendizagem da escrita alfabética 46
    Métodos são *uma* questão, não são *a* questão 50

Fases de desenvolvimento no processo de aprendizagem da escrita 55
   A perspectiva semiótica..57
   Luria e o desenvolvimento da escrita na criança..............................60
   A perspectiva psicogenética: Ferreiro e Teberosky............................62
   A "escrita inventada": Read e Bissex...67
   Os estágios de desenvolvimento segundo Gentry..............................69
   As fases de desenvolvimento segundo Frith......................................73
   As fases de desenvolvimento segundo Ehri.......................................74
   Fases de desenvolvimento segundo Ehri e Ferreiro:
      proximidades e diferenças..76
   Relações entre leitura e escrita nas fases de desenvolvimento...........82

Aprendizagem da língua escrita
em diferentes ortografias e na ortografia do português brasileiro..........87
   Fatores que diferenciam ortografias..88
   Classificação de ortografias segundo níveis de transparência/opacidade..89
   Pesquisas sobre relações entre alfabetização e natureza da ortografia.....92
   Português brasileiro: a pertinência da adjetivação............................97
   Os extremos: uma ortografia transparente, uma ortografia opaca....103
   Desenvolvimento da escrita na ortografia do português brasileiro...108
   Ortografias e paradigmas de análise...114

Consciência metalinguística e aprendizagem da língua escrita................123
   Consciência metalinguística...125
   Dimensões da consciência metalinguística..128
   Consciência pragmática...133
   Consciência metatextual..137
   Consciência sintática...140
   Consciência morfológica...149
   Consciência semântica: dimensão da consciência metalinguística?..158

Consciência fonológica e alfabetização 165
    Consciência fonológica:
        aparecimento e desenvolvimento do conceito 166
    Consciência lexical: a palavra fonológica e a palavra escrita 171
    Consciência lexical:
        do significado ao significante (realismo nominal) 174
    Rimas e aliterações 179
    Consciência silábica 185

Consciência fonêmica e alfabetização 189
    De níveis globais de consciência fonológica
        à consciência fonêmica 191
    Da sílaba ao fonema 193
    Relações entre consciência fonêmica e alfabetização 205
    Conhecimento das letras 208
    Conhecimento das letras, identificação de fonemas 213
    Letras e fonemas: consciência grafonêmica 216
    Consciência grafonêmica e os processos de leitura e escrita 225
    A *escrita inventada* no processo de compreensão
        do princípio alfabético 232
    Escrita inventada: efeitos de mediações 240

Leitura e escrita de palavras 253
    Estratégias de leitura e escrita de palavras: o modelo de dupla rota 256
    O modelo de dupla rota e a leitura silenciosa 261
    Efeitos das características das palavras sobre a leitura e a escrita 266
    Interações entre a rota fonológica
        e a rota lexical e a hipótese do autoensino 277

O efeito de regularidade sobre a leitura e a escrita...........287
   O efeito de regularidade sobre a leitura...........289
   O efeito de regularidade sobre a escrita: a escrita ortográfica...........295
   Efeito da estrutura silábica sobre a escrita...........310

Métodos de alfabetização: uma resposta à questão...........329
   Conceito de método de alfabetização...........330
   Ensino construtivista, ensino explícito...........334
   O *tempo* da alfabetização...........341
   Alfabetização: apenas uma das facetas da aprendizagem da escrita..346

Referências...........353

A autora...........379

APRESENTAÇÃO
O que é e o que pretende este livro?

Mais um livro sobre alfabetização? Ainda discussões sobre métodos de alfabetização?

Supondo que leitores e leitoras estarão se fazendo essas perguntas – **eu** me faria essas perguntas tendo em mãos um livro com um título deste, de uma autora que tanto já publicou sobre o tema... –, procuro nestas primeiras palavras respondê-las, situando este livro na minha trajetória de estudiosa e pesquisadora da alfabetização e do letramento. Tomo para isso, como se verá, três textos que me parecem ser, nessa trajetória, marcos representativos de momentos que precedem este livro.

Este livro é fruto de décadas de reflexões sobre a escola pública. Nela iniciei minha vida profissional, antes mesmo de graduada na licenciatura em Letras, e, para a jovem de classe média, que cursara todo o ensino básico em escola privada, essa vivência da escola pública representou um verdadeiro rito de passagem: momento em que o objetivo restrito de *ensinar português* a "semelhantes", que era o que minha formação deixava supor que me cumpria fazer, converteu-se no objetivo desafiador de compreender crianças de camadas populares, as características dos contextos escolares que lhes eram oferecidos, as diferenças nos usos da língua e nos significados e sentidos que os textos tinham para elas, as razões das dificuldades que enfrentavam para se alfabetizar...

Esse objetivo continuou a me guiar na vida universitária, em que leituras, pesquisas, docência, publicações sempre foram marcadas pela reflexão sobre o ensino para as crianças das camadas populares, e pela busca de respostas para insistentes perguntas: por que crianças das camadas populares recebem uma educação de pouca qualidade? Por que passamos décadas e décadas lutando pela qualidade da educação pública e nunca conseguimos atingir essa qualidade? É possível ter qualidade na educação pública? Como? Quais os caminhos?

Naturalmente, considerando minha formação em Letras, essa reflexão e essas perguntas focalizaram o ensino e a aprendizagem da língua materna, e foram de certa forma inicialmente compartilhadas no livro que publiquei nos anos 1980: *Linguagem e escola: uma perspectiva social*. O que particularmente me desafiava naquele momento eram os problemas das relações oralidade-escrita em diferentes grupos sociais e suas consequências e interferências na aprendizagem da língua escrita, desafio que se foi dirigindo progressivamente para a questão que se revelava fundamental e determinante: a aprendizagem inicial da língua escrita, a alfabetização.

Naqueles mesmos anos 1980, com a chegada entre nós do "construtivismo", as polêmicas e divergências sobre alfabetização, sobre métodos de alfabetização, já presentes nas décadas anteriores, recrudesceram – disso se falará no primeiro capítulo deste livro. O artigo "As muitas facetas da alfabetização", publicado em 1985, no número 52 dos *Cadernos de Pesquisa*, pode ser considerado o primeiro marco em minha trajetória de estudiosa e pesquisadora da alfabetização: ele representa uma primeira tentativa de compreender os argumentos em defesa de diferentes posições sobre o processo de alfabetização, o que me levou a sugerir as "muitas facetas" desse processo e a possibilidade não de opô-las, mas de conciliá-las.

Passados quase 20 anos, o segundo marco: o artigo de 2004, "Letramento e alfabetização: as muitas facetas", publicado na *Revista Brasileira de Educação*, n. 25; um contraponto, como o defini, ao artigo anterior, fruto de novas leituras, novas pesquisas, novas reflexões, que me levaram a propor uma reorganização das "muitas facetas" em duas dimensões, indissociáveis, mas diferentes em sua natureza e processos de aprendizagem, portanto, também em processos de ensino: *alfabetização* e suas múltiplas facetas, e *letramento*, também em suas múltiplas facetas.

Mas ainda não me pareciam suficientemente claros os processos de aprendizagem inicial da língua escrita, envolvendo alfabetização e letramento, como também não me pareciam contraditórias as posições a favor deste ou daquele método ou a favor de nenhum método. Para melhor compreender processos e posições, busquei dois caminhos que pude trilhar graças à aposentadoria, no início deste século.

Por um lado, leitora obsessiva que sempre fui (tenho fixadas em quadro, na minha biblioteca, as palavras de Jorge Luis Borges no poema "O leitor": "Que outros se vangloriem das páginas que escreveram; eu me orgulho das que li"), avancei no caminho da ampliação e aprofundamento do conhecimento sobre a aprendizagem da língua escrita: dediquei-me à busca e à leitura exaustivas da produção científica sobre essa aprendizagem, nacional e internacional, procurando identificar e esclarecer as "muitas facetas" nas áreas da Psicogênese, da Psicologia Cognitiva, da Linguística, da Psicolinguística, da Fonologia, da Sociolinguística... O grande número de referências bibliográficas e de notas de rodapé ao longo e ao fim deste livro, que o leitor há de perdoar (e agora cito Alberto Manguel, em "Uma história da leitura": "Todo escrito depende da generosidade do leitor"), reflete não só a intensidade dessas leituras, mas também o grande apoio que elas me deram para chegar à proposta que neste livro é feita como resposta à **questão dos métodos de alfabetização**, anunciada no título deste livro.

Por outro lado, e sentindo que era necessário articular teorias e práticas, busquei o caminho do retorno à escola pública, onde tinha iniciado minha vida profissional: era preciso, depois de quase 40 anos de vida universitária, reviver o cotidiano e a realidade da escola pública, das salas de aula, das práticas de alfabetização. Durante cinco anos atuei como voluntária em uma creche comunitária, colaborando com as professoras, moças da comunidade, para o desenvolvimento e aprendizagem de crianças, então de 0 a 6 anos. Em seguida, tendo a creche encerrado suas atividades em decorrência de dificuldades de administração e manutenção, venho atuando como voluntária, já há mais de 8 anos, na rede pública de um município mineiro, desenvolvendo, ao lado de gestores e professores, um projeto de alfabetização e letramento na educação infantil e séries iniciais do ensino fundamental, numa inserção de parceria e colaboração, vivendo "de dentro" as relações teorias-práticas, de que tanto falamos nas instâncias de formação de professores, mas que, foi o que concluí, tão pouco compreendia. O artigo publicado em 2014 nos *Cadernos Cenpec* (v. 4, n. 2), em que relato essa minha reinserção na escola pública – "Formação de rede: uma alternativa de desenvolvimento profissional de alfabetizadores/as" –, é o terceiro e mais recente marco em minha trajetória: articula-se com os dois artigos citados anteriormente, de certa forma evidenciando a prática dos conceitos que neles eu propunha.

Posso agora responder às perguntas que dão título a esta apresentação.

O que é este livro? Este livro é resultado da trajetória resumidamente descrita antes: trajetória de muita leitura e reflexão, entre as paredes da minha biblioteca, sobre a aprendizagem e o ensino da língua escrita, ao mesmo tempo confrontadas com a vivência dessa aprendizagem e ensino entre as paredes de escolas públicas, em que teorias e resultados de pesquisa foram e têm sido confrontados com práticas de professores/as *reais*, com crianças *reais*, em contextos *reais*.

O que este livro pretende? A expectativa, mais que isso, o desejo e a esperança é que este livro seja capaz de revelar ao leitor a possibilidade de articulação entre teorias e resultados de pesquisa de vários campos de conhecimento sobre a alfabetização que, voltando-se cada um para a faceta que privilegia, podem e devem associar-se na orientação de um processo de aprendizagem e ensino da língua escrita em que as "muitas facetas" atuem integradamente: em lugar de *método de alfabetização*, **alfabetização com método**, como proponho no último capítulo.

Talvez o leitor estará se fazendo ainda uma terceira pergunta: uma autora que tanto insiste na indissociabilidade entre alfabetização e letramento, **por que este livro só aborda a alfabetização? E o letramento?** A resposta será encontrada no primeiro capítulo, permeia todo o livro e está claramente explicitada no capítulo final: que seja convincente...

AGRADECIMENTOS

Nas palavras anteriores, situei este livro em minha trajetória de estudiosa e pesquisadora sobre a alfabetização. Trajetórias não são trilhadas em solidão; nelas, são companheiros e parceiros todos os com quem convivemos, com quem pesquisamos, com quem trocamos ideias, com quem compartilhamos dúvidas. Assim, não há como agradecer individualmente a todos que, de uma forma ou de outra, comigo viveram e têm vivido o compromisso e a responsabilidade com a educação das crianças das camadas populares nas escolas públicas. Como representantes de todos a quem tanto devo, nomeio os colegas do Centro de Alfabetização, Leitura e Escrita – Ceale – da Faculdade de Educação da Universidade Federal de Minas Gerais, há 25 anos dedicados incansavelmente à pesquisa, à docência, à colaboração com o poder público na luta pela qualidade da alfabetização e letramento das crianças brasileiras.

É necessário, porém, destacar dois colegas a quem solicitei leitura crítica deste livro e que, com admiráveis dedicação e competência, acompanharam passo a passo sua elaboração, lendo, analisando, criticando cada capítulo: *Artur Gomes de Morais*, da Universidade Federal de Pernambuco (UFPE), que me emprestou seu olhar de profundo conhecedor da Psicolinguística da Alfabetização; e *Sara Mourão Monteiro*, da Universidade Federal de Minas Gerias (UFMG), alfabetizadora por muitos anos, pesquisadora da alfabetização, formadora de alfabetizadores, que me emprestou sua experiência e compreensão das relações teorias-práticas em alfabetização.

Recordando o quanto me custou ter acesso à bibliografia tanto nacional quanto internacional quando escrevia minha tese de livre-docência, nos distantes anos 1960 (quantos microfilmes solicitei à Biblioteca do Congresso, nos Estados Unidos! Vinham pelo correio, e eu os lia penosamente em máquinas leitoras que projetavam – mal – os artigos em tela!), não posso deixar de agradecer a estas entidades abstratas, ou aos responsáveis por elas: às bibliotecas virtuais *Scielo* e *Periódicos Capes*, de fundamental importância para a escrita deste livro, porque me disponibilizaram prontamente, no conforto de minha mesa de trabalho, artigos da produção científica nacional e internacional. No entanto, algumas vezes nem mesmo essas admiráveis bibliotecas virtuais respondiam à minha obsessão por referências, e então quem sempre me acudiu, com presteza e boa vontade, e por isso faço a ele aqui meus agradecimentos, foi meu grande amigo e competente bibliotecário da Faculdade de Educação da UFMG, *Ricardo Miranda*, que nunca deixou de conseguir os documentos que solicitei, por mais raros que fossem.

Agradecimentos profundos devo às professoras da creche comunitária com quem partilhei, durante meus 5 primeiros anos de retorno à educação pública, a inserção de crianças pequenas no mundo da escrita, e sobretudo às professoras com quem, nos últimos 8 anos, venho atuando, lado a lado, dia a dia, na alfabetização e letramento de crianças da rede de educação do município de Lagoa Santa (MG) na educação infantil e nos anos iniciais do ensino fundamental. Sem esta vivência das práticas de alfabetização na realidade da escola pública eu não saberia compreender com clareza as relações entre teorias e práticas, definir a contribuição, ou não, que aquelas dão a estas, as correções que estas impõem àquelas. Sei que o leitor identificará, ao longo da leitura deste livro, a presença nele das crianças, das professoras, das práticas pedagógicas nas escolas públicas do município de Lagoa Santa.

Este livro levou alguns anos a ser escrito... Posso garantir que sem o apoio, o estímulo, a incansável paciência de meus editores Jaime Pinsky e Luciana Pinsky, este livro talvez não tivesse chegado ao fim... Agradeço enormemente a eles o permanente incentivo, ajudando-me a controlar meu excessivo perfeccionismo.

É costume que autores agradeçam à família seu apoio durante a produção de um livro. Neste caso, este agradecimento tem sentido especial, porque o apoio foi demandado por uma autora, chefe de família, dirigente de "casa matriz" de filhos e filhas, noras, netos e netas, que aceitaram meses e meses de uma biblioteca de portas fechadas, com um aviso pedindo silêncio... A essa família devo a possibilidade e oportunidade de ter escrito este livro; é a ela que ele é dedicado.

Alfabetização:
o método em questão

ESTE CAPÍTULO TEM OS SEGUINTES OBJETIVOS:
- evidenciar que o método de alfabetização sempre foi uma *questão* na história do ensino inicial da língua escrita;
- caracterizar a *questão atual* do método no processo de alfabetização;
- sugerir as principais causas para o fato de métodos de alfabetização constituírem uma *questão*;
- apresentar facetas da aprendizagem inicial da língua escrita e justificar o foco deste livro na *faceta linguística* dessa aprendizagem, a que se reserva a designação de *alfabetização*;
- distinguir *aquisição da fala* de *aprendizagem da escrita*;
- caracterizar a aprendizagem inicial da língua escrita como aprendizagem de um *sistema de representação* e um *sistema notacional*;
- relativizar a importância do método, que não pode ser considerado como *A* questão, na alfabetização.

UMA QUESTÃO HISTÓRICA

Pretende-se que, à palavra *questão*, central no título deste capítulo como também no título deste livro, o leitor atribua o duplo sentido que ela tem na língua: de um lado, questão como *assunto a discutir*, ou, mais que isso, *dificuldade a resolver* – métodos de alfabetização como tema a esclarecer, problema a deslindar; de outro, questão como *controvérsia, polêmica* – métodos de alfabetização como objeto de divergências, desacordos.

Por outro lado, considerando a ambiguidade que tem contaminado a palavra *método*, quando se lhe acrescenta o complemento *de alfabetização* – frequentemente manuais didáticos, cartilhas, artefatos pedagógicos recebem inadequadamente a denominação de *métodos de alfabetização* –, convém desde já esclarecer que aqui se entende por *método de alfabetização* um conjunto de procedimentos que, fundamentados em teorias e princípios, orientem a *aprendizagem inicial da leitura e da escrita*, que é o que comumente se denomina *alfabetização*.[1]

Esclarecidos os termos da frase que dá título a este capítulo, pode-se agora afirmar que a *questão dos métodos de alfabetização*, em um e outro dos dois sentidos da palavra *questão*, anteriormente indicados, é histórica, não é uma ocorrência atual. Esteve presente, em nosso país, ao longo da história dos métodos de alfabetização, pelo menos desde as décadas finais do século XIX, momento em que começa a consolidar-se um sistema público de ensino, trazendo a necessidade de implementação de um processo de escolarização que propiciasse às crianças o domínio da leitura e da escrita. Como consequência da indefinição de *como* garantir esse domínio, o método para a aprendizagem inicial da língua escrita tornou-se, já então, uma *questão*, no primeiro sentido da palavra – uma dificuldade a resolver; e como consequência de diferentes respostas sugeridas para essa dificuldade o método tornou-se, também já então, uma *questão*, no segundo sentido da palavra –, um objeto de controvérsias e polêmicas. Uma *questão* que atravessou o século XX e ainda persiste, recebendo, ao longo do tempo, sucessivas

---

[1] Apenas neste capítulo, em virtude de sua perspectiva predominantemente histórica, usa-se em determinados contextos a palavra "alfabetização" para designar o processo a que se prefere dar a designação mais ampla de "aprendizagem inicial da língua escrita"; como se verá adiante, reserva-se, neste livro, a palavra *alfabetização* para designar um só dos componentes dessa aprendizagem, o componente que é o tema central deste livro.

pretensas "soluções", em um movimento, analisado por Mortatti (2000), de contínua alternância entre "inovadores" e "tradicionais": um "novo" método é proposto, em seguida é criticado e negado, substituído por um outro "novo" que qualifica o anterior de "tradicional"; este outro "novo" é por sua vez negado e substituído por mais um "novo" que, algumas vezes, é apenas o retorno de um método que se tornara "tradicional" e renasce como "novo", e assim sucessivamente.[2]

Esse movimento de alternância metodológica teve início em nosso país, como dito anteriormente, a partir das últimas décadas do século XIX.[3] Antes disso, a *questão* não era relevante: considerava-se que aprender a ler e escrever dependia, fundamentalmente, de aprender as letras, mais especificamente, os nomes das letras. Aprendido o alfabeto, combinavam-se consoantes e vogais, formando sílabas, para finalmente chegar a palavras e a frases. Era o método da *soletração*, com apoio nas chamadas *Cartas de ABC*, nos abecedários, nos silabários, no *b + a = ba*. Uma aprendizagem centrada na grafia, ignorando as relações oralidade-escrita, fonemas-grafemas, como se as letras *fossem* os sons da língua, quando, na verdade, *representam* os sons da língua.

No período compreendido entre as últimas décadas do século XIX e o início do século XX, duas vias de evolução se abriram no campo dos métodos para o ensino inicial da leitura e da escrita, e alternaram-se na prática pedagógica até os anos 1980.

Por um lado, foi-se progressivamente dando prioridade ao valor sonoro das letras e sílabas, de modo que, do nome das letras, isto é, da soletração, avançou-se para métodos fônicos e silábicos – métodos que receberam a

---

[2] É importante não esquecer que essa alternância histórica de propostas metodológicas para a alfabetização não ocorreu, e não ocorre, apenas no Brasil, mas pode ser identificada em muitos outros países. Emblemático, nesse sentido, é o artigo em que Steven Stahl analisa o movimento de expansão e declínio da proposta denominada *whole language*, nos Estados Unidos, artigo significativamente denominado "Why Innovations Come and Go (and Mostly Go): The Case of Whole Language" (Stahl, 1999). Sobre sucesso e fracasso de inovações, na França, ver também Chartier (2000). Por economia de texto, limitamo-nos aqui a mencionar apenas o movimento brasileiro das inovações que vêm e vão, e sobretudo vão...

[3] Não se pretende, aqui, traçar uma história dos métodos de alfabetização, o que fugiria ao objetivo deste livro, que busca discutir a questão *atual* dos métodos de alfabetização – para isso, procura-se apenas contextualizar a questão *atual* por meio de uma breve recapitulação das sucessivas *questões* de método, no percurso da alfabetização, no Brasil; para uma história dos métodos de alfabetização em nosso país, remete-se à já citada obra de Mortatti (2000), a Pfromm Neto, Rosamilha e Dib (1974), e a Frade (2007). A obra de Braslavsky (1992), embora não se caracterize por uma perspectiva histórica, é uma análise da questão dos métodos na América Latina, até o início dos anos 1990.

denominação genérica de *sintéticos*. Esta via é evidenciada nas seguintes palavras de Hilário Ribeiro, autor da *Cartilha Nacional*, escrita nos anos 1880, com edições sucessivas até os anos 1930: "Como a arte da leitura é a análise da fala, levemos desde logo o aluno a conhecer os valores fônicos das letras, porque é com o valor que há de ler e não com o nome delas" (Ribeiro, 1936, apud Mortatti, 2000: 54).

Por outro lado, passou-se a considerar a realidade psicológica da criança, a necessidade de tornar a aprendizagem significativa e, para isso, partir da compreensão da palavra escrita, para dela chegar ao valor sonoro de sílabas e grafemas, dando origem aos métodos que receberam a denominação genérica de *analíticos*. Entre eles, destacou-se o *método da palavração*, introduzido no Brasil também nos anos 1880, pela *Cartilha Maternal* de João de Deus, de que Silva Jardim, eminente educador paulista nas últimas décadas do século XIX e primeiras do século XX, foi o grande divulgador. Palavras de Silva Jardim, em conferência de 1884, evidenciam esta segunda via de evolução no campo dos métodos de alfabetização:

> É fictícia a soletração, em que se reúnem nomes absurdos exigindo em seguida valores; transitória a silabação, em que se reúnem sílabas, isoladamente, para depois ler a palavra; definitiva a palavração, em que se lê desde logo a palavra [...]. Como aprendemos a falar? Falando palavras; como aprenderemos a ler? É claro que lendo essas mesmas palavras. (Silva Jardim, 1884, apud Mortatti, 2000: 48)

Dessas duas vias de evolução, nasceu a controvérsia – a *questão* –, que se estendeu até os anos 1980, entre métodos sintéticos e métodos analíticos, controvérsia que se concretizou em um movimento pendular:[4] ora a opção pelo princípio da síntese, segundo o qual a aprendizagem da língua escrita deve partir das unidades menores da língua – dos fonemas, das sílabas – em

---

[4] A metáfora do *movimento pendular* para representar as sucessivas mudanças de metodologias ao longo da história não só da alfabetização, mas também da educação como um todo, é reiteradamente usada na bibliografia sobre o tema, particularmente na de língua inglesa; foi originalmente buscada em Slavin (1989), que propõe que o *movimento pendular* em educação se deve ao fato de as propostas serem adotadas antes que resultados de pesquisa as fundamentem. Sobre a metáfora do *movimento pendular* em educação, ver também Robinson, Baker e Clegg (1998).

direção às unidades maiores – à palavra, à frase, ao texto (método fônico, método silábico); ora a opção pelo princípio da análise, segundo o qual essa aprendizagem deve, ao contrário, partir das unidades maiores e portadoras de sentido – a palavra, a frase, o texto – em direção às unidades menores (método da palavração, método da sentenciação, método global).[5] Uma ou outra orientação predominou, em diferentes momentos, ao longo de quase todo o século XX – até os anos 1980.

Indiferentemente, porém, da orientação adotada, o objetivo, tanto em métodos sintéticos quanto em métodos analíticos, é, limitadamente, a aprendizagem do sistema alfabético-ortográfico da escrita.[6] Embora se possa identificar, nos métodos analíticos, a intenção de partir também do significado, da compreensão, seja no nível do texto (método global), seja no nível da palavra ou da sentença (método da palavração, método da sentenciação), estes – textos, palavras, sentenças – são postos a serviço da aprendizagem do sistema de escrita: palavras são intencionalmente selecionadas para servir à sua decomposição em sílabas e fonemas, sentenças e textos são artificialmente construídos, com rígido controle léxico e morfossintático, para servir à sua decomposição em palavras, sílabas, fonemas.

Assim, nas duas orientações, o domínio do sistema de escrita é considerado *condição* e *pré-requisito* para que a criança desenvolva habilidades de uso da leitura e da escrita, lendo e produzindo textos *reais*, isto é: primeiro, é preciso aprender a ler e a escrever, verbos nesta etapa considerados intransitivos, para só depois de vencida essa etapa tornar esses verbos transitivos, atribuir-lhes complementos: ler textos, livros, escrever histórias, cartas... (Soares, 2005). Também o pressuposto, nas duas orientações, é o mesmo – o de que a criança, para aprender o sistema de escrita, depende de estímulos externos cuidadosamente selecionados ou artificialmente construídos com o único fim de levá-la a apropriar-se da tecnologia da escrita. Pode-se afirmar

---

[5] Essas duas propostas metodológicas correspondem, na Psicologia Cognitiva, aos dois modelos de processamento da leitura denominados *bottom-up* e *top-down* (de baixo para cima, de cima para baixo).

[6] Usam-se, neste parágrafo, os verbos no tempo presente porque, na verdade, o que nele se diz não se tornou ainda passado: embora uma perspectiva histórica, que neste tópico se adota, permita identificar, ao longo do tempo, um ir e vir entre métodos sintéticos e métodos analíticos, esse movimento tem sido frequentemente ignorado na ação docente nas salas de aula, onde, independentemente do discurso pedagógico ou de recomendações oficiais, métodos sintéticos ou métodos analíticos persistem, ou mesmo se fundem, gerando o *método misto*, também denominado *método eclético*.

que, embora tenham sido considerados opostos e até incompatíveis, métodos sintéticos e métodos analíticos inserem-se no mesmo paradigma pedagógico e no mesmo paradigma psicológico: o associacionismo.[7]

Assim sendo, pode-se afirmar que a ruptura metodológica entre a soletração e esses métodos, ocorrida no final do século XIX, foi uma primeira mudança de paradigma na área da alfabetização; uma segunda e mais radical mudança de paradigma ocorre quase um século depois, em meados dos anos 1980, com o surgimento do paradigma cognitivista, na versão da epistemologia genética de Piaget, que aqui se difundiu na área da alfabetização sob a discutível denominação de *construtivismo*,[8] paradigma introduzido e divulgado no Brasil sobretudo pela obra de Emilia Ferreiro e sua concretização em programas de formação de professores e em documentos de orientação pedagógica e metodológica.

O novo paradigma opõe-se aos métodos sintéticos e analíticos, até então vistos como antagônicos e concorrentes, questionando suas características comuns: em ambos, o ensino prevalece sobre a aprendizagem e, consequentemente, a alfabetização se reduz a uma escolha de método; ambos têm como pressuposto que a criança aprende por "estratégias perceptivas", embora os métodos sintéticos coloquem o foco na percepção *auditiva* – percepção das correspondências entre o oral e o escrito –, enquanto os métodos analíticos colocam o foco na percepção *visual* – percepção das correspondências entre o escrito e o oral –; ambos consideram a criança como um aprendiz passivo que *recebe* o conhecimento que lhe é *transmitido* por meio do método e de material escrito – cartilhas ou pré-livros – elaborados intencionalmente para atender ao método (cf. Ferreiro e Teberosky, 1986, capítulo 1).

---

[7] À mesma afirmação chegam Adams e Osborn (2006) ao analisar o debate entre o *words-first group* e o *phonics-first group*, entre os anos 1920 e 1960, nos Estados Unidos: a questão não era **se** seria necessário ensinar as relações fonemas-grafemas, mas **quando** e **como** deveriam ser ensinadas: "The question was not whether phonics should be learned, but when and how" (p. 86).

[8] Qualifica-se como "discutível" a denominação *construtivismo* na área da alfabetização, e do ensino em geral, porque o termo refere-se, mais amplamente, a uma teoria da gênese e do desenvolvimento do conhecimento, ou, mais restritamente, a uma teoria da aprendizagem. Usá-lo para referir-se a uma concepção do processo de alfabetização, como ocorre entre nós, tem conduzido a equívocos como o de supor que *construtivismo* é uma teoria da alfabetização ou, mais grave ainda, que é um método de alfabetização. No entanto, respeitando a ampla apropriação dessa denominação pela área da alfabetização, no Brasil, ela é utilizada, neste livro, com o sentido que lhe vem sendo atribuído nessa área.

Fundamentando-se em objetivos e pressupostos radicalmente diferentes, no quadro da matriz teórica do cognitivismo piagetiano, o novo paradigma afirma, ao contrário, a prevalência da aprendizagem sobre o ensino, deslocando o foco do professor para o aprendiz; esclarece que o processo de aprendizagem da língua escrita pela criança se dá por uma construção progressiva do princípio alfabético, do conceito de língua escrita como um sistema de representação dos sons da fala por sinais gráficos; propõe que se proporcione à criança oportunidades para que construa esse princípio e esse conceito por meio de interação com materiais *reais* de leitura e de escrita – textos de diferentes gêneros e em diferentes portadores: textos "para ler", e não textos artificialmente elaborados "para aprender a ler", apagando-se, assim, a distinção, que métodos sintéticos e analíticos assumem, entre aprendizagem do sistema de escrita e práticas de leitura e de escrita (Ferreiro e Teberosky, 1986; Ferreiro, 1985).

Nesse quadro de deslocamento do foco educativo – do(a) alfabetizador(a)[9] e sua opção por determinado modo de ensinar para a criança e seu processo peculiar de aprendizagem –, o método de alfabetização, tal como até então entendido, se torna irrelevante. O construtivismo não propõe um novo

---

[9] Convém fundamentar a opção feita, neste livro, pelo uso da dupla forma masculino/feminino para designar profissionais na área da alfabetização. Se se tomasse como critério a realidade, que evidencia significativa predominância, em nosso país, de mulheres na alfabetização, o uso do feminino – *a alfabetizadora* – seria justificável, alternativa que, aliás, tem sido adotada com certa frequência em trabalhos acadêmicos. Por outro lado, do ponto de vista linguístico, seria correto, ao contrário, o uso da forma masculina – *o alfabetizador*, já que a norma gramatical considera, no caso de referência a grupo de pessoas dos dois sexos, como na designação de profissões, a forma masculina como um gênero *não marcado*, *neutro*, um masculino *genérico*, com independência entre o gênero gramatical e o sexo. Entretanto, assume-se aqui que a questão não pode ser considerada apenas do ponto de vista da realidade ou do ponto de vista linguístico, dado o grande peso de aspectos psicológicos e sociais. É que, no uso discursivo da língua, estereótipos e preconceitos culturais se sobrepõem à norma gramatical: o uso gramaticalmente correto do masculino *genérico* na verdade constrói representações cognitivas e sociais que atribuem especificidade ao genérico, associando o gênero gramatical ao sexo, de modo que, ao ler, em um texto, *o alfabetizador*, as mulheres podem perder a visibilidade e se sentirem, de certa forma, excluídas. Inversamente, pode ocorrer que ao ler, em um texto, *a alfabetizadora*, os homens sintam-se excluídos ou marginalizados (sobretudo porque já são minoria na área) – neste livro, pretende-se evitar ambas as alternativas. Essas considerações se fundamentam em pesquisas desenvolvidas desde os anos 1970, estimuladas pelo movimento feminista, sobre os efeitos do chamado "androcentrismo" da língua. Ver, por exemplo, as pesquisas recentes: Chatard, Guimond e Martinot (2005); Gygax (2007); Gygax et al. (2009). No entanto, como a dupla forma masculino/feminino, se usada neste livro na totalidade dos casos em que ela caberia (por exemplo, *professor(a)*, *autor(a)*, *pesquisador(a)*, *leitor(a)*, *aluno(a)* etc.) pode dificultar a leitura, em virtude de ser ela ainda pouco familiar, e assim constituir obstáculo a uma leitura fluente (embora Gygax, 2007, conteste essa possibilidade), optou-se por só usá-la na designação da profissão que é o tema central deste livro – *alfabetizador(a)*. Nos demais casos, mantém-se o masculino genérico.

método, mas uma nova fundamentação teórica e conceitual do processo de alfabetização e de seu objeto, a língua escrita. Nesse novo quadro teórico e conceitual, os métodos sintéticos e analíticos, agora qualificados como "tradicionais", são rejeitados, por contrariarem tanto o processo psicogenético de aprendizagem da criança quanto a própria natureza do objeto dessa aprendizagem, a língua escrita. Assim, no construtivismo, o foco é transferido de uma ação docente determinada por um método preconcebido para uma prática pedagógica de estímulo, acompanhamento e orientação da aprendizagem, respeitadas as peculiaridades do processo de cada criança, o que torna inadmissível um método único e predefinido.

Essa mudança de paradigma, considerada uma "revolução conceitual" na alfabetização (Ferreiro e Teberosky, 1986: 21; Ferreiro, 1985: 41), altera o movimento pendular: o pêndulo passa a deslocar-se não mais entre métodos sintéticos, de um lado, e métodos analíticos, de outro, mas entre ambos, qualificados de "tradicionais", de um lado, e a "desmetodização" proposta pelo construtivismo, de outro, entendendo-se por "desmetodização" a desvalorização do método como elemento essencial e determinante no processo de alfabetização. É que a crítica veemente a que o construtivismo submeteu os métodos analíticos e sintéticos resultou na suposição de que métodos de alfabetização, a que se passou a atribuir uma conotação negativa, afetariam negativamente o processo de aprendizagem inicial da língua escrita. Ou seja: como, no paradigma anterior, a aprendizagem da leitura e da escrita era considerada um problema essencialmente metodológico, os métodos que esse paradigma gerou – métodos analíticos e sintéticos – contaminaram o conceito de método de alfabetização, de modo que a rejeição a eles se tornou uma rejeição a método em alfabetização, de forma genérica.

O construtivismo, embora com as diferentes e nem sempre corretas interpretações que a ele foram dadas na prática docente, foi hegemônico na área da alfabetização, particularmente no discurso acadêmico e nas orientações curriculares (cf. *Parâmetros Curriculares Nacionais*, 1997), até os anos iniciais do século em curso, quando a *questão do método* reaparece e mais uma vez se enfrenta um momento de controvérsias em torno dos caminhos adequados para conduzir com sucesso o processo de alfabetização.

A QUESTÃO ATUAL

Na história da alfabetização no Brasil, o principal propulsor das periódicas mudanças de paradigma e de concepção de métodos tem sido o persistente fracasso da escola em levar as crianças ao domínio da língua escrita.

Até os anos 1980, via-se no método a solução para o fracasso na alfabetização, nesse período sempre concentrado na classe ou série inicial do ensino fundamental, traduzindo-se em altos índices de reprovação, repetência, evasão. Como o fracasso persistia a despeito do método em uso, a cada momento um novo método era tentado, e assim o pêndulo oscilava: ora uma ou outra modalidade de método sintético, ora uma ou outra modalidade de método analítico: silábico, palavração, fônico, sentenciação, global...

Nos anos 1980, o construtivismo surge como, ele também, uma alternativa de combate ao fracasso em alfabetização. Embora reconhecendo que as causas do fracasso eram sobretudo de natureza social (Ferreiro e Teberosky, 1986: 17-8), propunha-se que a solução, para combater os altos índices de reprovação na aprendizagem inicial da língua escrita, seria não um novo método, mas uma nova concepção do processo de aprendizagem da língua escrita, "tendo como fim último o de contribuir na solução dos problemas de aprendizagem da lectoescrita na América Latina, e o de evitar que o sistema escolar continue produzindo futuros analfabetos" (Ferreiro e Teberosky, 1986: 32).

Entretanto, nos anos iniciais do século XXI, apesar da hegemonia exercida pelo construtivismo nas duas décadas anteriores, o fracasso em alfabetização persiste, embora esse fracasso, agora, configure-se de forma diferente: enquanto, no período anterior, o fracasso, revelado por meio sobretudo de avaliações internas à escola, concentrava-se na série inicial do ensino fundamental, a então geralmente chamada "classe de alfabetização", o fracasso na década inicial do século XXI é denunciado por avaliações externas à escola – avaliações estaduais, nacionais e até internacionais –, e já não se concentra na série inicial da escolarização, mas espraia-se ao longo de todo o ensino fundamental, chegando mesmo ao ensino médio, traduzido em altos índices de precário ou nulo domínio da língua escrita, evidenciando grandes contingentes de alunos não alfabetizados ou semialfabetizados depois de quatro, seis, oito anos de escolarização.[10] Nesse contexto, torna-se significativo o fato de o Plano Nacional de Educação, aprovado pelo Congresso Nacional em 2014, ter estabelecido, como uma de suas 20 metas, "alfabetizar todas as crianças, no máximo, até o final do 3º (terceiro) ano do ensino fundamental".

Mais uma vez, vive-se um momento de constatação do fracasso na alfabetização e, como sempre aconteceu ao longo do tempo, mais uma vez o método de alfabetização se configura como uma *questão*: apontado como responsável pelo fracasso, torna-se uma *dificuldade a resolver* – um dos sentidos da palavra *questão* – e, em virtude das divergentes soluções propostas para vencer essa dificuldade, torna-se também objeto de *polêmica* – o outro sentido da palavra *questão*. Ou seja: nos anos iniciais do século XXI reaparece a discussão sobre métodos na alfabetização, relativamente marginalizada durante as duas últimas décadas do século XX, e enfrentam-se de novo polêmicas, agora mais complexas: não apenas divergências em torno de diferentes métodos de alfabetização, mas também, e talvez sobretudo, dúvidas sobre a possibilidade ou a necessidade de método para alfabetizar – um movimento de recuperação do método em conflito com a tendência à *desmetodização*, consequência da interpretação que se deu ao construtivismo.[11]

---

[10] É preciso lembrar que os baixos níveis de apropriação da língua escrita que vêm sendo evidenciados ao longo de todo o ensino básico não podem ser atribuídos apenas a problemas na área de métodos de alfabetização, já que se devem a um conjunto de fatores, entre os quais os mais evidentes são a inadequada compreensão da organização do ensino em ciclos e um equivocado conceito de progressão continuada, considerada alternativa à reprovação e à repetência. Mais adiante, neste capítulo, o lugar do método no conjunto de fatores que determinam os resultados do processo de alfabetização será discutido.

[11] Embora se pretenda, neste capítulo, focalizar a questão dos métodos de alfabetização apenas *no Brasil*, é preciso mencionar que essa questão não é uma exclusividade brasileira: também em outros países métodos de alfabetização vêm constituindo uma *questão*, e uma questão com as mesmas características identificadas na brasileira. Nos Estados Unidos e na França, para citar apenas países que sempre exerceram influência sobre o Brasil na área da educação, identifica-se o mesmo movimento pendular entre métodos de alfabetização: desde o final do século XIX e ao longo do século XX, o pêndulo oscilou, nesses países, como ocorreu no Brasil, entre métodos sintéticos e métodos analíticos; métodos alternaram-se, em um momento considerados "inovadores", em outro momento considerados "tradicionais"; e também nesses países, como no Brasil, a primeira década do século XXI enfrenta dificuldades e polêmicas a respeito dos métodos de alfabetização. Para a história dos métodos de alfabetização na França, sugerem-se Krick, Reichstadt e Terrail (2007), Chartier e Hébrard (2001); com foco em países de língua inglesa, obra não recente, mas considerada "clássica", é Mathews (1966); uma análise atualizada pode ser encontrada em Adams (1990; 1999), Stahl (2006) e Sadoski (2004); em Alexander e Fox (2004), encontra-se uma análise exaustiva de pesquisa e prática da alfabetização na segunda metade do século XX, nos Estados Unidos, em que podem ser identificadas coincidências com a história da alfabetização no Brasil, nesse período.

MÉTODOS DE ALFABETIZAÇÃO – SEMPRE UMA *QUESTÃO*: POR QUÊ?

Embora não se possa atribuir a uma só causa a persistência de problemas e controvérsias em torno de métodos de alfabetização, já que vários fatores relacionam-se com a *questão*, uma explicação prevalece sobre outras possíveis: métodos de alfabetização têm sido sempre uma *questão* porque derivam de concepções diferentes sobre o **objeto** da alfabetização, isto é, sobre **o que** se ensina quando se ensina a língua escrita.

Uma primeira causa de divergências quanto ao objeto da alfabetização é a maior ou menor importância atribuída, em diferentes métodos, a uma ou outra das duas funções da língua escrita: na etapa da aprendizagem inicial da língua escrita, ensina-se a ler ou ensina-se a escrever?[12]

Historicamente, a leitura foi o objeto privilegiado da alfabetização, o que se revela na referência frequente, até os anos 1980, a "métodos *de leitura*" e a "livros *de leitura*", independentemente do pressuposto pedagógico adotado: métodos sintéticos ou analíticos, predominantes nesse período, privilegiavam a leitura, limitando a escrita à cópia ou ao ditado; a escrita real, autêntica, isto é, a produção de textos, era considerada como posterior ao domínio da leitura, ou como decorrência natural desse domínio. Confirmando essa tendência, a bibliografia sobre a aprendizagem inicial da língua escrita, durante quase todo o século XX, refere-se predominantemente ao ensino *da leitura*; até mesmo nas definições de dicionários para termos relativos à alfabetização a leitura é privilegiada: Maciel (2002), analisando definições de *cartilha* em diferentes dicionários, evidencia que, em todos eles, atribui-se à cartilha a função de ensinar *a ler*.[13]

---

[12] O binômio leitura-escrita é aqui analisado sob o ponto de vista dos métodos de alfabetização e de uma perspectiva histórica. Em outros capítulos deste livro esse binômio será analisado sob o ponto de vista do desenvolvimento da criança e dos processos de aprendizagem (no segundo capítulo), e sob as perspectivas fonológica e cognitiva (sexto e sétimo capítulos).

[13] Este privilégio à leitura não é fenômeno apenas brasileiro. Basta lembrar que, nos Estados Unidos, denomina-se *reading* – leitura – a aprendizagem inicial da língua escrita; também na França a referência a essa aprendizagem se faz com a expressão "apprendre *à lire*". Farnan e Dahl (2003) mostram, com dados do *Educational Resource Information Center* (Eric), que mesmo na pesquisa acadêmica se verifica a predominância do interesse pela leitura em relação à escrita; segundo essas autoras, entre os 950.000 artigos e documentos que encontraram catalogados nesse banco de dados, 116.621 tinham a leitura como tema, enquanto apenas 63.480, ou seja, pouco mais que a metade da produção sobre leitura, tinham a escrita como tema.

É a partir de meados dos anos 1980 que o privilégio até então atribuído à leitura, nos métodos de alfabetização, torna-se uma *questão*.[14] No Brasil, como decorrência da mudança de paradigma que o construtivismo representou, a escrita, para além da cópia, do ditado, isto é, a escrita entendida como produção textual, passa a desempenhar papel importante na alfabetização. Ao contrário dos métodos sintéticos e analíticos, que rejeitavam a escrita não controlada – a criança só deveria escrever palavras que já houvesse aprendido a ler –, o construtivismo enfatizou o papel da escrita, sobretudo de uma escrita "espontânea" ou "inventada",[15] considerada como processo por meio do qual a criança se apropriaria do sistema alfabético e das convenções da escrita, tornando desnecessário o ensino explícito e sistemático desse sistema e dessas convenções; também ao contrário dos métodos sintéticos e analíticos, que adiavam o convívio da criança com os usos e funções da língua escrita, propôs, ao longo mesmo do processo de aprendizagem inicial da língua escrita, a escrita de textos de diferentes gêneros.

Uma segunda causa de divergências quanto ao objeto da alfabetização é a introdução, na área da cultura do escrito, do conceito de *letramento*. Nos anos 1980, os limites do ensino e aprendizagem da língua escrita se ampliam: em decorrência do desenvolvimento social, cultural, econômico, político em nosso país, durante o século XX, ganham cada vez maior visibilidade as muitas e variadas demandas de leitura e de escrita nas práticas sociais e profissionais, gerando a necessidade de mais avançadas e diferenciadas habilidades de leitura e de escrita (Soares, 1986), o que exigiu, consequentemente, reformulação de objetivos e introdução de novas práticas no ensino da língua escrita na escola, de que é exemplo a grande ênfase que se passa a atribuir ao desenvolvimento de habilidades de leitura e de escrita de uma gama ampla e variada de gêneros textuais.

---

[14] Segundo Farnan e Dahl (2003), no texto citado na nota anterior, também na pesquisa acadêmica, segundo os registros do Eric, o interesse pela escrita só cresce a partir dos anos 1990: complementando os dados apresentados na nota anterior, essas autoras informam que, considerado apenas o período 1990-2003, 24.831 documentos e artigos foram catalogados como leitura e 22.941 como escrita, uma diferença pequena, nesse período recente.

[15] A escrita "espontânea", "inventada" ou "criativa" será discutida no próximo capítulo sob a perspectiva do processo de desenvolvimento da criança, em sua progressiva apropriação da língua escrita, e no capítulo "Consciência fonêmica e alfabetização" sob a perspectiva fonológica.

Surge então o termo *letramento*, que se associa ao termo *alfabetização* para designar uma *aprendizagem inicial da língua escrita* entendida não apenas como a aprendizagem da tecnologia da escrita – do sistema alfabético e suas convenções –, mas também como, de forma abrangente, a introdução da criança às práticas sociais da língua escrita.[16]

Em síntese, o diferente peso atribuído, na aprendizagem inicial da língua escrita, a uma ou outra função da escrita – à leitura ou à escrita – e ainda a alternância entre considerá-la como aprendizagem do sistema alfabético-ortográfico – *alfabetização* – ou como, mais amplamente, também introdução da criança aos usos da leitura e da escrita nas práticas sociais – ao *letramento* – representam, em última análise, uma divergência em relação ao **objeto** da aprendizagem: uma divergência sobre **o que** se ensina quando se ensina a língua escrita.

Essa divergência sobre o objeto da aprendizagem inicial da língua escrita se revela quando se considera o conceito de alfabetização que fundamenta os diferentes métodos. Alfabetização, no estado atual das ciências linguísticas, da Psicologia Cognitiva, da Psicologia do Desenvolvimento, é processo complexo que envolve vários componentes, ou **facetas**, e demanda diferentes competências. Dessa complexidade e consequente multiplicidade de facetas decorrem diferentes definições de alfabetização, cada uma privilegiando um ou alguns dos componentes do processo. Sirva como exemplo o verbete

---

[16] Para essa ampliação do conceito de aprendizagem inicial da língua escrita já vinha contribuindo o construtivismo, que defende a construção do sistema alfabético pela criança por meio de seu convívio com material escrito real, e não artificialmente elaborado para promover a aprendizagem desse sistema. Isso explica a resistência de partidários do construtivismo a aceitar o termo *letramento*. Na verdade, talvez a palavra *letramento* não fosse necessária se se pudesse atribuir, como pretende o construtivismo, um sentido ampliado à palavra *alfabetização*. Entretanto, na tradição da língua, no senso comum, no uso corrente, e mesmo nos dicionários, *alfabetização* é compreendida como, restritamente, a aprendizagem do sistema alfabético-ortográfico e das convenções para seu uso, a aprendizagem do ler e do escrever considerados verbos sem complemento (Soares, 2005); ampliar o significado da palavra *alfabetização*, para que designe mais que o que tradicional e correntemente vem designando, seria, como foi, uma tentativa infrutífera, pela dificuldade, ou mesmo impossibilidade, do ponto de vista linguístico, de intervir artificialmente em um significado já consolidado na língua. Ferreiro (2001: 71-2), ao responder a uma pergunta sobre como traduziria *literacy*, esclarece que evita esse termo, apenas "em muitos casos, traduzo '*literacy*' como 'cultura escrita', porque faz sentido e sabemos do que estamos falando"; destaque-se o título de recente livro de Ferreiro (2013), *O ingresso na escrita e nas culturas do escrito*, que parece referir-se à alfabetização – *ingresso na escrita* – e ao letramento – *culturas do escrito*. É significativo que, no início de 2015, a tradicional *International Reading Association* (IRA) tenha mudado seu nome para *International Literacy Association*, com a justificativa de que *reading* limitava o foco da Associação.

"leitura" do *Dicionário de alfabetização*[17] organizado por Harris e Hodges (1999): são *treze* as definições apresentadas no verbete,[18] diferenciadas segundo a fase de desenvolvimento do aprendiz e segundo as distintas concepções de leitura; segundo Harris e Hodges (1999: 160), "as definições devem ser vistas no contexto das orientações teóricas e pragmáticas do definidor".

Conclui-se que concepções de aprendizagem da escrita diferenciam-se pela faceta do processo que elegem como objeto da aprendizagem; consequentemente, diferenciam-se as competências que cada concepção estabelece como objetivos a perseguir, ou seja: distinguem-se os métodos de alfabetização – de forma mais ampla, e talvez mais adequadamente, os métodos de orientação da *aprendizagem inicial da língua escrita*.

Basicamente, três principais facetas de inserção no mundo da escrita disputam a primazia, nos métodos e propostas de aprendizagem inicial da língua escrita:[19] a faceta propriamente *linguística* da língua escrita – a representação visual da cadeia sonora da fala, faceta a que neste livro se reservará a designação de **alfabetização**; a faceta *interativa* da língua escrita – a língua escrita

---

[17] No original, *The Literacy Dictionary*, é a palavra *reading* que encabeça o verbete; essa palavra tem, na verdade, um sentido mais amplo que o da palavra *leitura*, porque é usada, no inglês, para designar o processo de aprendizagem inicial da língua escrita; como essa aprendizagem teve sempre como foco a leitura (cf. nota 13), a palavra *reading* corresponde ao que, na língua portuguesa, chamamos *alfabetização*. Acrescente-se ainda que a tradução, no título do Dicionário, de *literacy* por *alfabetização* é também inadequada, pois *literacy*, na língua inglesa, não corresponde à *alfabetização* em português; no próprio Dicionário, o verbete *literacy* é traduzido por *lectoescrita*, o que restringe grandemente o sentido da palavra que, em português, se tem traduzido por *letramento* (*literacia*, em português europeu).

[18] Na verdade, Harris e Hodges apresentam *vinte* definições, mas as sete últimas são extensões do sentido da palavra para além da interação com a língua escrita.

[19] Tomando como critério os métodos que foram e são utilizados no Brasil, critério adequado ao tema que neste livro se desenvolve – a *questão* dos métodos –, propõem-se três categorias, que constituem as três **facetas** sugeridas; naturalmente, essas facetas não só não esgotam todos os componentes do fenômeno complexo que é a aprendizagem inicial da língua escrita, como ainda cada uma delas poderia ser fracionada em vários componentes – a categorização é, como toda categorização, reducionista. Na bibliografia sobre alfabetização, encontram-se inúmeras propostas de *modelos* de representação dos componentes desse processo e de suas interações (exemplos são Ruddell e Unrau, 2004, particularmente o conjunto de textos que compõem a Seção Três, "Models of Reading and Writing Processes", e Stahl e Hayes, 1997); outros autores analisam os componentes do processo na perspectiva de seus fundamentos conceituais (como Sadoski, 2004; Kucer, 2005) ou na perspectiva das teorias em que esses componentes se fundamentam (um exemplo é Tracey e Morrow, 2006). Cabe ainda lembrar que documentos oficiais de orientação para o processo de alfabetização, promulgados por órgão de política educacional de vários países, indicam os componentes que devem estar presentes na prática escolar; casos exemplares, por sua influência internacional, são o *National Reading Panel*, nos Estados Unidos (NICHD, 2000a), e o *Rose Review*, no Reino Unido (Rose, 2006). Citem-se ainda programas de ensino de âmbito nacional (como os programas para a escola elementar francesa, Ministère de l'Éducation Nationale, 2008) e as *bases curriculares nacionais* vigentes em vários países (Estados Unidos, Austrália, Nova Zelândia, Portugal, Chile, entre outros).

como veículo de interação entre as pessoas, de expressão e compreensão de mensagens; a faceta *sociocultural* da língua escrita – os usos, funções e valores atribuídos à escrita em contextos socioculturais, estas duas últimas facetas consideradas, neste livro, como **letramento**.

Dessas três facetas decorrem três objetos de conhecimento diferentes na composição do processo de aprendizagem inicial da língua escrita, objetos a que correspondem domínios cognitivos e linguísticos distintos e, consequentemente, três categorias de competências a serem desenvolvidas: se se põe o foco na *faceta linguística*, o objeto de conhecimento é a apropriação do sistema alfabético-ortográfico e das convenções da escrita, objeto que demanda processos cognitivos e linguísticos específicos e, portanto, desenvolvimento de estratégias específicas de aprendizagem e, consequentemente, de ensino – neste livro, a *alfabetização*. Se se põe o foco na *faceta interativa*, o objeto são as habilidades de compreensão e produção de textos, objeto que requer outros e diferentes processos cognitivos e linguísticos e outras e diferentes estratégias de aprendizagem e de ensino. Finalmente, se se põe o foco na *faceta sociocultural*, o objeto são os eventos sociais e culturais que envolvem a escrita, objeto que implica conhecimentos, habilidades e atitudes específicos que promovam inserção adequada nesses eventos, isto é, em diferentes situações e contextos de uso da escrita. Essa tricotomia explica a *questão* – as controvérsias – entre os métodos, mencionada anteriormente.

Assim, a verdadeira *questão* resulta da diferença entre os objetos focalizados na aprendizagem inicial da língua escrita: a *faceta linguística* predomina nos métodos sintéticos e analíticos, para os quais o objeto da aprendizagem inicial da língua escrita é o sistema alfabético-ortográfico, e as competências visadas são a codificação e decodificação da escrita. Por outro lado, é a *faceta interativa* que predomina no construtivismo,[20] em que a faceta linguística não é assumida propriamente como **objeto** da aprendizagem: as competências a ela vinculadas são consideradas decorrência da inserção da criança no

---

[20] Em países de língua inglesa (particularmente Estados Unidos e Austrália), a oposição entre essas duas concepções de alfabetização e de métodos se traduziu, nos anos 1990, no que se denominou *reading wars* – conflito entre *phonics* e *whole language* (sobre esta questão, ver Soares, 2004).

mundo da cultura do escrito, ou seja, decorrência do desenvolvimento das facetas interativa e sociocultural.

Uma outra explicação para o fato de os métodos de aprendizagem inicial da língua escrita constituírem uma *questão* é, de certa forma, resultado da explicação anterior: como foi dito, as diferentes facetas da língua escrita implicam seleção de diferentes objetos para o processo de aprendizagem, gerando controvérsias sobre os métodos. Com o desenvolvimento da pesquisa sobre a aprendizagem da língua escrita em décadas recentes, cada faceta da língua escrita tem gerado estudos e investigações sobre objetos diferentes, a partir de quadros teóricos específicos; multiplicam-se e diversificam-se, assim, resultados de pesquisa e quadros teóricos, e, consequentemente, multiplicam-se e diversificam-se também as implicações para os métodos de introdução da criança à língua escrita.

Trata-se de fenômeno recente: a alfabetização só foi assumida como tema legítimo e necessário de estudos e investigação científica, no Brasil, a partir dos anos 1960, como comprova a pesquisa de Soares e Maciel (2000).[21] A confluência de dois importantes fatores pode explicar o desenvolvimento da pesquisa sobre alfabetização.

Um primeiro fator foi o movimento de democratização da educação, que ocorre a partir dos anos 1950, de que decorre grande ampliação do acesso de alunos à escola, e de alunos pertencentes às camadas populares, socioeconômica e culturalmente diferenciados das crianças provenientes das camadas privilegiadas, que até então povoavam as salas de aula. A escola enfrentou, como consequência, mudanças não só quantitativas, mas também qualitativas, que resultaram em dificuldades tanto para o ensino quanto para a aprendizagem da língua escrita – é a partir desse momento, década de 1960, que os índices de fracasso escolar na fase de alfabetização crescem significativamente, o que exerce pressão sobre estudiosos e pesquisadores, em busca de esclarecimento do problema e propostas de solução. Nesse primeiro momento, os estudos se voltaram principalmente para pesquisas

---

[21] A este respeito, ver ainda Soares (2006). Não apenas no Brasil a pesquisa sobre alfabetização é recente; também em países com mais longa e rica tradição em pesquisa na área da educação, só a partir de meados do século XX ocorre o reconhecimento da alfabetização como tema de investigação científica; ver a esse respeito, com relação aos Estados Unidos, Alexander e Fox (2004, cf. nota 11).

quantitativas sobre índices de reprovação, repetência, evasão, e para pesquisas sobre **como** alfabetizar, desenvolvidas sobretudo por especialistas da área da Pedagogia – até então, considerava-se que a alfabetização era tema exclusivo da Pedagogia, apenas eventualmente da Psicologia: a *questão* dos métodos predominava, quase sempre fundamentada em princípios psicológicos.

Nos anos 1970, um segundo fator surge como causa motriz do desenvolvimento da pesquisa sobre alfabetização: outras áreas, além da Pedagogia, passaram a tomar a alfabetização como objeto de pesquisa. Como afirmam Shankweiler e Fowler (2004: 483), se, no início do século atual, o movimento pendular nas práticas de alfabetização não representa novidade, "nova é a importância atribuída à pesquisa na ciência da alfabetização para decisões sobre como ensinar a leitura e a escrita".

De um lado, as ciências linguísticas – a Fonética e Fonologia, a Psicolinguística, a Sociolinguística, a Linguística Textual, a Pragmática –, introduzidas no universo acadêmico apenas a partir do início dos anos 1960, voltam-se, nas décadas seguintes, para a investigação das características da língua escrita como **objeto linguístico** e as implicações dessas características para a aprendizagem desse objeto. De outro lado, a Psicologia Cognitiva e a Psicologia do Desenvolvimento, que também muito avançaram nas últimas décadas do século XX, voltam-se para a investigação do **processo** por meio do qual a criança aprende a língua escrita, a primeira colocando o foco nas operações cognitivas envolvidas na aprendizagem da língua escrita, a segunda buscando a identificação dos estágios ou fases pelos quais as crianças passam em sua progressiva aquisição e domínio da língua escrita. Em terceiro lugar, e mais recentemente, os estudos socioculturais voltam-se para a investigação do **contexto** de práticas e usos sociais e culturais de leitura e escrita e sua influência nas práticas escolares de alfabetização.[22]

Em síntese, a resposta à pergunta que dá título a este tópico: *métodos de alfabetização – sempre uma questão: por quê?*, foi adiantada em seu primeiro parágrafo: métodos de alfabetização têm sido sempre uma *questão* porque

---

[22] Deve-se sobretudo aos cursos e programas de pós-graduação em Educação o desenvolvimento da pesquisa sobre a alfabetização: a pesquisa em educação, em geral, e em alfabetização, em particular, cresce no Brasil graças, sobretudo, à produção científica de professores e alunos de mestrado e doutorado, a partir do final dos anos 1960, quando foi institucionalizada a pós-graduação no país.

derivam de concepções diferentes sobre o **objeto** da alfabetização, isto é, sobre **o que** se ensina, quando se ensina a língua escrita.

Do que foi exposto para fundamentar essa resposta, conclui-se que a aprendizagem inicial da língua escrita é um fenômeno extremamente complexo: envolve duas funções da língua escrita – ler e escrever – que, se se igualam em alguns aspectos, diferenciam-se em outros; é composto de várias facetas – aqui consideradas como faceta linguística, faceta interativa e faceta sociocultural – que se distinguem quanto à sua natureza, ao mesmo tempo que se complementam como facetas de um mesmo objeto; é estudado e investigado fracionado em suas diferentes funções e facetas, cada uma delas assumida, isoladamente, como objeto de determinadas ciências.

Uma reflexão sobre a *questão* dos métodos de alfabetização evidencia que as causas de que métodos tenham sido, e continuem sendo, uma *questão* é que cada um deles privilegia determinada função, determinada faceta, determinados pressupostos teóricos, ignorando ou marginalizando os demais. Toma-se uma *parte* do objeto como se fosse o *todo*, o que lembra a conhecida história dos cegos e o elefante:[23]

> Seis homens cegos tentam descobrir como é um elefante. O primeiro toca a barriga do animal, e afirma que ele é como uma parede; o segundo toca a presa, e discorda: um elefante é como uma lança; o terceiro toca a tromba, e declara que o animal é como uma serpente; o quarto toca a perna, e contesta: não, um elefante é como uma árvore; o quinto toca a orelha, e defende que ele é como um leque; finalmente o sexto toca o rabo, e assegura que o elefante é como uma corda. Conclusão: cada cego está certo em parte, mas todos estão errados...

O especialista – cientista, pesquisador – não pode deixar de agir como os cegos: fragmenta o processo de aprendizagem da língua escrita, estuda e pesquisa a parte que lhe cabe, no quadro de sua área específica. Para os estudos e pesquisas, é inevitável: se o todo é complexo e multifacetado, se

---

[23] Trata-se de uma história tradicional da Índia que o poeta americano John Godfrey Saxe (1816-1887) divulgou no mundo ocidental em um poema, "The Blind Men and the Elephant".

cada faceta é de uma natureza específica, cada uma só pode ser investigada isoladamente. No entanto, quando o fenômeno passa a ser objeto não de pesquisa, mas de aprendizagem e de ensino, é adequado agir como os cegos? Eleger uma ou outra função, uma ou outra faceta? Ou é preciso reconstituir o todo? No tópico seguinte, em que se apresenta a proposta deste livro, responde-se a essas perguntas.

A PROPOSTA DESTE LIVRO

Retomando a analogia com a história dos cegos e o elefante: tal como cada cego examinou apenas uma parte do elefante, e erradamente generalizou, tomando a parte pelo todo, assim também as propostas e métodos para a aprendizagem inicial da língua escrita restringem-se, em geral, a uma parte do processo, equivocadamente considerando que a parte é o todo. Com base nesse pressuposto é que foi propositadamente usada ao longo deste capítulo, e será usada ao longo deste livro, a palavra **faceta**, para designar componentes da aprendizagem inicial da língua escrita: tal como, em uma pedra lapidada, as várias superfícies – facetas – se somam para compor o todo que é a pedra, assim também os componentes do processo de aprendizagem da língua escrita – suas facetas – se somam para compor o todo que é o produto desse processo: alfabetização e letramento. Uma só faceta de uma pedra lapidada não é a pedra; um só componente – faceta – do processo de aprendizagem da língua escrita não resulta no produto: a criança *alfabetizada* e inserida no mundo da cultura escrita, a criança *letrada*.

No entanto, há uma diferença fundamental entre a ação de cientistas, de pesquisadores, e a ação de alfabetizadores(as), em relação ao todo e suas partes – suas facetas.

Como em qualquer tema multifacetado, também na aprendizagem inicial da língua escrita o todo só pode ser compreendido se cada uma de suas partes é compreendida; por isso, para a ciência, para a pesquisa, é necessário fragmentar essa aprendizagem, tomar cada uma de suas facetas separadamente, a fim de apreender as características específicas a cada uma, construir princípios e teorias que elucidem cada uma. Assim fazem os linguistas, os psicolinguistas, os sociolinguistas, os psicólogos...

Já aos que promovem e orientam o processo – aos que ensinam – cabe considerar, sim, cada parte, cada faceta, separadamente, uma vez que é necessário desenvolver as competências específicas a cada uma, fundamentando-se nos princípios e teorias que a elucidam; cabe também considerar as várias facetas em suas relações, de modo a desenvolver harmonicamente a aprendizagem do todo, não só como uma estratégia de ensino, mas sobretudo em respeito aos processos *reais* de leitura e escrita, em que as diferentes competências não atuam separadamente nem em sequência, mas simultaneamente. Na verdade, pode-se dizer que os cientistas e os pesquisadores não tomam como objeto de estudo e pesquisa propriamente a aprendizagem inicial da língua escrita, mas determinado componente desse processo. Para o ensino, o objeto é o processo, que é o todo (embora eventualmente o processo também possa tornar-se objeto de pesquisa, quando pesquisadores investigam a prática de ensino da língua escrita, como um todo, em sala de aula).

Marilyn Jager Adams, uma das mais conceituadas pesquisadoras na área da alfabetização, em obra que se tornou um "clássico" nessa área (Adams, 1990), após desenvolver uma interessante analogia entre o processo de construção e funcionamento de um automóvel e o processo de construção e funcionamento das "partes", no ensino da língua escrita, diferencia os dois processos, já que, no segundo,

> [...] as partes não são discretas. Não podemos agir completando cada subsistema individualmente, em seguida atando-o a outro. Ao contrário, as partes do sistema de alfabetização devem crescer simultaneamente. Devem crescer cada uma em relação a outra e cada uma a partir de outra. [...] Elas [as partes do sistema] devem estar interligadas no próprio processo de aquisição. E, o que é importante, essa dependência atua nas duas direções. Não se pode desenvolver adequadamente os processos mais avançados sem a devida atenção aos menos avançados. Nem se pode focalizar os processos menos avançados sem constantemente esclarecer e praticar suas conexões com os processos mais avançados. (Adams, 1990: 6)[24]

---

[24] Tradução nossa. Todas as traduções de citações de originais em língua estrangeira são de responsabilidade minha.

As reflexões anteriores permitem situar a proposta deste livro e, sobretudo, apontar seus limites. Parte-se do pressuposto de que a *questão* dos métodos de ensino da língua escrita tem sua origem na tendência histórica, que chega à atualidade, de equivocadamente fragmentar o processo: os métodos ou focalizam uma só faceta, ou sequenciam as facetas, como se devessem ser desenvolvidas separadamente, e uma após a outra. Consequentemente, neste livro se reconhece, e se defende, como resposta à *questão* dos métodos, que, em sua dimensão pedagógica, isto é, em sua prática em contextos de ensino, a aprendizagem inicial da língua escrita, embora entendida e tratada como fenômeno multifacetado, deve ser desenvolvida em sua inteireza, como um todo, porque essa é a natureza *real* dos atos de ler e de escrever, em que a complexa interação entre as práticas sociais da língua escrita e aquele que lê ou escreve pressupõe o exercício simultâneo de muitas e diferenciadas competências. É o que se tem denominado *alfabetizar letrando*.

Por outro lado, embora as facetas do processo de aprendizagem inicial da língua escrita devam ser desenvolvidas simultaneamente, cada uma delas demanda ações pedagógicas diferenciadas, definidas por princípios e teorias específicos em que cada uma delas se fundamenta. Assim, neste livro também se reconhece, e se defende, que a resposta à *questão* dos métodos requer que se considere não só a aprendizagem da língua escrita como um todo, mas também a especificidade de cada uma de suas facetas, as diferentes implicações metodológicas que decorrem dos princípios e teorias que esclarecem cada uma. Assim, afirma-se que a resposta à questão dos métodos é plural: há respostas, não uma resposta, e a *questão* não se resolve com **um** método, mas com múltiplos métodos (ou *procedimentos*, como se proporá no último capítulo), diferenciados segundo a faceta que cada um busca desenvolver — métodos de alfabetização, métodos de letramento.[25]

Entretanto, os limites razoáveis para uma obra desta natureza impõem que, no quadro dessa complexidade do processo de aprendizagem inicial da língua

---

[25] Adverte-se o leitor de que a palavra *método*, neste capítulo e nos seguintes, tem o sentido que lhe foi atribuído no início deste capítulo: *método* como *conjunto de procedimentos*. Uma melhor explicitação do *conceito de método* será proposta no capítulo "Métodos de alfabetização: uma resposta à questão", depois de apresentados nos capítulos anteriores os princípios e as teorias que fundamentam o conceito que se proporá.

escrita e de cada uma de suas facetas, fundamentadas em várias e diferentes teorias, de que decorrem vários e diferentes métodos de ensino, privilegie-se, neste momento, apenas uma das facetas. Assim, neste livro, embora sempre na perspectiva do processo como um todo, discute-se apenas a *faceta linguística* – a aprendizagem do sistema alfabético-ortográfico, que conduz à habilidade de leitura e de produção de palavras escritas, a que aqui se reserva a designação de *alfabetização* – por considerá-la, por um lado, o alicerce das duas outras facetas, por outro, e sobretudo, aquela que mais tem sido objeto da *questão* dos métodos.

Em primeiro lugar, a faceta linguística é *alicerce* das duas outras facetas porque, embora a aprendizagem inicial da língua escrita deva incluir habilidades de compreensão e de produção de texto escrito, e ainda de uso da língua escrita nas práticas sociais que ocorrem em diferentes contextos de sociedades letradas, estas habilidades, que constituem as facetas interativa e sociocultural, dependem fundamentalmente do reconhecimento (na leitura) e da produção (na escrita) corretos e fluentes de palavras. Como afirma Tolchinsky (2003: XXIII),

> [...] aprender o sistema de escrita é apenas um fio na teia de conhecimentos pragmáticos e gramaticais que as crianças precisam dominar a fim de tornarem-se competentes no uso da língua escrita, mas é uma aprendizagem imperativa, e promove as outras.

Em segundo lugar, a *questão* dos métodos de alfabetização tem-se caracterizado fundamentalmente por dúvidas e divergências sobre a adequada orientação da criança para a aprendizagem do sistema alfabético-ortográfico – para a leitura e escrita de palavras. Embora essa aprendizagem do que aqui se denomina faceta linguística deva ocorrer de forma simultânea e interativa com as duas outras facetas, a *questão* de métodos em relação a essas outras duas – métodos para o desenvolvimento da compreensão de texto escrito e para a produção de texto escrito, nos contextos socioculturais – não tem merecido a centralidade que vem tendo, historicamente, a questão de métodos para a aprendizagem do sistema de escrita.

Para terminar esta seção, citam-se mais uma vez palavras de Adams, aquelas com que inicia sua obra de 1990, *Beginning to Read*:

> Antes de começar a ler este livro, você deve ter pleno conhecimento de que o tema nele discutido é a leitura de palavras. Entretanto, antes de terminar a leitura deste livro, você deve ter pleno conhecimento de que a habilidade de ler palavras rapidamente, corretamente e sem esforço é fundamental para a compreensão competente de textos – nos sentidos óbvios e em vários outros sentidos, mais sutis.
> Leitura competente não é uma habilidade unitária. É um completo e complexo sistema de habilidades e conhecimentos. No interior desse sistema, os conhecimentos e habilidades envolvidos no reconhecimento visual de palavras escritas são inúteis em si mesmos. Só têm valor e, de forma absoluta, só são possíveis se orientados e aprendidos por meio de conhecimentos complementares e atividades de compreensão da língua. Por outro lado, se os processos envolvidos no reconhecimento individual de palavras não funcionarem adequadamente, nada mais no sistema funcionará adequadamente. (Adams, 1990: 3)

São palavras que, na advertência presente no primeiro parágrafo, expressam com precisão o que também se espera do leitor deste livro, e que, na argumentação desenvolvida no segundo parágrafo, reforçam a justificativa para a opção, que se faz neste livro, por tematizar a faceta linguística da aprendizagem inicial da língua escrita – a alfabetização.

POR QUE FACETA *LINGUÍSTICA*?

Esclarecida a opção feita, neste livro, por privilegiar a faceta linguística, convém justificar o adjetivo com que se qualifica essa faceta. Realmente, qualificar uma só das facetas do processo de aprendizagem inicial da língua escrita com o adjetivo "linguística" pode ser considerado inadequado, uma vez que, sendo esse um processo fundamentalmente centrado na língua – em sua modalidade escrita – todas as suas facetas mereceriam receber a caracterização de "linguísticas". No entanto, a dimensão do *linguístico* não é a mesma em todas as facetas, de modo que o adjetivo foi reservado para aquela faceta em que essa dimensão predomina: a dimensão do processo de aprendizagem inicial da língua escrita que se volta para a fixação da fala em representação gráfica, transformando a *língua sonora* – do falar e do ouvir – em *língua visível* – do escrever e do ler. Esse processo de representação da cadeia sonora da fala na forma gráfica da escrita constitui uma *tecnologia* que envolve a aprendizagem do sistema alfabético-ortográfico e das convenções que governam o uso desse sistema. Perfetti (2003: 16) afirma que essa aprendizagem constitui *a natureza essencial* da aprendizagem da língua escrita, e acrescenta:

> Certamente **um objetivo** da alfabetização é obter significado (há outros); entretanto, o objetivo de alguma coisa não é o mesmo que sua natureza essencial. [...] Sem dúvida, aprende-se muito mais que o modo de codificação da língua em um sistema de escrita. Mas este é o evento de aprendizagem central ao qual devem ser associadas aprendizagens adicionais de letramento, por exemplo, estratégias de compreensão.

Assim, na faceta a que se reserva aqui a caracterização de "linguística", o *objeto* de conhecimento é essencialmente linguístico – o sistema alfabético-ortográfico de escrita. As duas outras facetas implicam outros objetos de conhecimento que vão além do linguístico: na faceta interativa, o *objeto* de conhecimento é o uso da língua escrita para a interação – a compreensão e a produção de textos, o que envolve, para além da dimensão linguística, elementos textuais e pragmáticos, não exclusivamente linguísticos; na faceta sociocultural, o *objeto* do conhecimento são os usos e as funções da língua escrita em diferentes contextos sociais e culturais e em diferentes eventos de letramento, estando presentes, portanto, inúmeros elementos não linguísticos.

Em síntese, a alfabetização – faceta linguística da aprendizagem inicial da língua escrita – focaliza, basicamente, a conversão da cadeia sonora da fala em escrita. Nesse sentido, é fundamental compreender a natureza linguística e cognitiva dessa conversão, por meio do confronto entre o processo de aprendizagem da escrita e o processo de aquisição da fala. São semelhantes ou diferentes esses dois processos? Os tópicos seguintes propõem resposta a essa pergunta, de que depende a definição da necessidade, ou não, de métodos de alfabetização.

AQUISIÇÃO DA ESCRITA: UM PROCESSO NATURAL?

No início dos anos 1970, uma teoria da leitura, proposta por Frank Smith nos livros *Understanding Reading: a Psycholinguistic Analysis of Reading and Learning to Read* (1971)[26] e *Psycholinguistics and Reading* (1973), passou a exercer grande influência na alfabetização, nos países de língua inglesa. Com base na teoria de que "toda leitura do escrito é interpretação, atribuição de sentido ao escrito" (Smith, 2004: 3), o autor argumenta que a criança aprenderia a ler – aprenderia a dar sentido a um texto – de forma tão natural quanto aprende a dar sentido ao mundo que a rodeia, tão natural quanto aprende a falar. A aprendizagem da escrita seria, portanto, um processo semelhante à aquisição da fala, diferenciando-se desta apenas por ter por objeto a língua *visível*, e não a língua *sonora*. Consequentemente, no quadro dessa teoria, tal como a criança adquire a fala por meio de oportunidades de ouvir e falar em um contexto motivador, receptivo e significativo, gerando e testando hipóteses, da mesma forma ela aprenderia a ler e escrever; nas palavras de Frank Smith (1989: 237):

> Tudo que as crianças precisam para dominar a linguagem falada, tanto para produzi-la por si mesmas quanto, mais fundamentalmente, para compreenderem sua utilização pelos outros, é ter a experiência de usar a linguagem em um ambiente significativo. As crianças aprendem facilmente sobre a linguagem falada, quando estão envolvidas em sua utilização, quando esta lhes faz sentido. E, da mesma forma, tentarão compreender a linguagem escrita se estiverem envolvidas em sua utilização, em situações onde esta lhes faz sentido e onde podem gerar e testar hipóteses.

---

[26] *Understanding Reading* teve 6 edições, no período de 1971 (1ª edição) a 2004 (6ª edição, esta republicada em 2012, na *Routledge Education Classic Edition Series*). Embora com diferenças significativas na organização em capítulos, tópicos e subtópicos, alguma atualização e referências a pesquisas desenvolvidas durante essas quase quatro décadas, Smith mantém sua teoria, tornando-a mesmo mais radical a cada edição, sempre contestando as muitas críticas que a teoria recebeu, sobretudo a partir dos anos 1990 (entre essas críticas, uma das mais bem fundamentadas é a de Adams, 1991). *Understanding Reading* foi traduzido no Brasil no final dos anos 1980 (Smith, 1989 – *Compreendendo a leitura*), com base na 4ª edição, de 1988. As referências à obra, neste livro, são feitas ora à 1ª edição, de 1971, quando se considera importante situar historicamente a proposta de um conceito, ora à última edição, à 6ª, de 2004, quando, ao contrário, se quer evidenciar a persistência de Smith na afirmação de conceitos dificilmente sustentáveis, no estado atual dos estudos e pesquisas sobre a língua escrita e sua aprendizagem, ora, finalmente, à tradução da obra para o português, neste caso apenas quando o trecho citado está presente também na última edição, de 2004.

Na mesma década em que Frank Smith propunha sua teoria da leitura (anos 1970), e com os mesmos pressupostos teóricos, outro teórico da leitura, Kenneth Goodman, lançava as bases da orientação pedagógica que ganhou a denominação *whole language*, que predominou nas escolas norte-americanas durante os anos 1980. É de 1979 o texto desse autor com um título que remete imediatamente a Frank Smith: "Learning to Read is Natural" (Goodman e Goodman, 1979). Nesse texto, os autores afirmam:

> Acreditamos que as crianças aprendem a ler e escrever do mesmo modo como aprendem a falar e ouvir, e pela mesma razão. Esse modo é estar em contato com a língua sendo usada como veículo para a comunicação de significados. A razão é a necessidade. A aprendizagem da língua, seja oral, seja escrita, é motivada pela necessidade de comunicação, de compreender e ser compreendido. (1979: 138)

Compare-se essa citação com a anterior, de Frank Smith, e verifica-se que os autores assumem a mesma teoria – aprender a ler e escrever é *natural*, a criança aprende a escrita tal como aprende a falar e ouvir, construindo e testando hipóteses –, e inferem, dessa teoria, a mesma proposta para o ensino da escrita: proporcionar à criança um ambiente em que haja oportunidades e necessidade de ler e escrever de forma significativa. Nesse quadro, não se prevê ensino sistemático e explícito da faceta linguística da alfabetização, no pressuposto de que a criança descobrirá o princípio alfabético e se apropriará do sistema alfabético de escrita e de suas convenções por processo semelhante àquele pelo qual se apropriou da cadeia sonora da fala.[27] Assim, Goodman (1986: 24) afirma, sobre a aprendizagem da língua escrita:

---

[27] Liberman e Liberman (1992) analisam, em uma muito bem fundamentada crítica, a proposta teórica e metodológica de Keneth Goodman.

Por que as pessoas criam e aprendem a língua escrita? Porque precisam dela! Como aprendem a língua escrita? Da mesma forma que aprendem a língua oral, usando-a em eventos de letramento autênticos que respondem a suas necessidades. Frequentemente as crianças enfrentam dificuldades na aprendizagem da língua escrita na escola. Isso acontece não porque é mais difícil aprender a escrita que aprender a língua oral, ou porque são aprendizagens diferentes. Acontece porque nós tornamos a aprendizagem da língua escrita difícil, tentando torná-la fácil.

Nos países de língua inglesa, esse posicionamento em relação à faceta linguística da alfabetização foi assumido na proposta pedagógica da *whole language*; no Brasil, na proposta pedagógica do *construtivismo*. Embora as duas propostas se diferenciem em outros aspectos, ambas assumem o mesmo pressuposto – apropriar-se do sistema de escrita é um processo *natural* – e ambas conduzem à mesma orientação pedagógica – essa apropriação ocorre *naturalmente* em um contexto de inserção da criança em situações em que haja razão e objetivo para compreender e ser compreendido por meio da escrita. Assim, para Ferreiro (1992: 29-32), coerentemente com a fundamentação psicogenética de sua teoria, de que se tratará adiante, o que não é *natural* no aprendizado da língua escrita, e o distingue do aprendizado da língua oral, não é fundamentalmente uma diferença entre os objetos de conhecimento – língua oral ou língua escrita – mas são as "atividades sociais frente às duas aprendizagens" (1992: 29): enquanto os adultos respondem com compreensão e entusiasmo às tentativas de expressão oral da criança, aceitando-as como integrantes de um processo de construção da aprendizagem da língua oral, reagem de maneira oposta – particularmente os professores – às tentativas de leitura e escrita, desqualificando-as e considerando-as como erros, não como aproximações à escrita; por outro lado, tal como na aquisição da língua oral, "não se aprende um fonema, nem uma sílaba e nem uma palavra por vez, também a aprendizagem da língua escrita não é um processo cumulativo simples, unidade por unidade, mas organização, desestruturação e reestruturação contínua" (1992: 31).

Como decorrência do pressuposto de que apropriar-se do sistema de escrita é um processo *natural* e da orientação pedagógica que dele deriva – essa apropriação ocorre *naturalmente* em um contexto de inserção da criança na cultura escrita –, a faceta linguística da alfabetização não demandaria ensino explícito e sistemático. Em países de língua inglesa, a divergência entre colocar ou não o foco na faceta linguística se manifestou na oposição entre *whole language* e *phonics* (oposição tão radical que os debates ganharam a denominação de "guerras", as chamadas *reading wars*); no Brasil, essa divergência manifestou-se na oposição entre *construtivismo* e *métodos "tradicionais"* – analíticos e sintéticos.

AQUISIÇÃO DA ESCRITA: UM PROCESSO DE APRENDIZAGEM

Em posição contrária aos que defendem que aprender a escrita é um processo natural, linguistas e psicólogos cognitivos negam radicalmente a teoria da similaridade entre aprender a ler e escrever e aprender a falar e ouvir. Já contemporaneamente à publicação, por Kenneth e Yetta Goodman, do artigo "Learning to Read is Natural" (1979), Gough e Hillinger (1980) publicaram artigo que, desde o título, já é uma contestação: "Learning to Read: an Unnatural Act". Os autores afirmam de forma categórica que a criança não aprende a ler naturalmente, e concluem, fundamentando-se em dados de pesquisas sobre as dificuldades enfrentadas por alfabetizandos, que "as crianças quase nunca aprendem a ler sem instrução, e, mesmo quando a criança recebe instrução diária, explícita e cuidadosa, aprende a ler muito devagar e com grande dificuldade" (1980: 180-1).

Mais recentemente (1993-1994),[28] Keith Stanovich (2000: 400), reconhecido pesquisador na área da Psicologia Cognitiva da leitura, afirmou que "a ideia de que aprender a ler é exatamente igual a aprender a falar não é aceita por nenhum linguista, psicólogo ou cientista cognitivo responsável, na comunidade de pesquisadores"; segundo ele, os que afirmam que a aprendizagem da escrita ocorre da mesma forma que a aquisição da fala

---

[28] Como, na argumentação que se vem desenvolvendo, a contextualização temporal é significativa, indica-se aqui a data em que o texto de que se retira a citação apareceu originalmente: em artigo publicado no periódico *The Reading Teacher*, v. 4, n. 47, 1993/1994; o artigo foi posteriormente incluído na coletânea de artigos de Stanovich publicada em 2000, indicada na referência bibliográfica do texto citado.

> [...] ignoram os fatos óbvios de que todas as comunidades de seres humanos desenvolveram línguas orais, mas só uma minoria dessas línguas existe na forma escrita; que a fala é quase tão antiga quanto a espécie humana, mas a língua escrita é uma invenção cultural recente de apenas os últimos três ou quatro mil anos; que virtualmente todas as crianças em ambientes normais desenvolvem facilmente a fala por si mesmas, enquanto a maior parte das crianças necessita de instrução explícita para aprender a ler, e um número significativo de crianças enfrenta dificuldades, mesmo depois de intensos esforços por parte de professores e pais. (Stanovich, 2000: 364)

Subjacente a esses indiscutíveis argumentos histórico-culturais e psico-cognitivos em que se baseia a argumentação de Stanovich, está o conceito chomskyano do *inatismo* da fala: a fala é uma capacidade inata, enquanto a escrita, segundo Steven Pinker (2002: 6), é "claramente um acessório opcional; o verdadeiro motor da comunicação verbal é a língua falada que adquirimos quando crianças". Essas diferenças entre o *natural* (a fala) e o *cultural* (a escrita) sugerem um *enigma* que o neurocientista francês, Stanilas Dehaene (2012: 17-8), denomina "o paradoxo da leitura":

> Nossa capacidade de aprender a ler coloca um curioso enigma, que denomino o paradoxo da leitura: como pode ser que nosso cérebro de *Homo sapiens* pareça finamente adaptado à leitura, quando esta atividade, inventada em todos seus componentes, não existe senão há alguns milhares de anos? A escrita nasceu há aproximadamente 5.400 anos entre os babilônios, e o alfabeto propriamente dito não tem mais que 3.800 anos. Estas durações não são mais do que um instante aos olhos da evolução. Nosso genoma não teve tempo de se modificar para desenvolver os circuitos cerebrais próprios à leitura. [...] Nada, em nossa evolução, nos preparou para receber as informações linguísticas pela via do olhar. Contudo, a imagem cerebral nos mostra, no leitor adulto, mecanismos altamente evoluídos e adaptados às operações requeridas pela leitura.

Que solução tem esse enigma ou paradoxo? Sendo a língua escrita um objeto cultural de invenção relativamente recente na história da humanidade, "simplesmente faltou tempo para que uma evolução concebesse os circuitos especializados para a leitura" (Dehaene, 2012: 18), o que não ocorre com os dois "alicerces" da leitura: a fala e a visão, capacidades inatas, geneticamente programadas. Estudos e pesquisas no campo da neurociência dos processos cognitivos, campo que se vem desenvolvendo rápida e solidamente nas últimas décadas, com o apoio em modernas tecnologias de neuroimagem que permitem identificar o funcionamento do cérebro durante atividades que envolvem a língua escrita,[29] indicam que a solução do enigma, ou paradoxo, está na plasticidade da arquitetura do cérebro que se adapta a objetos culturais criados pelo homem – uma interação entre natureza e cultura, que Dehaene (2012: 165-66) assim caracteriza:

> Nossa história evolutiva, pelo viés do patrimônio genético, especifica sua arquitetura cerebral limitada, mas parcialmente modificável. Novas invenções culturais são possíveis, mas somente na medida em que se ajustarem aos limites da arquitetura de nosso cérebro e entrarem no envelope da plasticidade. Esses objetos novos de cultura podem se afastar consideravelmente dos objetos naturais por meio dos quais nosso cérebro evoluiu – nada, no mundo natural, se parece a uma página de texto. Mas eles devem, no mínimo, encontrar seu "nicho ecológico" no cérebro: um circuito cujo papel inicial é muito próximo, e cuja flexibilidade é suficiente para ser convertido a esse novo uso.

A solução do enigma proposto por Dehaene está, pois, no que ele denomina "reciclagem neuronal": uma reconversão, na aprendizagem da escrita, de circuitos neuronais já funcionais, fundamentalmente os

---

[29] Em Hruby e Goswami (2011) encontra-se uma excelente revisão das pesquisas sobre alfabetização que vêm sendo desenvolvidas na área da neurociência, com indicação da potencialidade dessas pesquisas para uma melhor compreensão dos processos de aprendizagem da língua escrita e ênfase na importância, para o pleno entendimento desses processos, de interação interdisciplinar entre as pesquisas em educação e as pesquisas em neurociência. Entretanto, Goswami (2006a) alerta para o perigo dos "neuromitos" que vêm invadindo a educação, conduzindo, por ilações simplistas e equivocadas, a uma divulgação e uso inadequados, no ensino, de resultados das pesquisas em neurociência.

circuitos da linguagem e da visão, para outros fins, o que, obviamente, exige aprendizagem.[30] Nas palavras de Maryanne Wolf (2007: 11), em livro em que faz análise abrangente e instigante das várias facetas da leitura, sob a perspectiva da neurociência:

> [...] não há genes específicos apenas para a leitura [...]. Diferentemente de suas partes componentes como a visão e a fala, que **são** organizadas geneticamente, a leitura não tem um programa genético direto que seja transmitido para gerações futuras. [...] Isto é parte do que torna a leitura – e qualquer invenção cultural – diferente de outros processos, e é a razão por que ela não chega às nossas crianças tão naturalmente quanto a visão ou a língua oral, que são pré-programadas.

Pode-se, assim, concluir que a aprendizagem da escrita não é um processo natural, como é a aquisição da fala: a fala é *inata*, é um *instinto*; sendo inata, instintiva, é naturalmente adquirida, bastando para isso que a criança esteja imersa em ambiente em que ouve e fala a língua materna. A escrita, ao contrário, é uma invenção cultural, a construção de uma *visualização* dos *sons* da fala, não um instinto.

Em decorrência, se a fala não é, nem precisa ser, ensinada de forma explícita, consciente – não há necessidade de métodos para orientar a aquisição do falar e do ouvir –, a escrita precisa ser ensinada por meio de métodos que orientem o processo de aprendizagem do ler e do escrever. Nesse sentido, é interessante o resultado a que chegaram Crain-Thoreson e Dale (1992) que, em pesquisa longitudinal, investigaram se crianças linguisticamente precoces aos 20 meses, isto é, com nível de linguagem oral superior ao normal nessa idade, manifestariam também precocidade na escrita na pré-escola, tendo concluído que, se a precocidade na linguagem oral se manteve ao longo dos anos, não se estendeu à escrita, quando as crianças a ela foram introduzidas. Esse resultado reforça os argumentos anteriormente apresentados, evidenciando a dissociação entre aquisição da fala, processo natural,

---

[30] Sobre a reciclagem neuronal e a alfabetização, sugere-se, na bibliografia brasileira, a leitura de Scliar-Cabral (2010).

e aprendizagem da escrita, processo que depende de ensino, e confirma a não pertinência da hipótese dos anos 1970 de que a escrita seria, como a fala, adquirida por um processo natural.

A FACETA LINGUÍSTICA DA ALFABETIZAÇÃO: A APRENDIZAGEM DA ESCRITA ALFABÉTICA

Ao contrário de escritas logográficas ou ideográficas, que grafam os *significados* – o conteúdo semântico da fala –, a escrita alfabética grafa os *significantes* – os **sons** da fala –, decompondo-os em suas unidades mínimas, os *fonemas*, que, embora sejam entidades abstratas, não observáveis diretamente, não audíveis e não pronunciáveis isoladamente, se tornam, no entanto, *visíveis* sob a forma de letras ou grafemas.[31]

Dessa forma, aprender a escrita alfabética é, fundamentalmente, um processo de converter sons da fala em letras ou combinação de letras – *escrita* –, ou converter letras, ou combinação de letras, em sons da fala – *leitura*. Essa "conversão" de sons em letras, de letras em sons, que é a essência de uma escrita alfabética, é, como dito anteriormente, uma invenção cultural que tem sido caracterizada ora como a invenção de um *código,* ora como a invenção de um *sistema de representação*, ora ainda como a invenção de um *sistema notacional.*

A caracterização do sistema de escrita alfabético como um *código*, embora talvez a mais comum, e, em decorrência disso, o uso frequente dos verbos *codificar* e *decodificar* têm sido apontados por muitos como impróprios. Na verdade, um *código* é, em seu sentido próprio, um sistema que *substitui* (como o código Morse, a escrita em Braille) ou *esconde* (como códigos de guerra, criados para garantir a segurança de comunicações) os signos de um outro sistema já existente – por exemplo, é possível criar um código para *substituir* ou *esconder* os grafemas do sistema alfabético por outros signos. Consequentemente, se se considera

---

[31] O conceito de fonema e suas implicações para a alfabetização são discutidos de forma detalhada no capítulo "Consciência fonêmica e alfabetização".

seu significado literal, o verbo *codificar* denota a utilização de um sistema de sinais ou signos que substituem os grafemas do sistema alfabético, e o verbo *decodificar* denota, literalmente, a decifração de sinais ou signos traduzindo-os para o sistema alfabético. Assim, este, o sistema alfabético, é o sistema primeiro, não é um sistema de substituição de outro preexistente – não é um *código*, a não ser que se considerasse que os grafemas "substituem" os sons da fala, o que não é linguisticamente verdadeiro: os grafemas *representam* os sons da fala, e o sistema de escrita alfabético foi inventado como um *sistema de representação*, não como um código. Para Ferreiro (1985: 12), a diferença essencial é que

> [...] no caso da codificação, tanto os elementos como as relações já estão predeterminados; o novo código não faz senão encontrar uma representação diferente para os mesmos elementos e as mesmas relações. No caso da criação de uma representação, nem os elementos nem as relações estão predeterminados. [...] A invenção da escrita foi um processo histórico de construção de um sistema de representação, não um processo de codificação.

Para Tolchinsky (2003), que distingue *representações internas* (mentais ou cognitivas) de *externas*, a invenção da escrita foi a construção de um sistema de *representação externa* que – como toda representação externa – foi "criada deliberadamente para significar algo, para ser interpretada" (2003: 7), e se caracteriza por três dimensões: é uma representação *arbitrária*, porque "o elo entre formas e conteúdo não se expressa em termos de similaridade, causalidade, relações parte-todo ou conexões lógicas ou naturais"; é uma representação *convencional*, porque exige uma "inculcação social específica", de modo a garantir uma "uniformidade de interpretação para signos arbitrários" (2003: 13); e é uma representação *sistemática*, porque "os signos constituem um sistema": o significado de cada signo é determinado pelo sistema de que ele faz parte (2003: 14).

Ainda para Tolchinsky (2003: p. XXI), a escrita, como também os numerais, "são uma espécie de subdomínios no amplo território das representações externas, porque se utilizam de uma notação (o alfabeto e o sistema de numeração indo-árabe)". Uma *notação*, define Tolchinsky (2003: 15), "é um conjunto limitado de elementos; cada elemento tem uma forma específica, um nome e uma determinada posição no conjunto". A. Morais (2005: 33) conceitua notação como "registro simbólico materializado numa superfície exterior (folha de papel, tela de computador, etc.)". Nessa perspectiva, a escrita alfabética é um *sistema notacional*.[32]

Em síntese, pode-se dizer que a escrita alfabética foi historicamente construída como um *sistema de representação externa*, que se materializa como um *sistema notacional*, não como um *código*. Na perspectiva do ensino, que é a que se adota neste livro, em que o foco é a questão dos métodos de alfabetização, assume-se que a escrita, para a criança, em seu processo de desenvolvimento e aprendizagem, é tanto um *sistema de representação* quanto um *sistema notacional*.

É um *sistema de representação* porque, em seu processo de compreensão da língua escrita, que se inicia antes mesmo da instrução formal, a criança de certa forma "reconstrói" o processo de invenção da escrita como *representação*, o que não quer dizer, conforme alerta Tolchinsky (2003: 20), que "há uma recapitulação da história social no processo individual de aquisição". E explica, justificando a revisão que faz da origem e história da escrita e dos numerais: "o que ocorre é que essa recapitulação pode iluminar muitos problemas que as crianças enfrentam no processo de se apropriarem desses objetos sociais" (a pesquisadora refere-se aos sistemas de escrita e de numeração). É o que afirma também Ferreiro (1985: 12-3):

> No caso dos dois sistemas envolvidos no início da escolarização (o sistema de representação dos números e o sistema de representação da linguagem), as dificuldades que as crianças enfrentam são dificuldades conceituais semelhantes às da construção do sistema, e por isso pode-se dizer, em ambos os casos, que a criança reinventa esses sistemas. Bem entendido: não se

---

[32] Sobre os conceitos de *código*, *representação* e *notação* relacionados com a caracterização da escrita alfabética e outras escritas (numérica, musical), podem-se consultar Sinclair (org., 1990); Ferreiro (1985); Tolchinsky (1995; 2003); A. Morais (2005; 2012).

trata de que as crianças reinventem as letras nem os números, mas que, para poderem se servir desses elementos como elementos de um sistema, devem compreender seu processo de construção e suas regras de produção, o que coloca o problema epistemológico fundamental: qual é a natureza da relação entre o real e a sua representação?

Por outro lado, a escrita é, para a criança, um *sistema notacional* porque, ao compreender o que a escrita *representa* (a cadeia sonora da fala, não seu conteúdo semântico), precisa também aprender a *notação* com que, arbitrária e convencionalmente, são representados os sons da fala (os grafemas e suas relações com os fonemas, bem como a posição desses elementos no sistema).

Ao analisar a *faceta linguística* da alfabetização, este livro analisa, em outras palavras, a *aprendizagem* da língua escrita como um *sistema de representação* e um *sistema notacional*.[33] No contexto das muitas e complexas questões que perturbam a área do ensino para a aprendizagem inicial da língua escrita, este livro se restringe, pois, a *uma* das facetas do processo de aprendizagem inicial da língua escrita, focalizando seus fundamentos teóricos e as implicações destes para a *questão dos métodos*.

Assim, os capítulos "Fases de desenvolvimento no processo de aprendizagem da escrita", "Aprendizagem da língua escrita em diferentes ortografias e na ortografia do português brasileiro" e "Consciência metalinguística e aprendizagem da língua escrita" apresentam os fundamentos e pressupostos que contextualizam e configuram a faceta linguística da aprendizagem inicial da língua escrita. A natureza dessa faceta, um dos dois temas centrais deste livro, é discutida nos capítulos "Consciência fonológica e alfabetização", "Consciência fonêmica e alfabetização", "Leitura e escrita de palavras" e "O efeito de regularidade sobre a lei-

---

[33] O termo *código*, por impróprio, como dito anteriormente, só é usado nos capítulos que se seguem em citações cujos autores o adotam; eventualmente, porém, serão usados neste livro os verbos *codificar* e *decodificar*, assumindo-os com o sentido de processos de cifração ou decifração do *sistema notacional*, já que inexistem, na língua, verbos derivados do substantivo *notação* que expressem esse sentido (os verbos *notar* e *denotar*, no uso que é deles feito na língua, não se relacionam com o conceito de *notação* aplicado ao sistema de representação alfabética).

tura e a escrita", enquanto o segundo tema central é objeto do capítulo final, "Métodos de alfabetização: uma resposta à questão": as conclusões e inferências que, decorrentes dos capítulos anteriores, sugerem uma resposta para a *questão* dos métodos de alfabetização e inferências sobre a formação de alfabetizadores(as). Ainda nesse capítulo final, busca-se recuperar a totalidade do processo de aprendizagem inicial da língua escrita, apresentando a possibilidade e, mais que isso, a necessidade de conjugar a faceta linguística com as duas outras facetas, para uma prática bem-sucedida de alfabetização e letramento.

Entretanto, para que, na leitura dos próximos capítulos, a *questão dos métodos* seja considerada nos limites da relativa importância que tem, busca-se contextualizá-la no tópico seguinte, que encerra este capítulo.

MÉTODOS SÃO *UMA* QUESTÃO, NÃO SÃO *A* QUESTÃO

Inserida no campo da educação escolar, a aprendizagem inicial da língua escrita sofre a influência dos fatores que condicionam, e podem até mesmo determinar, esse campo: fatores sociais, culturais, econômicos, políticos; é ilusório supor que métodos atuem independentemente da interferência desses fatores. Assim, a fim de evitar que, nos capítulos que se seguem, seja atribuído um valor absoluto ou independente aos métodos sugeridos em decorrência de princípios e teorias que são temas dos capítulos que se seguem, destacam-se aqui aspectos que, atuando sobre eles, evidenciam *outras questões* que interferem em sua prática e relativizam seu poder como fator determinante da alfabetização.

Métodos para a aprendizagem inicial da língua escrita, segundo o conceito adotado neste livro, são conjuntos de procedimentos que, com base em teorias e princípios linguísticos e psicológicos, orientam essa aprendizagem, em cada uma de suas facetas. No entanto, métodos não atuam autonomamente, sem limitações ou obstáculos; constituídos de procedimentos de interação entre alfabetizador(a) e alfabetizandos, efetivam-se na inter-relação entre participantes diferenciados, em situação de aprendizagem coletiva, em um contexto escolar inserido em determinada comunidade socioeconômica e cultural. Ou seja: métodos não constroem um processo linear, mas, como consequência de muitos e vários fatores intervenientes, configuram-se como um processo de grande complexidade.

De um lado, o(a) alfabetizador(a) se distingue por características pessoais, tais como classe social, gênero, traços de personalidade, idade, variante linguística, e por experiências profissionais, como formação inicial e continuada, experiência no magistério, motivação e aptidão para o ensino, particularmente para a alfabetização.

De outro, os alfabetizandos também se distinguem por características pessoais – entre outras, classe social, gênero, idade, traços de personalidade, contexto familiar, domínio da língua oral, variante linguística –, e por experiências de aprendizagem prévia – convívio, ou não, com a língua escrita no ambiente da família e da comunidade, habilidades, conhecimentos, atitudes desenvolvidas em relação à escola e à língua escrita. Destaque-se, ainda, o impacto, em situação de aprendizagem coletiva, das diferenças individuais entre os alfabetizandos, tanto em relação às características pessoais quanto em relação às experiências de aprendizagem anteriores à alfabetização.

Essas peculiaridades de alfabetizador(a) e alfabetizandos afetam a interação que entre eles ocorre, e intervêm na prática dos métodos, que procuram fazer a mediação entre ensino e aprendizagem. Mais complexa se torna a situação de ensino e aprendizagem se se considera que ela ocorre inserida em determinado contexto escolar e em determinada comunidade.

Em primeiro lugar, ela ocorre em uma sala de aula com certo número de alunos, número que pode ser adequado, ou não, às necessidades e às possibilidades dos métodos de alfabetização, com espaço suficiente e adequado, ou não, às atividades previstas pelos métodos, com disponibilidade, ou não, de material didático e recursos necessários à prática dos métodos.

Em segundo lugar, a sala de aula em que se desenvolve a aprendizagem está inserida em uma escola que é de determinado tamanho, tem determinadas condições físicas e materiais, orienta-se por certo currículo e certa organização do tempo, é dirigida por determinado gestor, está sujeita a interferências positivas ou negativas de órgãos externos da administração educacional (distribuição de livros didáticos, paradidáticos, de literatura, avaliações externas da aprendizagem dos alunos) e em que impera determinado "clima", que possibilita e facilita, ou não, ações e iniciativas, e incentiva, ou não, alfabetizadores(as) e alfabetizandos.

Finalmente, a escola se situa em determinada comunidade, com certa composição social e étnica, um certo nível econômico, um grau maior ou menor de inserção na cultura letrada, determinadas expectativas em relação à escola e à escolarização.

São, pois, numerosos e complexos os fatores que podem intervir na prática de métodos de alfabetização – eles constituem *outras questões* que se acrescentam à *questão* dos métodos. Assim, os métodos que, na concepção adotada neste livro, são, de certa forma, proposições decorrentes de teorias, alteram-se na prática do(a) alfabetizador(a) – afinal, quem alfabetiza não são os métodos, mas o(a) alfabetizador(a), sendo ele/ela quem é, com o uso específico que faz dos métodos e com tudo que acrescenta a eles, e sendo os alfabetizandos aqueles que são, ocorrendo o processo nos contextos e nas condições em que ocorre. Segundo Allan Luke (1998: 312), em texto em que discute a *questão* de métodos de alfabetização, "um ensino eficiente não depende apenas da aprendizagem de um conjunto de métodos fundamentados cientificamente", e acrescenta: "isso só ocorreria se assumíssemos o axioma da lógica de 'todas as coisas permanecendo iguais'", mas, conclui ele, "nas escolas do Ocidente pós-industrial, 'todas as coisas nunca permanecem iguais'".

No entanto, a existência dessas outras questões não implica a invalidação ou desvalorização dos métodos. No quadro de uma concepção do processo de introdução da criança à escrita como ensino e aprendizagem de um conjunto de competências distribuídas por diferentes facetas da língua escrita, elucidadas por estudos e pesquisas na área das ciências linguísticas e relacionadas a diferentes domínios cognitivos por estudos e pesquisas na área da Psicologia, os métodos, fundamentados nesses vários estudos e pesquisas, mantêm, a despeito da interferência de fatores externos a eles, sua validade, se são solidamente construídos sobre o alicerce da análise do objeto a ser aprendido, a língua escrita, e dos processos cognitivos de aprendizagem desse objeto: métodos têm a importante função de propiciar ao ensino substrato científico e pedagógico que fundamente a prática, ao mesmo tempo que pode ser corrigido por ela, e de oferecer critérios para encaminhamentos e correção de rumos. Precisam, sim, adaptar-se à interferência dos fatores externos, de modo a respeitá-los ou a superá-los, mas não podem ser negados por causa deles. Retomando e ampliando o conceito anteriormente proposto: métodos de alfabetização são conjuntos de procedimentos fundamentados em teorias e princípios linguísticos e psicológicos, mas suficientemente flexíveis para que, na prática pedagógica, possam superar as dificuldades interpostas por fatores externos que interfiram na aprendizagem dos alfabetizandos.

Assim, reconhecendo que métodos não são **a** questão, mas **uma** das questões na aprendizagem inicial da língua escrita, e ainda que métodos devem fundamentar-se em pesquisas e teorias sobre essa aprendizagem, este livro, com o objetivo de esclarecer a *questão dos métodos*, apresenta uma revisão de alicerces teóricos de que se podem inferir métodos de alfabetização, isto é, métodos que orientem o desenvolvimento e a aprendizagem da *faceta linguística* da alfabetização, recorte essencial da aprendizagem inicial da língua escrita e da introdução da criança à cultura letrada.

Fases de desenvolvimento no processo de aprendizagem da escrita

Este capítulo tem os seguintes objetivos:

- caracterizar perspectivas sob as quais tem sido estudado o desenvolvimento da criança em seu processo de aprendizagem da escrita;
- apresentar diferentes teorias sobre as fases de desenvolvimento na aprendizagem da escrita;
- situar as relações entre leitura e escrita nas fases de desenvolvimento da criança em seu processo de aprendizagem da escrita;
- identificar paradigmas na análise do desenvolvimento na aprendizagem da escrita: paradigma construtivista e paradigma fonológico;
- identificar proximidades e diferenças entre as teorias e propostas de fases de desenvolvimento;
- sugerir a possibilidade de conciliação entre teorias que põem foco em diferentes aspectos da aprendizagem da língua escrita.

Segundo Vygotsky (1988: 106), "o processo de maturação prepara e possibilita um determinado processo de aprendizagem, enquanto o processo de aprendizagem estimula, por assim dizer, o processo de maturação e fá-lo avançar até certo grau". No caso da aquisição do sistema alfabético-ortográfico de escrita,[1] essa progressiva interação entre desenvolvimento e aprendizagem origina *fases* que resultam da ação recíproca entre causas *internas*, que geram o desenvolvimento, particularmente a maturação de processos cognitivos e processos linguísticos, da visão e da memória, e causas *externas*, que provocam a aprendizagem, fundamentalmente as experiências com a língua escrita no contexto sociocultural, e o ensino, seja informal, na família e em outras instâncias não escolares, seja formal, em instituições educativas. Aderindo a essa princípio de ação recíproca entre *desenvolvimento* e *aprendizagem*, neste capítulo, desde seu título, os dois termos são usados trazendo cada um em si a presença do outro.

São várias as teorias que identificam fases no desenvolvimento da criança, em seu processo cognitivo e linguístico de aquisição do sistema de escrita, processo que tem início antes mesmo de ela ser introduzida ao ensino formal da leitura e da escrita, como têm evidenciado pesquisadores do que tem sido denominado *letramento emergente*, desde a obra seminal, nessa área, organizada por Teale e Sulzby (1986a).[2] Segundo Tolchinsky (2003: 53), são pesquisadores que

> [...] passaram a considerar a leitura e a escrita não apenas como habilidades que deveriam ser ensinadas formalmente, mas também como um tipo de conhecimento que sofre processos de reorganização com a idade e a experiência, tal como ocorre em outros domínios do desenvolvimento como o conhecimento físico, linguístico ou matemático.

---

[1] Mais adequado seria, talvez, referir-se a *sistema alfabético e normas ortográficas*; no entanto, dada a estreita articulação entre o alfabético e o ortográfico, e os objetivos deste livro, que discute a aquisição, pela criança, da escrita alfabética e ortográfica, usa-se, aqui e em outras passagens, a expressão *sistema alfabético-ortográfico*.

[2] Na introdução desta obra, os organizadores (Teale e Sulzby, 1986a) apresentam um elucidativo histórico, a partir da segunda década do século XX, dos estudos e pesquisas sobre as relações da criança com a leitura e a escrita antes do início de aprendizagem formal; os autores atribuem a Marie Clay a criação, em obra de 1966, da expressão *letramento emergente*. Embora o histórico que apresentam não vá além, obviamente, da data de publicação da obra (1986), tem o mérito de contextualizar o que os autores consideram a "mudança de paradigma" que, nos anos 1960, representou uma nova perspectiva para a compreensão da natureza e importância do desenvolvimento da leitura e da escrita nos anos que precedem sua aprendizagem formal.

Similares em muitos aspectos, as teorias sobre o desenvolvimento da escrita na criança se diferenciam pela delimitação de fases no processo de desenvolvimento, pelo foco no *sistema de representação* ou no *sistema notacional* (cf. capítulo anterior), pela ênfase na leitura ou na escrita e ainda pelo critério utilizado para diferenciar as fases. Mencionam-se aqui as teorias mais consistentes e, talvez por isso, mais frequentemente citadas na bibliografia da área de alfabetização.[3]

A PERSPECTIVA SEMIÓTICA

Inicialmente, é preciso lembrar estudiosos e pesquisadores que adotam uma perspectiva do desenvolvimento de progressiva compreensão e aquisição do sistema alfabético mais ampla que aquela que aqui se define como *faceta linguística* da alfabetização, pois alargam o "linguístico" para o "semiótico". Já no início do século passado, Vygotsky, em texto sobre a *pré-história da linguagem escrita* de 1935,[4] a partir da concepção da escrita como "um sistema particular de símbolos e signos", constituindo-se, assim, em "um simbolismo de segunda ordem que, gradualmente, torna-se um simbolismo direto", afirma que a "única forma de nos aproximarmos de uma solução correta para a psicologia da escrita é através da compreensão de toda a história do desenvolvimento dos signos na criança" (Vygotsky, 1984: 120). Considera, então, como *pré-história da linguagem escrita*, os rabiscos, os desenhos, os jogos, a brincadeira do faz de conta – momentos iniciais do desenvolvimento da língua escrita em que, ao atribuir a objetos a função de signos, a criança constrói *sistemas de representação*, precursores e facilitadores da compreensão do *sistema de representação* que é a língua escrita. Segundo Vygotsky (1984: 131), "o brinquedo de faz de conta, o desenho e a escrita devem ser vistos como momentos diferentes de um processo essencialmente unificado de desenvolvimento da linguagem escrita".

---

[3] Teorias das fases no desenvolvimento-aprendizagem do sistema alfabético são discutidas mais amplamente em Juel (1991) e, mais recentemente, em Ehri (2005a).
[4] A expressão "pré-história da língua escrita" parece ter sido criada por Luria em 1929, que a usou antes de Vygotsky, em texto, adiante mencionado, em que relata pesquisa sobre estágios de desenvolvimento da escrita na criança (cf. Luria, 1988), pesquisa a que Vygotsky se refere, no texto em cujo título usa a expressão. Pode-se supor uma criação conjunta, já que Luria pertencia ao grupo de estudos e pesquisas coordenado por Vygotsky.

A perspectiva de Vygotsky, conclui-se, é fundamentalmente semiótica;[5] com base nessa perspectiva é que seu discípulo, Luria, aproxima-se da perspectiva linguística e organiza estágios na *pré-história da língua escrita*, como se verá adiante.

Antes, porém, convém lembrar que a perspectiva semiótica do desenvolvimento da língua escrita na criança continua presente seis décadas após a proposta de Vygostky (e também a de Luria), perspectiva assumida, no final dos anos 1990, por Gunther Kress (1996; 1997). No quadro de uma teoria sociossemiótica dos processos de representação, Kress (1996: 225) considera que "as crianças chegam à escrita como experientes produtoras de significados e de signos em qualquer meio que lhes esteja disponível". Sem explicitamente estabelecer fases no processo de desenvolvimento da criança, Kress (1997: 10) analisa "a transição do mundo rico de significados construído de inumeráveis maneiras, sob inumeráveis formas, nos anos iniciais das vidas das crianças, para o mundo sobretudo unidimensional da língua escrita". Essa análise busca a pré-história da aprendizagem da escrita, para usar a expressão de Vygotsky, identificando os princípios que regem a construção de significados pelas crianças, quando lançam mão de uma multiplicidade de formas de *representação*, por meio de diferentes tipos de interação com o mundo – não só por meio da visão, como na escrita, ou da audição, como na fala, mas também por meio do tato, do olfato, do paladar, dos sentimentos.

Como o foco deste tópico são as fases por que passa a criança em seu processo de desenvolvimento da faceta *linguística* da alfabetização – a compreensão e aquisição do sistema alfabético da escrita –, as perspectivas mais genericamente semióticas, e não estritamente linguísticas, que propõem estágios que antecedem aqueles referentes especificamente a formas de representação da cadeia sonora da fala na forma gráfica da escrita são apenas mencionadas, por meio das referências anteriormente

---

[5] Além da contribuição de Vygotsky para o entendimento da evolução da escrita na criança, tem sido também destacada por alguns pesquisadores a pertinência do conceito vygotskiano de *fala interior* para a compreensão do processo de leitura, particularmente de leitura silenciosa. Ver, para uma revisão e defesa da relação entre *fala interior* e leitura, Ehrich (2006).

feitas a duas teorias que, em dois momentos distanciados no tempo, são representativas de teorias semióticas do desenvolvimento da língua escrita: as teorias de Vygotsky e de Kress. No entanto, ainda que fazendo apenas referência a essas teorias, é preciso enfatizar que, particularmente para a educação infantil, elas assumem grande relevância por evidenciarem a importância, nesse nível da educação formal, do incentivo e orientação a processos de representação semiótica que preparem a criança para a compreensão da escrita como um *sistema de representação*: as brincadeiras de faz de conta, o desenho, os rabiscos, a representação icônica de seres, objetos, sentimentos, em geral não considerados como atividades de alfabetização, são, na verdade, integrantes do processo de desenvolvimento da língua escrita, por constituírem oportunidades de atribuição de signos a significados, e também com esse objetivo deveriam ser realizados, facilitando-se assim o processo de atribuição de signos aos sons da fala, ou seja, a conceitualização da escrita como um sistema não só de *representação*, mas também *notacional*.

Assumindo agora, naturalmente sem abandonar o quadro amplo de uma perspectiva semiótica, uma perspectiva mais restritamente linguística na análise das diferentes propostas e teorias que propõem fases no processo de desenvolvimento do sistema alfabético de escrita, uma das primeiras questões que se coloca é a modalidade da língua escrita privilegiada na determinação das fases: fases de desenvolvimento da leitura? Da escrita? De ambas? A maioria das teorias tem privilegiado a leitura, porque tem sido construídas sobretudo em países de língua inglesa, onde a leitura tradicionalmente é considerada o objeto principal do processo de alfabetização.[6] No entanto, aquela que, em uma perspectiva histórica, é talvez a primeira teoria proposta, a do psicólogo russo Alexander Luria (Luria, 1988), focaliza estágios de desenvolvimento **da escrita** na criança.

---

[6] O primeiro capítulo mencionou o foco na leitura, nos métodos de alfabetização; ver as notas 13 e 14 desse capítulo.

LURIA E O DESENVOLVIMENTO DA ESCRITA NA CRIANÇA

Na verdade, a teoria de Luria está mais próxima das teorias semióticas de Vygotsky e de Kress que de teorias propriamente linguísticas. Partindo do pressuposto de que, "quando uma criança entra na escola, ela já adquiriu um patrimônio de habilidades e destrezas que a habilitará a aprender a escrever em um tempo relativamente curto", Luria buscou "descrever os estágios que nós observamos quando uma criança desenvolve sua habilidade para escrever e os fatores que a habilitam a passar de um estágio para outro, superior" (Luria, 1988: 143-44). Para identificar esses estágios,[7] Luria solicitou a crianças de 3, 4 e 5 anos, que ainda não tinham aprendido a escrever, que relembrassem um certo número de palavras ou frases que lhes eram apresentadas, usando lápis e papel como apoio à memória. Os estágios foram identificados observando

> [...] em que extensão o pedaço de papel, o lápis e os rabiscos que [a criança] fazia no papel deixavam de ser simples objetos que a interessavam, brinquedos, por assim dizer, e tornavam-se um instrumento, um meio para atingir algum fim: recordar um certo número de ideias que lhe foram apresentadas. (Luria, 1998: 147-48)

Luria identificou um primeiro estágio em que as crianças "anotavam" as frases, que lhes eram apresentadas oralmente, por meio de rabiscos, garatujas com que tentavam imitar a escrita adulta, mas que não lhes serviam depois para recordar as frases; segundo Luria (1998: 150), uma *pré-escrita*, em que "o escrever está dissociado de seu objetivo imediato".

---

[7] Ao discorrer sobre cada uma das teorias, usa-se, para designar os diferentes momentos no processo de desenvolvimento da língua escrita, o termo adotado pelo proponente da teoria; no caso de Luria (1988), o termo *estágio*, que é o que aparece na tradução para o português . Seja qual for, porém, o termo adotado em diferentes teorias – *estágios*, *fases*, *etapas*, *níveis* –, não se pode atribuir a eles o sentido de sequência rígida, cada passo considerado requisito para o passo seguinte, o que não ocorre necessariamente: como todos os proponentes das teorias reconhecem, há ausências, há regressões, há superposições, pois os diferentes momentos não evoluem da mesma forma em todas as crianças nem em sequência rígida na mesma criança. Segundo Ehri e McCormick (2013: 343), o conceito de "fase caracteriza de forma menos restrita períodos de desenvolvimento, uma vez que uma fase pode sobrepor-se à fase seguinte, e o domínio de uma fase pode ser, ou não, pré-requisito para o avanço em direção à próxima fase". Assim, neste livro, em outras situações (quando não se está respeitando o termo adotado pelo proponente de um teoria), a opção é pelo termo *fase*, que tem conotação menos demarcada que os demais termos.

Em um segundo estágio, as crianças inscreviam marcas não diferenciadas na página, mas que lhes permitiam lembrar uma ou outra frase: para Luria (1998: 158), um "auxílio técnico não diferenciado à memória, o precursor da verdadeira escrita" – um precursor da escrita porque as marcas, embora não diferenciadas, já se aproximavam do signo. A diferenciação desses signos primários ocorria no estágio seguinte, em que as crianças usavam rabiscos curtos para registrar palavras e rabiscos longos e mais complexos para registrar frases, o que já evidenciava uma conexão entre a oralidade e a produção gráfica. Esse estágio, em que a marca gráfica refletia apenas a percepção da extensão e ritmo da cadeia sonora, evoluía para marcas que passavam a refletir o conteúdo de palavras e frases: o momento em que uma marca gráfica se tornava um signo. O desenho era usado como meio de recordar, não apenas como forma de reprodução de seres e objetos, aproximando-se de uma escrita pictográfica.

Luria (1998: 180) conclui que "a pré-história da escrita infantil descreve um caminho de gradual diferenciação dos símbolos usados". Como o que interessava a Luria era essa *pré-história*, a descrição do *caminho* que traça se interrompe quando as crianças atingem a idade de entrada na escola. Assim, ele não chega ao estágio da descoberta do princípio alfabético, apenas apresenta os estágios que a precedem e a fundamentam. Na verdade, são estágios predominantemente semióticos, razão pela qual foi dito inicialmente que a teoria de Luria está mais próxima das teorias semióticas de Vygotsky e de Kress que de teorias propriamente linguísticas. No entanto, como o ponto de chegada de Luria é o momento em que a criança entra na escola e tem início o ensino formal da língua escrita, os estágios predominantemente semióticos precedentes têm fundamental importância para a orientação desse ensino formal, que é essencialmente linguístico. O próprio Luria (1998: 188) destaca a importância do conhecimento dessa pré-história da escrita infantil para aqueles que se dedicam a alfabetizar as crianças:

> Antes que a criança tenha compreendido o sentido e o mecanismo da escrita, já efetuou inúmeras tentativas para elaborar métodos primitivos, e estes são, para ela, a pré-história de sua escrita. Mas mesmo estes mé-

todos não se desenvolvem de imediato, passam por um certo número de tentativas e invenções, constituindo uma série de estágios, com os quais deve familiarizar-se o educador que está trabalhando com crianças de idade escolar, pois isto lhe será muito útil.

A PERSPECTIVA PSICOGENÉTICA: FERREIRO E TEBEROSKY

De certa forma, é também para a pré-história da escrita infantil – se por pré-história entendermos o período que antecede o ensino formal da língua escrita – que se volta mais recentemente, nos anos 1970, a teoria de Ferreiro e Teberosky[8] sobre a conceitualização da escrita pela criança, com definição dos níveis[9] no processo de sua progressiva compreensão do sistema alfabético da escrita. No entanto, embora essa teoria e a de Luria analisem aproximadamente o mesmo período do processo de desenvolvimento da criança (crianças de 3 a 5 anos, na pesquisa de Luria, de 4 a 6 anos, na pesquisa de Ferreiro e Teberosky), diferenciam-se em relação ao **objeto de conhecimento** privilegiado: na pesquisa de Luria, o foco é posto nos grafismos utilizados pela criança para apoio à memória, ou seja, o objeto de conhecimento é uso da escrita pela criança como *instrumento*; na pesquisa de Ferreiro e Teberosky, o foco é posto nos processos cognitivos da criança em sua progressiva aproximação ao princípio alfabético de escrita, ou seja, o objeto de conhecimento é a escrita como *um sistema de representação*,[10] que as pesquisadoras analisam sob a perspectiva da psicogênese, no quadro da teoria piagetiana. Assim, graças à sua ênfase na compreensão, pela criança, da natureza do sistema de escrita, mais que em seu uso – no caso de Luria, em seu uso instrumental –, a teoria de Ferreiro e Teberosky traz uma contribuição fundamental para a discussão do tema deste livro, a faceta linguística da alfabetização.

---

[8] Toma-se aqui como base para a apresentação desta teoria a obra que inicialmente a sistematizou, de autoria de Ferreiro e Teberosky; posteriormente, Ferreiro retoma a teoria em vários textos, em alguns apresentando uma síntese esclarecedora dos níveis em três períodos, com detalhamento das etapas no desenvolvimento lógico da criança para a compreensão da escrita: ver Ferreiro (1985, 1990a, 1990b).

[9] Cf. nota 7: "nível" é o termo mais frequentemente utilizado em Ferreiro e Teberosky e em outras obras de Ferreiro.

[10] Apontam-se aqui as diferenças entre as teorias de Luria e Ferreiro; uma aproximação entre as duas teorias foi proposta por Rocco (1990), em seguida comentada e contestada por Ferreiro (1994, 1995).

Na obra em que propõem a teoria dos níveis de desenvolvimento no processo de conceitualização do sistema alfabético de escrita pela criança – teoria que, no contexto brasileiro, recebeu a designação de *psicogênese da língua escrita*, título da obra na tradução para o português[11] –, Ferreiro e Teberosky consideram ambas as faces da aprendizagem inicial da língua escrita: o desenvolvimento da leitura e a evolução da escrita (Luria, como se viu, considerou apenas esta última). No entanto, embora Ferreiro e Teberosky dediquem quatro capítulos à leitura e apenas um à escrita, os níveis de evolução desta última é que mais amplamente se difundiram, tanto no Brasil como em outros países. Talvez essa mais ampla difusão se explique pelo fato, reconhecido por Ferreiro (1990b: 25-6), de que

> [...] a conceitualização da atividade que chamamos **ler** é muito mais complexa do que a que chamamos **escrever**. A atividade de escrever tem um resultado observável: uma superfície na qual se escreve é transformada por causa dessa atividade; as marcas que disso resultam são permanentes, exceto se uma outra ação as destrua. Ao contrário, a atividade de ler não dá resultado: ela não introduz nenhuma modificação ao objeto que acaba de ser lido.

Ferreiro (1992: 75, nota de rodapé) reconhece mesmo o privilégio atribuído à escrita, na perspectiva construtivista, considerando-a

> [...] como ato mais completo e mais rico em oportunidades de enfrentar conflitos: toda escrita [...] supõe a leitura, mas não o inverso; como ato resultativo produz um objeto específico que transcende os limites temporais do ato e, por essa razão, permite confrontos que a leitura não permite etc.

---

[11] O título original da obra é *Los sistemas de escritura en el desarrollo del niño* (México: Siglo XXI, 1979). Segundo Ferreiro (1994: 72; 1995: 150; ênfase acrescentada), essa obra "**lamentavelmente** mudou de nome a cada tradução": em português, *Psicogênese da língua escrita*; em inglês, *Literacy before Schooling*; em italiano, *La costruzione della lingua scritta nel bambino*. Realmente, concordando com o advérbio utilizado por Ferreiro, o título original expressa mais precisamente a teoria proposta. Trinta anos depois da publicação do livro, Ferreiro reconhece que o título era, "à época, críptico e ainda de difícil assimilação" (Ferreiro, 2009: 12, nota de rodapé).

Assim, os níveis de evolução **da escrita**, captados por meio da produção de grafismos pelas crianças, são reconhecidos por pesquisadores e por professores mais facilmente que os níveis dos processos de leitura. Consequentemente, o grande número de pesquisas produzidas no Brasil a partir do final dos anos 1980, com base na "psicogênese da língua escrita", focalizam predominantemente a **escrita** das crianças, **não a leitura**; também na prática docente "construtivista",[12] o fio condutor tem sido os níveis de evolução **da escrita**.

Em relação à **leitura**, Ferreiro e Teberosky, por meio de investigações realizadas seguindo o método clínico piagetiano, identificaram a interpretação que as crianças, antes mesmo de que saibam ler, atribuem a aspectos formais do texto escrito: a quantidade e variedade de letras necessárias para que se possa ler uma palavra (com menos de três letras não se pode ler, com letras repetidas não se pode ler); a distinção entre desenho e texto; a relação entre desenho e palavras, entre desenho e orações; o reconhecimento das letras do alfabeto; a diferenciação entre números e letras, entre letras e sinais de pontuação; a orientação espacial da leitura; a separação entre palavras, na escrita; a interpretação de atos de leitura (silenciosa, oral); o reconhecimento de diferentes portadores de texto. Ao tratar de cada um desses aspectos, as autoras se orientam por uma perspectiva evolutiva, identificando níveis em cada um deles separadamente, não havendo, pois, propriamente uma teoria de níveis **da leitura** como um todo, mas de níveis de desenvolvimento em diferentes dimensões da relação da criança com a leitura.[13]

O mesmo não ocorre em relação à **escrita**. Tanto na obra que inicialmente propôs a teoria do desenvolvimento da criança em seu processo de construção do sistema de escrita (Ferreiro e Teberosky, 1986 – primeira edição de 1979) quanto em obras posteriores, particularmente de Ferreiro (1985, 1986b, 1992), são definidos explicitamente os níveis de desenvolvimento da escrita:[14]

---

[12] Sobre o emprego do adjetivo "construtivista", como também do substantivo "construtivismo", lembre-se da ressalva feita no primeiro capítulo, nota 8.

[13] Os níveis de algumas dessas dimensões da leitura são detalhadamente analisados no capítulo "A interpretação da escrita antes da leitura convencional" em Ferreiro (1986). Ver também Ferreiro (1990a, 1990b).

[14] Como já foi adiantado na nota 8, em alguns textos Ferreiro agrupa os níveis em três períodos (Ferreiro 1990a, 1990b).

- **Nível 1** – diferenciação entre as duas modalidades básicas de representação gráfica: o desenho e a escrita; uso de grafismos que imitam as formas básicas de escrita: linhas onduladas – garatujas, se o modelo é a escrita cursiva, linhas curvas e retas, ou combinação entre elas, se o modelo é a escrita de imprensa –; reconhecimento de duas das características básicas do sistema de escrita: a arbitrariedade e a linearidade.
- **Nível 2** – uso de letras sem correspondência com seus valores sonoros e sem correspondência com as propriedades sonoras da palavra (número de sílabas), em geral respeitando as hipóteses da quantidade mínima (não menos que três letras) e da variedade (letras não repetidas), nível a que se tem atribuído a designação de *pré-silábico*.[15]
- **Nível 3** – uso de uma letra para cada sílaba da palavra, inicialmente letras reunidas de forma aleatória, sem correspondência com as propriedades sonoras das sílabas, em seguida letras com valor sonoro representando um dos fonemas da sílaba: *nível silábico*.
- **Nível 4** – passagem da hipótese silábica para a alfabética, quando a sílaba começa a ser analisada em suas unidades menores (fonemas) e combinam-se, na escrita de uma palavra, letras representando uma sílaba e letras já representando os fonemas da sílaba: *nível silábico-alfabético*.[16]

---

[15] Ferreiro e Teberosky (1985), e Ferreiro, em textos em que retoma os níveis de desenvolvimento da escrita (1985, 1986b, 1987), não nomeiam este nível, como fazem em relação aos níveis seguintes, o que levou o discurso educacional a adotar para ele a denominação *pré-silábico*, a qual Ferreiro ela mesma, em obra posterior, considera imprópria, alegando que a denominação *caracteriza negativamente o que eu gostaria de caracterizar positivamente* (Ferreiro, 2001: 94). A impropriedade dessa denominação foi apontada por vários estudiosos, entre eles Cagliari (1998) e Moreira (2009b: 373), para quem a expressão "pré-silábico" "não consegue dizer nada a respeito da concepção da escrita pela criança nessa fase, senão reafirmar a importância da fase posterior". No entanto, embora concordando com sua impropriedade, a denominação "pré-silábico" para o nível que antecede o nível *silábico* é utilizada no decorrer deste livro, já que nomear este nível se torna necessário para as reflexões que a seguir são feitas: prefere-se assumir a denominação já incorporada a criar uma nova, o que permite a fácil identificação do nível referido.

[16] Ferreiro (2013: 65) aprofunda o estudo do nível silábico-alfabético, identificando "formas peculiares e próprias de analisar as sílabas em função da escrita no momento da crise da hipótese silábica", reveladas em resultados de pesquisas que mostram, nas tentativas de escrita da criança nesse momento, *alternâncias* e *desordens com pertinência* de focalizações cognitivas ("centrações cognitivas") dos elementos internos da estrutura silábica. Nesse texto, Ferreiro propõe interessante analogia entre a escuta das sílabas pelas crianças e a escuta de acordes musicais.

- **Nível 5** – *escrita alfabética* que, segundo Ferreiro e Teberosky (1986: 213; ênfase acrescentada), é o *final* do processo de compreensão do sistema de escrita:

    A escrita alfabética constitui **o final desta evolução**. Ao chegar a este nível, a criança já franqueou a "barreira do código"; compreendeu que cada um dos caracteres da escrita corresponde a valores sonoros menores que a sílaba, e realiza sistematicamente uma análise sonora dos fonemas das palavras que vai escrever.

A partir desse momento, segundo as pesquisadoras, a criança pode enfrentar dificuldades em relação à *ortografia*, não ao *sistema de escrita*. Em outras palavras, a criança compreendeu o *princípio alfabético*: compreendeu que, na escrita alfabética, as palavras são representadas por combinações de grafemas (letras) e que essas notações representam fonemas.

A teoria dos níveis de leitura e de escrita de Ferreiro e Teberosky tem como quadro de referência a teoria do desenvolvimento cognitivo de Piaget, e por isso é uma teoria não propriamente de *aprendizagem*, mas de *apropriação do conhecimento*:

> Dizemos **apropriação de conhecimento**, e não aprendizagem de uma técnica. Com tudo o que essa apropriação significa, aqui como em qualquer outro domínio da atividade cognitiva: um processo ativo de **reconstrução** por parte do sujeito que não pode se apropriar verdadeiramente de um conhecimento senão quando compreendeu seu **modo de produção**, quer dizer, quando o reconstituiu internamente. (Ferreiro e Teberosky, 1986: 275)

Os níveis de apropriação do sistema alfabético, na perspectiva construtivista, são, pois, identificados a partir da perspectiva **da criança**, de hipóteses e conceitos que ela vai construindo em sua interação com o objeto "escrita": "o ponto de partida de toda aprendizagem é o próprio sujeito (definido em função de seus esquemas assimiladores à disposição) e não o conteúdo a ser abordado" (Ferreiro e Teberosky, 1986: 29) Assim, nessa perspectiva, a apropriação pela criança do *princípio alfabético*, dimensão fundamental da *faceta linguística* da alfabetização, é esperada como um subproduto de suas "explorações ativas dos distintos tipos de objetos materiais que são portadores de escrita" (Ferreiro, 1992: 73). Pode-se dizer, introduzindo um termo que não está presente na teoria construtivista (cf. nota 16 do primeiro capítulo), que o desenvolvimento da faceta linguística da alfabetização, no quadro dessa teoria, é considerado, de certa forma, como uma decorrência do *letramento*: da introdução da criança às outras facetas do processo de apropriação da língua escrita – a faceta interativa e a faceta sociocultural. Entretanto, os níveis definidos tanto para a leitura quanto para a escrita indicam as etapas por que passa a criança para a compreensão da escrita alfabética como um *sistema de representação*, isto é, referem-se especificamente a um aspecto da faceta linguística da alfabetização, razão pela qual mencionou-se, anteriormente, a contribuição que a teoria construtivista dos níveis traz para o entendimento dessa faceta – contribuição relevante, que será explicitada mais adiante.

A "ESCRITA INVENTADA": READ E BISSEX

Significativamente e por coincidência na mesma época em que foi desenvolvida, na Argentina, a pesquisa relatada na obra de Ferreiro e Teberosky (final dos anos 1970), Glenda Bissex publicava, nos Estados Unidos, em obra de significativa repercussão na área dos estudos sobre a aprendizagem inicial da língua escrita, o relato do processo de desenvolvimento da leitura e da escrita por seu filho, dos 4 aos 11 anos: *Gnys at Wrk: a Child Learns to Write and Read* (Bissex, 1980) – "*Gnys at Wrk*" é uma referência à escrita de uma advertência que a criança colocara em sua mesa de estudo: "*Genius at work*". Diferentemente, porém, de Ferreiro e Teberosky, que organizam o desenvolvimento da criança em níveis de progressiva apropriação do sistema alfabético, Bissex analisa o desenvolvimento da leitura e da escrita pela criança de forma mais genérica, inserindo-a em "padrões" mais gerais do crescimento humano e da aprendizagem:

Aprender a escrever e ler são processos configurados por padrões mais amplos de crescimento humano e aprendizagem: a aquisição de universais antes de específicos culturais, o desenvolvimento a partir do global em direção ao diferenciado e integrado, e o movimento para fora, para além do imediato no tempo e no espaço e para além de nossa perspectiva pessoal – o que Piaget chamou "descentração". (Bissex, 1980: 200)

Assim, segundo Bissex, a criança começa por ler e escrever *universais* – desenhos e garatujas – antes de reconhecer *específicos culturais* – as letras –; desenvolve a escrita por um processo de progressiva *diferenciação* e *integração* – da associação de quaisquer letras a um significado à associação entre letras específicas e seus correspondentes sons na língua oral –; e avança em um movimento para além do imediato no tempo e no espaço e para além da perspectiva pessoal – a descoberta da escrita como fonte de informação, como meio de interação com o outro, como forma de superação do tempo e do espaço.

Glenda Bissex analisou o desenvolvimento, em seu filho, de uma *escrita inventada*, para a qual foi despertada por pesquisa realizada no início dos anos 1970 por Charles Read (1971, 1975),[17] o primeiro pesquisador a identificar a importância, para a compreensão do desenvolvimento da criança em suas relações com a escrita, da grafia que ela "inventa" quando ainda não aprendeu a escrita convencional, e escreve estabelecendo correspondências entre fonemas e grafemas segundo a percepção que tem dos sons da língua e seu conhecimento das letras do alfabeto.[18]

Já em 1971, Read, tendo analisado *escritas inventadas* produzidas espontaneamente por pouco mais de 20 crianças de 3 a 6 anos, identificou, nessas escritas, a presença de um sistema fonológico uniforme, o que evidencia o processo de compreensão do sistema de escrita pela criança:

---

[17] Na mesma época, e reportando-se a Read (1971), Carol Chomsky publica o artigo "Write First, Read Later" (Primeiro escrever, depois ler), enfatizando a importância, no processo de aprendizagem da língua escrita pela criança, da *escrita criativa*, que, segundo ela, deveria preceder a aprendizagem da leitura (C. Chomsky, 1971 e 1979). Também na mesma época Marie Clay publica o livro *What Did I Write?* (O que eu escrevi?), em que analisa exemplos de escrita infantil e discute seu significado no processo de desenvolvimento da criança (Clay, 1975).

[18] Ferreiro e Teberosky (1986: 274), embora fundamentem o estudo da psicogênese da língua escrita em "produções espontâneas" de crianças, não as consideram *escrita inventada* – ver, a este respeito, a nota seguinte.

O que é significativo, mesmo a partir de tão poucos casos, é que cada criança chegou aproximadamente ao mesmo sistema, usando certas grafias que parecem implausíveis aos pais e professores, mas que podem ser explicadas em termos das hipóteses sobre a organização que implicitamente a criança faz dos sons do inglês. (Read, 1971: 4)

Segundo Zutell (2008: 190), os estudos de Read tiveram, no início dos anos 1970, impacto significativo sobre a compreensão do desenvolvimento da escrita na criança, porque foi então que

[...] começamos a compreender que as crianças não propriamente reproduzem escritas, mas as inventam. A escrita independente das crianças passou a ser vista não mais como erros que poderiam interferir na aprendizagem das formas corretas, mas sim como explorações por meio das quais a aprendizagem avança.

OS ESTÁGIOS DE DESENVOLVIMENTO SEGUNDO GENTRY

Embora tanto Read quanto Bissex tenham identificado, na produção das crianças, a evolução de *escritas inventadas* em direção à escrita convencional – Bissex nas escritas de seu filho, dos 4 aos 11 anos, portanto, em uma pesquisa longitudinal; Read nas escritas de crianças de várias idades, dos 3 aos 6 anos, portanto, em uma pesquisa transversal – ambos não organizam explicitamente o desenvolvimento da escrita em fases. Foi Richard Gentry (1982) que, logo após a publicação do livro de Bissex, propôs a organização dos dados que ela apresenta em estágios de desenvolvimento, sobre os quais vinha investigando desde o final dos anos 1970, ele também a partir da análise de *escritas inventadas* de crianças.[19]

---

[19] Read, Bissex e Gentry usam a expressão "escrita inventada" (*invented spelling*); Read, em obra posterior (1986) usa também "escrita criativa" (*creative spelling*); nas várias pesquisas que se desenvolveram a partir dos anos 1980, motivadas pela percepção que teve Read da importância da "escrita inventada" para a compreensão do desenvolvimento da escrita na criança, são usadas ainda as expressões "escrita temporária" e "escrita espontânea". Esta última expressão é a que se difundiu no Brasil, a qual, no entanto, não parece adequada, já que nem sempre a criança produz a escrita espontaneamente, mas, ao contrário, responde a solicitações do adulto: se Bissex e Read analisaram escritas espontâneas, Ferreiro e Teberosky analisaram produções provocadas em situações clínicas (no quadro de método clínico piagetiano), em contexto de pesquisa, enquanto Gentry solicita escritas

À época, os estágios definidos por Gentry (1982), e pelos quais classificou os dados de Bissex, eram: um primeiro *estágio pré-comunicativo*, em que a criança usa aleatoriamente letras que conhece, incluindo às vezes também números, sem noção de correspondências som-letra; um *estágio semifonético*, em que as palavras são representadas por apenas algumas letras, mas estas já escolhidas segundo seu valor sonoro; um *estágio fonético*, em que a criança "inventa" um sistema ortográfico que representa toda a estrutura fonológica da palavra, mas com desconhecimento das sequências aceitáveis de letras e de outras convenções da língua; em seguida, e em geral quando tem início a aprendizagem formal da língua escrita, um *estágio de transição*, de uma escrita de base exclusivamente fonológica para uma escrita com apoio sobretudo em representações visuais e morfológicas; finalmente, o *estágio convencional*, em que a criança, por meio de experiências frequentes de escrita e de ensino formal, passa a dominar o sistema ortográfico da língua e suas regras básicas. Nessa época, Gentry, em coautoria com professora alfabetizadora, escreveu obra orientando o ensino da língua escrita de acordo com esses estágios: Gentry e Gillet (1993).

Posteriormente, Gentry (2004) propôs uma "escala de escrita" (*writing scale*) que, ao contrário de sua primeira proposta, com a qual analisou a escrita inventada documentada por Bissex, põe o foco no alfabético, não no fonético, o que fica claro na própria terminologia que passa a usar:

- **Nível 0** – *escrita não alfabética*, que se expressa por garatujas e traços que não representam letras.
- **Nível 1** – *estágio pré-alfabético*, em que letras são usadas de forma aleatória, sem correspondência com os sons que representam.
- **Nível 2** – *estágio parcialmente alfabético*, em que letras são usadas para representar sons, mas, dado o ainda precário conhecimento das correspondências entre fonemas e letras, as representações são apenas parciais.

---

a crianças em situações escolares; em pesquisas sobre as primeiras produções de crianças, a escrita é quase sempre resultado de ditado de palavras. A expressão mais frequente na literatura da área é *escrita inventada*, que designa o comportamento da criança que *inventa* um uso para as correspondências fonema-grafema, quer espontaneamente, quer em resposta à solicitação do adulto. A *escrita inventada* voltará a ser discutida no capítulo "Consciência fonêmica e alfabetização".

- **Nível 3** – *estágio plenamente alfabético*, em que virtualmente todos os fonemas de uma palavra são representados, mas ainda com desconhecimento das convenções ortográficas.
- **Nível 4** – *estágio alfabético consolidado*, em que se consolida o domínio dos padrões ortográficos e a plena compreensão de como o sistema funciona.

Em decorrência de sua orientação fundamentalmente pedagógica, os níveis de desenvolvimento de Gentry deram origem a um teste para a identificação dos níveis em que se encontram crianças em processo de alfabetização (Gentry, 2007a) e têm se traduzido, em suas obras, em propostas didáticas para o ensino inicial da língua escrita (Gentry, 2006, 2007b).

Uma comparação entre as fases de desenvolvimento da escrita na criança identificadas por Ferreiro[20] e por Gentry evidencia uma quase equivalência, de modo que as pesquisas de ambos, embora desenvolvidas independentemente, sem remissões entre os pesquisadores, e em línguas diferentes (espanhol e inglês), reforçam-se mutuamente:

Quadro 1 – Fases de desenvolvimento da escrita, segundo Ferreiro e Gentry

FERREIRO		GENTRY	
Nível 1	garatuja	Nível 0	não alfabético
Nível 2	pré-silábico	Nível 1	pré-alfabético
Nível 3	silábico	Nível 2	parcialmente alfabético
Nível 4	silábico-alfabético		
Nível 5	alfabético	Nível 3	plenamente alfabético
		Nível 4	alfabético consolidado

Em virtude da complexa natureza ortográfica da língua inglesa, como se verá no capítulo seguinte, Gentry identificou como um só estágio –

---

[20] Embora a pesquisa que deu origem à teoria da psicogênese da língua escrita tenha sido desenvolvida por Ferreiro e Teberosky no final da década de 1970, coube sobretudo a Ferreiro dar continuidade à investigação e à sua divulgação, por meio de publicações (Ferreiro, 1985, 1986b, 1990a, 1992, 2000a, 2001) e outras atividades acadêmicas, sendo hoje geralmente atribuída apenas a ela a teoria dos níveis de desenvolvimento da escrita na criança. Por essa razão, a partir deste ponto, neste livro, as referências a essa teoria mencionam unicamente Ferreiro.

parcialmente alfabético – os dois níveis – *silábico* e *silábico-alfabético* – que Ferreiro pôde discriminar nas escritas inventadas de crianças, em línguas em que a ortografia é mais transparente – o espanhol, o português. Por outro lado, Gentry avançou até o estágio de domínio ortográfico – *alfabético consolidado* – que Ferreiro não inclui como um nível, pois considera que, chegando ao *nível alfabético* (*plenamente alfabético*, para Gentry), a criança já terá se apropriado do sistema *alfabético*, cabendo ao ensino formal orientá-la nas dificuldades em relação ao sistema *ortográfico* (Ferreiro e Teberosky, 1986: 213).

Outras teorias sobre as fases na aquisição do sistema de escrita pela criança diferenciam-se das teorias de Ferreiro e Gentry por alguns aspectos fundamentais: tomam como objeto de estudo especificamente as características do sistema alfabético e as estratégias que elas de certa forma impõem à aprendizagem desse sistema, enquanto as teorias de Ferreiro e Gentry (como também a de Luria) tomam como objeto de estudo a criança, suas hipóteses e conceitos sobre esse sistema; privilegiam a leitura, enquanto as teorias de Ferreiro e Gentry privilegiam a escrita; baseiam-se em pesquisas sobre o processo de leitura em leitores maduros e em investigações experimentais com crianças e jovens, enquanto as teorias de Ferreiro e Gentry baseiam-se em pesquisas com crianças ainda não alfabetizadas, por meio de provocação para a produção de *escritas inventadas*.

Entre essas muitas outras teorias existentes, destacam-se, por sua contribuição à compreensão da faceta linguística da alfabetização, a teoria de Frith (1985) e a de Ehri (1999, 2005a, 2005b).[21] Essas duas teorias devem, porém, ser consideradas não propriamente como de desenvolvimento, mas sobretudo de aprendizagem, já que se referem mais especificamente à escrita da criança no período da aprendizagem resultante de ensino formal.

---

[21] Os limites impostos a este capítulo impedem uma revisão das várias teorias que propõem fases no desenvolvimento da leitura. Cabe, porém, mencionar pelo menos a teoria de estágios no desenvolvimento da leitura de Jeanne Chall (1979, 1983), pela repercussão que essa pesquisadora teve na área da leitura nos países de língua inglesa, sobretudo após a obra em que analisou a polêmica dos métodos nos Estados Unidos nos anos 1960, obra que se tornou um "clássico": *Learning to Read: the Great Debate* (Chall, 1967). A teoria dos estágios de Chall não é incluída no corpo deste livro porque foi construída a partir dos métodos em uso nas escolas, do material destinado à alfabetização, de experiências em clínica de leitura, e não a partir de pesquisas, e, talvez por isso, assume um tom mais prescritivo que propriamente descritivo.

AS FASES DE DESENVOLVIMENTO SEGUNDO FRITH

A teoria de Uta Frith sobre o processo de aquisição da leitura e suas fases, frequentemente citada em pesquisas e textos acadêmicos nos anos 1980 e 1990, foi proposta pela pesquisadora apenas como um quadro de referência para a discussão das dificuldades de aprendizagem da leitura na dislexia de desenvolvimento, tema de suas investigações: "para implementar uma abordagem evolutiva [da dislexia de desenvolvimento], é necessário encontrar uma teoria que nos auxilie a conceber a sequência da aquisição normal da leitura" (Frith, 1985: 305). Frith divide o desenvolvimento da leitura em três fases, identificadas pelas estratégias que a criança usa em cada uma delas:

- **Fase 1** – *habilidades logográficas*: a criança reconhece imediatamente palavras familiares, com base em aspectos gráficos salientes ou em pistas contextuais e pragmáticas; a ordem das letras e suas correspondências fonológicas são inteiramente ignoradas.
- **Fase 2** – *habilidades alfabéticas*: a criança conhece e usa as correspondências fonema-grafema; a ordem das letras é decisiva, as palavras são decodificadas grafema por grafema, sequencialmente.
- **Fase 3** – *habilidades ortográficas*: a criança analisa as palavras em unidades ortográficas (idealmente correspondentes a morfemas), sem conversão fonológica.

Embora definindo fases no desenvolvimento da leitura de forma bastante genérica, Frith, talvez pela primeira vez em relação a propostas anteriores de fases no desenvolvimento do processo de aquisição do sistema alfabético-ortográfico, inclui, em sua teoria das fases, "**a** principal divisão das habilidades de alfabetização em componentes de entrada e de saída, o reconhecimento de palavras (leitura) e a produção de palavras (escrita)" (Frith, 1985: 310). Em tópico posterior deste capítulo, dedicado especificamente às relações entre o desenvolvimento da leitura e o desenvolvimento da escrita, a proposta de Frith sobre essas relações será retomada.

AS FASES DE DESENVOLVIMENTO SEGUNDO EHRI

Tal como Frith, também Ehri considera as relações entre a aprendizagem da leitura e a aprendizagem da escrita, como se verá no tópico anteriormente mencionado, mas, também como Frith, o foco em sua teoria do desenvolvimento da escrita na criança é posto na leitura – na leitura **de palavras**, porque, segundo ela,

> [...] as palavras são as unidades básicas que os olhos dos leitores identificam e processam, para construir o significado do texto escrito. A chave para compreender como a habilidade de leitura se desenvolve é a compreensão de como iniciantes aprendem a reconhecer palavras escritas com precisão e automaticamente. (Ehri, 2005: 168)

Tendo inicialmente assumido a teoria do desenvolvimento da escrita em três fases proposta por Frith (Ehri, 1991, 1994), Ehri alterou-a e ampliou-a posteriormente (Ehri, 1997, 1999), sobretudo em relação a dois aspectos.

Em primeiro lugar, Ehri julga impróprio o termo "logográfico", que, segundo ela, não se aplica a escritas alfabéticas, sendo, portanto, inadequado considerar estratégias logográficas como uma fase no processo de aquisição de uma escrita alfabética; propõe, assim, a designação *fase pré-alfabética* para o passo inicial desse processo. E justifica: "Denominei os níveis tomando como referência o conhecimento do sistema alfabético pelo estudante, porque essa é a capacidade-chave que distingue entre os níveis e fundamenta o desenvolvimento" (Ehri, 1997: 253). Como se pode inferir, Ehri toma como critério para analisar o processo de aprendizagem do sistema de escrita o **objeto** do conhecimento – o sistema alfabético –, enquanto nas teorias anteriormente apresentadas predomina, como critério de análise e definição das fases, as relações do **sujeito** com esse objeto.

Em segundo lugar, considerando também inadequado o termo "ortográfico", por receber, entre os pesquisadores, diferentes significados e, portanto, ser muito amplo e ambíguo,[22] e ainda por ter uma relação apenas marginal

---

[22] A restrição de Ehri ao uso do termo "ortográfico" se explica porque, na bibliografia de língua inglesa, *orthography* e *orthographic* são palavras usadas tanto para designar a escrita de acordo com as normas e convenções, portanto, considerada correta, quanto para designar formas de representação escrita de palavras, inclusive formas incorretas do ponto de vista de normas e convenções. Também em português as palavras *ortografia* e *ortográfico* têm esses dois sentidos; esta questão semântica será retomada no capítulo "O efeito de regularidade sobre a leitura e a escrita", em tópico sobre a escrita ortográfica.

com o fonológico (a pesquisadora refere-se à ortografia da língua inglesa, em que são muito complexas as relações entre o fonológico e o ortográfico), Ehri propõe uma *fase alfabética consolidada* como passo final no processo de desenvolvimento.[23]

Dessa forma, por tomar como critério para identificação das fases de desenvolvimento da escrita as relações entre o fonológico e o alfabético, a teoria de Ehri contribui significativamente para a compreensão da aprendizagem da faceta linguística da alfabetização, tema deste livro. São as seguintes as fases na teoria de Ehri (1991, 1997, 1999, 2005a, 2005b):

Fase pré-alfabética (pré-comunicativa) – a criança "lê" palavras basicamente apoiando-se em pistas visuais ou contextuais; eventualmente, pode apoiar-se em letras, em geral as letras de seu próprio nome, mas estas são reconhecidas como formas gráficas, não como representação de sons da fala. Exemplos são a "leitura" de logomarcas como McDonalds, Coca-Cola, não por decodificação, mas por reconhecimento do "desenho" dessas palavras – traçado das letras e símbolos visuais – e ainda pelo contexto em que são encontradas.[24]

Fase parcialmente alfabética – a criança torna-se capaz de estabelecer algumas relações entre escrita e pronúncia, como decorrência de aprendizagem do valor sonoro de certas letras, particularmente daquelas cujo nome contém claramente o fonema percebido na pronúncia da palavra. Ehri, como Frith, considera que a passagem da fase pré-alfabética (logográfica, na terminologia de Frith) para a fase alfabética, de que a fase parcialmente alfabética é o primeiro passo, é provocada sobretudo pela sensibilidade que a criança vai desenvolvendo aos sons das palavras e sua relação com as letras; a criança, não tendo ainda domínio do sistema alfabético, utiliza, como pistas para a leitura, apenas algumas letras correspondentes aos sons mais salientes da palavra, particularmente as consoantes e vogais cujos nomes são

---

[23] Uma rica reflexão sobre estratégias logográficas, alfabéticas e ortográficas no desenvolvimento da leitura se encontra em J. Morais, no interessante diálogo imaginário que esse autor constrói entre eminentes pesquisadores – reais – da aprendizagem da leitura, entre eles, Linnea Ehri; as fases propostas por essa pesquisadora e também as propostas por Uta Frith são aí submetidas à análise e confrontadas. Ver pp. 185-95 da tradução da obra (1996), pp. 194-205 do original (1994).
[24] A fase *pré-alfabética* caracterizada por Ehri é identificada em adultos brasileiros não alfabetizados em pesquisa relatada em Cardoso-Martins, Rodrigues e Ehri (2003).

percebidos nas palavras. Nesta fase, a criança, quando tenta ler, prende-se a representações parciais das palavras, pronunciando fonemas correspondentes às letras que conhece.

Fase plenamente alfabética – como consequência sobretudo do desenvolvimento da consciência fonêmica, para o qual o ensino explícito das correspondências fonema-grafema contribui fundamentalmente, a criança passa a dominar a maior parte dessas correspondências, e sabe segmentar as palavras nos fonemas que as constituem, tornando-se capaz, assim, de ler quaisquer palavras, mesmo as desconhecidas e pseudopalavras, e de escrever palavras representando todos os fonemas, ainda que de forma incorreta, do ponto de vista das normas e convenções.

Fase alfabética consolidada – nesta fase, a identificação de sequências de letras que representam unidades grafofonêmicas e morfemas predomina sobre a identificação no nível grafema-fonema, como ocorre nas duas fases precedentes; ao ler, o leitor reconhece unidades maiores que o grafema: morfemas; sílabas; nas sílabas, o ataque e a rima; prefixos e sufixos; terminações recorrentes nas palavras. É nesta fase que a leitura se torna automática e fluente, e o leitor se libera da decodificação para concentrar-se na compreensão do que lê.[25]

FASES DE DESENVOLVIMENTO SEGUNDO EHRI E FERREIRO: PROXIMIDADES E DIFERENÇAS

Um confronto entre as fases de desenvolvimento de Ehri e os níveis de desenvolvimento de Ferreiro revela uma parcial correspondência:

---

[25] Em texto recente, Ehri (2014: 8) sintetiza em um quadro, de forma abrangente e precisa, as habilidades de leitura e escrita que caracterizam cada uma das fases. Convém acrescentar que, em artigo sobre a implicação das fases de desenvolvimento da escrita para a alfabetização de crianças com dificuldades de aprendizagem, Ehri e McCormick (2013) incorporam uma última fase, buscada em Chall (1983): *fase alfabética automática*, em que a criança identifica palavras, familiares ou infrequentes, automaticamente e com rapidez, ou seja, momento em que a leitura e a escrita se tornam fluentes e proficientes.

Quadro 2 – Fases de desenvolvimento da escrita, segundo Ferreiro e Ehri

FERREIRO		EHRI	
Nível 1	garatuja		
Nível 2	pré-silábico	Fase 1	pré-alfabética
Nível 3	silábico	Fase 2	parcialmente alfabética (semifonética)
Nível 4	silábico-alfabético		
Nível 5	alfabético	Fase 3	plenamente alfabética
		Fase 4	alfabética consolidada

As correspondências propostas no quadro, embora sugiram uma proximidade entre as duas teorias de desenvolvimento da escrita, diferenciam-se não só pela concepção e consequente delimitação das fases, mas também, e sobretudo, pelos pressupostos em que se fundamentam.

Ferreiro, fundamentando-se na psicogênese da língua escrita, toma como critério, na identificação das fases de desenvolvimento da escrita, as hipóteses da criança em sua progressiva aproximação ao princípio alfabético de escrita, definindo como objetivo de seus estudos "a compreensão da evolução dos sistemas de ideias que as crianças constroem sobre a natureza do objeto social que é o sistema de escrita" (Ferreiro, 1990a: 13). Por outro lado, Ehri toma como referência, para delimitação das fases, o grau de conhecimento do sistema alfabético pela criança, com o objetivo de identificar as conexões que vão sendo estabelecidas entre os sons das palavras e sua representação alfabética, uma vez que, e repetindo citação feita anteriormente, "o conhecimento do sistema alfabético [...] é a capacidade-chave que distingue entre os níveis e fundamenta o desenvolvimento" (Ehri, 1997: 253). Segundo Cardoso-Martins e Corrêa (2008), Ferreiro fundamenta-se no *paradigma construtivista*, Ehri fundamenta-se no *paradigma fonológico*; essas autoras definem assim os dois paradigmas:

> O paradigma construtivista baseia-se no pressuposto de que o desenvolvimento da escrita é, em grande parte, determinado por mudanças na capacidade lógica da criança. [...] O paradigma fonológico, por outro lado, baseia-se no pressuposto de que a principal tarefa da criança ao aprender a ler e escrever consiste em compreender que as letras representam sons na pronúncia das palavras. (Cardoso-Martins e Corrêa, 2008: 279)

São diferentes paradigmas que lançam sobre o desenvolvimento e a aprendizagem da língua escrita diferentes olhares; segundo ainda Cardoso-Martins e Corrêa (2008: 279), enquanto o *paradigma construtivista* procura "descrever as hipóteses que a criança constrói sobre a natureza da escrita", o *paradigma fonológico* pesquisa a "relação entre o desenvolvimento do conhecimento das correspondências letra-som e da consciência fonológica, por um lado, e o desenvolvimento da escrita, por outro lado".[26] Pode-se dizer que o paradigma construtivista privilegia o conceito de escrita como *sistema de representação*, enquanto o paradigma fonológico privilegia o conceito de escrita como *sistema notacional*. Essa diferença de foco na análise de um mesmo processo fica evidente no confronto entre a concepção dos níveis ou fases em Ferreiro e Ehri.[27]

Assim, ao nível pré-alfabético de Ehri, corresponde o nível pré-silábico de Ferreiro. Nestas fases, tanto de leitura quanto de escrita, a criança ainda não tem conhecimento do sistema alfabético: embora possa conhecer algumas letras, ainda não sabe que às letras correspondem os sons da fala. Para Ehri (1997: 253), no quadro do paradigma fonológico, "porque as habilidades de leitura e escrita alfabéticas das crianças são limitadas ou inexistentes, seu êxito aqui [na fase pré-alfabética, pré-comunicativa] provavelmente exerce pouco impacto sobre o progresso no nível seguinte". Para Ferreiro, no entanto, sob a perspectiva do paradigma construtivista,[28] essa fase é, ao contrário, significativa no processo de desenvolvimento,

---

[26] Pollo, Treiman e Kessler (2008b) acrescentam, aos paradigmas construtivista e fonológico, uma terceira perspectiva, *aprendizagem estatística*: a escrita inicial das crianças reflete também padrões estatísticos a que são expostas nos textos com que convivem (letras e sílabas que ocorrem com maior frequência na ortografia da escrita que aprendem). A este respeito, ver também Pollo, Kessler e Treiman (2009) e, para uma revisão de pesquisas sobre *aprendizagem estatística* na leitura e na escrita, Kessler (2009). Pesquisa de Kessler et al. (2013) investiga a presença de padrões estatísticos na escrita pré-fonológica de crianças pré-escolares brasileiras.

[27] Na verdade, o mesmo paradigma fonológico que orienta Ehri orienta também outros pesquisadores do desenvolvimento e aprendizagem da língua escrita citados anteriormente: Bissex, Read, Frith; elege-se aqui Ehri como representante desse paradigma, no paralelo com o paradigma construtivista representado por Ferreiro, por se considerar sua teoria de base fonológica mais completa e detalhada que as demais. No capítulo "Consciência fonêmica e alfabetização", no tópico sobre "A *escrita inventada* no processo de compreensão do princípio alfabético", o paralelo entre os dois paradigmas será de novo mencionado.

[28] Seria talvez mais adequado denominar o paradigma que fundamenta as pesquisas de Ferreiro, e dos que assumem sua teoria, de paradigma *psicogenético*, considerando suas raízes na teoria piagetiana de desenvolvimento da criança; mantém-se, porém, neste livro, a denominação *construtivista* para, como foi dito no capítulo anterior, nota 8, respeitar o uso já consagrado desse adjetivo como qualificador da teoria de Ferreiro.

porque evidencia que a criança já trabalha com a hipótese de que a língua escrita é um sistema arbitrário, hipótese necessária para orientá-la na subsequente compreensão da natureza alfabética da escrita (Ferreiro, 1985, 1987, 1990a, 1990b). Ferreiro faz mesmo, em publicação do final dos anos 1990, restrição à designação "*pré-silábico*" (cf. nota 15), "porque caracteriza negativamente o que eu gostaria de caracterizar em termos positivos" já que, afirma, "se trata de um período em que também há uma atitude analítica [...], há sim uma relação com a linguagem" (Ferreiro, 2001: 94-5). Ou seja: no quadro do paradigma fonológico, a fase em que a criança ainda não revela conhecimentos sobre o sistema alfabético não tem importância relevante no processo de desenvolvimento da escrita; ao contrário, no quadro do paradigma construtivista, essa fase representa o momento inicial de desenvolvimento da escrita, porque, nela, a criança, se não tem ainda conhecimentos sobre o sistema alfabético, revela já a presença de uma hipótese em relação à língua escrita: a de sua natureza notacional: arbitrária, convencional e sistemática.

A etapa seguinte, em que a criança está a meio caminho da plena compreensão do sistema alfabético, constitui, para Ehri, uma só fase, a fase *parcialmente alfabética*, enquanto Ferreiro distingue dois níveis nessa etapa: nível *silábico* e nível *silábico-alfabético*. Também aqui a concepção dos níveis ou fases se diferencia segundo o paradigma que orienta as pesquisadoras (e também, como se verá no capítulo seguinte, segundo a natureza da ortografia da língua do aprendiz).

Ehri, orientada pelo paradigma fonológico, põe o foco nas relações que a criança começa a estabelecer entre as letras e os sons das palavras, e considera como uma única fase aquela em que o conhecimento dessas relações revela-se ainda rudimentar e incompleto: as crianças associam algumas letras ao som que elas representam, particularmente aquelas letras em cujo nome está presente, total ou parcialmente, o fonema que representam (como, em português, T, D e F, R), de modo que, ao tentar ler ou escrever, "percebem e registram apenas alguns dos sons das palavras, sobretudo as consoantes e vogais mais salientes, cujos nomes são ouvidos nas palavras" (Ehri, 1997: 254).

Já Ferreiro, colocando o foco nas hipóteses que a criança vai construindo, mais que no grau de conhecimento sobre a natureza alfabética da escrita, identifica dois níveis, de acordo com essas hipóteses: um primeiro nível em que a hipótese da criança é que as letras correspondem aos segmentos das palavras mais facilmente percebidos na pronúncia, as sílabas – *nível silábico*; e um segundo nível, que precede a plena compreensão do sistema alfabético, em que a hipótese de que as letras representam sílabas vai sendo refutada pela hipótese emergente de que as letras representam sons menores que as sílabas, os fonemas – *nível silábico-alfabético*.

A diferença de paradigmas orientadores explica também por que Ferreiro considera como ponto de chegada do desenvolvimento da escrita o nível em que a criança se torna alfabética – *nível alfabético*; como foi citado anteriormente, para Ferreiro, "a escrita alfabética constitui **o final** [da] evolução" (Ferreiro e Teberosky, 1986: 213; ênfase acrescentada). Por outro lado, para Ehri, se essa fase já pode ser considerada *plenamente alfabética*, ainda não representa o final do desenvolvimento da escrita; tendo como critério o conhecimento das relações letra-som, o desenvolvimento só terá chegado ao final quando a criança avança para além do nível fonêmico, apropriando-se também do sistema morfêmico, e por isso a fase em que se consolida o conhecimento do sistema de escrita – a fase *alfabética consolidada* – é que constitui o final da evolução. Ferreiro reconhece a importância dessa fase, mas considera-a como *um outro período*, posterior aos três períodos de desenvolvimento a que sua teoria se refere (cf. nota 8; os três períodos serão identificados no tópico seguinte):

> A **etapa final** da evolução é o acesso aos princípios do sistema alfabético. A criança conseguiu compreender como opera esse sistema, isto é, quais são suas regras de produção. Essa etapa final, nesse caso como em outro, é, contudo, também a primeira de um outro período. De fato, muitos problemas ficam ainda por resolver, principalmente os problemas de ortografia, que surgirão em primeiro plano. Uma nova distinção se impõe a partir de então, entre os problemas da escrita propriamente dita e os problemas de ortografia. Estes só começam uma vez captados os princípios de base do sistema alfabético, o que em nada lhes retira a importância. (Ferreiro, 1990b: 63-4; ênfase acrescentada)

Pode-se inferir do confronto entre a teoria de Ferreiro e a de Ehri que ambas conduzem à compreensão do desenvolvimento e aprendizagem da escrita na criança, residindo a diferença nas perspectivas de análise que adotam, perspectivas que são, ambas, relevantes para o entendimento do processo. Na verdade, é possível conciliar as duas perspectivas, pelo menos no que se refere à ortografia das línguas românicas:[29] de certa forma, pode-se dizer que a descrição que faz Ferreiro, no quadro do paradigma construtivista, das sucessivas hipóteses que explicam o processo de compreensão do princípio alfabético pela criança como um *sistema de representação* se completa com a descrição que faz Ehri, no quadro do paradigma fonológico, da aprendizagem da escrita como um *sistema notacional*, isto é, no conhecimento que a criança revela sobre as correspondências grafemas-fonemas. São duas perspectivas que, se somadas, esclarecem mais completamente a trajetória da criança em direção à aquisição do sistema alfabético-ortográfico, e, consequentemente, são, ambas, fundamentais na busca de uma resposta para a *questão* dos métodos de alfabetização, no que se refere à **faceta linguística** da aprendizagem inicial da língua escrita, tema deste livro – a possibilidade e conveniência desta articulação entre as duas perspectivas é um pressuposto sempre presente ao longo deste livro.

No entanto, para uma plena compreensão das fases por que passa a criança, em seu processo de aprendizagem da faceta linguística da alfabetização, e, portanto, para uma resposta mais completa à questão dos métodos, não se pode deixar de considerar as relações, ao longo das fases, entre as duas faces desse processo: o desenvolvimento da leitura e o desenvolvimento da escrita.

---

[29] O próximo capítulo discute a divergência entre conclusões de pesquisas segundo a perspectiva assumida, construtivista ou fonológica, considerando ainda a interferência da natureza das ortografias das línguas sobre as quais as pesquisas foram realizadas; por outro lado, a possibilidade de conciliação dos paradigmas construtivista e fonológico é retomada e aprofundada no capítulo "Consciência fonêmica e alfabetização".

RELAÇÕES ENTRE LEITURA E ESCRITA NAS FASES DE DESENVOLVIMENTO

Ferreiro não separa o desenvolvimento da leitura e o desenvolvimento da escrita; coerentemente com a perspectiva construtivista que adota, recusa a distinção entre leitura e escrita, e afirma: "O que nos interessa é a relação entre um sujeito cognoscente (a criança) e um objeto de conhecimento (a língua escrita)" (Ferreiro, 1990b: 21). E reafirma, em outra obra: "Não me interessa a leitura nem a escrita, o que me interessa é que tipo de ideias o sujeito constrói sobre o escrito" (Ferreiro, 2001: 69). Assim, com o foco nos processos cognitivos subjacentes ao desenvolvimento da língua escrita, Ferreiro analisa de forma integrada as relações, associações e dissociações entre as atividades de leitura e de escrita.

Essa integração entre leitura e escrita[30] fica mais clara nos textos em que Ferreiro organiza seus níveis de desenvolvimento da criança em direção à compreensão do sistema alfabético em três períodos (cf. nota 8): um primeiro período em que a criança "tenta encontrar características que permitam introduzir certas diferenciações dentro do universo das marcas gráficas" (Ferreiro, 1990b: 22); um segundo período em que a criança desperta para as "condições formais de 'legibilidade' (logo, de 'interpretabilidade') de um texto" (1990b: 27), orientando-se por critérios formais para que uma palavra possa ser lida ou escrita: quantidade mínima de letras e diferenciação entre letras; finalmente, um terceiro período "de fonetização da escrita e, com ela, o destaque às semelhanças e diferenças sonoras entre os significantes" (1990b: 52). Em cada um desses três períodos, Ferreiro evidencia a relação entre as hipóteses que orientam leitura e escrita, analisando particularmente a leitura que a criança faz do que escreveu, porque, segundo a pesquisadora, "em certo sentido, pode-se dizer que o ato da escrita, tal como o manejamos, é um ato mais completo, porque implica a interpretação posterior que a criança faz do que produziu" (Ferreiro, 2001: 70).

---

[30] No capítulo "Consciência fonêmica e alfabetização", no tópico "Consciência grafofonêmica e os processos de leitura e escrita", as relações entre leitura e escrita, aqui discutidas sob o ponto de vista do *desenvolvimento* da escrita na criança, são retomadas sob o ponto de vista *fonológico* e, no capítulo "Leitura e escrita de palavras", sob o ponto de vista de *leitura e escrita de palavras*, completando-se então a análise dessas relações.

Por outro lado, Frith, no quadro de um paradigma fonológico, em que o objetivo é a identificação da aprendizagem pela criança das correspondências letra-som, estabelece relações não paralelas entre o desenvolvimento da leitura e o desenvolvimento da escrita, e desdobra as três fases de sua teoria, apresentada anteriormente, em seis estágios:

Quadro 3 – Frith: os seis estágios de um modelo de aquisição de habilidades de leitura e de escrita

Estágios	Leitura	Escrita
1 a	logográfico^1	(simbólico)
1 b	logográfico^2	logográfico^2
2 a	logográfico^3	alfabético^1
2 b	alfabético^2	alfabético^2
3 a	ortográfico^1	alfabético^3
3 b	ortográfico^2	ortográfico^2

Fonte: Frith (1985: 311).

Como se vê, cada fase da teoria de Frith é dividida em dois estágios – logográfica: 1a, 1b; alfabética: 2a, 2b; ortográfica: 3a, 3b –, em cada estágio predominando ora na leitura, ora na escrita, a estratégia que caracteriza a fase. Os números sobrescritos junto às estratégias, nas colunas referentes à leitura e à escrita no quadro, indicam o nível em que a estratégia está presente em cada estágio, desde sua forma mais elementar até a mais avançada. Como se vê, a fase alfabética é atingida na escrita antes de se revelar na leitura; por outro lado, a fase ortográfica é atingida na leitura antes de se revelar na escrita.

Na síntese com que Frith conclui a apresentação de seu modelo de três fases e seis estágios, fica explicitada a principal contribuição de sua teoria para a compreensão da aprendizagem da escrita pela criança e, portanto, para os métodos de alfabetização: a diferenciação entre o desenvolvimento do processo de leitura e do processo de escrita. Afirma Frith (1985: 311):

> Em síntese, a teoria agora [acrescida dos seis estágios] estabelece que em cada fase há um primeiro passo envolvendo uma divergência entre estratégias usadas para ler e escrever, em seguida um estágio envolvendo

convergência. O progresso no desenvolvimento ocorre com uma alternância no balanceamento entre leitura e escrita. A leitura se orienta pela estratégia logográfica, a escrita pela estratégia alfabética, e de novo a leitura pela ortográfica.

Em síntese proposta por Ellis (1997: 275) para as interações entre leitura e escrita identificadas por Frith, "o desenvolvimento normal da leitura e da escrita ocorre por passos não paralelos e a adoção e uso de uma estratégia em um domínio podem atuar como reguladores do desenvolvimento dessa estratégia no outro". Assim, a escrita alfabética prepara e estimula o uso de uma estratégia alfabética na leitura; por outro lado, a leitura propicia a internalização de representações ortográficas que podem ser transferidas para uma escrita ortográfica.

Também os estudos e pesquisas que analisam os efeitos, sobre a alfabetização, do maior ou menor nível de consistência das correspondências fonema-grafema, em ortografias de diferentes línguas, tema do capítulo seguinte, têm demonstrado que, na fase *ortográfica* (Frith) ou *alfabética consolidada* (Ehri), tanto nas ortografias transparentes quanto nas opacas, a leitura se revela mais fácil que a escrita, como se as relações grafema-fonema se tornassem mais transparentes que as relações fonema-grafema quando o alfabetizando atinge essa fase.

As implicações metodológicas dessas interações entre o desenvolvimento da leitura e o da escrita são claramente indicadas por Ehri (1997: 265):

> É evidente que os estudantes necessitam de instrução explícita tanto sobre a escrita quanto sobre a leitura. De acordo com minha teoria, a chave para um ensino eficiente é a integração, isto é, uma íntima articulação entre fontes de conhecimento e processos de leitura e de escrita, de modo que sua aquisição seja mutuamente facilitadora e recíproca.

Do que foi até aqui exposto sobre as teorias atuais a respeito do processo de aquisição, pela criança, do sistema alfabético-ortográfico, pode-se chegar à conclusão de que uma resposta para a *questão* dos métodos de alfabetização, no que se refere à faceta linguística da aprendizagem inicial da língua escrita, não pode deixar de levar em consideração as fases na aquisição da língua escrita, tanto sob a perspectiva construtivista quanto sob a perspectiva fonológica, e a interação entre as duas dimensões dessa aquisição: leitura e escrita.

No entanto, essa conclusão será ainda parcial e demasiado genérica e abstrata se não for relativizada pela consideração de um aspecto fundamental da aprendizagem da faceta linguística da escrita na criança: a natureza da ortografia da língua como condicionante do processo de aquisição do sistema alfabético-ortográfico e determinante da maior ou menor discrepância entre a aprendizagem da leitura e da escrita. O capítulo seguinte se volta para esse aspecto: as especificidades de ortografias de diferentes línguas e suas relações com a aprendizagem da escrita, a natureza da ortografia do português brasileiro e suas implicações para o desenvolvimento-aprendizagem da escrita por crianças falantes dessa língua.

Aprendizagem da língua escrita em diferentes ortografias e na ortografia do português brasileiro

Este capítulo tem os seguintes objetivos:

- caracterizar ortografias segundo níveis de transparência/opacidade das relações entre fala e escrita;
- evidenciar a influência das características da ortografia sobre o processo de sua aprendizagem;
- diferenciar o português brasileiro do português europeu, quanto à transparência/opacidade das relações fonema-grafema;
- caracterizar a ortografia do português brasileiro situando-o entre dois extremos – uma ortografia transparente (finlandês) e uma ortografia opaca (inglês);
- relacionar níveis de profundidade de ortografias com paradigmas de análise da aprendizagem da língua escrita.

Línguas que se igualam por adotarem o *princípio alfabético* em seu sistema de escrita diferenciam-se nas formas de representação dos fonemas da língua falada por grafemas; em outras palavras, escritas de *sistema alfabético* têm *sistemas notacionais* diferentes:

> Convém distinguir o princípio alfabético do código alfabético. O princípio é comum a todas as línguas que são escritas alfabeticamente. O código é o conjunto de correspondências fonema-grafema em determinada língua. (Morais e Robillart, 1998: 52)[1]

Assim, em algumas línguas, as relações entre a cadeia fonológica da fala e o sistema ortográfico[2] são mais complexas e ambíguas; em outras, são mais simples e inequívocas. Consequentemente, a aprendizagem da língua escrita, no que se refere à *faceta linguística*, tema deste livro, apresenta especificidades segundo o sistema ortográfico da língua que se esteja considerando, com implicações significativas para os métodos de alfabetização.

FATORES QUE DIFERENCIAM ORTOGRAFIAS

Estudos sobre as características ortográficas de diferentes línguas europeias propõem que, entre essas características, as que mais efeito podem exercer sobre a aprendizagem da escrita são a natureza da estrutura silábica da língua e sua correspondente representação na escrita, e a natureza das relações que se estabelecem, em diferentes línguas, entre fonemas e grafemas (Seymour, Aro e Erskine, 2003; Seymour, 2005).

No que se refere às diferenças de estrutura silábica, as línguas românicas, como o francês, o italiano, o espanhol, o português, têm estrutura silábica mais simples, com predominância de sílabas CV (consoante + vogal) e número não muito grande de encontros consonantais, enquanto línguas germânicas, como o inglês, o dinamarquês, têm estrutura silábica complexa,

---

[1] Neste livro, como dito no primeiro capítulo, prefere-se a expressão *sistema notacional* ao termo *código* que Morais e Robillart empregam na citação.
[2] A palavra *ortografia*, e o adjetivo dela derivado, *ortográfico*, tal como usados neste capítulo, referem-se ao *sistema de representação das palavras em escritas alfabéticas*, ausente a conotação de "escrita correta/incorreta", em geral atribuída a essa palavra. Ver, a este respeito, a introdução do capítulo "O efeito de regularidade sobre a leitura e a escrita".

com maior presença de sílabas CVC (consoante + vogal + consoante) e um número grande de encontros consonantais (Seymour, Aro e Erskine, 2003: 145; Seymour, 2005: 300).

Quanto às relações fonema-grafema, talvez o nível de coerência e consistência dessas relações seja o fator linguístico que mais influência exerça sobre a aprendizagem da língua escrita. Considerando a natureza dessas relações, as escritas alfabéticas têm sido classificadas pelo critério da maior ou menor complexidade das correspondências entre fonemas e grafemas – pelo critério de sua *profundidade ortográfica*. Segundo Katz e Frost (1992: 71), "há diferenças entre ortografias alfabéticas quanto à profundidade ortográfica, e essas diferenças são resultado de diferenças na fonologia e morfologia das línguas que representam". Assim, são *transparentes* as ortografias em que as correspondências são coerentes e consistentes; são *opacas* as ortografias em que as correspondências são variáveis, inconsistentes, muitas vezes arbitrárias.[3] Em um extremo, é *transparente* a ortografia em que a cada fonema corresponde uma letra, como ocorre no finlandês; no extremo oposto, é *opaca* a ortografia em que o mesmo grafema pode representar diferentes fonemas, diferentes grafemas podem representar o mesmo fonema, combinações de letras (grafemas complexos) podem representar fonemas, como ocorre no inglês. Entre esses dois extremos, os sistemas ortográficos se distribuem em um contínuo que vai da quase total transparência à grande opacidade.

CLASSIFICAÇÃO DE ORTOGRAFIAS SEGUNDO NÍVEIS DE TRANSPARÊNCIA/OPACIDADE

Seymour, Aro e Erskine (2003; cf. também Seymour, 2005) apresentam uma classificação hipotética[4] de ortografias de 13 línguas europeias, entre

---

[3] Na bibliografia de língua inglesa, em que vem sendo muito utilizado, em pesquisas, desde o início dos anos 1980 (cf. Lukatela, Popadic e Ognjenovic, 1980; Katz e Feldman, 1983), o conceito de profundidade ortográfica (*orthographic depth*), a terminologia mais amplamente utilizada para diferenciar as ortografias deriva do conceito de *profundidade*: ortografias *shallow* (rasas, superficiais) ou *deep* (profundas); em português, tem-se preferido uma terminologia que remete à consistência das relações fonema-grafema: ortografias *transparentes* ou *opacas*.

[4] Seymour, Aro e Erskine (2003) tomam como base, para a classificação **hipotética** que propõem – a natureza *hipotética* da classificação é afirmada pelos pesquisadores –, *estimativas* feitas por pesquisadores de 13 países europeus sobre as correspondências entre fonemas e grafemas em sua própria língua (Seymour, Aro e Erskine, 2003: 146, nota de rodapé).

elas o português europeu,[5] segundo níveis de profundidade, pelos critérios de estrutura silábica e profundidade ortográfica:

Quadro 4 – Classificação hipotética de línguas europeias segundo as dimensões de complexidade silábica (simples, complexa) e profundidade ortográfica (transparente a opaca)

		Profundidade ortográfica			
		transparente .... opaca			
Estrutura silábica	simples	finlandês	grego italiano espanhol	português	francês
	complexa		alemão norueguês islandês	holandês sueco	dinamarquês inglês

Fonte: Seymour, Aro e Erskine (2003: 146).

Com base em seus estudos sobre o desenvolvimento da escrita e em teorias que definem estágios na aquisição da língua escrita, entre as quais a de Frith e a de Ehri, apresentadas no capítulo anterior, Seymour (2005: 306), alegando que "vários modelos de aquisição da leitura foram formulados, geralmente com referência à aprendizagem da leitura em inglês e sem o objetivo explícito de abranger a aprendizagem da leitura em diferentes línguas", propõe um quadro de referência para a aprendizagem da escrita que seria pertinente a diferentes ortografias de base alfabética, argumentando que, nelas:

> [...] (1) a aprendizagem da língua escrita envolve uma progressiva interação entre sistemas ortográficos e representações fonológicas, em que estruturas implícitas (epilinguísticas) se tornam explícitas (metalinguísticas), em função das demandas criadas pela estrutura da ortografia; (2) o desenvolvimento ortográfico pode envolver uma série de fases que se sucedem, nas quais vão se formando estruturas cada vez mais complexas. (Seymour, 2005: 306)

---

[5] Considerando-se as variações fonológicas e ortográficas entre o português europeu e o brasileiro, não se pode estender para este último a posição do primeiro, na classificação de Seymour, Aro e Erskine (2003). A justificativa para esta afirmação será apresentada adiante, em tópico deste capítulo.

Assim, segundo Seymour, independentemente das relações específicas entre fonologia e ortografia que se estabelecem em diferentes línguas, a aprendizagem de línguas escritas em sistema alfabético supõe sempre, em primeiro lugar, a capacidade de tomar consciência de segmentos linguísticos (palavras, morfemas, sílabas, fonemas) que, na corrente sonora da fala, são usados de forma inconsciente, *implícita* – são *estruturas epilinguísticas* –, tornando-os conscientes, *explícitos* – *estruturas metalinguísticas*[6] –, e supõe, em segundo lugar, o desenvolvimento ortográfico em fases sucessivas em que se vão formando estruturas de crescente complexidade.

Seymour (2005: 306; 2006: 444) propõe as seguintes fases, que seriam válidas para todas as línguas de escrita alfabética:[7]

- **Fase 0**: *conhecimento do alfabeto (letra-som)*, considerado como pré-requisito essencial para o desenvolvimento subsequente.
- **Fase 1**: *fundamentos da alfabetização*, fase preliminar, em que se instauram os elementos básicos de reconhecimento e memorização de palavras de uso frequente (processo logográfico) e de decodificação sequencial (processo alfabético).
- **Fase 2**: *alfabetização ortográfica*, fase em que se estruturam grafias de sílabas e de suas estruturas internas: uma reorganização das estruturas formadas na fase anterior.
- **Fase 3**: *alfabetização morfográfica*, em que o foco é a formação de representações de palavras complexas pela coordenação de elementos silábicos e morfológicos.

Segundo Seymour (2005: 314), "o passo inicial de aquisição letra-som (Fase 0) é comum a todas as ortografias alfabéticas"; nas fases seguintes,

---

[6] As expressões *estruturas epilinguísticas* e *estruturas metalinguísticas* foram, segundo Seymour (2006: 444), buscadas em Gombert (1992), que denomina *estruturas epilinguísticas* as representações de unidades linguísticas subjacentes ao uso natural da língua oral, inacessíveis à consciência ou à manipulação mental, e *estruturas metalinguísticas* as representações de unidades linguísticas que podem ser isoladas e manipuladas cognitivamente, de forma consciente. No capítulo seguinte retomam-se esses conceitos.

[7] No original, a designação das fases propostas por Seymour é a seguinte: *alphabetic (letter-sound) knowledge; foundation literacy; orthographic literacy; morphographic literacy*. Preferiu-se traduzir *literacy* por *alfabetização*, já que o sentido atribuído a *letramento*, na bibliografia brasileira, não corresponde ao sentido que tem *literacy* no contexto em que Seymour usa essa palavra.

ao contrário, há diferenças na aprendizagem, em função do nível de *profundidade* da ortografia da língua: o processo é mais lento em línguas de sílabas complexas e em ortografias opacas, e também, nestas, é mais lento o processo de memorização de palavras de uso frequente; nas fases ortográfica e morfográfica, a aprendizagem será mais lenta em ortografias em que as sílabas são complexas e de estrutura pouco definida. Seymour (2006: 446) esclarece que os níveis de profundidade ortográfica em diferentes línguas influenciam aspectos como:

- o tempo de aprendizagem necessário para vencer determinada fase;
- as estruturas cognitivas que se formam [...];
- as unidades linguísticas que são enfatizadas em cada nível.

As fases de desenvolvimento da escrita na criança propostas por Seymour não se diferenciam fundamentalmente das fases propostas por Ferreiro e por Ehri (cf. Quadro 2 do capítulo anterior), apenas são menos detalhadas;[8] no entanto, Seymour acrescenta uma variável fundamental às análises de Ferreiro e Ehri: a natureza da ortografia da língua. Na verdade, são três perspectivas que não se opõem, ao contrário, se completam: a criança constrói o conhecimento (Ferreiro) do sistema alfabético (Ehri) que se organiza em determinada ortografia (Seymour): construção, desconstrução e reconstrução de hipóteses reguladas pela natureza alfabética da escrita e pelas peculiaridades do sistema ortográfico, em que determinada escrita alfabética se organiza, atuam de forma concomitante e integrada na aprendizagem da escrita.

PESQUISAS SOBRE RELAÇÕES ENTRE ALFABETIZAÇÃO E NATUREZA DA ORTOGRAFIA

Pesquisas sobre as relações entre a alfabetização e o nível de profundidade de diferentes sistemas ortográficos têm se multiplicado, nas últimas

---

[8] Pode-se dizer que à fase 1 de Seymour correspondem os níveis 2, 3 e 4 de Ferreiro e as fases 2 e 3 de Ehri; às fases 2 e 3 de Seymour corresponde a fase 4 de Ehri.

décadas.⁹ São, quase sempre, pesquisas que comparam a aprendizagem das relações fonema-grafema em diferentes línguas à luz das características de seus sistemas ortográficos, evidenciando que a maior ou menor facilidade de aprendizagem da língua escrita relaciona-se com os níveis de transparência/opacidade dos sistemas ortográficos.

Por exemplo, Sprenger-Charolles (2004: 43), a partir do pressuposto de que o desenvolvimento da leitura e da escrita "depende do grau em que os diferentes sistemas de escrita representam a língua falada que codificam", analisa resultados de pesquisas sobre a aprendizagem da língua escrita em inglês, francês, alemão e espanhol, e conclui que essa aprendizagem é mais difícil em inglês, cujo sistema ortográfico é opaco, que em espanhol, alemão e francês, de ortografias mais próximas da transparência. Por outro lado, a comparação entre francês e espanhol evidencia que a aprendizagem é mais fácil nesta última língua, de ortografia significativamente mais transparente que a ortografia do francês, que se aproxima da opacidade (cf. Quadro 4 deste capítulo). A conclusão de Sprenger-Charolles (2004: 43) de que a aprendizagem do sistema de escrita "depende parcialmente das características específicas de cada língua, e não apenas de princípios gerais comuns a todas as línguas" é a mesma das muitas pesquisas sobre as relações entre alfabetização e sistema ortográfico, quer sejam pesquisas monolíngues, isto é, sobre as relações entre a alfabetização em determinada língua e as características de seu sistema ortográfico, quer sejam pesquisas comparativas das relações, em diferentes línguas, entre a alfabetização e as características dos diferentes sistemas ortográficos.[10]

---

[9] Inúmeros artigos e várias coletâneas publicados nas duas últimas décadas têm como tema estudos e pesquisas sobre as relações entre aprendizagem inicial da língua escrita e sistemas ortográficos, o que evidencia a relevância que vem sendo atribuída a essas relações nos estudos sobre o processo de alfabetização; entre as coletâneas, destacam-se o *Handbook of Orthography and Literacy*, organizado por Joshi e Aaron (2006), o *Handbook of Children's Literacy*, organizado por Nunes e Bryant (2004), o livro *Learning to Read and Write: a Cross-Linguistic Perspective*, organizado por Harris e Hatano (1999), o livro *Learning to Spell: Research, Theory, and Practice across Languages*, organizado por Perfetti, Rieben e Fayol (1997).

[10] Uma revisão de pesquisas sobre as relações entre o nível de profundidade ortográfica e a aprendizagem da leitura e da escrita pode ser encontrada em Serrano et al. (2010/2011). Convém ainda destacar que, nesse artigo, os pesquisadores relatam pesquisa em que comparam o processo de alfabetização em ortografias de três línguas românicas – francês, português europeu e espanhol –, concluindo que há variações no tempo necessário para a aprendizagem da leitura e da escrita nessas três línguas em função do nível de transparência de cada ortografia.

Embora fuja à proposta deste livro a temática das dificuldades específicas de aprendizagem da língua escrita, é pertinente mencionar, como reforço à argumentação, que pesquisas sobre o efeito da consistência do sistema ortográfico sobre leitores com diagnóstico de dislexia de desenvolvimento também evidenciam comportamentos diferentes na leitura em ortografias transparentes e ortografias opacas. Assim, Paulesu et al. (2001), comparando adultos disléxicos e não disléxicos, em ortografias opacas (inglês e francês) e transparente (italiano), chegam à seguinte conclusão:

> Concluímos que uma dificuldade de processamento fonológico é um problema universal na dislexia, e causa problemas de alfabetização tanto em ortografias opacas quanto em ortografias transparentes. Entretanto, em línguas com ortografia transparente, como o italiano, o impacto é menor, e a dislexia é menos evidente. Ao contrário, ortografias opacas como a do inglês e a do francês podem agravar, em casos de dislexia, dificuldades de alfabetização que, em outras ortografias, seriam de pequena gravidade. (Paulesu et al., 2001: 2167)

À mesma conclusão chegam Wimmer e Frith (1997) e Landerl Wimmer e Frith (1997), comparando crianças disléxicas de língua inglesa (ortografia opaca) e de língua alemã (ortografia mais próxima da transparência). Em relação a uma ortografia altamente transparente como o finlandês, Lyytinen et al. (2006: 59) afirmam: "mesmo crianças disléxicas finlandesas adquirem geralmente a capacidade de dominar a recodificação fonológica, e de atingir eficiência relativamente alta em suas habilidades de leitura". Pinheiro (2008: 81) cita estudo de disléxico bilíngue, falante de espanhol e inglês, com comportamento diferenciado de leitura e escrita nessas duas línguas, de diferentes níveis de profundidade ortográfica.[11]

Como são mais numerosos e têm mais longa tradição no campo da investigação psicológica e linguística estudos e pesquisas realizados sobre a ortografia da língua inglesa, os estudos e pesquisas sobre as relações, em

---

[11] Ver também, sobre a relação entre dislexia e natureza da ortografia, a boa síntese feita por Goswami (2002a), Ziegler e Goswami (2005), Caravolas (2005). Sobre a dislexia de desenvolvimento em português, à luz de estudos sobre ortografias menos regulares, ver Cardoso-Martins, Correa e Magalhães (2010).

outras ortografias, entre alfabetização e sistema ortográfico tomam frequentemente como base de comparação o inglês. Elbro (2006: 31), em estudo sobre o processo de alfabetização em uma ortografia opaca, a da língua dinamarquesa, afirma:

> A aquisição da escrita tem sido estudada muito mais extensamente em inglês que em qualquer outra língua. Isso significa que os modelos-padrão de aquisição da escrita foram desenvolvidos e validados em termos do inglês.

Significativo, nesse sentido, é o título de capítulo em que Elena Grigorenko (2006) analisa a ortografia do russo e suas relações com a alfabetização: "If John Were Ivan, Would He Fail in Reading?" (Se John fosse Ivan, fracassaria na alfabetização?). Essa pergunta, evidentemente retórica, pretende alertar para as peculiaridades das ortografias – neste caso, a inglesa e a russa – e, consequentemente, para as especificidades das dificuldades enfrentadas por crianças aprendizes de diferentes ortografias: crianças de língua inglesa, representadas por John, e crianças de língua russa, representadas por Ivan. A pergunta poderia ser assim formulada: será pertinente tomar os estudos sobre as relações entre a ortografia do inglês e a alfabetização de crianças inglesas como modelo-padrão para outras línguas, de ortografias com outros níveis de consistência entre o fonológico e o gráfico?

Não se pode deixar de reconhecer, porém, que os resultados dos numerosos estudos e pesquisas sobre a aquisição da escrita na ortografia opaca da língua inglesa constituem um valioso parâmetro para estudos e pesquisas sobre outras línguas e ortografias, porque evidenciam, *por contraste*, especificidades de ortografias menos opacas, ou mais transparentes. Como afirma Nunes (2004: 625):

> É hoje amplamente reconhecido que, tanto no estudo do desenvolvimento cognitivo em geral como também no estudo do desenvolvimento linguístico em particular, teorias gerais não podem ser desenvolvidas sem comparações entre culturas e entre línguas. Teorias que visam descrever e explicar os processos envolvidos na aquisição da língua escrita, de modo geral, devem ser testadas em diferentes línguas. Comparar línguas pode

aguçar nossa percepção de classes de fenômenos que não consideraríamos se estudássemos apenas nossa própria língua, exatamente como comparar culturas nos permite tratar o que nos parece "natural" em nosso próprio meio como um produto da cultura.

Assim, estudiosos de ortografias em que são mais consistentes que no inglês as relações entre o sistema fonológico e o sistema ortográfico podem, para usar as palavras de Nunes anteriormente citadas, *aguçar sua percepção* de características que, à primeira vista consideradas "*naturais*", adquirem visibilidade na comparação com uma ortografia no limite da opacidade, como é o caso da ortografia inglesa.

No entanto, há pesquisadores que apontam problemas nessa supremacia do inglês como parâmetro para o estudo de outras ortografias. Share (2008a), em artigo em que reflete sobre os perigos do "anglocentrismo", tanto em pesquisas sobre alfabetização quanto em práticas de alfabetização, questiona a pertinência de tomar como parâmetro, para outras ortografias, resultados de estudos fundamentados na ortografia inglesa, uma vez que esta se caracteriza como um *exemplar altamente atípico* de correspondência entre pronúncia e grafia; em suas palavras:

> Persistimos na comparação de outras ortografias com o inglês [...]. Resultados de investigações sobre outras línguas são invariavelmente avaliados à luz de teoria e dados sobre a língua inglesa. Pesquisas sobre outras línguas são muito frequentemente motivadas pela intenção de verificar se uma teoria ou resultado sobre a língua inglesa se aplica à língua X ou à ortografia X, sendo X considerado como um caso especial. Eu defendo que o **inglês** é que merece o *status* de caso especial e que os resultados de estudos **não** ingleses podem oferecer uma melhor aproximação a uma norma global. (2008a: 604)

Não se pretende aqui, naturalmente, a aproximação, a que se refere Share, a uma *norma global*, ou a *teorias gerais* de descrição da aquisição da escrita, a que se refere Nunes, na citação anteriormente feita. O que aqui se pretende é, a partir do reconhecimento da interferência de características das ortografias sobre os processos de aquisição da língua escrita, contextualizar, no quadro das características da ortografia do português brasileiro, os temas anteriormente discutidos de forma genérica (fases no processo de aprendizagem do sistema alfabético-ortográfico, relações entre leitura e escrita nesse processo), a partir do pressuposto de que não se pode considerar como pertinente, como com certa frequência tem sido sugerido, uma transposição direta de resultados e teorias sobre a alfabetização em língua inglesa, em que a criança enfrenta uma ortografia no limite da opacidade, para a alfabetização em língua portuguesa, de ortografia mais próxima da transparência que da opacidade. Assim, nos tópicos seguintes, discutem-se características da ortografia do português, particularmente do português brasileiro, e suas implicações para uma teoria do desenvolvimento-aprendizagem do sistema alfabético-ortográfico em crianças falantes do português brasileiro e, consequentemente, para métodos de alfabetização em português brasileiro.

PORTUGUÊS BRASILEIRO: A PERTINÊNCIA DA ADJETIVAÇÃO

Em primeiro lugar, é necessário esclarecer a adjetivação com que se caracterizou, antes, a língua portuguesa – português *brasileiro*, a que já se fez referência anteriormente (ver nota 5).[12]

Se, por um lado, as variações ortográficas entre o português de Portugal e o do Brasil são pouco significativas e tendem a desaparecer, se e quando se concretizar plenamente o acordo que prevê a unificação ortográfica nos países lusofônicos,[13] por outro, há significativas diferenças entre as duas variantes no nível fonético, em que não é possível, obviamente, intervir. Consequentemente, a representação de diferentes pronúncias de variantes de uma mesma

---

[12] Em princípio, esse esclarecimento seria desnecessário, uma vez que já é plenamente aceita a denominação *português brasileiro* para a variedade do português falada no Brasil – já foram mesmo publicadas gramáticas do português brasileiro (Perini, 2010; Castilho, 2010; Bagno, 2011). No entanto, o objetivo aqui é, em primeiro lugar, discutir, ainda que superficialmente, as diferenças de pronúncia entre as variantes brasileira e europeia do português, a fim de acentuar a importância das relações oralidade-escrita para a aprendizagem da língua escrita, e a diferença no nível de profundidade ortográfica das duas variantes; em segundo lugar, e consequentemente, evidenciar que resultados de pesquisas sobre a aquisição da escrita em português europeu nem sempre se aplicam inteiramente à aquisição da escrita em português brasileiro.

[13] Ver, a respeito, Silva (2008).

língua em uma única ortografia resulta em correspondências fala-escrita nem sempre equivalentes.[14] É por essa razão que Sucena, Castro e Seymour (2009: 793) enfatizam a necessidade de, em estudos sobre a aquisição da escrita na língua portuguesa, especificar-se (o que nem sempre acontece) se o objeto em análise é o português europeu ou o português brasileiro, já que

> [...] diferenças de pronúncia entre os dois dialetos têm consequências sobre a transparência das correspondências entre a escrita e a fala, concluindo que algumas diferenças nas convenções ortográficas dos dois dialetos concorrem para uma maior transparência do português brasileiro.

Foge aos objetivos deste capítulo examinar detalhadamente as diferenças de pronúncia entre o português europeu e o português brasileiro e suas relações com a ortografia dessas duas variantes nacionais. Alguns exemplos, porém, podem evidenciar a relevância dessas diferenças para a definição do nível de *profundidade ortográfica* em uma e outra variante, e, consequentemente, para a alfabetização em uma e outra.

Como apresentado anteriormente, segundo Seymour, Aro e Erskine (2003), para classificar ortografias segundo as dimensões que podem afetar a aquisição da escrita, devem ser consideradas: a maior ou menor transparência das correspondências fonema-grafema e a complexidade da estrutura silábica (cf. Quadro 4).

Parece não haver pesquisa que, considerando as diferenças fonológicas entre o português europeu e o português brasileiro, compare a influência dessas distinções sobre o processo de aprendizagem da língua escrita em crianças falantes de uma e outra variante.[15] O mesmo não ocorre com a aquisição **da fala** nas duas

---

[14] É preciso lembrar que, no interior de cada uma das línguas nacionais (e aqui se poderia incluir, além do português de Portugal e o do Brasil, outras variedades nacionais: as dos países em que o português foi adotado como língua oficial – Angola, Moçambique, Cabo Verde, Guiné-Bissau, São Tomé e Príncipe e Timor-Leste), há variantes geográficas e sociais – dialetos e socioletos – em que também podem ocorrer diferenças entre a fala e sua representação ortográfica. Embora essas diferenças não possam ser ignoradas nos processos de alfabetização, não têm a mesma dimensão das diferenças entre as variedades nacionais, particularmente a europeia e a brasileira, mais significativas por sua abrangência geográfica e política.

[15] Embora as diferenças sintáticas entre o português europeu e o brasileiro não sejam diretamente pertinentes aos objetivos deste livro, uma discussão sobre elas e sua interferência na aprendizagem do português brasileiro encontra-se em Kato (1999).

variantes; segundo Matzenauer (2004: 52), estudos sobre a aquisição fonológica do português brasileiro e do português europeu "evidenciam comportamento diferenciado, bem como emergência em estágios de desenvolvimento também diferentes dos mesmos segmentos consonantais em razão do tipo de constituinte silábico – *onset* ou coda – que representam". Também Mezzomo e Menezes (2001) analisam diferenças entre crianças brasileiras e portuguesas na aquisição inicial da cadeia fonológica, com foco na estrutura da sílaba.

A influência dessas diferenças sobre a aquisição da ortografia da língua portuguesa em uma e outra variante não tem sido, porém, objeto de estudos.[16] No entanto, estudos sobre a influência de diferenças fonológicas entre variantes do inglês sobre a aquisição da escrita sugerem que estudos semelhantes entre variantes do português revelariam dados significativos: Treiman et al. (1997) comparam a aquisição da escrita por crianças falantes do inglês americano e do inglês britânico; Treiman e Barry (2000) e Treiman (2004) comprovam a influência diferenciada dessas duas variantes na ortografia também de estudantes adultos; Kemp (2009) demonstra a influência de diferenças fonológicas entre o inglês britânico e o inglês australiano sobre a ortografia tanto de crianças em fase de alfabetização quanto de adultos.

Nesse contexto, levantam-se, neste tópico, algumas hipóteses sobre a possível influência da fonologia de uma e outra variante da língua portuguesa sobre o processo de aprendizagem das relações fonemas-grafemas, como uma primeira aproximação à tentativa que se fará, nos tópicos seguintes, de caracterização da ortografia do português brasileiro quanto a seu nível de profundidade/transparência e suas implicações para a alfabetização.

São sobretudo características no plano das relações entre a cadeia fonológica da fala e a forma gráfica da escrita que diferenciam a *profundidade ortográfica* das duas variantes do português – português europeu e português brasileiro.

---

[16] Em pesquisa sobre a aquisição da leitura e da escrita em português europeu, Fernandes et al. (2008: 819), analisando os resultados por eles obtidos à luz de resultados de pesquisa de Pinheiro (1995), levantam a hipótese de que "as diferenças de pronúncia e ortografia entre os dialetos europeu e brasileiro do português [...] parecem não afetar de forma significativa o processo geral de aquisição da escrita". Os pesquisadores consideraram, porém, apenas algumas diferenças de pronúncia e de ortografia; pesquisas que considerem mais amplamente as diferenças fonológicas e ortográficas entre as duas variantes não foram identificadas.

No que se refere ao sistema vocálico, embora ambas as variantes tenham, no alfabeto, as mesmas cinco letras vogais, estas representam, no sistema fonológico do português europeu, em relação ao sistema do português brasileiro, um número maior de casos em que a mesma vogal representa diferentes fonemas: enquanto as cinco vogais representam, no português europeu, 18 fonemas vocálicos (Sucena, Castro e Seymour, 2009: 792), no português brasileiro elas representam 12 fonemas vocálicos (Scliar-Cabral, 2003b: 55).[17]

Outro exemplo das diferenças entre os sistemas vocálicos orais das duas variantes, com significativa repercussão no *nível de profundidade* das ortografias, é a grande frequência, na pronúncia do português europeu, da redução ou da neutralização de vogais átonas, sobretudo as pré-tônicas, enquanto na pronúncia do português brasileiro todas as vogais, tônicas ou átonas, são claramente pronunciadas (por exemplo, no português brasileiro: *operar, perigo, leve*; no português europeu: [op'rar], [p'rigo], [lev']). Como afirmam Serrano, Genard e Sucena (2010/2011: 199), no português europeu "as vogais em sílabas átonas podem ser drasticamente reduzidas, de tal forma que, na fala fluente, apenas vogais tônicas são perceptualmente salientes em meio a uma sequência aparentemente só de consoantes". A inferência é que essa redução ou neutralização de vogais átonas torna o sistema ortográfico do português europeu menos transparente que o sistema ortográfico do português brasileiro, o que deve exercer efeito sobre o processo de alfabetização em uma e outra ortografia.[18]

---

[17] Por exemplo, a letra "e" representa, em português brasileiro, três fonemas: /e/, como na palavra c**e**sta; /ɛ/, como na palavra s**e**sta; /ẽ/, como na palavra s**e**mpre; no português europeu, a letra "e" representa, além desses mesmos três fonemas, outros três: /ə/, como em m**e**lado = [məladu]; /α/, como em co**e**lho = [kuαλu]; /i/, como em **e**feito = [ifαitu]. Neste último exemplo, ainda se identifica a diferença da pronúncia do ditongo **ei** nas duas variantes do português. Sobre a transparência nas correspondências vogal-fonema no português brasileiro, ver pesquisa de Borgwaldt, Hellwig e De Groot (2005), que será citada adiante.

[18] Sobre esse aspecto, a pesquisa de Rosa e Nunes (2008) permite inferir diferenças entre a alfabetização de crianças falantes do português europeu e do português brasileiro, ao evidenciar dificuldades ortográficas de crianças portuguesas de 1ª a 4ª séries (6 a 9 anos) na escrita de palavras derivadas em que a vogal da palavra de origem – tônica, logo claramente articulada – torna-se átona, o que não ocorre no português brasileiro (como exemplo, considere-se a diferença entre o português brasileiro e o português europeu na pronúncia da palavra derivada em pares como *tambor – tamborilar/tamb'rilar, martelo – martelar/mart'lar*). Rosa e Nunes concluem pela importância do desenvolvimento da consciência morfológica para a aquisição do sistema ortográfico do português europeu, o que não ocorre no português brasileiro, em que a consciência fonêmica é quase sempre suficiente.

Lembre-se ainda de que, enquanto no português europeu em geral ocorre, na oralidade, neutralização de vogais átonas pré-tônicas (*e.g. m'nino*, por *menino*), no português brasileiro identifica-se com frequência o alçamento de vogais médias pré-tônicas (*minino*, por *menino*), diferença que, por hipótese, deve influenciar a aquisição da língua escrita nas duas variantes.[19] No caso do português brasileiro, a interferência do alçamento de vogais médias pré-tônicas sobre a aquisição da língua escrita por crianças brasileiras é comprovada por Silva e Greco (2010), em pesquisa que demonstra que, nesses casos, tanto a oralidade interfere na escrita quanto a escrita, à medida que vai sendo adquirida, interfere na oralidade, em um processo de retroalimentação da escrita sobre a fala.

Conclui-se, assim, que o sistema ortográfico vocálico do português europeu é menos transparente que o sistema ortográfico vocálico do português brasileiro.

Quanto ao sistema consonantal, um exemplo é que a ortografia do português europeu conserva as consoantes *c* e *p* em sequências em que essas consoantes não se pronunciam em ambas as variantes (como em *acção, adoptar, exacto, óptimo*, na ortografia do português europeu; *ação, adotar, exato, ótimo*, na ortografia do português brasileiro), ou em sequências em que se pronunciam no português europeu mas não, em geral, no português brasileiro (como em *facto, carácter, sector*, tanto na pronúncia quanto na ortografia do português europeu, mas *fato, caráter, setor*, na pronúncia e na ortografia do português brasileiro).[20] Também sob esse ângulo o sistema

---

[19] É importante lembrar que a pronúncia de vogais médias pré-tônicas não é homogênea no português brasileiro, podendo variar em função de dialetos regionais, de características das palavras e até mesmo de opções do falante – sobre a variação fonológica na pronúncia de vogais médias pré-tônicas e os condicionantes dessas variações no português brasileiro, ver Oliveira (2010a). Por hipótese, essas variações podem explicar diferenças na aquisição do sistema ortográfico por crianças brasileiras de diferentes regiões, bem como podem explicar "erros" ortográficos com origem no item lexical, ou em opções individuais na pronúncia de vogais médias pré-tônicas. Assim, uma perspectiva variacionista da aprendizagem inicial da escrita de palavras contendo vogais médias pré-tônicas por falantes do português brasileiro traz implicações para métodos de alfabetização; no entanto, dados os limites e objetivos do confronto que neste capítulo se faz entre o português brasileiro e o português europeu, consideram-se apenas as ocorrências mais recorrentes nessas variedades nacionais.

[20] No primeiro caso, as consoantes deverão desaparecer da ortografia do português europeu se e quando se concretizar plenamente o acordo que prevê a unificação ortográfica nos países lusofônicos; no segundo caso, as consoantes, segundo esse acordo, poderão ser conservadas ou eliminadas, facultativamente. Fernandes et al. (2008: 810) informam que, de acordo com o Porlex (base computadorizada de dados léxicos do português europeu), em apenas 88 palavras das 405 que contêm sequência com "c", essa letra não é pronunciada, ou seja, na maioria dos casos o "c" é pronunciado (sobre o Porlex, ver Gomes e Castro, 2003).

ortográfico do português brasileiro revela-se mais transparente que o do português europeu.

Em relação ao critério da complexidade silábica, não há diferenças significativas entre o português europeu e o brasileiro, já que em ambas as variantes as estruturas silábicas são predominantemente pouco complexas,[21] embora os limites silábicos possam tornar-se eventualmente pouco claros na pronúncia do português europeu, nos casos de redução ou neutralização de vogais e de uso de sequências consonantais do tipo *-ct-*, *-pt-*, podendo gerar, consequentemente, dúvidas para sua representação na escrita. Assim, as correspondências fonema-grafema, como afirmam Sucena, Castro e Seymour (2009: 793), "não se revelam de forma direta para as crianças portuguesas, quando precisam identificar vogais que nem sempre pronunciam e fazer divisões silábicas que não estão presentes na fala"; após apresentarem exemplos, os pesquisadores concluem: "nenhum dos casos exemplificados [...] ocorrem no português brasileiro, porque a redução vocálica, neste, não é tão prevalente; ao contrário, as vogais são em geral claramente pronunciadas e sem redução".

Em síntese, os exemplos anteriormente apontados, apesar de seu pequeno número e da superficialidade da análise, justificam a afirmação dos pesquisadores Sucena, Castro e Seymour (2009: 793) de que o português brasileiro é mais transparente que o português europeu – e observe-se que, entre esses três pesquisadores que reconhecem a maior transparência do português brasileiro, está Seymour, um dos autores da classificação de ortografias apresentada anteriormente neste capítulo, em que o português europeu é colocado em posição intermediária entre a transparência e a opacidade (cf. Quadro 4). A hipótese que aqui se faz é que o português brasileiro, quanto à *profundidade ortográfica,* poderia situar-se, na classificação de Seymour, Aro e Erskine (2003), à esquerda do português europeu, mais próximo, portanto, da transparência que da opacidade, talvez não muito distante do espanhol e do italiano.

Confirmam essa hipótese Borgwaldt, Hellwig e De Groot (2005) que, questionando a falta de resultados quantitativos em pesquisas sobre os níveis

---

[21] A estrutura silábica do português brasileiro, semelhante à do português europeu, será analisada em tópico do capítulo "O efeito de regularidade sobre a leitura e a escrita".

de transparência/opacidade de diferentes ortografias, buscam suprir essa falta por meio da identificação, em sete línguas (holandês, inglês, francês, alemão, húngaro, italiano e português brasileiro), do que denominam *valores de entropia*: quanto maior o número de fonemas correspondentes a uma única letra, e quanto maior a frequência de cada uma dessas correspondências alternativas, maior a entropia. Naturalmente, quanto maior a entropia, maior a opacidade da ortografia. Os resultados da pesquisa evidenciaram que a análise das correspondências vogal-fonema situa o português brasileiro na quase transparência, superado apenas pelo italiano e o húngaro; por outro lado, a análise das correspondências consoante-fonema indicou o português brasileiro como a mais transparente das sete línguas estudadas.

Admitida a hipótese de maior transparência da ortografia do português brasileiro em relação à ortografia do português europeu, não se aplica ao português brasileiro o que Fernandes et al. (2008: 806) afirmam sobre o português europeu: "uma língua cujo código ortográfico é mais opaco que o da maioria das línguas europeias, mas menos opaco que o código do inglês". Ainda bem menos opaco que o código ortográfico do inglês é, pois, o código ortográfico do português brasileiro, que se pode caracterizar como de uma *relativa* transparência.

OS EXTREMOS: UMA ORTOGRAFIA TRANSPARENTE, UMA ORTOGRAFIA OPACA

Para esclarecer o significado de uma *relativa* transparência da ortografia do português brasileiro, convém conhecer os dois extremos: uma ortografia de *completa transparência*, como é o caso do finlandês, e uma ortografia de *acentuada opacidade*, como é o caso do inglês.

Na ortografia transparente do finlandês (cf. classificação de Seymour, Aro e Erskine, 2003, Quadro 4),[22] as relações entre fonemas e sua representação

---

[22] Outra ortografia transparente, também frequentemente tomada como termo de comparação com ortografias em diferentes níveis de transparência e de opacidade, é a da língua servo-croata, totalmente transparente em qualquer dos dois alfabetos em que é escrita, latino e cirílico (cf. Katz e Feldman, 1983; Katz e Frost, 1992; Lukatela e Turvey, 1998; Frost, 2005). Segundo Katz e Frost (1992: 69): "Cada letra [da ortografia servo-croata] representa apenas um fonema e cada fonema é representado por apenas uma letra. Além disso, nunca um

gráfica são, sem exceção, isomórficas; o número de fonemas é relativamente pequeno (23 fonemas) e corresponde ao número de grafemas (23 letras), com uma única exceção, em que um fonema é representado por um dígrafo. Desse modo, as regras de conversão são inteiramente regulares, nas duas direções – fonema-grafema e grafema-fonema: cada grafema representa inequivocamente um único fonema e cada fonema é representado por um único grafema (Lyytinen et al., 2006); a ortografia é, pois, transparente tanto para a leitura quanto para a escrita.

Quanto à estrutura silábica, o finlandês tem apenas dez tipos de sílabas, as mais complexas constituídas de não mais que quatro fonemas (CVVC e CVCC); sílabas abertas são mais frequentes que sílabas travadas, e são unidades claramente percebidas na fala, havendo, assim, correspondência estreita entre sílabas escritas e os segmentos silábicos da fala (Lyytinen et al., 2006).

Em contraposição à ortografia transparente do finlandês, regular e inteiramente fonêmica, a ortografia opaca da língua inglesa é irregular e inconsistente. Um mesmo grafema pode representar diferentes fonemas, e um mesmo fonema pode ser representado por diferentes grafemas. Assim, os fonemas vogais são representados por cerca de 15 grafemas,[23] o mesmo ocorrendo com os ditongos, que podem ser representados por uma única letra ou por um conjunto de letras;[24] a pronúncia de uma vogal depende das

fonema da palavra falada é excluído de sua escrita. A relação entre letras e fonemas é isomórfica e exaustiva." Lukatela e Turvey (1998) apresentam uma curiosa descrição das motivações e processos de construção dos dois alfabetos para a ortografia do servo-croata, e analisam as características dos dois alfabetos, que têm letras exclusivas a um ou outro, letras que se repetem em um e outro, estas ora representando o mesmo fonema, ora fonemas diferentes. Da análise, por meio de experimentos, da leitura em um e outro alfabeto por falantes do servo-croata, Lukatela e Turvey concluem que o estudo do processo de aprendizagem e do uso de dois alfabetos para a ortografia de uma mesma língua pode levar a uma maior compreensão das relações fala-escrita e dos contrastes e semelhanças entre os vários sistemas de escrita alfabética existentes no mundo.

[23] É necessário justificar o uso da expressão "**cerca de** 15 grafemas": quando se trata de dados quantitativos, dependendo da teoria ou modelo fonológico adotado pelo pesquisador, varia o número de fonemas de uma mesma língua, portanto também varia o número de grafemas e de correspondências fonema-grafema; por essa razão, quando há referência, neste capítulo, a dados quantitativos, ela vem sempre acompanhada de expressões modalizadoras (sobre teorias e modelos fonológicos, cf. Silva, 1999: 187-225 particularmente; Bisol, 2005).

[24] Sprenger-Charolles, Colé e Serniclaes (2006: 26) exemplificam: em inglês, o fonema /i/ pode ser representado por E (*theme*), I (*machine*), EE (*see*), EA (*sea*), AE (*Caesar*), EI (*conceive*), IE (*niece*), EY (*key*), Y (*happy*), EO (*people*), OE (*subpoena*); o ditongo /ai/ é grafado com I em *fine*, com Y em *try*, com IGH em *light*, com UY em *buy*. No site do American Literacy Council (www.americanliteracy.com/soundspel), afirma-se que os 42 fonemas do inglês são grafados em mais de 400 formas diferentes, e apresenta-se uma listagem das correspondências fonema-grafema que evidencia o grande número de grafias para um só fonema: por exemplo, 18 grafias para o fonema /oo/, 27 para o fonema /ee/. Em Adams (2011) encontra-se uma boa síntese da complexidade e inconsistência da ortografia do inglês e suas consequências para a aprendizagem da escrita dessa língua.

consoantes que se seguem a ela, do número de sílabas da palavra e da tonicidade. Grande parte das vogais em sílabas não acentuadas de palavras polissílabas são neutralizadas, pronunciadas como um *schwa*, isto é, presentes na ortografia, mas quase imperceptíveis na pronúncia que, consequentemente, depende da localização da sílaba tônica.[25] Podem-se avaliar as consequências para a aprendizagem da língua escrita quando se considera que, segundo Nunes e Bryant (2006: 18), "a vogal schwa é muito provavelmente o som vogal mais frequentemente usado na língua inglesa, e, no entanto, não há forma estabelecida de grafá-lo com base em regras letra-som".

Por outro lado, as correspondências entre fonemas e grafemas consonantais, embora mais regulares que no sistema vocálico, apresentam também numerosas inconsistências: mais de uma pronúncia para um grafema e mais de um grafema para o mesmo fonema, sendo muitas correspondências dependentes do contexto; além disso, há consoantes que aparecem na escrita, mas não são pronunciadas, e há consoantes dobradas, sem que isso repercuta fonologicamente.

Dados quantitativos expressam bem a opacidade da ortografia do inglês. Segundo Coulmas (1999: 144), os 40 fonemas do inglês são representados por 1.120 diferentes grafemas.[26] Sprenger-Charolles, Colé e Serniclaes (2006: 28) comparam essa relação fonema-grafema no inglês com relações fonema-grafema no francês, no alemão e no espanhol: segundo esses pesquisadores, os 35 fonemas do francês, cuja ortografia é considerada próxima à opacidade, são representados por 130 grafias diferentes; os 40 fonemas do alemão, de ortografia relativamente transparente, por 85 grafias diferentes; os 29 a 32 fonemas do espanhol, também de ortografia próxima à transparência, por apenas 45 grafias diferentes. Caravolas (2006: 500) propõe os seguintes indicadores da baixa consistência da ortografia inglesa: 44 fonemas[27] (20

---

[25] Sprenger-Charolle, Colé e Serniclaes (2006: 23) levantam a hipótese de que "os problemas que a leitura de vogais em palavras polissílabas suscita podem ser a razão por que a maioria dos estudos sobre a leitura em inglês e a maioria dos modelos de leitura referem-se apenas a palavras monossílabas".

[26] Esse dado foi apresentado, segundo referência em Coulmas e em vários outros pesquisadores que também o citam como comprovação da profundidade ortográfica do inglês, por Julius Nyikos, "A Linguistic Perspective of Illiteracy", em Sheila Empleton (ed.), *The Fourteenth Lacus Forum 1987*, Lake Bluff, Linguistic Association of Canada and the United States, 1988, pp. 146-63.

[27] Observa-se aqui a variação no número de fonemas de uma língua, mencionada e justificada na nota 23: para Coulmas, são 40 os fonemas do inglês; para Caravolas, são 44.

vogais e 24 consoantes) e 26 letras (6 vogais e 20 consoantes),[28] o que resulta em uma relação fonema-letra de 1.7:1, ou seja, quase 2 fonemas para cada letra; cerca de 210 grafemas (106 vogais e 104 consosantes – letras e combinações de letras); numerosas regras de correspondências grafema-fonema dependentes de contexto.

A estrutura silábica do inglês apresenta também grande complexidade. Os limites da sílaba, tanto fonológicos quanto ortográficos, são ambíguos; as sílabas, em sua maioria, são travadas; há um grande número de diferentes padrões silábicos, muitos constituídos de um grande número de segmentos. O inglês se caracteriza por um grande número de palavras monossilábicas; segundo Fenk-Oczlon (2009), em línguas com grande número de monossílabos, as estruturas silábicas são frequentemente complexas, os tipos de sílabas são numerosos, o inventário segmental é amplo e a proporção de homofonia é alta. Análise estatística feita por De Cara e Goswami (2002: 417), com base em 4.086 palavras monossilábicas do inglês, escolhidas, segundo determinados critérios, entre as 7.256 inventariadas na base Celex,[29] identificou o padrão silábico cvc como predominante: 43% de monossílabos de estrutura silábica cvc, 21% de estrutura ccvc, 15,2% de estrutura cvcc, ou seja, 79,2% de sílabas constituídas de três ou mais segmentos; sílabas cv, que são as mais frequentes em ortografias transparentes, representam apenas 4,5% do *corpus* analisado (a este respeito, ver também Goswami, 2010).

Pesquisas têm revelado que, em decorrência dessa complexidade das sílabas em inglês, "a consciência de unidades intrassilábicas é mais fácil que a consciência de fonemas, e, no processo de desenvolvimento, anterior à consciência de fonemas" (Treiman, 1992: 71). Ou seja: em inglês, como em outras ortografias próximas da opacidade, tem-se identificado, no processo de aprendizagem da língua escrita, uma etapa intermediária entre a consciência da sílaba, tanto na oralidade como na escrita, e a consciência dos fonemas, uma etapa em que a consciência dos elementos constituintes da

---

[28] São seis as vogais porque a letra "y" é considerada uma vogal, em inglês, correspondendo ao fonema /i/.
[29] Celex é um conjunto de bases de dados lexicais de várias línguas, entre as quais o inglês.

sílaba – ataque e rima, núcleo e coda[30] – precede a consciência dos fonemas que compõem esses elementos.[31] Treiman et al. (1995: 130) concluem, de um conjunto de pesquisas sobre as relações entre fonologia e ortografia na língua inglesa, que é incompleta a descrição do sistema de escrita do inglês como um sistema alfabético, pois unidades ortográficas multigrafemas e unidades fonológicas multifonemas têm também função importante.

Considere-se ainda que, na ortografia do inglês, há significativa influência da morfologia, "uma característica tão importante da escrita do inglês que esta tem sido definida por alguns linguistas como uma escrita morfofonêmica" (Bryant e Nunes, 2004: 91). Como esclarecem Nagy e Anderson (1999: 157), a escrita morfofonêmica do inglês se caracteriza pela presença de "morfemas que mantêm a mesma forma gráfica com diferentes pronúncias, e presença de diferentes morfemas com a mesma pronúncia e representações gráficas diferentes". Nagy e Anderson apresentam exemplos da primeira característica: as diferentes pronúncias do sufixo *-ed* na forma pretérita dos verbos; pares de palavras como *electric* e *electricity*, *resign* e *resignation*; como exemplos da segunda característica, citam *their* e *there*, *here* e *hear*, *see* e *sea*, *sight* e *site*, entre outros.

Em síntese, como afirmam Goswami e Bryant (1992: 50):

> Em inglês relações simples letra-som não funcionam, ou funcionam apenas de forma aproximada, para um grande número de palavras escritas. É uma ortografia irregular, e muitas palavras simplesmente não podem ser escritas fonologicamente.

Entre esses dois extremos – uma ortografia inteiramente consistente, transparente, como a do finlandês, e a ortografia acentuadamente inconsistente, opaca do inglês – situa-se a ortografia do português brasileiro que, como dito anteriormente, caracteriza-se como *relativamente* transparente,

---

[30] Estes termos se referem aos constituintes da estrutura interna da sílaba; por exemplo, no monossílabo **mar**, o *ataque* (que costuma ser também denominado *onset*) é **m-**, a *rima* é **-ar**; na rima, o *núcleo* é **-a-**, a *coda* da rima é **-r**. No capítulo "Consciência fonológica e alfabetização", no tópico sobre consciência silábica, retoma-se a questão do papel dos elementos intrassilábicos no inglês e no português.

[31] Esta especificidade da aprendizagem da ortografia do inglês será retomada no capítulo "Consciência fonológica e alfabetização", no tópico sobre rimas e aliterações.

próxima da transparência do italiano e do espanhol, para citar apenas línguas românicas. Considerando a relevância das relações entre o nível de profundidade da ortografia e sua aprendizagem pela criança, o tópico seguinte discute as características peculiares da alfabetização na ortografia relativamente transparente do português brasileiro, em contraponto com as características da alfabetização na ortografia opaca do inglês, tão frequentemente tomada como parâmetro para a compreensão do processo de aprendizagem da língua escrita por crianças brasileiras.

DESENVOLVIMENTO DA ESCRITA NA ORTOGRAFIA DO PORTUGUÊS BRASILEIRO

São muito poucos, ainda, estudos que comparem a ortografia do português brasileiro com outras ortografias, transparentes ou opacas (exemplos são as pesquisas de Pollo, Kessler e Treiman, 2005; Borgwaldt, Hellwig e De Groot, 2005). Tais estudos comparativos, numerosos em relação a outras línguas (cf. referências na nota 9 deste capítulo), permitiriam comprovar com mais segurança seu nível de relativa transparência. Segundo Katz e Frost (1992: 74), "análises entre línguas, em que diferentes línguas são diretamente comparadas, são a metodologia decisiva para estudar a hipótese da profundidade ortográfica".

No entanto, pode-se considerar evidente a diferença entre o nível de profundidade da ortografia do inglês, de grande opacidade, e o da ortografia do português brasileiro, de ortografia transparente ou próxima da transparência, o que muitas vezes torna inadequada a transferência direta, para a alfabetização de crianças brasileiras, de resultados de pesquisas sobre a aprendizagem da língua escrita por crianças inglesas, como com certa frequência tem sido proposto. Isso se explica pelo fato, já mencionado, de serem mais numerosos e terem mais longa tradição no campo da investigação psicológica e linguística estudos e pesquisas sobre a aprendizagem da ortografia da língua inglesa. Sem dúvida, é necessário reconhecer que esses estudos e pesquisas sobre a ortografia opaca do inglês permitem, como afirma Nunes (2004: 625) em citação feita anteriormente, "aguçar nossa percepção de classes de fenômenos que não consideraríamos se estudássemos apenas nossa própria língua"; são exatamente esses *fenômenos*, evidências da natureza peculiar de nossa ortografia, diferente e distante da opacidade do inglês, que comprovam as particularidades dos processos de aprendizagem de ortografias tão distintas, o que traz como consequência particularidades também nos métodos de alfabetização.

Como foi apresentado no capítulo anterior, as fases propostas na teoria de Ferreiro, aceitas como uma descrição adequada do desenvolvimento da escrita na criança brasileira, correspondem apenas parcialmente às fases propostas por Ehri com base na ortografia do inglês. Ferreiro identificou os níveis de desenvolvimento da escrita em pesquisas sobre a língua espanhola, de ortografia transparente (México, Espanha, Venezuela, Argentina); os mesmos níveis são confirmados em pesquisas sobre o desenvolvimento da escrita em outras ortografias transparentes ou próximas da transparência: francês (Besse, 1996, 2004),[32] italiano (Pontecorvo e Orsolini, 1996), português europeu (Alves-Martins, 1994; Silva e Alves-Martins, 2002; Alves-Martins e Silva, 2006a, 2006b; Sim-Sim e Ramos, 2006), português brasileiro (Silva, 1988; Contini, 1988; Rego, 1988, 1994, 1999; Pedrosa e Dubeux, 1994). Pesquisas sobre a escrita inicial de crianças em hebraico, língua semítica, também confirmam o desenvolvimento segundo os níveis de Ferreiro: Tolchinsky-Landsmann e Levin (1985, 1987); Tolchinsky e Teberosky (1997, 1998); Tolchinsky (2003).

Assim, a análise sobre o paralelismo apenas parcial entre as fases de desenvolvimento da língua escrita em inglês e em português pode agora ser retomada à luz das diferenças entre a ortografia do inglês e ortografias transparentes ou próximas da transparência. Uma análise dessa assimetria é um expressivo exemplo da influência da natureza da ortografia sobre as fases de aprendizagem da língua escrita e, portanto, sobre os métodos de alfabetização, e evidencia a impropriedade de assumir teorias fundamentadas em uma ortografia opaca para analisar essa aprendizagem em uma ortografia próxima da transparência.

---

[32] Há divergências nas pesquisas sobre o desenvolvimento da escrita na ortografia da língua francesa segundo os níveis propostos por Ferreiro. Fijalkow, Cussac-Pomel e Hannouz (2009) apresentam uma extensa revisão dos estudos, e concluem que as pesquisas "fracassam na busca da evolução descrita por Ferreiro no caso do francês" (2009: 76), já que "as replicações feitas na língua francesa evidenciaram de forma persistente a impossibilidade de encontrar a psicogênese identificada em trabalhos realizados principalmente em espanhol" (2009: 91). Ver também Fijalkow (2007).

Como foi anteriormente discutido, a comparação entre as fases de desenvolvimento identificadas por Ehri (e também por Gentry), que têm como objeto a ortografia opaca do inglês, e as fases identificadas por Ferreiro e outros pesquisadores, que têm como objeto ortografias próximas da transparência, mostra que, à fase *parcialmente alfabética,* nos modelos referentes à ortografia inglesa, correspondem duas fases no desenvolvimento em ortografias de línguas mais próximas da transparência: a fase *silábica* e a fase *silábico-alfabética.*[33] Essa identificação, por determinados pesquisadores, de uma só fase, em estágio do desenvolvimento em que outros pesquisadores identificam duas fases, pode ser agora explicada pelo distanciamento entre os níveis de opacidade/transparência das ortografias objeto das pesquisas.

Na aprendizagem da ortografia opaca do inglês, a inconsistência das relações fonema-grafema, a natureza morfofonêmica da ortografia, uma certa ambiguidade na delimitação das sílabas e, sobretudo, a complexidade da estrutura silábica são fatores que dificultam a consciência fonológica de sílabas, necessária para o aparecimento de uma fase silábica. Segundo Goswami e Bryant (1990, 1992) e Treiman (1992), o sistema de escrita do inglês é mais previsível no nível de unidades intrassilábicas – ataques e rimas – que no nível de sílabas ou de fonemas; a consequência é que, segundo Treiman (1992: 82), "há evidência empírica que dá suporte à concepção de que as crianças usam unidades multiletras que correspondem a ataques e rimas muito mais frequentemente que outros tipos de unidades multiletras". Rego (1995a), em pesquisa sobre a compreensão do princípio alfabético por crianças falantes do inglês, no quadro da "abordagem psicogenética desenvolvida por Ferreiro e colaboradores, ainda pouco explorada com crianças falantes do inglês" (1995a: 80), constatou:

---

[33] Em artigo de 2009, ao se referir à publicação, em 1979, do livro *Los sistemas de escritura en el desarrollo del niño*, Ferreiro (2009: 7; ênfase acrescentada) afirma que "nesse livro se defendia, entre outras teses, uma **particularmente atrevida**: para tratar de entender a escrita alfabética, as crianças falantes do espanhol passam por um período silábico". Pode-se inferir que a identificação de uma fase silábica seria, naquele momento, *particularmente atrevida* porque teorias de desenvolvimento do sistema alfabético, então anteriores e contemporâneas, tendo sempre como objeto a ortografia da língua inglesa, não detectavam essa fase.

> [...] uma sequência evolutiva que não se assemelha totalmente aos estágios tradicionalmente propostos por Ferreiro e colaboradores, pois não houve registro de representações silábicas, pelo menos com as palavras-estímulo utilizadas neste estudo. Isto sugere que a evolução da compreensão do princípio alfabético por parte de crianças falantes do inglês tem algumas peculiaridades que, provavelmente, estariam refletindo não só as características da estrutura fonológica desta língua como as suas regularidades ortográficas. (Rego, 1995a: 97)

Emilia Ferreiro ela mesma, na versão francesa revista e corrigida de seu texto "A escrita... antes das letras" (Ferreiro, 1990b), versão publicada como primeiro capítulo de seu livro *L'Écriture avant la lettre* (Ferreiro, 2000), acrescenta, à versão original, o seguinte trecho, em que relativiza a universalidade da fase silábica, reconhecendo-a como dependente da natureza da ortografia:

> Esse período [de fonetização da escrita] começa com uma fase silábica nas línguas cujas fronteiras silábicas são claramente marcadas e em que a maior parte das palavras de uso corrente são dissílabas ou trissílabas. Essa fase silábica foi claramente comprovada em espanhol, português, italiano e catalão. Em línguas em uma situação oposta (particularmente inglês e francês), essas primeiras segmentações podem não ser estritamente silábicas. (Ferreiro, 2000: 16)

São, pois, as características da ortografia da língua inglesa que explicam por que Goswami e Bryant, Treiman (citados anteriormente), e também Ehri, Gentry, Frith (citados no capítulo anterior), em suas teorias do desenvolvimento da língua escrita, não consideram como relevante, no processo de aprendizagem do sistema ortográfico do inglês, a unidade *sílaba*, pouco marcada na percepção fonológica da criança e muito complexa na escrita.[34] O mesmo ocorre na aprendizagem do sistema ortográfico do

---

[34] Convém lembrar que há pesquisadores que, tomando como parâmetro a teoria de Ferreiro, e comparando as fases na aquisição da escrita do espanhol com fases na aquisição da escrita do inglês, afirmam a existência, nesta, de uma fase silábica, embora com diferenças resultantes das características de uma e outra ortografia; ver, por exemplo: Kamii, Manning e Manning (1990) e Vernon (1993). Treiman e Tincoff (1997) consideram que o conhecimento do nome das letras pode levar crianças de língua inglesa a escrever silabicamente.

francês; Pasa, Creuzet e Fijalkow (2006) concluem, de pesquisa sobre a *escrita inventada* de crianças falantes do francês, que "a sílaba não seria necessariamente a unidade central na construção da relação oral-escrito" (2006: 88) e acrescentam que "a importância atribuída à sílaba varia de uma língua a outra" (2006: 98).

Ao contrário, como afirma Ferreiro na citação anterior, a fase *silábica* tem sido claramente identificada nos estudos sobre a aprendizagem de ortografias transparentes ou próximas da transparência, como é o caso do português brasileiro. As características dessas ortografias – pouca complexidade da estrutura silábica, considerável consistência das relações fonema-grafema – facilitam a percepção fonológica de sílabas, o que se reflete no processo de aprendizagem do sistema alfabético de escrita.

Assim, na fase denominada *parcialmente alfabética*, na teoria de Ehri, intermediária entre a fase *pré-alfabética* e a fase *plenamente alfabética*, a criança aprendiz da ortografia da língua inglesa orienta-se pelo valor sonoro de algumas letras, particularmente daquelas cujo nome contém claramente um fonema percebido na pronúncia da palavra,[35] e daquelas que representam o som inicial e o som final da palavra, mais fáceis de detectar (Ehri, 2005a, 2005b).

Já na aprendizagem da ortografia do português brasileiro, como de outras ortografias transparentes ou próximas da transparência, a criança orienta-se pela percepção fonológica da sílaba, que então representa graficamente por uma letra correspondente a um fonema da sílaba (frequentemente a vogal, som mais saliente em ortografias transparentes, algumas vezes a consoante em cujo nome esteja presente o fonema que ela representa);[36] à medida que

---

[35] Como será exposto no capítulo "Consciência fonêmica e alfabetização", numerosas pesquisas têm investigado a relação entre o conhecimento do nome das letras e a aprendizagem da ortografia, independentemente de ser esta opaca ou transparente.

[36] Considera-se aqui apenas a chamada fase silábica *com valor sonoro*, ou silábica *fonetizada*, em que a letra que representa a sílaba corresponde a um fonema nela presente; na teoria de Ferreiro, essa fase é precedida de uma notação silábica *sem valor sonoro*, em que a criança usa uma letra para cada sílaba, mas qualquer letra, letra que não corresponde a fonemas presentes na sílaba. Embora essa notação já revele a percepção de que a escrita representa sons da fala, que a criança mostra ser capaz de segmentar em sílabas, por outro lado evidencia que ela ainda não estabelece relações entre esses sons e as letras do alfabeto, ou seja: a criança revela *consciência fonológica*, mas não ainda *consciência fonêmica* (a esse respeito, ver, adiante, os capítulos "Consciência fonológica e alfabetização" e "Consciência fonêmica e alfabetização").

as correspondências fonema-grafema vão se revelando para a criança, e em geral em curto espaço de tempo, registro silábico e registro fonêmico passam a conviver. Configuram-se assim claramente as duas fases: uma *fase silábica* e uma *fase silábico-alfabética*.

No entanto, alguns pesquisadores das fases de aprendizagem da ortografia do português brasileiro (Cardoso-Martins e Batista, 2005; Cardoso-Martins, 2006; Cardoso-Martins et al., 2006; Cardoso-Martins e Corrêa, 2008; Cardoso-Martins, Corrêa e Marchetti, 2008; Pollo, Kessler e Treiman, 2005, 2009) discutem a pertinência da identificação de uma fase silábica, considerando-a como apenas uma das possíveis ocorrências no interior da fase *parcialmente alfabética*, na teoria de Ehri, que consideram ser mais adequada e mais abrangente que a teoria de Ferreiro, para explicar a evolução da escrita na criança brasileira. Segundo Cardoso-Martins e Batista (2005: 336), "a construção silábica não resulta de uma construção conceitual por parte da criança, mas sim do seu esforço para representar os sons que ela é capaz de detectar na pronúncia das palavras". Esse "esforço" resultaria em uma "crescente habilidade das crianças de detectar unidades fonológicas na pronúncia das palavras e de fazer a correspondência entre esses sons e unidades ortográficas foneticamente apropriadas" (Cardoso-Martins et al., 2006: 639). Apenas eventualmente, segundo essas autoras, a relação fonema-grafema corresponderia a uma sílaba, na fase intermediária entre a *fase pré-alfabética* e a fase *plenamente alfabética* da teoria de Ehri. Assim, não reconhecem a escrita silábica como suficientemente consistente e estável para constituir uma fase; de certa forma, reconhecem apenas a fase denominada *silábico-alfabética* da teoria de Ferreiro, preferindo, porém, considerá-la como fase *parcialmente alfabética*, coerentemente com a adesão à teoria de Ehri.

Por outro lado, Ferreiro, em obras recentes (2001, 2013b), não só reafirma a existência de uma fase silábica, mas também passa a reconhecer, com base em novas pesquisas, o nível silábico-alfabético, considerado anteriormente apenas um *período de transição,* como uma fase que *tem sua própria especificidade*, caracterizando-se por uma análise de elementos intrassilábicos (2001: 95-6) e por *alternâncias e desordem com pertinência* nas tentativas da criança de registrar na escrita os fonemas constituintes da sílaba (2013b).[37]

A comparação entre as duas posições revela a interferência da natureza da ortografia da língua na identificação de fases por que passa a criança no processo de construção do sistema alfabético. No entanto, a assimetria entre as duas teorias de fases de desenvolvimento da língua escrita não se explica apenas pelo diferente nível de profundidade das ortografias em que se baseiam, mas também, como aliás foi dito no capítulo anterior (cf. Quadro 2 e análise que a ele se segue, naquele capítulo), pelos diferentes paradigmas que informam uma e outra: paradigma *construtivista* ou paradigma *fonológico*. É o que propõe o tópico seguinte.

ORTOGRAFIAS E PARADIGMAS DE ANÁLISE

Enquanto no quadro do paradigma fonológico, como citado anteriormente, as fases se explicam pela "crescente habilidade das crianças de detectar unidades fonológicas na pronúncia das palavras e de fazer a correspondência entre esses sons e unidades ortográficas foneticamente apropriadas" (Cardoso-Martins et al., 2006: 639), no quadro do paradigma construtivista Ferreiro (2009: 12) afirma:

> As teorias fonológicas da sílaba são o que são: modelos teóricos que nos ajudam a problematizar essa unidade (a sílaba) em função de suas possíveis distinções externas. Não são modelos de desenvolvimento e, muito menos, das etapas mais instáveis desse desenvolvimento. Os psicolinguistas não podemos limitar-nos a ver quais modelos de análise da sílaba se ajustam a nossos dados. Não podemos ignorar esses modelos. Mas também não podemos forçar os dados evolutivos para que se ajustem a um modelo sincrônico.

---

[37] Ferreiro, com base em dados de produção de palavras por crianças de 5 anos, propõe interessante analogia para explicar os processos pelos quais elas vão formando conceitos que as levam a substituir a análise silábica da palavra oral por uma análise dos fonemas que constituem a sílaba. A analogia proposta por Ferreiro é que as crianças ouvem a sílaba como os não profissionais da área musical ouvem um acorde musical produzido por vários instrumentos: ouvem-no como um objeto único, mas podem focalizar separadamente ou as cordas ou os sopros; assim também a criança ouve a sílaba como se fosse um objeto único – com se fosse um acorde musical –, mas a escrita as obriga a considerar os sons simultâneos como sucessivos, vogais (cordas) e consoantes (sopros). Disso resultam *alternâncias* – ora registram consoantes, ora registram vogais – ou *desordem com pertinência* – registram com letras os fonemas da sílaba, mas em desordem (Ferreiro, 2013b).

Pode-se inferir que o paradigma fonológico, predominante em pesquisas sobre ortografias opacas, particularmente a ortografia do inglês, focaliza o *objeto da aprendizagem* – as correspondências fonema-grafema –, enquanto o paradigma construtivista, predominante em pesquisas sobre ortografias transparentes, focaliza o *processo de apropriação* desse objeto. Na verdade, a adoção de um ou outro paradigma está na base da *questão* dos métodos de alfabetização, questão que se traduz, principalmente, pela divergência de foco: foco no *objeto* a ser aprendido, e na configuração que esse objeto impõe à *aprendizagem* da criança, ou foco na *construção* do objeto pela criança, e nas mudanças conceituais que vão definindo o *desenvolvimento* em direção à apropriação do objeto. Em outras palavras, e coerentemente com o que foi proposto no primeiro capítulo, foco na língua escrita considerada como *sistema notacional* ou foco na língua escrita considerada como *sistema de representação*.

Assim, no quadro do paradigma fonológico, como fica claro na citação anterior feita de Cardoso-Martins e Batista, a criança, **diante do objeto** – a ortografia de sua língua –, realiza um *esforço* para aprender as correspondências entre unidades fonológicas e *unidades ortográficas foneticamente adequadas*; já no quadro do paradigma construtivista, como fica claro em Ferreiro (2013b), a criança, **em interação com o objeto** – textos escritos na ortografia de sua língua –, *constrói o objeto*, aqui também a ortografia de sua língua, por meio de mudanças conceituais que caracterizam *etapas instáveis de desenvolvimento*, em que os fonemas se destacam em *alternâncias* e são representados por unidades ortográficas que, não sendo "foneticamente adequadas", revelam uma *desordem com pertinência*. Correndo o risco de uma simplificação talvez excessiva, pode-se dizer que, no quadro do paradigma fonológico, analisa-se *como o sistema de escrita alfabético age sobre a criança*: propõe-lhe correspondências fonema-grafema que ela deve *esforçar-se* para identificar; no quadro do paradigma construtivista, analisa-se *como a criança age sobre o sistema alfabético de escrita*: levanta hipóteses sobre correspondências entre os sons da fala e sua notação, a que o sistema alfabético responde com comprovação ou invalidação. Naturalmente, essas ações – do sistema sobre a criança, ou da criança sobre o sistema – são configuradas pela natureza da ortografia em questão: opacidade ou transparência.

A diferença de paradigmas nos estudos sobre as fases de aprendizagem do sistema alfabético-ortográfico revela-se também nos procedimentos de pesquisa. No paradigma construtivista, os dados são buscados em estudos de caso, fatos episódicos e sobretudo, coerentemente com o quadro de referência piagetiano, em entrevistas clínicas, já que o que se pretende é investigar, como afirma Ferreiro (2001: 69), em citação já feita anteriormente, "que tipo de ideias o sujeito constrói sobre o escrito". Ao contrário, no paradigma fonológico, o ponto de partida do pesquisador são dados obtidos por meio de pesquisas experimentais, em geral envolvendo leitura ou escrita de palavras reais e de pseudopalavras,[38] interpretados à luz das características fonológico-ortográficas da língua e submetidos a análises quantitativas e estatísticas, já que o que se pretende é identificar recorrências que permitam explicações e previsões probabilísticas. Pollo, Kessler e Treiman (2009: 411), no quadro do paradigma fonológico-estatístico (ver nota 26 do capítulo anterior), afirmam que as escritas iniciais "refletem padrões estatísticos que as crianças observam nos textos que veem", e consideram sua perspectiva de análise dessas escritas iniciais das crianças como "ponto de vista estatístico da aprendizagem".

Portanto, pesquisas desenvolvidas sobre ortografias diferentes quanto ao nível de profundidade, no quadro de paradigmas distintos, de que decorrem procedimentos de pesquisa próprios a cada paradigma, só podem chegar, congruentemente, a resultados diferentes sobre as fases de desenvolvimento do sistema alfabético-ortográfico.

---

[38] Uma diferença evidente entre as pesquisas no quadro de um e outro paradigma é o uso frequente de leitura e escrita de pseudopalavras no paradigma fonológico, e a rejeição ao uso delas no paradigma construtivista. Ferreiro (2013b: 67), ao informar que as palavras que solicitava às crianças que escrevessem estavam inseridas em uma mininarrativa, "a fim de garantir que as crianças compreendessem as palavras que iam escrever", explica a rejeição a pseudopalavras em nota: *"Muitos investigadores preferem utilizar pseudopalavras, com as quais se controlam melhor as variações de estímulo. A consequência inevitável deste procedimento é colocar-se fora do sistema da língua, já que as pseudopalavras, como o nome indica, carecem de uma propriedade fundamental das palavras: ter significado"* (2013b: 76). Por outro lado, Adams (2011: 5), no quadro do paradigma fonológico, explica e justifica o uso de pseudopalavras em pesquisas: "O motivo para incluir pseudopalavras em pesquisas é precisamente porque elas, não sendo palavras, não são conhecidas pelos leitores. [...] Estes não têm condições de reconhecer visualmente a palavra como um todo, já que nunca a viram antes; não podem corrigir a pronúncia dela por conhecê-la ou por ela fazer parte do vocabulário de que dispõem, porque nunca a ouviram antes. Correspondências grafema-som de pseudopalavras oferecem a única base em que leitores podem se apoiar para descobrir como pronunciá-las ou conferir a pronúncia que produziram". Assim, conclui Adams (2011: 6), "listas de pseudopalavras oferecem testes 'limpos' sobre o conhecimento do leitor a respeito das correspondências grafema-fonema e sobre sua habilidade de agrupá-los".

Um exemplo expressivo de resultados diferentes sobre as fases de desenvolvimento inicial da escrita, como consequência do paradigma assumido e dos procedimentos específicos de investigação que dele decorrem, são as pesquisas de Cardoso-Martins et al. (2006) e de Cardoso-Martins e Corrêa (2008) que, de forma original e instigante, submetem os *mesmos dados* de desenvolvimento da escrita no português brasileiro a uma dupla análise: à análise no quadro das fases identificadas por Ehri (paradigma fonológico) e no quadro das fases identificadas por Ferreiro (paradigma construtivista). As pesquisadoras chegam à conclusão de que a teoria de Ehri é mais adequada que a teoria de Ferreiro, particularmente com relação à fase silábica, pois os resultados revelaram poucas escritas silábicas, quando os dados foram analisados segundo a proposta de fases de Ferreiro:

> Mesmo na possibilidade de escritas silábicas ocorrerem com mais frequência que o indicado pelos achados dos estudos apresentados, nossos resultados sugerem fortemente que elas constituem um fenômeno até certo ponto pouco intenso e de curta duração. (Cardoso-Martins et al., 2006: 639)

No entanto, para obtenção dos dados, foram adotados procedimentos de pesquisa adequados ao paradigma fonológico, e os resultados são tratados estatisticamente, tomando como critério *o objeto* que interessa à perspectiva fonológica – as correspondências que a criança faz entre fonemas e grafemas –, e não o *objeto* que interessa à perspectiva construtivista – as hipóteses que a criança vai formulando e reformulando, na construção de conceitos sobre a escrita. Assim, o principal fundamento das pesquisadoras para concluir pela maior pertinência da proposta de fases de Ehri – a pequena representatividade de escritas silábicas nos resultados obtidos – suscita duas ressalvas.

A primeira ressalva é que, ainda que as escritas silábicas tenham sido *pouco intensas e de curta duração*, revelam um estágio conceitual significativo no quadro do paradigma construtivista, ao qual não interessam propriamente a intensidade ou a duração das hipóteses construídas pela criança, já que análises quantitativas e estatísticas não são pertinentes a esse paradigma, mas interessam a existência e a natureza dessas hipóteses.

A segunda ressalva é que, de acordo com o desenho experimental utilizado pelas pesquisadoras, com vista a análises estatísticas, as crianças foram testadas em intervalos de seis meses, demasiado longos para a avaliação de escritas no quadro do paradigma construtivista, que prevê uma progressão conceitual da criança *ao longo do tempo*. A suposição que aqui se faz é que o intervalo entre as avaliações não teria possibilitado captar a fase silábica, que pode ter ocorrido com mais frequência *durante* os seis meses que separaram uma avaliação de outra. É que a fase silábica tem-se revelado, como acertadamente dizem as próprias pesquisadoras, de curta duração; a hipótese é que a criança, assim que percebe e grafa fonemas salientes nas sílabas, o que constitui a fase silábica, já revelando, portanto, consciência fonêmica, passa rapidamente a atentar para os demais fonemas das sílabas, pouco complexas no português brasileiro, como dito anteriormente, tornando-se, nos termos do paradigma construtivista, silábico-alfabética. No entanto, as autoras não consideram essa fase, quando analisam os dados no quadro do paradigma construtivista, incorporando as ocorrências silábico-alfabéticas já na fase alfabética, o que reforça a ressalva feita: se, no quadro do paradigma fonológico, a fase silábico-alfabética pode realmente já se caracterizar como alfabética, o mesmo não ocorre no paradigma construtivista, em que a evolução da hipótese silábica para a hipótese silábico-alfabética é conceitualmente relevante, como reveladora da desestabilização da hipótese silábica.

Em síntese, a suposição que aqui se faz é que os procedimentos de obtenção e tratamento dos dados em Cardoso-Martins et al. (2006) e Cardoso-Martins e Corrêa (2008) não poderiam deixar de conduzir à conclusão de maior pertinência, para a aprendizagem da ortografia do português brasileiro, do paradigma que orientou a pesquisa: o paradigma fonológico. A análise desses mesmos dados sob a perspectiva construtivista, a que interessa *um outro objeto* – os conceitos que a criança constrói sobre a língua escrita – e que, consequentemente, utiliza outros procedimentos de pesquisa evidenciaria, provavelmente, a pertinência do paradigma construtivista para a identificação desse *outro objeto*.

No entanto, é exatamente essa diferença entre os *objetos* focalizados por um e outro paradigma que, como foi adiantado anteriormente (capítulo

"Fases de desenvolvimento no processo de aprendizagem da escrita"), permite admitir que os dois paradigmas não são excludentes: o *objeto* de estudos e pesquisas em cada uma das duas perspectivas é diferente, mas esses *objetos* diferentes podem ser considerados como fazendo parte, ambos, do desenvolvimento da língua escrita pela criança, tornando-se relevantes, no que concerne à questão dos métodos de alfabetização, em momentos diferentes do processo evolutivo.

De um lado, a Ferreiro interessam as fases de desenvolvimento da escrita desde os primeiros rabiscos até que a criança chegue ao nível alfabético, isto é, chegue à compreensão do *princípio alfabético*, momento que, em sua teoria, é considerado o *final* do processo. Repetindo e ampliando citação anteriormente feita de Ferreiro e Teberosky (1986: 213):

> A escrita alfabética constitui o final desta evolução. Ao chegar a este nível, a criança já franqueou a "barreira do código"; compreendeu que cada um dos caracteres da escrita corresponde a valores sonoros menores que a sílaba, e realiza sistematicamente uma análise sonora dos fonemas das palavras que vai escrever. Isto não quer dizer que todas as dificuldades tenham sido superadas: **a partir desse momento a criança se defrontará com as dificuldades próprias da ortografia, mas não terá problemas de escrita, no sentido estrito.**

Por outro lado, na perspectiva do paradigma fonológico, as fases que importam são aquelas em que a criança, *após* compreender o princípio alfabético, deve aprender as correspondências entre fonemas e grafemas. Pollo, Kessler e Treiman (2009: 411; ênfase acrescentada) afirmam: "[a] perspectiva fonológica põe o foco no desenvolvimento fonológico e **dá pouca atenção às primeiras escritas**. Antes de a criança aprender como as letras correspondem a sons, sua escrita é frequentemente caracterizada como aleatória".

Assim, pode-se inferir que, no desenvolvimento da criança aprendiz da ortografia do português brasileiro, o paradigma construtivista, pertinente em ortografias próximas da transparência, esclarece particularmente o período em que a criança evolui em direção à compreensão do *princípio alfabético*, por meio de construções conceituais que podem ser *provocadas, orientadas,* mas não podem ser propriamente *ensinadas*, o que não quer dizer que não possa haver procedimentos adequados para essas *provocação e orientação*, ou seja: o que não quer dizer que não seja possível *ensino* que norteie a ação docente nesse período da evolução, como se verá no capítulo "Métodos de alfabetização: uma resposta à questão". Esse período não exclui a aprendizagem das correspondências fonema-grafema, que se manifesta quando a criança chega à *fonetização da escrita*, isto é, compreende que os segmentos sonoros da língua (sílabas, e em seguida fonemas) são representados por grafemas, e assim evolui para a escrita alfabética.[39]

Por outro lado, o paradigma fonológico torna-se adequado, e até mesmo inevitável, a partir do período de fonetização da escrita. O conjunto convencional de notações fonema-grafema que decorre do princípio alfabético constitui um *sistema notacional* que, sendo uma criação cultural, precisa ser *decifrado,* ensinado explicitamente*, dificilmente pode ser desvendado naturalmente, como são naturalmente desenvolvidos conceitos estimulados pela escrita presente no contexto sociocultural, e como é naturalmente adquirida a fala (cf. primeiro capítulo). É aqui que o paradigma fonológico, que toma como objeto as correspondências fonema-grafema, pode e deve oferecer a base para um ensino necessariamente explícito dessas correspondências, de forma que a criança aprenda a *codificar* (registrar adequadamente com grafemas os fonemas, isto é, *escrever*) e a *decodificar* (traduzir adequadamente os grafemas em fonemas, isto é, *ler*) ou, como preferem alguns autores, *recodificar* (porque, na verdade, a leitura é uma recuperação dos fonemas anteriormente codificados em grafemas).[40]

Segundo Nunes (1992: 26), "ao descobrir a natureza alfabética do sistema de escrita que utilizamos, a criança ainda não dominará a ortografia nem a leitura e ainda terá muito o que aprender". Implícita nessa citação está o reconhecimento da necessária conciliação entre o processo de *descoberta* da natureza alfabética da escrita, esclarecido pelas pesquisas no paradigma

---

[39] Pollo, Kessler e Treiman (2005) relatam pesquisa em que comparam, diferenciando-a, a influência da ortografia inglesa e a do português brasileiro sobre a escrita pré-alfabética de crianças norte-americanas e de crianças brasileiras.
[40] Sobre o uso dos verbos codificar e decodificar, ver a nota 32 do primeiro capítulo.

construtivista, e o processo de *aprendizagem* do sistema convencional ortográfico, orientada pelo paradigma fonológico. Também A. Morais (1998: 20-1) reconhece a necessidade dessa conciliação:

> Dada a sua natureza de convenção social, o conhecimento ortográfico é algo que a criança não pode descobrir sozinha, sem ajuda. Quando compreende a escrita alfabética e consegue ler e escrever seus primeiros textos, a criança já apreendeu o funcionamento do **sistema de escrita alfabética**, mas ainda desconhece a **norma ortográfica**. [...] A criança inicialmente se apropria do sistema alfabético; num processo gradativo, descrito pelas pesquisas da psicogênese da escrita, ela aos poucos "domina a base alfabética". [...] O que o aprendiz nessa fase ainda não domina, porque desconhece, é a norma ortográfica.

Por meio do ensino e consequente aprendizagem da norma ortográfica é que a criança chegará às fases *plenamente alfabética* e *alfabética consolidada*, na terminologia do paradigma fonológico de Ehri, fases não incluídas no modelo construtivista, para o qual a *escrita alfabética*, revelando que "a criança franqueou a barreira do código", isto é, compreendeu o sistema de escrita, "constitui o final da evolução", restando-lhe, a partir desse momento, compreender o sistema ortográfico (Ferreiro e Teberosky, 1986: 213).

Pode-se então concluir que os dois paradigmas, construtivista e fonológico, explicam e orientam a aprendizagem do sistema alfabético-ortográfico pela criança, e somam-se, não se opõem, na compreensão desse processo: o paradigma construtivista, particularmente nas ortografias transparentes, esclarece o percurso conceitual da criança em direção à compreensão do *princípio alfabético*; o paradigma fonológico, independentemente do nível de profundidade da ortografia, esclarece e direciona o percurso da criança para o domínio das *normas ortográficas* de sua língua. São, pois, ambos os paradigmas fundamentais na busca de uma resposta para a *questão dos métodos* de alfabetização, no que se refere à **faceta linguística** da aprendizagem inicial da língua escrita, tema deste livro; é o que se verá no capítulo dedicado especificamente a métodos de alfabetização ("Métodos de alfabetização: uma resposta à questão").

No entanto, sendo o objeto último de ambos os paradigmas o domínio do sistema alfabético, entendido como a compreensão de um sistema de representação e a aprendizagem de um sistema notacional, o fundamento é sempre a relação oralidade-escrita: a consciência metalinguística que leva à reflexão sobre a cadeia sonora da fala, de que se tratará no próximo capítulo; a consciência fonológica, que leva à percepção das relações entre o oral e o escrito, de que se tratará no capítulo "Consciência fonológica e alfabetização"; e, especifica e principalmente, a consciência grafofonêmica, que possibilita a aprendizagem das correspondências fonema-grafema, de que se tratará no capítulo "Consciência fonêmica e alfabetização".

Consciência metalinguística e aprendizagem da língua escrita

Este capítulo tem os seguintes objetivos:

- conceituar *consciência metalinguística* e apresentar suas várias dimensões;
- analisar cada uma das dimensões da consciência metalinguística;
- relacionar as dimensões da consciência metalinguística com a aprendizagem da língua escrita;
- situar a consciência fonológica como uma das dimensões da consciência metalinguística, destacando sua relevância para o processo de alfabetização.

Entre os vários sistemas de escrita, o sistema alfabético se diferencia dos demais por sua relação com a cadeia sonora da fala, que ele representa. Assim, para aprender a ler e a escrever, é necessário que o aprendiz volte sua atenção para os sons da fala, e tome consciência das relações entre eles e sua representação gráfica, tanto no nível da palavra quanto no nível das relações fonema-grafema; por outro lado, para compreender e produzir textos, é necessário que a atenção se volte para o texto escrito, as peculiaridades estruturais e linguísticas que o distinguem do texto oral. Ou seja: para aprender a ler e a escrever, e para se tornar um leitor e um produtor de textos competente, o aprendiz precisa desenvolver a *consciência metalinguística*, entendida não apenas como capacidade de *ouvir* a língua, analisar seus "sons" e relacioná-los com marcas gráficas, mas entendida também como capacidade de *refletir* sobre o texto escrito, sua estrutura e organização, suas características sintáticas e contextuais. Como afirma Olson (1999: 132), "aprender a ler e escrever é aprender a ouvir e pensar sobre sua própria língua de uma nova maneira". Nesse sentido, pode-se dizer que o ensino da língua escrita, ao longo da escolarização, é, basicamente, o desenvolvimento da consciência metalinguística e sua tradução em habilidades de leitura e de produção textual.

No que se refere à alfabetização, ou seja, à faceta linguística da aprendizagem inicial da língua escrita, objeto deste livro, é o nível das relações entre fonemas e grafemas, para a leitura e escrita de palavras, que particularmente interessa – a *consciência fonológica* –; no entanto, outras dimensões da consciência metalinguística – consciência da frase e sua sintaxe, da morfologia e seus princípios, do texto e sua estrutura e organização, do texto e seu contexto –, relacionadas com as habilidades de compreender palavras e textos escritos (leitura) e de expressar-se por meio da escrita (escrita de palavras e produção de textos), devem desenvolver-se, como dito no primeiro capítulo, simultaneamente à aprendizagem do sistema alfabético e das normas ortográficas.

Os dois capítulos seguintes é que discutirão a dimensão da consciência metalinguística diretamente relacionada com a faceta linguística: a *consciência fonológica*, e um dos aspectos dela, à qual importa dar especial destaque, a *consciência fonêmica*. Este capítulo, além de situar a *consciência fonológica* entre as outras dimensões da consciência metalinguística, tem também como objetivo apontar implicações metodológicas dessas outras dimensões para o desenvolvimento da faceta linguística e, sobretudo, das facetas interativa e sociocultural da aprendizagem inicial da língua escrita, a fim de enfatizar a possibilidade e, mais que isso, a necessidade, apontadas no primeiro capítulo, de articular métodos para a aprendizagem inicial da língua escrita que desenvolvam simultaneamente as três facetas, isto é, que desenvolvam a alfabetização e o letramento.

CONSCIÊNCIA METALINGUÍSTICA

A capacidade de tomar a língua como *objeto* de reflexão e análise, dissociando-a de seu uso habitual como meio de interação, é o que se denomina *consciência metalinguística*, capacidade essencial à aprendizagem da língua escrita. Segundo Nagy e Anderson (1999: 155):

> Consciência metalinguística – a habilidade de refletir sobre e manipular os aspectos estruturais da língua – não é necessária no uso normal da língua; as pessoas geralmente prestam atenção na mensagem que está sendo transmitida, não nos elementos linguísticos que a transmitem. Aprender a ler, por outro lado, é fundamentalmente metalinguístico. A criança precisa, antes de tudo, perceber que a escrita representa a fala, e em seguida identificar os detalhes de *como* a escrita representa a fala.

Pode-se inferir que *consciência metalinguística* se refere não apenas a processos linguísticos, relacionados com diferentes aspectos da língua, mas solicita também, da criança, processos cognitivos; Karmiloff-Smith et al. (1996: 198) enfatizam esses processos, quando afirmam:

> [...] consciência metalinguística envolve reflexão consciente sobre vários aspectos da língua, análise ou controle intencional desses vários aspectos – fonologia, semântica, morfossintaxe, discurso, pragmática – indo além dos processos normais inconscientes de produção ou compreensão.

Em síntese: consciência metalinguística é reflexão, análise, controle intencional de atividades linguísticas que, no uso cotidiano da língua, realizam-se de forma automática e sem consciência dos processos nelas envolvidos.[1]

Para Gombert (2006: 68), é sobretudo a natureza cognitiva que caracteriza, na psicolinguística, um comportamento *metalinguístico*: após conceituar esse comportamento como a manifestação da "capacidade do locutor de se distanciar do uso habitualmente comunicativo da língua a fim de dirigir a atenção para suas propriedades linguísticas", Gombert conclui que "o que é então determinante não são as características externas do comportamento linguageiro dos indivíduos, mas a atividade cognitiva que o gerou".

Assim, na obra *Metalinguistic Development*, considerada "clássica" nos estudos sobre desenvolvimento metalinguístico, Gombert (1992) conceitua *atividades metalinguísticas* como um subcampo da *metacognição*[2] que se volta para a língua, compreendendo: "1) atividades de reflexão sobre a língua e seu uso; 2) habilidade dos indivíduos de intencionalmente monitorar e planejar seus próprios métodos de processamento linguístico (tanto na compreensão quanto na produção)" (1992: 13).

É necessário, porém, segundo Gombert (1992: 13), distinguir essas atividades e habilidade propriamente *metalinguísticas* de atividades *epilinguísticas*, assim definidas:

> Atividades epilinguísticas: comportamento manifestado desde os primeiros anos de idade que se relaciona com comportamento metalinguístico mas não é [...] conscientemente monitorado pelo sujeito. Essas atividades no comportamento do sujeito são, na verdade, manifestações explícitas de uma sensibilidade funcional às regras da organização ou uso da língua.

---

[1] O conceito de *metalinguagem*, substantivo de que deriva o adjetivo *metalinguístico*, está também presente na área da Linguística, mas com sentido diferente daquele com que é usado na Psicologia Cognitiva e na Psicolinguística: na Linguística, o adjetivo *metalinguístico* caracteriza uma *função* da linguagem, a *função metalinguística*, em que a língua, tomada como objeto de descrição e análise, é, ao mesmo tempo, usada para se referir a ela mesma. A esse respeito, ver Jakobson (2001) e Benveniste (1989). A diferença entre o conceito de metalinguagem na perspectiva psicológica e na perspectiva linguística é discutida em Gombert (1992, capítulo 1), Gombert (1993), cf. também Spinillo e Simões (2003), Roazzi et al. (2010).

[2] Gombert (1992: 13) conceitua *metacognição* como "um campo que inclui: (1) conhecimento introspectivo, consciente, que certos indivíduos possuem sobre seus próprios estados ou processos cognitivos; (2) a habilidade desses indivíduos de intencionalmente monitorar e planejar seus próprios processos cognitivos com o propósito de atingir um determinado fim ou objetivo".

Exemplos são, segundo Maluf e Gombert (2008: 125): a percepção da criança da agramaticalidade de uma frase, ou sua reação diante de distorções de palavras conhecidas são comportamentos *epilinguísticos*; por outro lado, é um comportamento *metalinguístico* a capacidade que a criança manifesta de identificar e até de corrigir a sintaxe de um texto escrito. Outro exemplo (fruto de observação pessoal) evidencia, por contraste, a presença e ausência de comportamento epilinguístico em crianças de 4 anos: após ler a história de Chapeuzinho Vermelho, a professora pergunta por que a menina tinha esse nome; uma das crianças responde fundamentando-se em conhecimento prévio sobre como são dados nomes às crianças – "*porque a mãe dela deu esse nome pra ela*", enquanto outra criança manifesta comportamento epilinguístico, quando responde "*porque o chapéu dela era vermelho*", revelando, assim, sensibilidade tanto para graus do substantivo, ao substituir *chapeuzinho* por *chapéu*, quanto para a função do adjetivo (*vermelho*) na caracterização de substantivo (*chapeuzinho*).

Para Gombert, a consciência epilinguística se associa a *aprendizagens implícitas*, enquanto a consciência metalinguística se associa a *aprendizagens explícitas*, que correspondem a ensino direto.[3] Como esclarecem Paula, Correa e Spinillo (2012: 162),

> [...] os conhecimentos implícitos seriam aqueles que não são suficientemente abertos para a reflexão consciente, controle deliberado e explicitação verbal, estando mais relacionados a um conhecimento tácito da língua do que a um domínio consciente de suas propriedades. O conhecimento explícito, por sua vez, envolve uma reflexão consciente e deliberada, de maneira que o indivíduo é capaz de focalizar sua atenção na linguagem, manipulando-a e referindo-se a ela. Os conhecimentos implícitos estariam associados a comportamentos epilinguísticos, e os conhecimentos explícitos, a comportamentos metalinguísticos.

---

[3] Embora para os objetivos perseguidos por este capítulo a dicotomia implícito/explícito seja suficiente, convém lembrar, por sua contribuição para o aprofundamento da discussão sobre consciência metalinguística, a proposta do modelo de *Redescrição Representacional* de Karmiloff-Smith (1992), que desdobra essa dicotomia em quatro níveis: o nível implícito e três níveis de explicitação, segundo um processo em que a "informação implícita **na** mente vai-se tornando conhecimento explícito **para** a mente" (1992: 18), progredindo em direção à consciência e, finalmente, à verbalização. A este respeito, e com análises sobre crianças falantes do português brasileiro, ver Lorandi (2011) e Lorandi e Karmiloff-Smith (2012).

Assim, enquanto atividades epilinguísticas se manifestam espontaneamente, "sem que a criança tenha consciência dos conhecimentos que elas mobilizam, conhecimentos que permanecem implícitos" (Gombert, 2006: 69), as atividades metalinguísticas não se manifestam automaticamente, supõem conhecimentos linguísticos que se tornam conscientes e explícitos.[4] Como "a aprendizagem da leitura e da escrita, vista como uma tarefa linguística formal, exige da criança o desenvolvimento de uma consciência explícita das estruturas linguísticas que devem ser manipuladas intencionalmente" (Gombert, 2006: 70), a consciência metalinguística é, ao mesmo tempo, condição e resultado dessa aprendizagem.

Entretanto, como, aliás, está indicado na definição de Karmiloff-Smith et al. (1996), citada anteriormente, consciência metalinguística envolve vários aspectos da língua, sendo, como esclarece S. Guimarães (2010: 124), "um construto multidimensional que engloba uma série de habilidades específicas, que se reportam à reflexão sobre a linguagem". O tópico seguinte apresenta as dimensões desse construto.

DIMENSÕES DA CONSCIÊNCIA METALINGUÍSTICA

Segundo Bowey (1994: 122), foi a partir de meados dos anos 1970 que começaram a surgir estudos sobre o desenvolvimento de habilidades metalinguísticas na criança.[5] Assim, já no início dos anos 1980, Tunmer, Pratt e Herriman (1984) publicaram livro com o objetivo de apresentar o que era, então, o estado da teoria e da pesquisa sobre consciência metalinguística na criança. No entanto, naquele momento, segundo Pratt e Grieve (1984: 2), ainda não estava claro "como se poderia distinguir diferentes tipos, ou

---

[4] Em sua obra de 1990, Gombert (1992: 190) considerava as habilidades epilinguísticas como pré-requisito para a consciência metalinguística; em artigo de 2006, o autor propõe uma revisão desse modelo inicial do desenvolvimento metalinguístico, agora afirmando que as competências metalinguísticas não levam ao desaparecimento das habilidades epilinguísticas, diferenciando-se as duas pela natureza da aprendizagem de que resultam: habilidades epilinguísticas resultam de aprendizagem *implícita*, habilidades metalinguísticas resultam de aprendizagem *explícita* (Gombert, 2006).

[5] Cabe lembrar, entretanto, que já nos anos 1950 Berko (1958) publicou pesquisa sobre o conhecimento morfológico de crianças de língua inglesa. Também o estudo de Carol Chomsky (1970) pode ser considerado um precursor de pesquisas sobre o sistema fonológico da língua e suas relações com a aprendizagem da língua escrita; sobre a relevância do estudo de Carol Chomsky, ver o parágrafo final de Carlisle (2010: 481).

diferentes níveis, de consciência [metalinguística]".[6] Quatro tipos, ou níveis, são objeto de capítulos no livro de Tunmer, Pratt e Herriman (Parte II): consciência fonológica, consciência da palavra, consciência sintática e consciência pragmática.

Em livro do início da década de 1990, Gombert (1992) propõe uma maior especificação das dimensões da consciência metalinguística. Embora considerando ser *de certa forma artificial* a divisão da atividade metalinguística tomando como critério os processos *linguísticos*, e não os processos *cognitivos*, o autor justifica a classificação que propõe, baseada nos *diferentes níveis de análise linguística*, com o argumento de que, embora desejável, seria *prematura* uma classificação que "privilegiasse as especificidades e níveis de complexidade dos processos cognitivos envolvidos em diferentes situações de comportamento metalinguístico" (1992: 14).

Na verdade, porém, Gombert (1992) utiliza, para designar o construto metalinguístico, uma expressão – *desenvolvimento metalinguístico* – em que o *nome* é do campo psicológico – já que *desenvolvimento*, no contexto da obra, refere-se a desenvolvimento *cognitivo* – e a *qualificação* do nome é que pertence ao campo da linguagem. Além disso, o adjetivo *linguístico* vem precedido do prefixo *meta-*, a que está subjacente um processo cognitivo: o deslocar a língua de seu uso automático, inconsciente, para o nível da reflexão e da consciência. Não só no título de sua obra, mas também na classificação que propõe para as diferentes dimensões do desenvolvimento metalinguístico, Gombert usa, para nomear cada uma delas, o substantivo *desenvolvimento* qualificado por adjetivos que se referem ao aspecto linguístico em foco, sempre precedidos do prefixo *meta-*, como se verá no quadro apresentado adiante. A ênfase no termo *desenvolvimento* expressa a perspectiva de análise de Gombert: a identificação e interpretação de comportamentos metalinguísticos da criança no decurso de seu crescimento em idade e de sua evolução em

---

[6] Devido à inexistência, em português, de palavras diferentes para traduzir *awareness* e *consciousness*, que têm sentidos distintos em inglês (ver nota 7, adiante), não foi possível citar, como seria desejável, a frase completa de Pratt e Grieve, que aqui se apresenta como aparece no original: "At present, it is not clear how different types, or different levels, of **awareness** might be distinguished, nor is it clear how these would relate to different degrees of **consciousness**" (ênfase acrescentada).

habilidades cognitivas e linguísticas. Ao longo da obra, porém, Gombert utiliza, ao discutir cada uma das dimensões, vários outros termos: *habilidades, capacidades, atividades, conhecimento, consciência,*[7] *competência*, nesses casos também qualificados pelo aspecto linguístico em discussão, precedido do prefixo *meta-*.

Entre os pesquisadores e estudiosos do construto metalinguístico, há essa mesma variação da terminologia, o que se explica pela complexidade desse construto e de cada uma de suas dimensões, e pela diversidade das operações cognitivas que cada uma demanda. Neste tópico, porém, em que, com o objetivo de situar as dimensões que se relacionam *diretamente* com a faceta linguística da alfabetização, são apresentadas aquelas relacionadas com ela apenas *indiretamente*, utiliza-se a terminologia mais frequente nos estudos e pesquisas da área: o substantivo *consciência* qualificado com o aspecto linguístico em foco. Nos dois capítulos seguintes a este, que tratam da dimensão metafonológica, será retomada a questão da terminologia, que se torna particularmente relevante no que se refere a essa dimensão.

Gombert, em sua obra do início da década de 1990, propõe uma classificação das dimensões da consciência metalinguística pelo critério dos *diferentes níveis de análise linguística* (Gombert, 1992: 14), ampliando para seis as quatro dimensões propostas por Tunmer, Pratt e Herriman (1984), apresentadas anteriormente. No entanto, estudiosos e pesquisadores, tanto na bibliografia estrangeira quanto na nacional, propõem classificações que se diferenciam da de Tunmer, Pratt e Herriman e da de Gombert, ou por

---

[7] Na verdade, a palavra, na tradução inglesa do livro de Gombert (1992), como também em artigos que publicou em inglês (1993, 2003a), é *awareness*, corrente na bibliografia de língua inglesa; a palavra *consciência*, em geral usada como tradução de *awareness*, oculta a diferença de sentido entre *awareness* e *consciousness*, pela inexistência, em português, de palavras diferentes para traduzir essas duas palavras inglesas. Entretanto, em grande parte da bibliografia de língua inglesa, são usadas, para referência a comportamentos metalinguísticos, tanto *awareness* quanto *consciousness*, embora com prevalência da primeira. Gombert, porém, parece sempre evitar, para indicar atividades metalinguísticas, a palavra *consciência* (*consciousness* nos textos que publicou em inglês, *conscience*, nos textos em francês), pois atribui a essa palavra sentido específico, o que se evidencia no capítulo de conclusão de seu livro (capítulo 9), dedicado a uma reflexão sobre o conceito de *consciousness* (consciência). Para aprofundamento desta questão conceitual e terminológica, sugere-se consulta a Bialystock (2000: 123-7), que diferencia *conhecimento* metalinguístico ("conhecimento da língua em seu sentido mais amplo, independentemente dos detalhes de estruturas linguísticas específicas"), *habilidade* metalinguística ("capacidade de usar conhecimento sobre a língua, que se diferencia da capacidade de usar a língua") e *consciência* metalinguística ("atenção ativamente focalizada no domínio do conhecimento que descreve as propriedades explícitas da língua").

excluir ou por acrescentar dimensões, ora qualificando-as, ora não, com o prefixo *meta-*. O quadro a seguir apresenta, para fins de comparação, as classificações de Tunmer, Pratt e Herriman, de Gombert e três outras, entre as frequentemente citadas na bibliografia, estrangeira ou brasileira, sobre o tema:

Dimensões de consciência metalinguística segundo diferentes pesquisadores

TUNMER, PRATT E HERRIMAN, 1984 (Austrália)	GOMBERT, 1992 (França)	GARTON E PRATT, 1998 (Austrália)	S. GUIMARÃES, 2010 (Brasil)	MALUF E ZANELLA, 2011 (Brasil)
fonológica	metafonológica	fonológica	metafonológica	fonológica
sintática	metassintática	sintática	metassintática	sintática
da palavra	metalexical	da palavra	--	lexical
--	--	--	metamorfológica	morfológica
--	metassemântica	--	--	-*
pragmática	metapragmática	pragmática	--	--
--	metatextual	--	metatextual	textual

* Como se verá adiante, Maluf e Zanella referem-se ao aspecto semântico não como uma dimensão, mas como um componente da dimensão textual.

Como se vê, apenas a consciência fonológica e a consciência sintática estão presentes em todas as classificações; estas têm sido, realmente, as dimensões mais estudadas, sobretudo a primeira, tanto nas pesquisas internacionais quanto nas pesquisas brasileiras, como fica evidenciado em estudos realizados por Maluf, Zanella e Pagnez (2006) e Maluf e Zanella (2011).

Essas pesquisadoras estudaram a produção científica brasileira sobre as relações entre o desenvolvimento de habilidades metalinguísticas e a aprendizagem da língua escrita por meio de levantamento e análise de teses, dissertações e artigos sobre essas relações, produzidos no período 1987-2005 (Maluf, Zanella e Pagnez, 2006), posteriormente atualizados para o período 2000-2009 para teses e dissertações, e 2000-2010 para artigos (Maluf e Zanella, 2011). Em ambos os levantamentos, os estudos sobre a habilidade metafonológica predominaram de forma significativa. Assim, tomando os dados do levantamento mais recente (Maluf e Zanella, 2011), entre 141 dissertações e teses que relataram pesquisas sobre consciência metalinguística e aprendizagem da língua escrita, no período 2000-2009, 118, ou seja, 84%, tiveram como tema a consciência fonológica. Pesquisas sobre consciência sintática ocuparam o segundo lugar, mas com apenas 12 estudos (8,5%). O mesmo ocorreu em relação ao levantamento de artigos publicados em periódicos indexados: 58% dos artigos identificados relatam pesquisas sobre consciência fonológica. As demais dimensões distribuem-se com pequenas percentagens, verificando-se, porém, a ausência de estudos sobre consciência pragmática, nos dois levantamentos.

Também a pesquisa de Moura e Paula (2013) sobre a produção acadêmica brasileira voltada para desenvolvimento metalinguístico e linguagem escrita identificou, entre 187 teses e dissertações produzidas no período de 2005 a 2010, grande preponderância da dimensão fonológica, confirmando os dados obtidos por Maluf e Zanella (2011): de acordo com os termos-chave utilizados por Moura e Paula, das 187 teses e dissertações, o tema foi consciência fonológica em 87, fonologia e alfabetização em 32, habilidade fonológica em 15, somando, pois, 134 estudos (71,6%) sobre a dimensão fonológica da consciência metalinguística.[8]

Pode-se explicar a significativa predominância, na produção brasileira, de pesquisas sobre consciência fonológica e alfabetização por duas principais razões: em primeiro lugar, essa predominância reflete a prioridade que, desde os anos 1970, vem sendo dada, na pesquisa internacional sobre a aprendizagem inicial da língua escrita, às relações entre esta e a consciência fonológica; em segundo lugar, essa predominância se explica pela compreensão da importância fundamental do desenvolvimento da

---

[8] É interessante notar que, segundo os dados de Moura e Paula (2013), das 187 teses e dissertações sobre habilidades metalinguísticas e linguagem escrita, no período 2005-2010, a quase totalidade foi desenvolvida em quatro áreas de conhecimento da pós-graduação brasileira: Psicologia (71), Educação (46), Fonoaudiologia (25) e Linguística (18).

consciência fonológica para responder ao desafio do fracasso brasileiro em alfabetização.

No entanto, se é a consciência fonológica que se relaciona mais diretamente com o processo de alfabetização, tema deste livro, aspectos de algumas outras dimensões da consciência metalinguística também se relacionam com ele, e todas as dimensões são essenciais para a aprendizagem da língua escrita, ou oferecendo suporte para o processo de alfabetização, ao lado da consciência fonológica, ou relacionando-se com as facetas interativa e sociocultural. Assim, os tópicos seguintes apresentam as dimensões da consciência metalinguística e as relações de cada uma delas com a aprendizagem da língua escrita.

CONSCIÊNCIA PRAGMÁTICA

Em artigo publicado logo após a proposta de sua classificação apresentada anteriormente (1992), Gombert (1993: 574) questiona a pertinência de incluir nela a **consciência metapragmática**, já que, afirma

> [...] o campo da metapragmática inclui aspectos que ultrapassam os componentes da linguagem *stricto sensu*, pois se refere ao conhecimento que o sujeito tem de fatores que intervêm em todos os comportamentos envolvidos em um ato de comunicação, seja o comportamento verbal ou não.

Gombert (1993: 575) conclui:

> [...] a metalinguística seria, então, uma subcategoria da metapragmática! [a exclamação é do original], reconhecendo que essa conclusão contradiz a que eu tinha proposto anteriormente, que considerava a habilidade metapragmática como uma das atividades metalinguísticas.

Esse deslocamento da consciência pragmática – de subcategoria da consciência metalinguística para a posição de categoria de que as demais atividades metalinguísticas seriam subcategorias – não retira sua especificidade nem sua relevância para a aprendizagem da língua escrita. Retomando as três facetas propostas no primeiro capítulo deste livro, a consciência pragmática, se não tem relação direta com a faceta linguística, objeto de estudo neste livro, é fundamental para o desenvolvimento das facetas interativa e sociocultural.

A dimensão pragmática focaliza a língua como forma de interação, e tem sido objeto de pesquisas e estudos no campo das ciências linguísticas. E. Guimarães (2009: 55) define essa dimensão do ponto de vista dessas ciências:

> A concepção pragmática se opõe à ideia de que a língua seja apenas um instrumento para transmitir informações; coloca em primeiro plano o caráter interativo da atividade de linguagem, recompondo o conjunto da situação de enunciação. [...] o que se enquadra na dimensão pragmática é o que se relaciona com a exploração das atitudes do produtor e do recebedor do texto, nas situações de comunicação. Ligam-se, por conseguinte, nesse quadro, os traços textuais da *intencionalidade* referentes a atitudes do produtor; os da *aceitabilidade* ligados a reações do receptor; os da *situacionalidade* relacionados com as situações comunicativas.

Restringindo a reflexão à língua escrita, para a qual se volta este livro, enquanto os estudos e pesquisas linguísticos tomam como objeto de análise as marcas que esses traços – intencionalidade, aceitabilidade, situacionalidade – imprimem no texto escrito, considerado como *atividade discursiva*, os estudos e pesquisas no campo da Psicolinguística e da Psicologia Cognitiva tomam como objeto de análise a consciência metapragmática: "a consciência das relações que existem entre o sistema linguístico e o contexto em que ele é usado", segundo Gombert (1992: 94). Assim, Gombert (1992), no capítulo que dedica à consciência metapragmática (capítulo 5), e coerentemente com sua análise sempre em função do desenvolvimento da criança, faz revisão de numerosas pesquisas que evidenciam como, desde cedo, "as crianças adaptam suas próprias produções [de linguagem] às situações em que elas são feitas, e percebem parâmetros contextuais na interpretação de mensagens produzidas por outros", e como, aproximadamente aos 6, 7 anos, nelas "emerge comportamento que revela sem ambiguidade reflexão sobre a língua ou monitoramento da língua em termos da relação entre ela e seu contexto de emissão". (1992: 119-20)

Também Bialystock (2000) assume essa posição. Considerando que o uso da língua é fundamentalmente *comunicação*, atividade que inclui não só a língua, mas também aspectos pragmáticos, não linguísticos, afirma que comportamentos metapragmáticos manifestam-se na criança antes mesmo que ela adquira competência linguística, e desenvolvem-se paralelamente a essa aquisição:

> A comunicação começa bem antes que a língua se torne evidente e inclui interações que estão claramente fora do desenvolvimento da competência linguística da criança. À medida que a língua se desenvolve, o foco da análise pragmática se desloca para a correspondência entre a emergência de recursos linguísticos e sua capacidade de expressar intenções específicas e para a sensibilidade em relação a regras de interação determinadas socialmente. O domínio desses recursos linguísticos, e os comportamentos não verbais que os precedem, são ambos centrais para o desenvolvimento da competência pragmática das crianças, e sua emergência, tal como a de outros aspectos mais formais da língua, é sistemática e sequencial. (Bialystock, 2000: 30)

Bialystock se refere a comportamentos pragmáticos no desenvolvimento da linguagem *oral*; pode-se, porém, inferir que, sendo a língua *escrita*, como a língua oral, meio de comunicação e de interação, marcada, portanto, por fatores externos à língua, a aprendizagem da leitura e da produção de textos supõe o desenvolvimento da competência pragmática da criança.

No entanto, enquanto estudos e pesquisas sobre os determinantes pragmáticos na interação verbal, oral e escrita, são numerosos no campo das ciências linguísticas, em que tem ocupado posição significativa a análise da língua como *discurso*,[9] no campo da Psicolinguística e da Psicologia Cognitiva, ao contrário, estudos e pesquisas sobre consciência pragmática são raros na bibliografia nacional, como, aliás, também na bibliografia estrangeira[10] – note-se a ausência da dimensão pragmática na maioria

---

[9] Toma-se aqui *discurso* com o sentido que lhe atribui Castilho (2010: 671): "Discurso – o mesmo que toda atividade comunicativa, produtora de sentidos e dos efeitos de sentidos entre interlocutores, que são sujeitos situados social e historicamente. Nessa atividade de construção de sentidos o que se diz (i) significa explicitamente o que se pretende dizer; (ii) significa em relação ao lugar social de onde se diz, a quem se diz; (iii) significa em relação a outros discursos que circulam (ou circularam) na sociedade."
[10] Na bibliografia estrangeira, cabe destacar o texto de Bernicot (2000), que estuda o desenvolvimento pragmático das crianças nas perspectivas da psicologia do desenvolvimento e de teorias linguísticas.

das classificações apresentadas anteriormente. Em relação à bibliografia nacional, as análises das contribuições brasileiras aos estudos sobre as relações entre aprendizagem da língua escrita e as diferentes dimensões da consciência metalinguística, realizadas por Maluf, Zanella e Pagnez (2006) e Maluf e Zanella (2011), mencionadas anteriormente, não identificaram um só estudo sobre consciência metapragmática, como já foi dito.

É preciso reconhecer, porém, que, sendo a língua escrita, como a língua oral, marcada por "traços textuais da *intencionalidade* referentes a atitudes do produtor; os da *aceitabilidade* ligados a reações do receptor; os da *situacionalidade* relacionados com as situações comunicativas" (segundo citação anterior de E. Guimarães, 2009: 55), a consciência pragmática é extremamente relevante para o desenvolvimento das habilidades de compreensão de texto e de produção textual, atividades que exigem a consideração da influência sobre o texto de fatores externos à língua. Assim, antes mesmo de a criança iniciar a etapa formal da alfabetização, isto é, já na etapa da educação infantil, e durante o processo de alfabetização, é fundamental o incentivo a comportamentos epipragmáticos e o desenvolvimento de comportamentos metapragmáticos, essenciais para acompanhar e aperfeiçoar o desenvolvimento da faceta interativa, que se volta para a compreensão e a produção textuais, e a faceta sociocultural, que insere a leitura e a escrita no contexto social e cultural em que se realizam.

Para além, pois, dos métodos para o processo de aprendizagem da faceta linguística, objeto deste livro, são igualmente importantes procedimentos que, no âmbito dos métodos relativos ao processo de aprendizagem das facetas interativa e sociocultural, desenvolvam e orientem a consciência pragmática da criança para que, desde cedo, veja o texto escrito, em seus diferentes gêneros, de autoria dela ou de outros, como atividade discursiva, marcada pelas características e intenções dos interlocutores, e pela natureza da situação de interação – intencionalidade, aceitabilidade, situacionalidade, nos termos da citação de E. Guimarães.

CONSCIÊNCIA METATEXTUAL

Enquanto, no campo da Linguística, a Pragmática focaliza aquilo que, no texto, "não é intrínseco à expressão linguística que o veicula, e resulta da interação entre a expressão linguística e o contexto em que é usada" (Trask, 2004: 233), a Linguística Textual "concentra sua atenção nos diferentes propósitos dos diferentes textos, e na identificação explícita das propriedades linguísticas formais que distinguem um tipo de texto de outro" (2004: 185). Correspondentemente, nos campos da Psicolinguística e da Psicologia Cognitiva, os estudos e pesquisas sobre consciência pragmática se voltam, como dito no tópico anterior, para a *interação entre a expressão linguística e o contexto em que é usada*, e os estudos e pesquisas sobre consciência metatextual tomam como objeto, segundo Gombert (1992: 148-49), "um conjunto de comportamentos que controlam o processamento do texto, não apenas com referência a seus aspectos formais, mas também com referência a representações da informação veiculada pelo texto não restritamente linguísticas".

Coincidentemente, a Linguística Textual, voltada para o *texto* como objeto de estudo, e a Psicologia Cognitiva e a Psicolinguística, voltadas para a *reflexão sobre o processamento e o controle do texto* (lido ou escrito) como objeto de estudo, começaram a desenvolver-se, ambas, a partir da década de 1970.[11]

Inicialmente, parece ter havido uma certa sobreposição das análises nos dois campos, com utilização das mesmas categorias, como coerência, coesão, inferência, referenciação, estrutura textual, entre outras, e pouca discriminação entre foco *no texto* e foco *em processamento e controle do texto*.[12] Na verdade, essa discriminação é difícil, já que operações cognitivas no processamento de textos não deixam de ser consideradas também no campo da Linguística Textual, como se verifica na definição de Marcuschi (2009: 35; ênfase acrescentada), para quem a Linguística Textual é "o estudo das

---

[11] Para uma revisão da trajetória da Linguística Textual e apresentação e análise de seus principais objetos de estudo, sugere-se a obra de Koch (2009), que se desenvolve na perspectiva linguística, mas não deixa de considerar aspectos de natureza sociocognitiva no processamento de textos.
[12] O capítulo de Gombert em *Metalinguistic Development* (1992), "Metatextual Development" (capítulo 6), que parece ter sido o primeiro texto a propor o conceito de consciência metatextual – cf. Gombert (1992: 14) – reflete a imprecisão na distinção entre uma perspectiva cognitiva e uma perspectiva linguística.

operações linguísticas e *cognitivas* reguladoras e controladoras da produção, construção, funcionamento e recepção de textos escritos e orais".

No entanto, se se considera a diferença de *objeto* e de *objetivos* nas pesquisas em um e outro campo, a distinção entre estudos no campo da Linguística Textual e no campo da Psicologia Cognitiva e da Psicolinguística se torna evidente.

A Linguística Textual toma *textos* como objeto de pesquisa, com o objetivo de identificar neles "categorias funcionais que devem representar, de algum modo, um sistema abstrato de relações ou funções observáveis em *corpora* concretos" (Marcuschi, 2009: 39). Já para a Psicologia Cognitiva e a Psicolinguística, não é propriamente o texto que é o objeto da pesquisa, mas a *reflexão sobre o texto*. A classificação de pesquisas sobre consciência metatextual proposta por Spinillo e Simões (2003: 538) esclarece essa diferença, quando qualifica os estudos empíricos sobre consciência metatextual como "pesquisas que requerem da criança uma atitude de reflexão sobre o texto". Essa *reflexão sobre o texto* é orientada pelas *categorias funcionais* identificadas *nos textos* pelos estudos de Linguística Textual, o que se evidencia na classificação proposta por Spinillo e Simões (2003).

As autoras classificam em dois grupos as pesquisas que requerem da criança reflexão sobre o texto. Um primeiro grupo reúne *pesquisas voltadas para os aspectos microlinguísticos do texto*, como a reflexão sobre cadeias coesivas, sobre marcas de pontuação – que são categorias funcionais definidas pela Linguística Textual. Um segundo grupo, constituído de *pesquisas voltadas para aspectos macrolinguísticos do texto*, divide-se em duas classes de pesquisas: um conjunto de pesquisas que investigam a capacidade de reflexão da criança sobre o conteúdo do texto e informações veiculadas por ele, como a identificação de contradições, de compatibilidade, ou não, entre o texto e seu título, de ideias centrais do texto – habilidades que compõem a *coerência*, categoria funcional da Linguística Textual; uma segunda classe de pesquisas que investigam a capacidade de reflexão sobre a estrutura do texto, sobre gêneros textuais – também categorias funcionais estudadas pela Linguística Textual. Como se pode inferir, não é objeto da Psicologia Cognitiva e da Psicolinguística a identificação de categorias funcionais observáveis em textos; o objeto, nesses campos, é a identificação de processos de reflexão sobre essas categorias.

Recentemente, Spinillo (2009: 80) esclarece ainda mais a questão, identificando duas "maneiras distintas de tomar o texto como unidade de análise", maneiras que se traduzem em objetivos diferentes de pesquisas sobre o tema: ou o objetivo é a investigação de algum fenômeno da linguagem e a consciência metatextual é um meio para isso, ou a consciência metatextual é, ela mesma, o objetivo da investigação. Em relação a pesquisas com o primeiro desses objetivos, Spinillo (2009: 80-1) esclarece:

> A literatura está repleta de situações de investigação em que o texto é objeto de reflexão pelos indivíduos sem que a consciência metatextual seja, ela própria, examinada. Nessas pesquisas a atividade metatextual faz parte da situação de investigação, mas não é o fenômeno linguístico a ser examinado. Nessas investigações, o indivíduo realiza uma atividade metatextual com vistas a ser avaliado em relação a alguma habilidade linguística como, por exemplo, a capacidade de monitoramento da leitura – metacompreensão –, e da escrita de textos – revisão, manipulação de partes do texto –, e o conhecimento sobre recursos coesivos e marcas de pontuação.

Em investigações que perseguem o segundo objetivo, Spinillo (2009: 85) esclarece que são pesquisas que

> [...] não apenas requerem do indivíduo uma atividade metatextual como, de fato, examinam a consciência metatextual. Nessas investigações, o texto é tomado como unidade de análise a partir de sua estrutura, distanciando-se do conteúdo veiculado para aproximar-se da forma, da configuração linguística do texto.

São pesquisas que investigam a capacidade de crianças de discriminar ou identificar diferentes gêneros de textos, explicitar critérios usados para essa discriminação e identificação, refletir sobre a estrutura do texto.

Para os fins deste capítulo, indicados anteriormente – apresentar as dimensões da consciência metalinguística não diretamente relacionadas com a faceta linguística, tema deste livro, e suas implicações metodológicas para o desenvolvimento simultâneo das duas outras facetas da aprendizagem inicial da língua escrita –, cabe destacar, em relação à consciência metatextual, sua importância: de um lado, para compreender o processo de desenvolvimento das habilidades textuais nas crianças (em Spinillo, 2001, encontra-se ampla revisão de pesquisas sobre o desenvolvimento da competência narrativa em crianças); de outro, e com base nessa compreensão, para configurar métodos que acompanhem e orientem a compreensão leitora e as habilidades de produção textual. Assim, ao longo e ao lado de métodos para o desenvolvimento da faceta linguística da aprendizagem inicial da língua escrita, devem estar presentes, desde antes mesmo que a criança adquira habilidades de ler e escrever, portanto, já na educação infantil (veja-se, por exemplo, Barros e Spinillo, 2011; Girão e Brandão, 2010), e durante o processo de alfabetização, métodos que desenvolvam a faceta interativa – a escrita como meio de interação – através do estímulo a comportamentos metatextuais: reflexão que acompanhe, regule e controle a produção de textos, em seus aspectos micro e macrolinguísticos; reflexão que identifique e analise, em textos lidos, esses aspectos, de modo a contribuir para o desenvolvimento de estratégias de compreensão.[13]

CONSCIÊNCIA SINTÁTICA

É fato conhecido e reconhecido que a criança, já aos 3, 4 anos, faz uso produtivo da língua para falar, ouvir e compreender, revela domínio dos aspectos fundamentais da fonologia, do léxico, da morfologia, da sintaxe, dos aspectos comunicativos e pragmáticos da língua da comunidade de fala

---

[13] Foge aos objetivos deste capítulo e deste tópico, no contexto do tema central deste livro, analisar a questão de métodos para o desenvolvimento de habilidades de compreensão e produção de texto na aprendizagem inicial da língua escrita (faceta interativa). A bibliografia em língua estrangeira é rica; a brasileira, embora recente, é já significativa nessa área, focalizando o desenvolvimento tanto da consciência metatextual quanto de estratégias de leitura e de produção textual em crianças em fase de aprendizagem inicial da língua escrita. Apenas a título de exemplo: textos pioneiros são Rego (1988) e Kato (1988); textos mais recentes são Brandão e Spinillo (2001), Ferreira e Spinillo (2003), Spinillo e Mahon (2007), Pessoa, Correa e Spinillo (2010), Girotto e Souza (2010); livros sobre o tema são Abaurre, Fiad e Mayrink-Sabinson (1997), Rocha (1999), Buin (2002), Cardoso (2003), Leal e Morais (2006).

a que pertence – segundo Pinker (2002: 10), "uma criança de três anos é um gênio gramatical". O ser humano demonstra, assim, desde cedo, *competência linguística*, o que significa, nos termos de Chomsky (1981: 99), um conhecimento de sua língua *inconsciente, implícito, tácito*:

> Nenhum grau de introspecção pode nos dizer que sabemos, ou conhecemos, ou usamos certas regras ou princípios da gramática, ou que o uso da linguagem envolve representações mentais formadas por tais regras e princípios. Não temos acesso privilegiado a tais regras e representações.

Assim, segundo ainda Chomsky (1981: 103), para quem o ser humano tem uma capacidade de linguagem *inata*, geneticamente determinada, como mencionado no primeiro capítulo, "na verdade não aprendemos uma língua; o que ocorre é que a gramática se desenvolve (cresce) na mente". Na mesma linha do *inatismo* de Chomsky, Pinker (2002: 10), também mencionado no primeiro capítulo, caracteriza a língua como um *instinto*,[14] palavra que julga adequada porque "transmite a ideia de que as pessoas sabem falar mais ou menos da mesma maneira que as aranhas sabem tecer teias".[15]

Entretanto, já no início dos anos 1970, Gleitman, Gleitman e Shipley (1972), em um dos estudos pioneiros sobre consciência metalinguística, lançam mão da mesma metáfora da aranha e sua teia, porém com o objetivo de, ao contrário, diferenciar, de forma um pouco jocosa, o saber falar do ser humano do saber construir teias das aranhas: "A aranha tece sua teia de acordo com um conjunto de princípios aracnídeos bem definidos, mas dificilmente esperaríamos que ela percebesse qualquer desvio se tecesse sob a influência de LSD" (1972: 138). E os autores, após apresentação de pesquisas sobre a capacidade de crianças pequenas refletirem sobre a língua, concluem: "a criança [...] conhece

---

[14] A aproximação que aqui se faz entre Chomsky e Pinker se justifica pelos objetivos da argumentação que se vem desenvolvendo; é preciso, porém, lembrar que há divergências entre as hipóteses desses dois pesquisadores sobre a emergência da linguagem no ser humano. Uma síntese e discussão dessas divergências podem ser encontradas em Campos (2011).

[15] Para uma síntese das principais teorias sobre a aquisição da linguagem, sugere-se Del Ré (2006).

alguma coisa sobre a língua que a aranha não conhece sobre a urdidura da teia" (1972: 160).

É esse *conhecer alguma coisa sobre a língua*, que se acrescenta à *competência linguística*, que conduz ao conceito de *consciência metalinguística*. Assim, Gombert (1992: 39) inicia seu capítulo sobre o *desenvolvimento metassintático* esclarecendo que:

> [...] a competência linguística da gramática gerativa, que se refere ao conhecimento tácito da gramática da língua, não implica consciência metassintática. Competência metassintática se refere à habilidade de julgar conscientemente os aspectos sintáticos da língua, e exercer controle intencional sobre a aplicação de regras gramaticais.

Dessa forma, para despertar a *consciência metassintática*, por alguns pesquisadores também denominada *consciência gramatical*, é necessário "desestruturar" estruturas linguísticas que a criança domina, internalizadas pelo processo de aquisição da língua oral. É ainda Gleitman et al. (1972: 137) que afirmam que *o falante* "segue as regras", e, "na verdade, tem dificuldade em *não* segui-las".

Segundo Gombert (2003b: 43; ênfase acrescentada), embora seja "possível constatar precocemente uma sensibilidade das crianças à gramaticalidade das frases orais", são comportamentos de ordem epilinguística; "é preciso esperar os 6-7 anos para encontrar julgamentos de gramaticalidade que parecem traduzir uma identificação consciente da *não aplicação de uma regra sintática*". Ou seja, é preciso esperar que se amplie o domínio implícito das regras sintáticas, que se internalizam de forma inconsciente e que, aplicadas de forma também inconsciente, tornam a criança capaz de produzir, compreender e julgar todo e qualquer enunciado de sua língua. Consequentemente, pesquisas sobre o desenvolvimento da consciência metassintática tomam quase sempre como sujeitos crianças a partir de 5, 6 anos de idade, em geral já em fase de alfabetização.

Enquanto no desenvolvimento da consciência fonológica, como se verá no próximo capítulo, o processo é de *reconhecimento* da cadeia sonora da fala, que a criança já domina, e de *segmentação* dessa cadeia sonora em palavras, sílabas, fonemas, no desenvolvimento da consciência metassintática, diferentemente, o processo é de *identificação de violações* à gramaticalidade de frases e de *correção* dessas violações, percebidas por meio de confronto com as estruturas gramaticais inconscientemente dominadas e usadas de forma espontânea na língua oral.

Assim, em pesquisas sobre a consciência sintática, são propostas à criança tarefas orais em que ela é solicitada a julgar frases, discriminando entre aquelas gramaticalmente corretas e aquelas com incorreções gramaticais; a corrigir frases gramaticalmente incorretas; a compor frases ordenando palavras apresentadas com violação da ordem gramatical; a completar frases com palavras que pedem flexão de gênero ou número (tarefas desta última natureza envolvem também consciência metamorfológica, como se verá no próximo tópico).[16]

Pesquisas sobre habilidades de consciência sintática em crianças vêm sendo desenvolvidas com o objetivo de verificar possíveis relações entre essas habilidades e a aprendizagem da leitura e da escrita. Duas hipóteses têm orientado essas pesquisas. A primeira é que a consciência sintática facilitaria o desenvolvimento de habilidades de decodificação, oferecendo ao leitor iniciante pistas do contexto linguístico para ler palavras ortograficamente irregulares ou desconhecidas; a segunda hipótese é que a consciência sintática facilitaria, para o leitor iniciante, o controle da compreensão, uma vez que esta depende não só da leitura de cada palavra, separadamente, mas também, e sobretudo, da articulação sintática dos elementos linguísticos que compõem a frase ou o texto.

Embora as pesquisas concluam quase sempre pela existência de associação entre resultados em tarefas de avaliação de consciência sintática e aprendizagem da leitura e da escrita, particularmente no que se refere à leitura de palavras e à compreensão, a maioria dos estudos são, como afirma Bowey (1994: 138), "suscetíveis de diferentes interpretações". Também S. Guimarães (2005a: 117), após revisão de estudos sobre consciência metassintática e aprendizagem da língua escrita, conclui:

---

[16] Para uma revisão de tarefas de consciência sintática, ver, na bibliografia de língua inglesa, Bowey (1994); na biliografia nacional, Capovilla, Capovilla e Soares (2004); Correa (2004, 2009). Capovilla e Capovilla (2006) propõem uma prova, validada e normatizada, para avaliar a consciência metassintática de alunos brasileiros de 1º a 4º anos do ensino fundamental, com tarefas como as citadas e mais algumas outras.

> [...] embora os resultados das pesquisas [...] sugiram uma relação entre consciência sintática e aprendizagem da leitura, não existe consenso entre os pesquisadores quanto à natureza dessa relação ou mesmo quanto à sua importância na aquisição da leitura.

Vários são os fatores que têm sido apresentados como responsáveis por tornar os estudos sobre as relações entre consciência sintática e aprendizagem da leitura e da escrita "suscetíveis de diferentes interpretações", para repetir as palavras de Bowey. Um desses fatores é a interferência, em tarefas de avaliação de consciência sintática, de habilidades cognitivas: como essas tarefas exigem da criança memória de curto prazo e atenção, para guardar frases incorretas, ao mesmo tempo que a correção é processada, essas habilidades de memória e atenção podem estar atuando mais significativamente que as habilidades de consciência sintática. Outro fator frequentemente apontado é a interferência de estratégias de processamento semântico para corrigir frases com palavras desordenadas ou com violações sintáticas: a criança pode se orientar pelo significado das palavras que compõem a sentença incorreta, ignorando as incorreções.

Discutem-se aqui, porém, entre os fatores que podem relativizar as relações entre consciência sintática e aprendizagem da leitura e da escrita, apenas aqueles que se referem à hipótese de que a consciência sintática facilitaria o desenvolvimento de habilidades de decodificação, hipótese que tem relação com o tema principal deste livro, a faceta linguística da alfabetização. A hipótese de que a consciência sintática facilitaria a compreensão refere-se mais especificamente à faceta interativa da aprendizagem inicial da língua escrita que, dados os limites deste livro, não é nele aprofundada.[17]

Um primeiro e fundamental aspecto a considerar, a respeito da contribuição que a consciência sintática traria para o desenvolvimento das habilidades de codificação e decodificação da língua escrita, é comparar essa contribuição com a contribuição, já firmemente estabelecida em numerosas pesquisas, da consciência fonológica para essas habilidades.

---

[17] Para revisão das relações entre consciência sintática e compreensão, ver Demont e Gombert (1996); Nation e Snowling (2000); Barrera e Maluf (2003).

Gottardo, Stanovich e Siegel (1996: 578), como conclusão de pesquisa que investigou as contribuições relativas dessas duas dimensões da consciência metalinguística para as habilidades de leitura de palavras, afirmam que "apenas a sensibilidade fonológica tem especificidade como preditora de decodificação e reconhecimento de palavras". Em pesquisa com crianças brasileiras sobre a relação entre níveis de consciência fonológica e de consciência sintática e o desempenho em leitura e escrita de palavras isoladas, S. Guimarães (2005a: 237) chega às seguintes conclusões:

- no início do processo de alfabetização, o desempenho tanto em leitura com em escrita é mais influenciado pela consciência fonológica do que pela consciência sintática;
- os sujeitos *com* dificuldades de aprendizagem da leitura e da escrita têm seu desempenho nessas habilidades influenciado tanto pela consciência fonológica quanto pela consciência sintática;
- a conexão entre consciência sintática e desempenho em escrita é mais expressiva entre os sujeitos com mais tempo de escolaridade, sugerindo que o aumento das experiências com a língua escrita possibilita à consciência sintática contribuir para a aprendizagem de princípios relevantes na escrita.

A primeira das conclusões confirma o que se discutirá nos dois próximos capítulos entre as dimensões da consciência metalinguística, é a consciência fonológica e, no interior dela, a consciência fonêmica que se revelam fundamentais para a aprendizagem *inicial* da língua escrita. A terceira conclusão confirma, como se verá adiante, ainda neste tópico, que a consciência sintática, por sua vez, vai-se tornando fundamental após vencida essa aprendizagem inicial de codificação, decodificação, leitura e escrita de palavras.[18]

---

[18] Quanto à segunda conclusão, ela se apoia, no contexto da pesquisa relatada por Guimarães, no fato de que crianças com dificuldades de leitura e de escrita revelaram baixo desempenho tanto em consciência fonológica quanto em consciência sintática: "as diferenças no desempenho em leitura e em escrita dos sujeitos *com* dificuldades de aprendizagem da leitura e da escrita [...] estão fracamente relacionadas às diferenças tanto na consciência fonológica quanto na consciência sintática" (S. Guimarães, 2005a: 223).

Dois aspectos da relação entre consciência sintática e aprendizagem da leitura e da escrita que interessam diretamente ao tema deste livro são indicados e estudados por Rego (1993, 1995b, 1997): a necessidade de considerar o nível de transparência ou opacidade da ortografia da língua das crianças em estudo, e de também considerar a influência do método de alfabetização a que são submetidos os sujeitos.

Rego (1995b: 53) chama a atenção para a necessidade de cautela na generalização de resultados de pesquisas desenvolvidas com crianças falantes do inglês, língua de ortografia opaca, para crianças falantes do português brasileiro, língua de ortografia próxima à transparência (cf. capítulo "Aprendizagem da língua escrita em diferentes ortografias e na ortografia do português brasileiro" deste livro). A hipótese é que a relativa facilidade de leitura de palavras por decodificação grafema-fonema, em uma ortografia distante da opacidade da ortografia do inglês, pode tornar pouco relevante o recurso a pistas do contexto sintático para ler palavras desconhecidas ou de ortografia irregular (o capítulo "Métodos de alfabetização: uma resposta à questão", que tratará de processos de leitura de palavras, retomará esta hipótese).

Por outro lado, Rego (1995b), em pesquisas com crianças inglesas e com crianças brasileiras sendo alfabetizadas com métodos diferentes, identifica a influência do método de alfabetização como um determinante significativo de maior ou menor relação entre consciência sintática e aprendizagem da leitura:

> Quando as crianças aprendem a ler ortografias regulares pelo ensino explícito das correspondências grafofônicas no nível da sílaba, a consciência sintática se torna um preditor apenas de tarefas de leitura que envolvem diretamente processamentos sintático-semânticos. Desaparece então a conexão entre consciência sintática e decodificação frequentemente constatada em estudos com crianças falantes do inglês [...] e em um estudo anterior (Rego, 1993) com crianças brasileiras aprendendo a ler por meio de metodologias mais naturais, as quais levam-nas a explorar plenamente o texto escrito e a descobrir por si próprias a leitura de muitas palavras. (Rego, 1995b: 58)

Rego (1995b: 59) conclui com implicações educacionais que sugerem que "pedagogicamente deve-se buscar um equilíbrio entre atividades que estimulem diretamente a decodificação e aquelas voltadas para a análise do texto e sua compreensão", sugestão que reforça a proposta deste livro de que o desenvolvimento da faceta linguística deve ser simultâneo ao desenvolvimento da faceta interativa (compreensão e produção de texto), conforme afirmado no primeiro capítulo. Um ensino que não busque o equilíbrio entre as duas orientações indicadas por Rego (1995b: 59) traria, segundo essa pesquisadora, consequências indesejáveis:

> É possível que a ausência de atividades que estimulem diretamente a decodificação possa transformar o desenvolvimento dessa habilidade em um processo lento e mais dependente de conhecimentos prévios da criança, e que, por outro lado, a ênfase exclusiva nessa habilidade resulte em prejuízos do ponto de vista do desenvolvimento da compreensão.

Finalmente, convém lembrar ainda um fator, raramente considerado por pesquisadores, que, do ponto de vista linguístico, pode interferir nos resultados de avaliação de consciência sintática e, portanto, nas inferências que dessa avaliação se possa tirar para a alfabetização.

Em S. Guimarães (2003) se encontra menção a esse fator: a possibilidade de que, sobretudo em tarefas de julgamento ou correção de frases incorretas, assim consideradas sob o ponto de vista do dialeto de prestígio (geralmente designado "norma culta"), respostas que se explicam pela variedade linguística dominada pela criança sejam atribuídas à ausência de reflexão sintática. Assim, S. Guimarães (2003: 42), na interpretação dos resultados de pesquisa sobre a relação entre habilidades metalinguísticas (consciência fonológica e sintática) e o desempenho em leitura e escrita, esclarece:

> [...] é importante destacar que durante o estudo verificou-se que algumas das frases da tarefa de correção das violações gramaticais podem parecer corretas para as crianças falantes dos dialetos orais mais afastados da norma culta/padrão; portanto, o desempenho inferior dos sujeitos

do grupo 1 [alunos de 3ª e 4ª séries com dificuldades de leitura e de escrita] pode não estar relacionado a uma ausência ou deficiência na reflexão metalinguística.

Também Correa (2009: 61) chama a atenção para a importância de considerar, em atividades de julgamento da aceitabilidade de frases, a variante linguística falada pelo sujeito:

> No português brasileiro, por exemplo, frases em que haja a ausência de um morfema marcador de plural poderiam ser julgadas como corretas, não por faltar ao sujeito habilidades metassintáticas, mas pela adoção como modelo pelo indivíduo da variante do português falado em sua família ou comunidade.

A influência da variação linguística se dá sobretudo no caso de diferenças de natureza morfossintática (de que se tratará no próximo tópico) entre as variedades popular e culta do português brasileiro, e ocorre não só em situações de julgamento e correção de tarefas de avaliação de consciência sintática, mas também no processo de alfabetização, como revela pesquisa de Barrera e Maluf (2003), e na aprendizagem da ortografia, como demonstra pesquisa de S. Guimarães (2005b). É, portanto, fundamental que, em pesquisas que envolvam crianças das camadas populares, em que o fracasso em alfabetização tradicionalmente se concentra, seja considerada sempre a possível influência da variação linguística sobre respostas a tarefas de avaliação de consciência sintática e morfológica, como também, e talvez sobretudo, deve ser considerada essa influência para a interpretação de pretensas "dificuldades de aprendizagem", que muitas vezes se explicam pela distância entre a variedade falada pela criança e uma língua escrita que se ensina na variedade culta.[19]

---

[19] Sobre a questão das diferenças entre a variedade "culta" e as variedades "populares", sugere-se a coletânea de textos organizada por Bagno (2002) e o capítulo "Diversidade do português brasileiro", em Castilho (2010: 197-224) – nesse capítulo, excelente quadro contrastivo das diferenças entre o português brasileiro popular e o culto (2010: 206-9) oferece orientação para interpretar comportamentos linguísticos solicitados em pesquisas e para rejeitar atribuição de "dificuldades" de aprendizagem da língua escrita em crianças falantes de dialetos populares.

CONSCIÊNCIA MORFOLÓGICA

Como dito no início do tópico anterior, a criança faz, desde pequena, uso produtivo de sua língua: ao falar, ao ouvir e compreender, demonstra conhecimento implícito, tácito, da fonologia, do léxico, da sintaxe, da morfologia da língua da comunidade de fala a que pertence. Seu conhecimento implícito da sintaxe permite-lhe construir frases ou compreender frases que nunca ouviu; da mesma forma, e focalizando o tema deste tópico, seu conhecimento implícito da morfologia da língua permite-lhe usar e compreender palavras morfologicamente complexas e, mais ainda, criar palavras que não fazem parte do repertório convencional da língua, mas construídas pela aplicação de recursos morfológicos internalizados por aprendizagem implícita, como se constata, com frequência, nas interações verbais com crianças pequenas.

Lorandi e Karmiloff-Smith (2012), em pesquisa sobre o desenvolvimento da sensibilidade e consciência morfológica de crianças brasileiras, analisam dados da fala de crianças pequenas que revelam: generalização de formas verbais, pela regularização da conjugação de verbos irregulares, como em *eu fazo, eu fazi, eu trazo, eu trazeu, eu trazi, eu sabo*, entre outras; aplicação de sufixos da flexão verbal da 1ª conjugação a verbos da 2ª conjugação, ou vice-versa, como em *eu fizo, eu comei, eu mexei, eu boti, eu suji*, entre outras; criação de palavras com utilização de prefixos ou sufixos da língua, ou por desconhecimento de palavra já existente, como em *surfador* (surfista), *massageira* (por massagista), *amigosa* (por amigável), *borrachar* (por apagar), ou por ausência, na língua, de palavra que expresse o sentido pretendido, como em *demoreiro* (pessoa que demora a fazer algo), *xizar* (marcar com X), *remedieiro* (pessoa que vende remédios), entre outras.[20]

Também Figueira (1995: 148), analisando dados de duas crianças entre 3 e 5 anos de idade, identifica a criação de verbos por meio de acréscimo do prefixo des- (dis-), para a expressão de ações reversas, "ações que dão por resultado a

---

[20] A tese de doutoramento de Lorandi (2011) apresenta relato minucioso da pesquisa, que investiga a sensibilidade à morfologia e a consciência morfológica de crianças brasileiras, com dados de fala espontânea e de respostas a testes morfológicos, dados que são analisados segundo o modelo de Redescrição Representacional de Karmiloff-Smith (1992), citado na nota 3 deste capítulo.

volta a um estado anterior do objeto". São exemplos dos dados apresentados pela pesquisadora: *diquenta* (pedindo à mãe para esfriar o leite); *diabriu!* (ao ver a mãe fechar a caixa de brinquedos); *tá dezipando!* (vendo a mãe abaixar o zíper do vestido); *deslaça* (pedindo à mãe para tirar o laço do vestido).

Essa *sensibilidade morfológica* da criança corresponderia à *consciência epimorfológica*, nos termos da dicotomia epilinguístico/metalinguístico de Gombert (1992), segundo o qual, como mencionado anteriormente, comportamentos epilinguísticos são "manifestações explícitas de uma *sensibilidade* funcional às regras da organização ou uso da língua" (1992: 13; ênfase acrescentada).

No entanto, não só Gombert (1992), como também Tunmer, Pratt e Herriman (1984) e Garton e Pratt (1998), não incluem, entre as dimensões da consciência metalinguística, a consciência morfológica, como se verifica no quadro comparativo apresentado anteriormente neste capítulo. A causa dessa ausência pode ser buscada na difícil distinção entre sintaxe e morfologia.

Enquanto a sintaxe focaliza a relação entre as palavras, a morfologia focaliza as palavras, estuda a estruturação delas em morfemas; assim, a consciência morfológica é definida como "a habilidade de refletir sobre, analisar e manipular os elementos mórficos nas palavras" (Carlisle, 2010: 466). Os elementos mórficos nas palavras são o morfema radical (raiz ou lexema, parte fixa) e os afixos (parte variável). Os afixos são morfemas flexionais ou morfemas lexicais; segundo Castilho (2010: 685):

> Uns [afixos] têm utilização previsível, na dependência do radical a que se aplicam: são os morfemas flexionais de gênero, número, pessoa, tempo e modo, também denominados morfemas gramaticais. Outros têm utilização imprevisível: são os morfemas derivacionais, também denominados morfemas lexicais. Os primeiros integram o sistema da gramática; os segundos, o sistema do léxico.

Dessa forma, a morfologia compreende duas dimensões: a morfologia derivacional e a morfologia flexional. Esta última se relaciona diretamente com a sintaxe, uma vez que os afixos flexionais obedecem a conexões sintáticas de concordância, verbal ou nominal, no interior de sintagmas e de sentenças. É a morfologia flexional que os autores anteriormente citados – Gombert; Tunmer, Pratt e Herriman; e Garton e Pratt – focalizam, considerando-a, porém, como objeto da consciência metassintática; esses autores não tratam da morfologia derivacional.

Entretanto, no quadro de estudos e pesquisas sobre a consciência morfológica, são geralmente consideradas tanto a morfologia flexional quanto a derivacional.[21] Embora os afixos derivacionais tenham função predominantemente semântica, formando novas palavras com base em um morfema radical, mantêm, eles também, relação com a sintaxe, porque muitas vezes o acréscimo de afixos, particularmente sufixos, muda a classe da palavra (por exemplo: *belo*, adjetivo – *beleza*, substantivo; *libertar*, verbo – *libertação*, substantivo; *feliz*, adjetivo – *felizmente*, advérbio). Vem daí a dificuldade, na reflexão sobre elementos mórficos das palavras, como na análise e manipulação deles, de distinguir consciência morfológica de consciência sintática, o que justifica a utilização, bastante frequente, da designação mais abrangente *consciência morfossintática* (por alguns também denominada *consciência gramatical*).

Sendo assim, em pesquisas de avaliação da consciência morfológica de crianças, são propostas tarefas que, quase sempre, avaliam simultaneamente a consciência sintática. Correa (2009: 70), na revisão descritiva e crítica que faz de tarefas utilizadas em pesquisas de avaliação de habilidades metalinguísticas relacionadas à sintaxe e à morfologia, apresenta e analisa essas tarefas sem, contudo, diferenciá-las como de consciência sintática ou de consciência morfológica, deixando clara a dificuldade de avaliar separadamente essas duas dimensões da consciência metalinguística:

---

[21] Curiosamente, estudos e pesquisas, em português e também em outras línguas, não se têm voltado para as relações entre consciência morfológica e leitura e escrita de palavras formadas por composição. Kuo e Anderson (2006: 167-69) mencionam a insuficiente atenção que tem sido dada a essas relações, e revisam os poucos estudos desenvolvidos sobre elas. Entretanto, por hipótese, estudos e pesquisas sobre o desenvolvimento da consciência morfológica de compostos beneficiariam o ensino e aprendizagem da língua escrita em português, tanto no que se refere à ortografia quanto à percepção do conteúdo semântico dos compostos, à ampliação do vocabulário e à compreensão de textos.

Do ponto de vista empírico, observa-se a dificuldade em se realizar uma avaliação independente da consciência sintática e da consciência morfológica. Muitas das tarefas utilizadas para avaliar a consciência sintática contemplaram informações de natureza morfológica como o emprego inapropriado ou mesmo a ausência de morfemas nominais e verbais. Por sua vez, os estudos acerca da avaliação da consciência morfológica contemplam informações sintáticas quando focalizam a manipulação dos morfemas flexionais (desinências nominais e verbais), ou morfemas derivacionais com propriedades gramaticais, ou seja, morfemas que modificam a categoria gramatical da palavra derivada em relação à palavra primitiva. Desta forma, para a maior parte dos fenômenos linguísticos descritos nas tarefas, a morfologia e a sintaxe não aparecem como níveis independentes de organização da linguagem.

Pode-se supor que por essa razão é que Maluf e Zanella (2011), em levantamento da produção brasileira sobre habilidades metalinguísticas e aprendizagem da língua escrita, já citado anteriormente, encontraram, em um total de 141 teses e dissertações, apenas 6 sobre consciência *morfossintática*, e nenhuma que contemplasse especificamente consciência metamorfológica. Também entre os 148 artigos sobre o tema, encontraram 8% que focalizam *a habilidade morfossintática ou sintática* (o uso dessa alternativa evidencia a dificuldade de distinção entre as duas modalidades), e não mais que 7% que focalizam especificamente a consciência morfológica.

No entanto, quer referentes à consciência morfossintática, quer à consciência morfológica, estes dados quantitativos evidenciam que pesquisas e estudos realizados no Brasil sobre consciência morfológica, e também sobre consciência morfossintática, e suas relações com a aprendizagem da língua escrita, são ainda poucos, sobretudo se se toma, para comparação, o número de pesquisas e estudos sobre consciência fonológica: como apresentado anteriormente neste capítulo, o levantamento de Maluf e Zanella (2011) revelou, entre 141 dissertações e teses sobre consciência metalinguística e aprendizagem da língua escrita, no período 2000-2009, 118 dissertações e teses, ou seja, 84% do total, que tiveram como tema a consciência metafonológica. Mota (2009: 48), em revisão de estudos sobre consciência morfológica, afirma:

No caso específico do português do Brasil, poucos estudos investigaram o desenvolvimento da consciência morfológica, mesmo de um ponto de vista mais geral. Aqueles que o fizeram, em geral focaram na relação entre a ortografia e a morfossintaxe [...]. Estudos futuros devem ser delineados para conhecermos melhor a natureza do processamento morfológico no português.

Em língua inglesa, pesquisas e estudos sobre consciência morfológica são mais numerosos, embora, tal como no caso do português brasileiro, não tão numerosos quanto os estudos e pesquisas sobre consciência fonológica.[22] É que a natureza morfofonêmica da ortografia do inglês, mencionada no capítulo anterior, confere maior relevância à influência da consciência morfológica sobre a aprendizagem da língua escrita. Carlisle (1988: 252), em pesquisa sobre a relação, na língua inglesa, entre consciência morfológica derivacional e a escrita de palavras derivadas, cita três tipos de transformação na palavra derivada: há casos em que a ortografia da palavra primitiva muda na palavra derivada, sem que haja mudança fonológica (*run – runner*); casos em que a pronúncia da palavra derivada é diferente da pronúncia da palavra primitiva, sem alteração na ortografia (*sign – signal*); casos em que tanto a pronúncia quanto a ortografia são diferentes na palavra derivada (*explain – explanation*). Também a consciência da morfologia flexional influencia a aprendizagem da escrita na língua inglesa, sendo o exemplo mais frequentemente citado a flexão dos verbos regulares no passado, em que o sufixo *-ed* representa três pronúncias diferentes (/t/, /d/, /id/), o que torna a consciência morfológica decisiva para a aprendizagem da ortografia. Pode-se

---

[22] Duas revisões recentes da produção científica sobre as relações entre consciência morfológica e aprendizagem da língua escrita confirmam que pesquisas sobre essas relações em outras línguas ainda não são numerosas e datam, quase todas, da década de 2000: Reed (2008) identifica apenas 7 estudos, entre os realizados com participantes de língua inglesa, quase todos, com exceção de 2, da década de 2000; Carlisle (2010) identifica 16 estudos com participantes de 6 diferentes línguas (inglês, 8 estudos; chinês, 4 estudos; 4 em outras 4 línguas – dinamarquês, alemão, francês e norueguês), apenas 3 dos 16 estudos anteriores à década de 2000. Observe-se, porém, que essas duas pesquisadoras selecionaram os estudos segundo critérios que, naturalmente, reduziram o número de referências identificadas; entretanto, é recorrente na bibliografia, tanto internacional quanto nacional, a afirmação de que os estudos sobre as relações entre consciência morfológica e aprendizagem da língua escrita surgem sobretudo a partir dos anos 1990. Mesmo assim, porém, revisão da produção científica nacional e internacional sobre a relação entre consciência morfológica e alfabetização no período 1999-2009, realizada por Hagen, Miranda e Mota (2010), evidenciou que os estudos ainda são pouco numerosos e se referem sobretudo à aprendizagem da escrita em língua inglesa.

concluir que a consciência morfológica é fundamental para a aprendizagem de ortografias morfofonêmicas, como a do inglês (a esse respeito, ver, por exemplo, Bryant e Nunes, 2004; Nunes e Bryant, 2006, 2009).

Já em ortografias transparentes, ou próximas da transparência, o recurso à morfologia se torna secundário, pois as correspondências fonema-grafema conduzem quase sempre a uma leitura e uma escrita com base apenas fonológica, como se verá no capítulo "Leitura e escrita de palavras".

Assim, Lehtonen e Bryant (2005), pesquisando o papel da consciência morfológica no desenvolvimento da escrita no finlandês, concluíram que, embora na língua falada o finlandês tenha um sistema morfológico complexo, e se caracterize pelo mecanismo da aglutinação na formação de palavras, sua ortografia transparente (como foi mencionado no capítulo anterior) dispensa o recurso à morfologia na aprendizagem da escrita, ao contrário do que ocorre no inglês:

> O sistema morfológico do finlandês é muito complexo, mas a natureza transparente da ortografia dispensa o aprendiz da escrita do recurso ao conhecimento de certos aspectos da morfologia. Ao contrário, a morfologia do inglês é menos complexa, mas a ortografia contém muitas regras ortográficas baseadas na morfologia, que são, portanto, importantes para a aprendizagem da escrita. (2005: 151)

Toma-se aqui novamente o confronto entre a ortografia opaca e morfonêmica do inglês e a ortografia transparente, fonêmica do finlandês, confronto que já foi base de argumentação no capítulo anterior, porque ele permite, agora, dimensionar o papel da consciência morfológica na aprendizagem de uma ortografia próxima da transparência como a do português brasileiro, o que evidencia, mais uma vez, o cuidado que é preciso ter ao buscar fundamentos para a alfabetização em ortografias transparentes nos resultados de pesquisas e estudos desenvolvidos sobre a língua inglesa. É que a consciência morfológica, em português brasileiro, contribui para a ortografia de algumas palavras, basicamente as palavras formadas por derivação com sufixos em que há um fonema que pode ser representado por mais de um grafema, e para a ortografia de certas flexões verbais, como se verá no tópico sobre escrita ortográfica, no capítulo "Leitura e escrita de palavras".

É interessante observar, quando se relaciona consciência morfológica e transparência/opacidade de ortografias, que, se a influência da consciência morfológica sobre a aprendizagem da escrita do português brasileiro é relativamente restrita, o mesmo não ocorre na aprendizagem da escrita do português europeu, devido às diferenças no nível de transparência das duas ortografias. Como foi mencionado no capítulo anterior, na pronúncia do português europeu é frequente a redução ou a neutralização de vogais átonas, sobretudo as pretônicas; esse fenômeno ocorre muitas vezes em palavras derivadas, em que uma vogal claramente pronunciada na palavra primitiva se torna *schwa* (vogal reduzida, próxima da semivogal /w/), como em *martelo/mart'lar, tambor/tamb'rilar*. Rosa e Nunes (2008), diante dos erros frequentemente cometidos, nesses casos, por crianças da escola primária portuguesa, desenvolveram pesquisa que evidenciou o efeito positivo do desenvolvimento da consciência morfológica para a recuperação da vogal reduzida na escrita da palavra derivada.

A contribuição diferenciada da morfologia para a aprendizagem da ortografia do português brasileiro e do português europeu é mais uma evidência de que a relevância da consciência morfológica para essa aprendizagem depende da natureza da ortografia;[23] como afirmam Lehtonen e Bryant (2005: 138), "há ortografias, como as do espanhol e do finlandês, que têm regras de correspondência fonema-grafema muito regulares, suficientes para definir a ortografia de palavras"; por outro lado, afirmam, há ortografias que "precisam da compreensão e uso de regras ortográficas baseadas na morfologia, porque apenas seguir as regras de correspondência fonema-grafema não conduz a uma ortografia correta". Como dito anteriormente, a natureza relativamente transparente do português brasileiro torna o desenvolvimento da consciência fonológica mais relevante que o da consciência morfológica para a aprendizagem da

---

[23] Ao contrário do que ocorre em relação à fonologia, são ainda raros estudos e pesquisas que comparem a influência da morfologia sobre a aprendizagem da língua escrita em diferentes ortografias. Ao artigo de Lehtonen e Bryant (2005), citado a seguir, pode-se acrescentar: Nunes e Hatano (2004), Kuo e Anderson (2006), Besse, Demont e Gombert (2007).

ortografia, mas não se pode negar a contribuição de conhecimentos de morfologia para elucidar aquelas ocorrências ortográficas que escapam à transparência das correspondências fonema-grafema.

No português brasileiro, o papel da consciência morfológica na aprendizagem especificamente da ortografia, além de relativamente limitado, é também tardio, já que depende do desenvolvimento da consciência fonológica de relações arbitrárias entre fonemas e grafemas, o que só ocorre após o conhecimento das relações regulares, biunívocas e contextuais, e apoia-se em conhecimentos explícitos de sintaxe e de formação de palavras, chegando a demandar até mesmo a verbalização de regras e, portanto, habilidades metamorfológicas que se desenvolvem em etapa mais avançada do processo de alfabetização, após compreendido o princípio alfabético e suficientemente desenvolvida a consciência fonológica.

O mesmo ocorre em outras línguas, mesmo naquelas em que a complexidade morfológica é maior, como é o caso do inglês; assim, o que Bryant e Nunes (2004: 116) afirmam sobre a aprendizagem da ortografia dessa língua também se aplica, e com muito mais razão, à aprendizagem do português brasileiro:

> As crianças certamente aprendem as regras morfológicas algum tempo depois de dominarem as associações básicas fonema-grafema; assim, a aprendizagem morfológica sem dúvida ocorre depois da aprendizagem fonológica na aquisição das regras ortográficas.

Como têm demonstrado pesquisas sobre o desenvolvimento da consciência morfológica em crianças brasileiras, embora desde cedo revelem algum conhecimento implícito – sensibilidade morfológica, consciência epimorfológica –, é só a partir de dois ou três anos de aprendizagem da língua escrita que se identificam correlações entre consciência morfológica e desempenho em leitura e escrita. Paula (2007), em pesquisa a respeito das relações entre conhecimento implícito e explícito sobre a morfologia do português na aprendizagem da língua escrita por estudantes do ensino fundamental, buscou, entre outros objetivos, identificar o desenvolvimento do conhecimento morfológico ao longo do processo de escolarização, tendo concluído que "o número de correlações entre morfologia e escrita aumenta com a série, sendo que na 1ª série não se observa nenhuma correlação da escrita com as tarefas morfológicas". (2007: 130)

No entanto, não é apenas para a ortografia que o desenvolvimento da consciência morfológica pode contribuir. Embora estudos e pesquisas sobre as relações entre consciência morfológica e alfabetização em português brasileiro, como também em outras línguas, focalizem sobretudo a dimensão da escrita ortográfica, o conhecimento morfológico parece contribuir igualmente para o desenvolvimento de outras habilidades (para uma revisão, ver S. Guimarães, 2011; Kirby et al., 2012).

Em primeiro lugar, a leitura de palavras morfologicamente complexas pode ser facilitada pela percepção da estrutura de palavras formadas por morfema radical acrescido de afixo – prefixo ou sufixo. Assim, o conhecimento de afixos da língua, principalmente os mais produtivos, pode contribuir para que a leitura de palavras – com prefixo, por exemplo, *reabrir, incapaz, desfazer, cooperação, subsolo*; com sufixo, como *folhagem, trapezista, esquisitice, suavizar, lambiscar* – se torne mais fácil e mais rápida, porque pode ser feita não só fonologicamente, mas também morfologicamente. Por outro lado, o desenvolvimento da consciência morfológica pode contribuir também para facilitar a apreensão do significado de palavras pouco familiares, pela identificação da ideia ou noção que o prefixo ou sufixo acrescentam ao morfema radical, como em *antevéspera, subnutrido, destemor, sensabor;* ou como em *quebradiço, escorregadio, ferocidade, verdejar, mordiscar*. Desse modo, o desenvolvimento da consciência morfológica, quer por aprendizagem explícita de prefixos e sufixos, quer por aprendizagem implícita, amplia o vocabulário e, consequentemente, contribui para a compreensão de textos.

Segundo já foi dito anteriormente, é depois de dois ou três anos de aprendizagem da língua escrita que as pesquisas têm identificado correlações entre consciência morfológica e desempenho em leitura e escrita, ou seja, o conhecimento morfológico, dependente sobretudo de aprendizagem explícita (que não se deve confundir com ensino de definições e taxonomias gramaticais), assume papel significativo no desenvolvimento da ortografia, da leitura de palavras, do vocabulário, da compreensão de textos quando se tornam mais numerosas e mais complexas as experiências e vivências da criança com a língua escrita. Neste momento, a relação entre consciência morfológica e desenvolvimento da leitura e da escrita se torna, por hipótese, recíproca: a leitura e a escrita ativam a consciência morfológica e esta, por sua vez, facilita aquelas. Palavras de Kuo e Anderson (2006: 177) fundamentam essa reciprocidade:

> [...] a relação entre consciência morfológica e leitura é provavelmente recíproca mais que unidirecional. Há alguma evidência empírica de apoio a esta hipótese, e ela é bem fundamentada teoricamente. A habilidade do leitor de desvendar o significado de uma palavra complexa desconhecida depende de seu repertório de morfemas conhecidos. Este, por sua vez, certamente depende, pelo menos em parte, do volume de exposição à língua, sobretudo à língua escrita, em virtude da maior presença, nesta, de vocabulário menos frequente, morfologicamente mais complexo e semanticamente mais transparente.

Mais uma vez ficam evidenciadas a importância e a necessidade de a alfabetização ser conjugada a vivências e experiências com textos escritos – acompanhada por atividades de letramento, de modo a ampliar o vocabulário da criança e seu repertório de palavras formadas por derivação e por composição.

CONSCIÊNCIA SEMÂNTICA: DIMENSÃO DA CONSCIÊNCIA METALINGUÍSTICA?

Como se pode verificar no quadro apresentado anteriormente, em que foram indicadas as dimensões da consciência metalinguística segundo alguns pesquisadores, a consciência semântica só é considerada uma dimensão da consciência metalinguística por Gombert (1992). No entanto, Gombert, em textos posteriores, já não mais se refere ao componente semântico como uma dimensão da consciência metalinguística. Por exemplo, em texto de 2006, ele considera como capacidades metalinguísticas relacionadas com a aprendizagem da língua escrita a consciência fonológica, a morfológica e a sintática, não fazendo referência a capacidades e conhecimentos semânticos:

A tarefa do aprendiz confrontado à escrita não se restringe à instalação das capacidades específicas ao tratamento dos perceptos linguísticos visuais, mas compreende igualmente a conquista de capacidades metalinguísticas. Essas capacidades dizem respeito aos *conhecimentos fonológicos*, e sobre este ponto os dados experimentais são numerosos, mas se referem também aos *conhecimentos morfológicos e sintáticos*, e sobre esse aspecto as pesquisas continuam em grande parte por serem desenvolvidas. (Gombert, 2003b: 22-3, ênfase acrescentada; v. também Gombert, 2006: 70)

Enquanto inicialmente Gombert considerava como *metassemântica* a habilidade de diferenciar palavra ou sentença de seu significado (Gombert, 1992, capítulo 4, *passim*; Gombert, 1993: 576), posteriormente passou a considerar essa habilidade, como também a habilidade de identificar palavras, na cadeia sonora da fala – *consciência lexical* –, como de natureza *fonológica*, ambas (Gombert 2003b: 24-5); ao final deste tópico este ponto será retomado.

Na verdade, a indissociabilidade entre referente e a cadeia sonora que o representa torna difícil, se não impossível, isolar a consciência sintática, morfológica e textual do componente semântico. Já no início do século XX, Saussure (2006: 80) definia o *signo linguístico* como constituído de duas faces inseparáveis, o *significado* e o *significante*: "esses dois elementos estão intimamente unidos e um reclama o outro". Saussure referia-se à fala, à língua oral, mas a mesma indissociabilidade entre significado e significante ocorre na língua escrita; Marec-Breton e Gombert (2004: 106; ênfase acrescentada) – e aqui se vê que mais uma vez Gombert reconhece a impossibilidade de separar a dimensão semântica das demais dimensões da língua – afirmam:

> A escrita combina, na verdade, dois princípios, *sem os quais ela não poderia nem existir nem funcionar*. O primeiro é fonográfico, porque permite que unidades gráficas [...], chamadas grafemas, sejam colocadas em correspondência com os fonemas [...] ou sílabas [...]. O segundo princípio é semiográfico, pois permite que essas unidades gráficas correspondam igualmente a formas significativas.

Assim, pesquisadores da consciência metalinguística quase sempre reconhecem a influência do significado – da semântica – no desenvolvimento e na avaliação de habilidades metalinguísticas; veja-se, por exemplo, a reiterada menção dessa influência em tarefas de avaliação de consciência metalinguística na revisão que Correa (2009) faz dessas tarefas. Também o levantamento de Maluf e Zanella (2011) sobre a produção brasileira a respeito das relações entre habilidades metalinguísticas e aquisição da língua escrita identificou, nas pesquisas, a dimensão semântica sempre associada à dimensão metatextual.

O recurso, em pesquisas, ao uso de *pseudopalavras* (também chamadas *não palavras, palavras inventadas* ou *palavras nonsense*)[24] representa uma tentativa de afastar a influência da semântica, na avaliação de habilidades metalinguísticas. Já em 1958, em pesquisa pioneira sobre conhecimentos morfológicos de crianças de língua inglesa, Jean Berko utilizou pseudopalavras, para as quais solicitava plurais, tempos verbais, possessivos, derivados e compostos, justificando assim essa opção:

> Podíamos ter certeza de que nossas pseudopalavras eram palavras novas para a criança, e que, se ela respondesse de forma morfologicamente correta, saberia algo mais que palavras individuais em seu vocabulário: ela teria regras de extensão que a tornavam capaz de lidar com novas palavras. (Berko, 1958: 170)

A estratégia adotada por Berko de uso de pseudopalavras na construção de testes de avaliação de conhecimentos morfológicos em crianças tem inspirado grande parte dos instrumentos de avaliação em pesquisas sobre consciência morfossintática. No entanto, dúvidas têm sido levantadas quanto à eficácia do uso de pseudopalavras; segundo Correa (2009: 65):

---

[24] Define-se aqui *pseudopalavras*, embora este termo já tenha aparecido anteriormente neste livro, mas sem a relevância que tem neste tópico: *pseudopalavras* são sequências de grafemas que compõem uma palavra, todos pronunciáveis, construídos de acordo com os princípios fonológicos e morfológicos que regulam a língua, mas sem significado, inexistentes no léxico da língua. Nesse sentido, pseudopalavras não são *signos*, na concepção de Saussure, para quem signo implica a associação de um significado com um significante (2006: 81). Um claro exemplo de estratégias de construção de pseudopalavras encontra-se em Pinheiro (2008: 167 e Apêndice B).

Apesar do uso de pseudopalavras pretender eliminar a influência da semântica no uso de habilidades metalinguísticas, as pistas fornecidas pelo contexto poderiam ser suficientes para favorecer a modificação requerida na pseudopalavra. Por outro lado, o emprego de pseudopalavras circunscreve os aspectos morfossintáticos examinados a regularidades prototípicas, o que dificilmente requereria mais do que o emprego do conhecimento tácito da língua pelo sujeito.

De qualquer maneira, se pseudopalavras podem contribuir para o controle da influência da semântica em pesquisas que visam à avaliação da consciência morfossintática de crianças, convém destacar dois aspectos sobre o uso dessas palavras "inventadas". Em primeiro lugar, do ponto de vista da pesquisa, o uso de pseudopalavras, como foi dito no capítulo anterior, é coerente com o *paradigma fonológico*, sendo rejeitado por partidários do paradigma *construtivista*: lembre-se da citação de Ferreiro (2013b), apresentada naquele capítulo (cf. nota 38 do capítulo "Aprendizagem da língua escrita em diferentes ortografias e na ortografia do português brasileiro"):

> Muitos investigadores preferem utilizar pseudopalavras, com as quais se controlam melhor as variações de estímulo. A consequência inevitável deste procedimento é colocar-se fora do sistema da língua, já que as pseudopalavras, como o nome indica, carecem de uma propriedade fundamental das palavras: ter significado. (2013b: 76)

Esse *colocar-se fora do sistema da língua*, a que obriga o uso de pseudopalavras, pode levar a erros que se expliquem não por desconhecimento da norma ortográfica, mas, como propõem Pessoa e Morais (2010: 134), em análise de resultados de pesquisa sobre o desempenho ortográfico de crianças, pela impossibilidade de estas se apoiarem em memória visual ou em pistas semânticas, o que pode "bloquear o funcionamento dos sujeitos, fazendo-os aceder de forma menos consciente às regras que teriam reelaborado mentalmente, ao escrever palavras que, de fato, existem".

Um segundo aspecto a ser destacado é que o uso de pseudopalavras se justifica *em pesquisas* que têm por objetivo *a avaliação* de capacidades metalinguísticas na criança, porque essa estratégia pode minimizar a influência da semântica ou da memória visual nos testes utilizados. Ao contrário, *no ensino*, que tem por objetivo *o desenvolvimento*, não propriamente a avaliação, da consciência metalinguística da criança, não tem lugar, obviamente, o uso de pseudopalavras: no ensino, o objetivo é despertar na criança a sensibilidade ou a consciência da morfossintaxe da língua que ela domina e que é sempre portadora de significados.

Até aqui, neste tópico, discutiu-se a influência da semântica nas pesquisas sobre as dimensões textual, morfológica e sintática da consciência metalinguística e sua inevitável presença no desenvolvimento dessas dimensões para a aprendizagem da língua escrita. Como se terá certamente notado, não foi mencionada a *consciência fonológica* em sua relação com a semântica. É que, na avaliação e desenvolvimento da dimensão fonológica da consciência metalinguística – tanto na pesquisa quanto no ensino –, não se trata de *controlar* ou de *reconhecer* a influência ou presença da semântica, mas de, ao contrário, procurar *romper* o vínculo entre significante e significado. Da necessidade desse rompimento se tratará, sob o ponto de vista da aprendizagem da língua escrita, no próximo capítulo mas já se adiantam aqui conceitos linguísticos que podem tornar mais claras as dificuldades iniciais da criança em separar significante de significado.

O *signo linguístico*, constituído, como foi dito anteriormente, de duas faces inseparáveis, o *significado* e o *significante*, caracteriza-se também por ser *arbitrário*: a arbitrariedade é uma das duas características essenciais do signo, segundo Saussure (2006: 81-2), de quem é o exemplo: "a ideia de 'mar' não está ligada por relação alguma interior à sequência de sons m-a-r que lhe serve de significante; poderia ser representada igualmente bem por outra sequência, não importa qual". A segunda característica essencial do signo, segundo Saussure (2006: 84), é seu caráter linear: "O significante, sendo de natureza auditiva, desenvolve-se no tempo, unicamente, e tem as características que toma do tempo: a) representa uma extensão, e b) essa extensão é mensurável numa só dimensão: é uma linha."

Ora, como a escrita alfabética é a representação do significante, e não do significado – o signo é *arbitrário* –, e a extensão da palavra escrita corresponde à extensão da cadeia sonora que é o significante – o significante é *linear* –, as duas faces do signo linguístico, indissociáveis *na fala*, precisam ser dissociadas, na escrita, para que se reconheça nela a representação gráfica do significante, abstraindo-se do significado que ele carrega. A criança enfrenta dificuldades linguístico-cognitivas para realizar essa dissociação, que depende fundamentalmente de consciência fonológica, como se verá no próximo capítulo; pode-se dizer que essa dissociação é um primeiro obstáculo a ser vencido pela criança no processo de aprendizagem de um sistema alfabético de escrita.

Compreende-se assim por que Gombert, tendo inicialmente proposto a consciência metassemântica como uma das dimensões da consciência metalinguística, posteriormente passou a considerar o que definira como consciência metassemântica – o "conhecimento das relações entre significante e significado" (Gombert, 1993: 576) – como de natureza fonológica (Gombert, 2003b: 24). Da mesma forma, também o que Gombert inicialmente propôs como *consciência metalexical*, definida como a "habilidade de segmentar sentenças em palavras" (Gombert, 1992: 65), passou a ser considerada por ele como também de natureza fonológica (Gombert, 2003b: 24-5).

Conclui-se que a resposta à pergunta que dá título a este tópico – "Consciência semântica: dimensão da consciência metalinguística?" – é negativa: o componente semântico da língua, oral ou escrita, *não é* uma das dimensões da consciência metalinguística, no mesmo nível das demais dimensões, mas sobrepõe-se a elas, presente em todas, ora como influência, ora como obstáculo. Conclui-se também que as dimensões semântica e lexical propostas por Gombert são, na verdade, de natureza fonológica, e assim são consideradas neste livro que, nos dois próximos capítulos, tratará da consciência fonológica.

Consciência fonológica e alfabetização

Este capítulo tem os seguintes objetivos:
- situar a consciência fonológica como uma das dimensões da consciência metalinguística;
- indicar a importância, para a alfabetização, de a criança voltar a atenção para os sons das palavras, desprendendo-se do significado delas;
- caracterizar consciência fonológica como um construto multidimensional e distinguir seus diferentes níveis;
- discutir *consciência lexical* e conceitos de *palavra fonológica* e *palavra escrita*, *palavra de conteúdo* e *palavra funcional*;
- caracterizar *realismo nominal* como dimensão da consciência lexical e sua relação com a aprendizagem da escrita;
- identificar as relações entre *consciência de rimas e aliterações* e a alfabetização;
- indicar a relação entre a habilidade de segmentar palavras em sílabas – *consciência silábica* – e a alfabetização;
- apontar etapas no desenvolvimento da consciência fonológica na criança.

A faceta linguística da inserção da criança no mundo da escrita, objeto de reflexão neste livro, constitui, como explicitado anteriormente, a compreensão da escrita como representação visual dos sons que compõem a cadeia sonora da fala – a escrita como a fala tornada *visível* – e da aprendizagem do sistema e das normas de relações entre os fonemas que compõem a palavra falada e os grafemas que os representam.

As crianças, no processo de aquisição da língua oral, ouvem e produzem cadeias sonoras – *significantes* – que associam a *significados*. Para compreender a escrita alfabética como notações que representam os *sons* que compõem essas cadeias sonoras, é necessário, como dito no capítulo anterior, que dissociem significante e significado, isto é, que dirijam sua atenção para o estrato fônico das palavras, desligando-o do estrato semântico, de certa forma repetindo, assim, a história da invenção da escrita alfabética: dos significados aos significantes;[1] em seguida, tornando-se sensível à segmentação de cadeias sonoras em palavras, sílabas, fonemas. Essa capacidade de focalizar os sons das palavras, dissociando-as de seu significado, e de segmentar as palavras nos sons que as constituem caracteriza a *consciência fonológica*, que se insere no domínio mais amplo da *consciência metalinguística*, como exposto no capítulo anterior.

CONSCIÊNCIA FONOLÓGICA: APARECIMENTO E DESENVOLVIMENTO DO CONCEITO

Embora estudos, propostas e polêmicas sobre o processo de aprendizagem inicial da leitura e da escrita tenham uma longa história, como foi dito no primeiro capítulo – surgiram e vêm se desenvolvendo desde,

---

[1] Para alguns historiadores da escrita, como Gelb e Diringer, a história da escrita é uma "evolução desde os primeiros estágios da semasiografia, em que desenhos expressam o significado pretendido, até o último estágio da fonografia, em que a escrita representa a língua" (Gelb, 1963: 190), sendo a escrita "a última das grandes formas de escrita a aparecer, e é de todas a mais desenvolvida, a mais adequada, e o sistema mais facilmente adaptável" (Diringer, 1985: 21). Para historiadores da escrita mais recentes, porém, embora sistemas semasiográficos tenham precedido sistemas fonográficos, essa precedência não deve ser interpretada como indicando um processo evolutivo, ou maior maturidade dos segundos em relação aos primeiros. A esse respeito, ver Tolchinsky (2003, cap. 2). Fundamental a este respeito é o artigo de Coulmas (2009), que contesta o conceito de evolução aplicado aos sistemas de escrita, relativizando os critérios sob os quais a qualidade desses sistemas é avaliada.

pelo menos, as décadas finais do século XIX, quando a alfabetização se tornou um imperativo social e educacional –, as pesquisas sobre seus fundamentos cognitivos e linguísticos e as implicações desses fundamentos para métodos de alfabetização são, tanto internacional como nacionalmente, recentes.

Pode-se considerar surpreendente, em se tratando da aprendizagem de um sistema de escrita que representa os sons da fala, que somente a partir do início dos anos 1970 tenha sido reconhecida a importância de que a criança, para compreender o princípio alfabético, desenvolva sensibilidade para a cadeia sonora da fala e reconhecimento das possibilidades de sua segmentação – desenvolva *consciência fonológica*.[2] Indica-se geralmente como momento inaugural, e seminal, de introdução desse conceito – que recebia então a denominação genérica de *consciência linguística* – a publicação, em 1972, da obra organizada por James Kavanagh e Ignatius Mattingly, significativamente intitulada *Language by Ear and by Eye* (A língua pelo ouvido e pelos olhos), registro de um seminário que teve como ponto de partida

> [...] o contraste entre a facilidade com que a maioria das crianças adquire a fala e a dificuldade que elas geralmente têm com a escrita. Comparando os processos subjacentes a essas formas de comunicação linguística, e estudando as relações entre elas, esperamos que seja possível compreender melhor por que tantas crianças que podem ouvir e falar tão bem enfrentam tantas dificuldades para ler e escrever. (Kavanagh e Mattingly, 1972: x)

---

[2] É pertinente lembrar que, até meados dos anos 1970, atividades com a oralidade, na área da aprendizagem da língua escrita, voltavam-se para o desenvolvimento das recepção e produção orais, da discriminação auditiva e da memória auditiva, no quadro, então vigente, de que a criança deveria atingir certo nível de "maturidade" como requisito para a alfabetização – a chamada "prontidão". Por exemplo, os testes ABC, de Lourenço Filho (1954), incluíam avaliação de "coordenação auditiva-motora", "capacidade de prolação" (pronúncia adequada de palavras), "resistência à ecolalia" (dificuldade de reprodução de palavras ouvidas), "memorização auditiva". No entanto, essas habilidades não tinham como referência as relações entre os sons da língua oral e sua representação na língua escrita; foi o conceito de *consciência fonológica* que, a partir dos anos 1970, evidenciou a importância da compreensão dessas relações para que a criança chegasse ao *princípio alfabético*, particularmente por meio do desenvolvimento da habilidade de dissociar a cadeia sonora da fala de seu conteúdo semântico, e da compreensão da possibilidade de segmentação da palavra falada em seus constituintes sonoros.

Uma das principais conclusões que emerge dos textos reunidos na obra *Language by Ear and by e Eye*, conclusão que pode ser considerada o passo inicial para o intenso desenvolvimento, a partir dos anos 1970, de estudos e pesquisas sobre as relações entre a fala e a escrita e suas implicações para a alfabetização, é que a dificuldade que a criança enfrenta na aprendizagem da língua escrita, diferentemente da facilidade com que aprende a língua oral, se explica fundamentalmente porque, embora ambas as modalidades se identifiquem como atividades linguísticas, a escrita exige *consciência* da atividade, o que não ocorre com a fala. Essa conclusão é assim expressa por Ignatius Mattingly (1972: 145):

> Considera-se que a escrita não é uma atividade paralela, na modalidade visual, à percepção da fala na modalidade auditiva; há diferenças entre as duas atividades que não podem ser explicadas em termos da diferença de modalidade. Elas só podem ser explicadas se se considerar a escrita como uma habilidade linguística adquirida intencionalmente, dependente da consciência, no falante-ouvinte, de certos aspectos da atividade linguística primeira.

A partir desse momento inaugural, início dos anos 1970, multiplicaram-se as pesquisas, particularmente em língua inglesa, sobre as relações entre consciência fonológica e alfabetização no quadro da Psicologia Cognitiva e da Psicolinguística. Já no início dos anos 1990, Stanovitch (1991: 78), referindo-se à década anterior, os anos 1980, afirma: "a identificação do papel do processamento fonológico nos primeiros estágios da aquisição da escrita é uma das mais notáveis histórias de sucesso científico da última década". Mais tarde, no início dos anos 2000, Castles e Coltheart (2004: 77) informam que, pesquisando apenas na base de dados *PsychInfo*, encontraram 945 referências para as palavras-chave "consciência fonológica" e "consciência fonêmica", das quais 855 indicavam material publicado a partir de 1990. Assim, nas últimas décadas, uma vasta produção de pesquisas em língua inglesa tem comprovado que a habilidade de voltar a atenção para os sons das palavras e de segmentá-las em unidades sublexicais se relaciona de forma significativa com a aprendizagem inicial da língua escrita.

Embora a maioria das pesquisas sobre as relações entre consciência fonológica e alfabetização tenha sido desenvolvida sobre a aprendizagem da escrita em língua inglesa, numerosas pesquisas também em outras línguas têm comprovado essas relações. No caso do português brasileiro, as pesquisas, já relativamente numerosas, são muito recentes. Os estudos realizados por Maluf, Zanella e Pagnez (2006) e Maluf e Zanella (2011) sobre a produção científica brasileira a respeito das relações entre o desenvolvimento de habilidades metalinguísticas e a aprendizagem da língua escrita, citados no capítulo anterior, identificaram, ambos, nas bases de dados pesquisadas, a predominância de estudos focalizando a consciência fonológica: mais de 70%, entre teses, dissertações e artigos em periódicos científicos. A quase totalidade dessa produção data dos anos 1990 e, sobretudo, dos anos 2000. Vale, porém, destacar que, já nos anos 1980, o grupo do curso de Pós-graduação em Psicologia da Universidade Federal de Pernambuco desenvolvia estudos sobre consciência fonológica, de que resultaram artigos sobre o realismo nominal, um dos aspectos das relações entre consciência fonológica e escrita que será tratado adiante, neste capítulo, e a dissertação de A. Morais (1986) sobre estratégias fonológicas e visuais na leitura e escrita de palavras, a respeito da qual assim se expressa Pinheiro (2008: 157):

> Um marco importante na pesquisa brasileira sobre o desenvolvimento da leitura e da escrita, sob a perspectiva da Psicologia Cognitiva nos moldes da pesquisa desenvolvida na Grã-Bretanha e Estados Unidos a partir da década de 70, é o trabalho de Morais (1986). A pesquisa desse autor representou a crescente conscientização, junto aos nossos estudiosos, sobre a importância da aquisição pela criança da habilidade de analisar a fala no início da leitura.

As pesquisas se voltam, porém, para diferentes aspectos da consciência fonológica, que não é um construto unidimensional: envolve múltiplas habilidades que se distinguem pela complexidade linguística e pelo grau de "consciência" que demandam.

Por *complexidade linguística* entende-se a dimensão do segmento da fala a que se dirija a atenção: a palavra, as rimas e aliterações, as sílabas e os elementos intrassilábicos, os fonemas. O termo *consciência fonológica* é muitas vezes usado para designar todos esses níveis, indiferentemente; ao contrário, muito frequentemente se limita o termo a um só nível, tomando-o como sinônimo de *consciência fonêmica*, apenas. No entanto, quando o foco é dirigido para o processo de alfabetização, é fundamental distinguir e caracterizar os diferentes níveis de consciência fonológica segundo o segmento de fala considerado, uma vez que cada um desses níveis contribui para o processo de forma diferenciada e em etapas diversas do desenvolvimento.

Por outro lado, os níveis de consciência fonológica se distinguem também pelo *grau de "consciência"* demandado pelo segmento de fala em questão. Segundo Stanovitch (1992: 317; 2000: 63), a sensibilidade fonológica[3] é um *continuum* que se estende desde uma genérica sensibilidade a segmentos fonológicos maiores até uma profunda sensibilidade a pequenos segmentos fonológicos: da consciência da palavra à consciência do fonema. Há, de certa forma, uma hierarquia no desenvolvimento da consciência fonológica que segue em paralelo à hierarquia da estrutura da palavra: embora os diferentes níveis de consciência fonológica se fundamentem, todos eles, numa sensibilidade genérica à estrutura sonora da língua, a criança revela consciência de rimas e aliterações antes de alcançar a consciência de sílabas; revela consciência de sílabas antes de alcançar a consciência de fonemas. Como afirmam Cardoso-Martins, Corrêa e Magalhães (2010: 135), a consciência fonológica "manifesta-se através de diferentes habili-

---

[3] No capítulo anterior, notas de rodapé 6 e 7, se mencionou a inadequação, por inexistência em português de palavra que corresponda ao termo, de traduzir *awareness*, palavra usada na bibliografia de língua inglesa, por *consciência*, correspondente a *consciousness*. Stanovitch (1992: 317; 2000: 63-4) faz restrição até mesmo à palavra *awareness*, exatamente por sua inconveniente aproximação ao conceito de *consciousness*, e sugere substituí-la por *sensibility* – sensibilidade. J. Morais (2003: 125) propõe distinção entre três níveis de consciência fonológica: *sensibilidade fonológica*, correspondente ao comportamento epilinguístico na concepção de Gombert (cf. capítulo anterior); *consciência fonológica* propriamente dita, que supõe reflexão sobre e controle consciente do estrato fonológico; e *conceitualização*, em que os "construtos fonológicos são considerados de forma abstrata e em termos de suas propriedades, relações hierárquicas, semelhanças e diferenças".

dades, em uma sequência previsível que vai desde a sensibilidade à sílaba e à rima até a habilidade de identificar os segmentos fonêmicos da fala", e acrescentam, em observação relevante para o processo de alfabetização, que "essa progressão reflete, em grande parte, mudanças na natureza da representação fonológica ao longo do desenvolvimento".

Assim, considerando a complexidade e diversidade do construto *consciência fonológica* e, consequentemente, suas diferentes implicações para a alfabetização, ele é aqui discutido decomposto em seus diferentes níveis. Este capítulo focaliza a consciência da palavra, ou *consciência lexical*, a *consciência de rimas e aliterações* e a consciência de sílabas, ou *consciência silábica*. No que se refere ao fonema – à *consciência fonêmica* – que se desenvolve simultaneamente à aprendizagem da escrita, e essencial para a aprendizagem de uma escrita alfabética, dedica-se o capítulo seguinte. No capítulo subsequente, chega-se finalmente ao objetivo último do desenvolvimento da faceta linguística da alfabetização: a leitura e escrita de palavras.

CONSCIÊNCIA LEXICAL: A PALAVRA FONOLÓGICA E A PALAVRA ESCRITA

Tanto na área da Linguística quanto na área da Psicologia Cognitiva, reconhece-se como difícil uma determinação precisa do conceito de *palavra*. Há mesmo línguas que não têm termo nem conceito equivalentes a *palavra*, como atestam Goody (1977: 115) a respeito de algumas línguas da África Ocidental, e também Scribner e Cole (1981: 143) a respeito da língua do grupo vai, que estudaram na Libéria. Entretanto, ao contrário, já no início do século passado Sapir (1921: 34) relata que indígenas norte-americanos ágrafos foram capazes de escrever suas próprias línguas no sistema alfabético, identificando espontaneamente e com acuidade as palavras.[4]

---

[4] Uma revisão do conceito de palavra sob diferentes perspectivas – da Linguística, da história da escrita, dos diferentes sistemas de escrita, do desenvolvimento na criança – pode ser encontrada em Ferreiro (2007). Blanche-Benveniste (1997) apresenta esclarecedor confronto entre unidades da língua escrita e unidades da fala.

A mesma divergência ocorre entre aqueles que pesquisam a capacidade de crianças de identificar a palavra como uma unidade da fala. Para alguns pesquisadores, somente aos 6, 7 anos elas se tornam capazes de reconhecer palavras na fala; por exemplo, Tunmer, Bowey e Grieve (1983: 591) afirmam que é "por volta dos 6 anos que as crianças tratam palavras como unidades da língua falada permutáveis e portadoras de significado". Para outros pesquisadores, porém, essa capacidade aparece já em crianças pequenas: Karmiloff-Smith et al. (1996: 211) verificaram que "já aos 5 anos crianças pequenas *podem* mostrar conhecimento metalinguístico sobre o que se identifica como *palavra*, não apenas com relação a palavras de conteúdo, mas também a palavras funcionais".[5] Também para Ferreiro (1997: 56), a criança, antes mesmo de ser introduzida à escrita, tem já o conceito de palavra, e é capaz de segmentar sentenças em palavras, embora não considere como palavras as palavras funcionais:

> Não é verdade que crianças pré-alfabéticas não têm um "conceito de palavra" ou não são capazes de segmentar sentenças em palavras; o problema é que sua maneira de analisar as palavras não corresponde ao conceito de palavra escrita. De fato, elas não veem razão para atribuir o mesmo termo ("palavra") a entidades tão heterogêneas como "casa" e "uma". Elas facilmente distinguem entre "palavra" e outros elementos da língua que estão lá "para juntar as palavras".

Assim, para Ferreiro, já em outro texto (Ferreiro, 2013a: 157),

> [...] o processo de alfabetização obrigará a redefinir essa noção [pré-alfabética de palavra] para aceitar outra que é imposta pela escrita (série de letras separadas por espaços em branco, seja qual for o *status* sintático, semântico ou referencial dessas expressões.

Nessa linha de reflexão, muitos são os que consideram que o conceito convencional de palavra, abrangendo palavras de conteúdo e palavras fun-

---

[5] Pesquisas sobre o desenvolvimento do conceito de *palavra* em crianças quase sempre consideram como variável a natureza da palavra: *palavras de conteúdo*, aquelas que têm conteúdo semântico claro, como os substantivos, adjetivos, verbos, advérbios; *palavras funcionais*, aquelas que têm apenas uma função gramatical e nenhum ou inespecífico conteúdo semântico, como os artigos, preposições, conjunções.

cionais, só se forma realmente quando tem início a alfabetização, porque a escrita, individualizando as palavras pela separação delas por espaços em branco, faz com que a criança passe a identificá-las na fala tomando como referência a representação gráfica, ou seja: a criança passa a reconhecer na cadeia sonora da fala unidades de língua não percebidas fonologicamente como unidades independentes, mas claramente definidas como tal pela escrita, por meio de limites marcados por espaços em branco: reconhecendo palavras visualmente, a criança passa a também reconhecê-las no fluxo sonoro da fala. Já nos anos 1970, Ehri (1975, 1976), em pesquisas em que investigou a relação entre consciência lexical e aprendizagem da escrita, conclui:

> [...] os constituintes léxicos da língua são conhecidos implicitamente pela criança como consequência de sua competência linguística, e o contato com a língua escrita traz essas unidades para a consciência tornando a criança capaz de analisar e refletir sobre os componentes de sua fala. (Ehri, 1975: 211)

Em capítulo adiante serão discutidas a leitura e a escrita de palavras; aqui, neste capítulo, discute-se a palavra *na fala*: a consciência da palavra fonológica e de seus segmentos – a consciência de rimas e aliterações e a consciência de sílabas. O desenvolvimento desses níveis de consciência fonológica opera sobretudo com a oralidade e visa, em primeiro lugar, levar a criança a voltar a atenção para o estrato fônico da fala, dissociando-o do conteúdo semântico; em segundo lugar, torná-la sensível às possibilidades de segmentar a fala, de modo que tenha condições de compreender o princípio alfabético: a escrita alfabética como notações que representam os *sons* da fala. A consciência fonêmica – a sensibilidade aos fonemas – é que só se pode desenvolver relacionando oralidade e escrita, como se verá no capítulo seguinte.

O próximo tópico discute a dificuldade que crianças enfrentam para perceber o caráter arbitrário da palavra fonológica, de modo a tornarem-se capazes de dissociar significante e significado, dissociação necessária para que compreendam o princípio alfabético.

CONSCIÊNCIA LEXICAL:
DO SIGNIFICADO AO SIGNIFICANTE (REALISMO NOMINAL)

Se crianças ainda não alfabetizadas enfrentam dificuldades para isolar e identificar palavras como unidades na cadeia sonora da fala, reconhecem, porém, facilmente, palavras – particularmente as palavras de conteúdo – quando apresentadas fora do fluxo oral ou dele destacadas: não há criança que não reconheça *boneca, bola, princesa, lobo* etc. como unidades da língua, como *palavras*. Esse reconhecimento, porém, não significa que a criança seja capaz de dissociar a palavra fonológica de seu referente: dissociar significado e significante.

Em obra de 1926 (*A representação do mundo na criança*), Piaget já mostrava a dificuldade das crianças em compreender a natureza arbitrária das palavras: em diferenciar o *nome* daquilo que ele representa, o *signo* do ser, coisa, objeto a que ele se refere – de seu *referente*. Assim, pesquisas desenvolvidas pela Escola de Genebra evidenciaram que, para crianças pequenas, "todos os nomes contêm as ideias das coisas que designam", havendo "um acordo entre o nome e a ideia da coisa designada" (Piaget, 2005: 75). É o fenômeno que recebeu a denominação de *realismo nominal*.[6] Por exemplo, para crianças investigadas por Piaget, o sol se chama "sol" *porque ele aquece, porque ele é todo vermelho;* a lua se chama "lua" *porque ela é toda amarela;* chamamos uma mesa de "mesa" *porque serve para escrever* (Piaget, 2005: 75-6).

Também Vygotsky, em obra de 1934 (*Pensamento e linguagem*), afirma:

> A criança deve aprender a distinguir entre a semântica e a fonética e compreender a natureza dessa diferença. A princípio ela utiliza formas verbais e significados sem ter consciência de ambos como coisas separadas. Para a criança, a palavra é parte integrante do objeto que denota. (Vygotsky, 1989: 111)

---

[6] Piaget (2005, capítulo II) identifica três dimensões do realismo nominal, investigando: a *origem* que as crianças atribuem aos nomes, o *lugar* onde pensam estar os nomes – essas duas dimensões caracterizando um *realismo ontológico* – e o *valor intrínseco* que conferem aos nomes – essa dimensão caracterizando um *realismo lógico*. É a este último que se refere este tópico, porque é o realismo lógico que se relaciona diretamente com a aprendizagem da língua escrita.

Pesquisas de Vygotsky (1989: 111) mostraram que, para as crianças pequenas, "um animal chama-se 'vaca' porque tem chifres, 'bezerro' porque os seus chifres ainda são pequenos, 'cão' porque é pequeno e não tem chifres; um objeto se chama 'carro' porque não é um animal". Para Vygotsky (1989: 111), essa concepção de que "a palavra é parte integrante do objeto que denota caracteriza a consciência linguística primitiva".

Vygotsky, no texto "A pré-história da língua escrita" (1984), relaciona essa dificuldade de a criança compreender a natureza arbitrária da palavra com a aprendizagem da escrita. Segundo ele, a escrita é um *simbolismo de segunda ordem* – simboliza os sons da palavra, e não a "coisa" a que esses sons, *simbolismo de primeira ordem*, se referem. Para aprender a escrita, a criança precisa "evoluir no sentido do simbolismo de segunda ordem", e, para isso, "precisa fazer uma descoberta básica – a de que se pode desenhar, além de coisas, também a fala" (Vygotsky, 1984: 130-31).

Diferentemente de Vygotsky, Piaget não investigou, no quadro de sua teoria dos processos de aquisição de conhecimento, a relação do realismo nominal com o desenvolvimento da escrita na criança, o que foi feito por Ferreiro e Teberosky (1986: 28), uma vez que, segundo essas pesquisadoras, a teoria piagetiana "não é uma teoria particular sobre um domínio particular, mas sim um marco de referência teórico, muito mais vasto, que nos permite compreender de uma maneira nova qualquer processo de aquisição de conhecimento".

Assim, Ferreiro e Teberosky (1986: 184), em pesquisa com crianças falantes do espanhol, constataram que "a criança espera que a escrita dos nomes de pessoas seja proporcional ao tamanho (ou idade) da pessoa, e não ao comprimento do nome correspondente". Por exemplo: uma das crianças investigadas pelas pesquisadoras, caracterizada como no nível 1 de desenvolvimento da escrita (em etapa de indiferenciação entre desenho e escrita), julga que a palavra *"papai"* se escreve *"mais comprido"* que as três palavras que compõem seu próprio nome e sobrenomes (1986: 184).

No Brasil, pesquisas vêm sendo desenvolvidas, nas últimas décadas, sobre as relações entre realismo nominal e a compreensão do sistema de escrita alfabético como representação dos *sons* das palavras, pesquisas que tomam o realismo nominal ora como objeto do estudo, ora, e mais frequentemente, como uma variável a ser considerada no processo de alfabetização (para uma revisão, ver Nobre e Roazzi, 2011).

Já no início dos anos 1980, Carraher e Rego (1981) evidenciaram que a aprendizagem da leitura se relaciona significativamente com a superação do realismo nominal. Crianças com dificuldade de leitura mostravam dificuldade de desprender-se do significado de uma palavra *falada* pela pesquisadora para focalizar o significante – a forma *sonora* da palavra: para elas, palavras grandes designavam coisas grandes, palavras pequenas designavam coisas pequenas (entre *anãozinho* e *gigante*, consideravam a palavra *gigante* maior, porque *o gigante é maior*); quando solicitadas a decidir semelhança, ou não, entre duas palavras, respondiam com palavras do mesmo campo semântico (por exemplo, *sabão* e *mamão* não foram consideradas parecidas, porque *mamão é comida e sabão não é*); ou ainda, quando solicitadas a dizer uma palavra parecida com outra, também respondiam com palavra do mesmo campo semântico (por exemplo, para palavra parecida com *pato* indicavam *galinha, porque o pé é igual*). Por outro lado, crianças que progrediam na aprendizagem da leitura revelavam "a capacidade de focalizar o significante como o aspecto do signo linguístico que está representado na grafia, compreendendo assim a relação entre a escrita e a fala" (Carraher e Rego, 1981: 10).

Também Cardoso-Martins e Duarte (1994: 436), pesquisando a habilidade de crianças – pré-escolares e crianças em fase de alfabetização – de focalizar os sons das palavras, e não o significado delas, concluíram que os pré-escolares, ao identificar a palavra maior, entre duas faladas pelas pesquisadoras (como *leão/mosquito, trem/telefone*), respondiam orientando-se predominantemente pelo tamanho do referente, não pelo extensão da forma sonora das palavras, enquanto as crianças já em processo de alfabetização se mostraram "capazes de desconsiderar o significado e orientar-se pelo tamanho da palavra", revelando, assim, sensibilidade para a estrutura fonológica da palavra.

Em pesquisa sobre a relação entre consciência fonológica e aprendizagem da língua escrita, Maluf e Barrera (1997) consideraram, entre outras variáveis, a interferência do realismo nominal nessa relação, não se limitando, porém, a avaliar a relação entre a palavra oral e seu referente, pois incluíram, entre as questões voltadas para a avaliação da consciência fonológica, algumas que, ao lado das que demandavam respostas baseadas na análise *oral* de palavras, investigavam a associação, feita pelas crianças participantes da pesquisa (pré-escolares, de 4 a 6 anos de idade), entre palavras *escritas* e figuras representando os referentes das palavras (por exemplo, as crianças eram solicitadas a associar cartões contendo figuras de *leão* e *joaninha* a cartões contendo os nomes desses animais *escritos* em letra de forma; ou as crianças eram solicitadas a identificar em qual, de dois cartões, estava *escrita* cada uma de duas palavras lidas pela pesquisadora – como *criança* e *pai*). Assim, as pesquisadoras apresentaram às crianças questões não apenas para avaliar a associação, ou não, entre o tamanho de palavras *orais* e o tamanho dos referentes que elas denominam, como também questões para avaliar a associação, ou não, entre o tamanho de palavras *escritas* e o tamanho dos referentes que elas denominam, dessa forma propondo às crianças a tarefa de relacionar referentes a *cadeias de letras*, não a *cadeias de sons*. As pesquisadoras concluem:

> [...] o estudo dos dados obtidos confirma a existência de uma forte presença do realismo nominal no pensamento das crianças pesquisadas, sobretudo no que diz respeito às mais jovens. [...] Os resultados também indicam que o declínio do pensamento realista nominal está relacionado não apenas com o aumento da idade, mas também com o desenvolvimento da consciência fonológica, ou seja, com a aquisição da capacidade para perceber a palavra enquanto sequência de sons. (Maluf e Barrera, 1997: 18)

Pesquisa de Nobre e Roazzi (2011: 333) amplia as investigações sobre realismo nominal, por um lado comparando o desempenho de crianças e adultos, por outro considerando a influência do realismo nominal na aprendizagem inicial da leitura, da escrita e, ainda, da matemática. Os pesquisadores concluem:

[...] adultos e crianças apresentam realismo nominal, ainda que em níveis diferentes. Entretanto, em ambos os casos, o realismo nominal parece influenciar não só na leitura e escrita, mas também nas atividades matemáticas. Tal fato, aparentemente, indica que o realismo nominal influencia na compreensão da natureza arbitrária do sistema notacional alfabético e numérico.

A pesquisa de Nobre e Roazzi (2011: 329-30), no que se refere a crianças, teve como sujeitos alunos de 1ª, 2ª e 4ª séries do ensino fundamental, tendo esses pesquisadores concluído, em concordância com a conclusão de Maluf e Barrera, que "a superação do realismo nominal pode estar mais relacionada ao grau de escolarização do que à idade cronológica": na pesquisa, crianças da 1ª série é que revelaram realismo nominal que crianças de 2ª e 4ª séries demonstraram já ter superado.

Três conclusões podem ser inferidas de pesquisas desenvolvidas sobre o realismo nominal, com implicações para a alfabetização. Em primeiro lugar, o realismo nominal é em geral identificado em crianças pequenas, antes ou nos momentos iniciais da aprendizagem da escrita, aproximadamente na faixa de 3 a 5 anos, portanto, no segmento da educação infantil. Em segundo lugar, a superação do realismo nominal, se decorre, em parte, do aumento da idade (apenas *em parte,* já que ele é detectado também em adultos não alfabetizados, como demonstrou a pesquisa de Nobre e Roazzi, citada anteriormente), depende, sobretudo, da habilidade cognitiva e linguística de dissociar significante e significado, que a criança alcança ao se tornar capaz de dirigir a atenção para a cadeia sonora das palavras. Em terceiro lugar, a superação do realismo nominal é, ao mesmo tempo, condição e consequência do desenvolvimento da sensibilidade da criança aos constituintes das palavras: é a sensibilidade a rimas e aliterações e a segmentação da palavra em sílabas que levam a criança à consciência da palavra como entidade fonológica arbitrária e, consequentemente, à compreensão do princípio alfabético.

RIMAS E ALITERAÇÕES

A sensibilidade de crianças a rimas e aliterações tem sido considerada uma das dimensões da consciência fonológica que pode ter relações com a aprendizagem da leitura e da escrita.

As palavras *rima* e *aliteração* têm, em português, duplo significado que convém inicialmente esclarecer.

Um primeiro significado da palavra *rima*, de uso restrito, porque específico do campo de estudos sobre estruturas silábicas, é o de *rima* como denominação do elemento intrassilábico que se soma ao ataque (*onset*) na constituição da sílaba – a rima *da sílaba* (a estrutura da sílaba será discutida no capítulo seguinte). O segundo significado, presente nos campos literário, pedagógico e também no léxico da linguagem comum, é o de *rima* como designação da semelhança entre os sons finais de palavras, a rima *entre palavras*, mais comumente a partir da vogal ou ditongo tônicos, como em vi**ola** – cart**ola** ou como em viol**eiro** – leit**eiro**, mas também entre os fonemas finais de palavras oxítonas, como em caf**é** – bon**é**, irm**ão** – bal**ão**; entre sílabas finais, como em **bola** – **vila**, **vaca** – **foca**; entre as duas últimas sílabas, como em bo**neca** – ca**neca**, com**bate** – de**bate**. Essas são *rimas consonantes* (ou *consoantes*), isto é, em todos esses casos há, no segmento que rima, coincidência vocálica e consonântica. Em *rimas assonantes*, há, no segmento, coincidência da vogal na sílaba tônica e diversidade de consoantes, como em cach**i**mbo – d**o**mingo, **u**va – c**o**ruja. Os dois significados de *rima* interessam a este tópico, como se verá adiante.

Também a palavra *aliteração* tem duplo significado. No campo da Estilística e da Literatura, *aliteração* designa uma figura de linguagem que se caracteriza pelo recurso à repetição de sons de palavras, particularmente de fonemas, no início, meio ou fim de vocábulos sucessivos, com o propósito de provocar efeitos sensoriais no ouvinte ou leitor. É recurso utilizado, por exemplo, nesta estrofe do poema "Violões que choram", de Cruz e Sousa: "*Vozes veladas, veludosas vozes / volúpias de violões, vozes veladas, /*

vagam nos velhos vórtices velozes / dos ventos, vivas, vãs, vulcanizadas." A aliteração das fonemas consonantais [v], [l], [s] e [z] visa representar, por palavras, o som dos violões.

No campo da Linguística e da Fonologia, particularmente quando relacionado com o desenvolvimento da consciência fonológica, o termo *aliteração* é usado para designar a semelhança entre sons iniciais de palavras: em sílabas, particularmente sílabas CV, como em **ba**laio – **ba**cia, **gi**rafa – **gi**gante, e também em fonemas, como em *faca – foca, rato – roda*. É este segundo significado de aliteração que interessa ao tema deste tópico.

Pesquisas sobre a sensibilidade a aliterações e, sobretudo, a rimas são numerosas em língua inglesa, tendo sido desenvolvidas sobretudo nos anos 1990, e quase sempre confirmam a relação entre essa sensibilidade e a aprendizagem da leitura e da escrita (ver, entre outros, Goswami e Bryant, 1990, 1992; Goswami, 1999; Treiman, 1992; Treiman et al., 1995; Bryant et al., 1990; em Goswami (1999) encontra-se uma boa revisão sobre o tema).

No entanto, o que interessa a estudos sobre a relação da *rima* com a aprendizagem da ortografia do inglês não é propriamente a rima *entre palavras* (em inglês, *rhyme*), mas a rima *da sílaba* (em inglês, *rime*): o elemento intrassilábico que, com o ataque (*onset*), constitui a estrutura da sílaba.[7] Como foi dito no capítulo "Aprendizagem da língua escrita em diferentes ortografias e na ortografia do português brasileiro", na ortografia opaca do inglês, os constituintes da sílaba – ataque e rima –, como unidades fonológicas e ortográficas, desempenham papel relevante, tanto no desenvolvimento da consciência fonológica quanto na aprendizagem da leitura e da escrita. Isso porque, na língua inglesa, como também já se disse no referido capítulo, predominam palavras monossilábicas, em que a rima da palavra (*rhyme*) quase sempre coincide com a rima da sílaba (*rime*); como as rimas de sílabas (*rimes*) são frequentemente constituídas de cadeias complexas de fonemas, que se associam a cadeias de grafemas,

---

[7] É tão grande a importância da rima da sílaba nas relações fonologia-ortografia do inglês que há, nessa língua, como se viu, palavras diferentes para a palavra *rima* do português: *rime* para denominar a unidade fonológica que, na divisão de uma sílaba em suas unidades constituintes, se segue ao ataque (*onset*), isto é, a rima **da sílaba**; e *rhyme* para denominar a semelhança entre sons finais **de palavras** (a esse propósito, ver Goswami, 2006b: 489).

a consciência da rima da sílaba (*rime*) contribui para o desenvolvimento da leitura e da escrita por meio, sobretudo, do recurso à *analogia*. Por exemplo, em palavra como *light*, a rima (ao mesmo tempo *rime* e *rhyme*) é ortograficamente irregular, mas pode ser usada, por analogia, para ler ou escrever palavras com a mesma rima **-ight**: *night, fight, might, right, tight*... (Goswami e Bryant, 1992: 56). Assim, as pesquisas sobre a língua inglesa, que tomam como objeto de investigação quase sempre palavras monossilábicas, têm comprovado a relação entre a sensibilidade a rimas e a aprendizagem da ortografia.

Já no português brasileiro, pesquisas que têm investigado a relação entre consciência de rimas e a aprendizagem da escrita têm chegado a resultados contrários aos resultados de estudos sobre a ortografia do inglês. É que, em português, em que predominam palavras polissilábicas paroxítonas, são pouco numerosos os casos em que há coincidência entre a rima *da sílaba* e a rima *da palavra* e, mesmo quando essa coincidência ocorre, como em palavras monossilábicas (*pé/fé, pão/mão*), o recurso a analogias é desnecessário, graças à pouca complexidade das estruturas silábicas e à transparência das relações fonema-grafema. Nos padrões silábicos pouco complexos que caracterizam o português brasileiro, com predomínio de sílabas CV, a segmentação ataque-rima se aproxima da segmentação fonêmica, ou mesmo se identifica com ela (no caso das sílabas CV), o que torna pouco relevante para a aprendizagem da escrita a consciência da rima entendida como elemento constituinte da sílaba.

É o que comprovam pesquisas sobre a relação entre consciência fonológica de rimas e a aprendizagem da ortografia do português brasileiro. Cardoso-Martins (1994, 1995a, 1995b), em vários estudos em que investiga a hipótese de que também em português brasileiro, como no inglês, a sensibilidade a rimas se relacionaria com a aprendizagem da escrita, conclui pela negação dessas relações. A conclusão a que a pesquisadora chega com base nos dois estudos relatados no texto de 1995b é a mesma a que chegam os estudos relatados nos outros dois textos (1995a, 1994): "os resultados dos presentes estudos questionam a hipótese de que a habilidade de detectar rima ajuda a criança a fazer analogias ortográficas entre o final das palavras na ausência de habilidades de decodificação letra-som" (1995b: 124).[8]

No entanto, essa conclusão não significa que a sensibilidade a rimas não desempenha papel relevante na aprendizagem da escrita. Esse papel é expresso por Cardoso-Martins (1995a: 826) em citação que sintetiza as conclusões a que chega nos vários estudos realizados:

> Dizer que níveis globais de consciência fonológica podem não trazer contribuição distintiva para a aquisição da ortografia do português não significa que a sensibilidade das crianças aos sons da fala não desempenha nenhum papel na aprendizagem da leitura e da escrita em português. Essa sensibilidade pode, na verdade, ser uma precondição para a aprendizagem de qualquer ortografia que represente sons.

Segundo a pesquisadora, essa *precondição* se explica como um "julgamento de uma semelhança fonológica global" (Cardoso-Martins, 1994: 39; 1995b: 124) que, se não se relaciona com a aprendizagem da ortografia quase transparente do português brasileiro, pode contribuir para a compreensão do princípio alfabético, já que leva a criança a focalizar o som das palavras, independentemente de seu conteúdo semântico.

Na verdade, as crianças são sensíveis, desde muito pequenas, a rimas e também a aliterações.[9] A pesquisa de Cardoso-Martins e Duarte (1994) citada no tópico anterior, se identificou, como foi relatado, a dificuldade, em crianças pré-escolares (5 anos), de focalizar a cadeia sonora, e não o significado, ao relacionar *palavras* com seus referentes, também verificou, ao contrário, a capacidade dessas mesmas crianças de perceber *rimas* e *aliterações*. As pesquisadoras consideraram esse resultado um "achado

---

[8] Note-se que, em seus estudos, Cardoso-Martins investiga a percepção, por crianças, de rimas *de palavras*, e não rimas *de sílabas*. Veja-se, por exemplo, as palavras utilizadas nas tarefas propostas nos dois estudos de 1995b: 110 e 118.

[9] Também adultos analfabetos revelam sensibilidade a rimas e aliterações; veja-se, por exemplo, pesquisas de Morais, Alegria e Content (1987), e Morais et al. (1986), com falantes do português europeu não alfabetizados; pesquisa de Bertelson et al. (1989), com falantes de português brasileiro não alfabetizados – essas pesquisas são analisadas no próximo capítulo.

discrepante", já anunciado no título do artigo em que relatam a pesquisa: "Habilidade de crianças pré-escolares de desconsiderar o significado e focalizar a atenção nas propriedades fonológicas da fala: alguns *achados discrepantes*" (em tradução e ênfase nossas; ver título original nas Referências). Essa "discrepância" é assim expressa pelas pesquisadoras:

> Neste estudo, a habilidade de desconsiderar o significado e focalizar a atenção nas propriedades fonológicas da língua não foi uniforme [...]. Quando a propriedade fonológica era a propriedade saliente da rima, essa habilidade se mostrou bem desenvolvida entre os pré-escolares de 5 anos que participaram do estudo. Por outro lado, quando a propriedade fonológica requeria atenção para a sequência de sons nas palavras, essa habilidade se mostrou praticamente ausente entre as crianças pré-escolares. (Cardoso-Martins e Duarte, 1994: 438)

Pode-se concluir que crianças são capazes de perceber semelhança entre segmentos sonoros de palavras, orientando-se, portanto, não pelo significado, mas por aspectos fonológicos. Uma possível explicação para essa capacidade é o fato de crianças, desde muito pequenas, conviverem, no ambiente familiar e/ou em creches e instituições de educação infantil, com textos do folclore infantil que exploram rimas e aliterações: cantigas de ninar, parlendas, cantigas de roda, trava-línguas. Bryant et al. (1989), em pesquisa sobre a percepção de rimas e aliterações por crianças inglesas, propõem a hipótese de que o conhecimento de cantigas, parlendas, poemas infantis (*nursery rhymes*), experiência inteiramente informal nos anos iniciais de vida, provavelmente exerce influência sobre o desenvolvimento da sensibilidade fonológica. O mesmo se pode supor em relação a crianças brasileiras.

Parece, pois, que a percepção de rimas e aliterações se desenvolve espontaneamente na criança pequena como consequência de seu crescimento linguístico e cognitivo, em contextos de convivência com textos orais que ressaltem segmentos sonoros semelhantes. No entanto, para que essa sensibilidade à *semelhança fonológica global* entre palavras avance para uma atenção dirigida intencionalmente para os sons da palavra, sem consideração do significado dela, o que é base para a compreensão do princípio alfabético, é necessário desenvolvê-la de forma sistemática por meio de atividades que levem a criança a *reconhecer* explicitamente rimas ou aliterações e também a *produzir* rimas e aliterações.

O fato de reconhecer ou produzir rimas ou aliterações não significa, porém, que a criança seja capaz de identificar o segmento da palavra que corresponde a elas. Como afirmam J. Morais et al. (1986: 48):

> [...] o sucesso de pré-leitores em atividades que envolvem rimas e outras relações sonoras não revela uma capacidade particular de segmentação, mas uma habilidade diferente que pode ser denominada *sensibilidade a semelhança de sons*.

Entretanto, se se pensa em termos de orientação da criança para a progressiva compreensão do princípio alfabético, atividades com rimas e aliterações, frequentes na educação infantil, e fundamentalmente de natureza lúdica, além de desenvolverem a consciência fonológica, podem também despertar a criança para a possibilidade de segmentação da cadeia sonora, levando-a a identificar o "pedaço" da palavra que corresponde à rima, ou a sílaba que se repete no início de palavras, em aliterações. Se acompanhadas de registro escrito de palavras que terminam ou começam com o mesmo som, destacando-se a correspondência de segmentos orais com uma mesma sequência de letras, essas atividades ainda podem já introduzir a criança na compreensão do princípio alfabético: mesmos sons correspondem às mesmas letras.

Rimas e aliterações representam, pois, um nível de sensibilidade fonológica que, se desenvolvido, pode trazer efeitos significativos para o processo de alfabetização: levam a criança a dirigir a atenção para a cadeia sonora das palavras, dissociando-a do significado, colaborando assim para a superação do realismo nominal; atividades podem levar a criança a perceber a possibilidade de segmentação das palavras; finalmente, atividades que levem a criança a confrontar rimas e aliterações com sua representação escrita podem introduzir a compreensão da relação entre os sons e os grafemas que os representam, ou seja, a compreensão do princípio alfabético.

CONSCIÊNCIA SILÁBICA

Se, como dito no tópico anterior, crianças são capazes de reconhecer ou produzir rimas e aliterações, mas não de identificar os segmentos que as representam, a capacidade de divisão em sílabas da cadeia oral da fala – palavras ou frases – manifesta-se, ao contrário, de forma espontânea, desde muito cedo. Ferreiro (2013a), em pesquisa sobre a identificação de palavras, na oralidade e na escrita, por crianças que já escreviam alfabeticamente, verificou que, apesar de serem capazes de reconhecer e contar *palavras* em frases escritas, a tendência era a *silabação*, quando solicitadas a segmentar essas mesmas frases em palavras na oralidade, revelando uma "preeminência da sílaba como 'unidade contável' no nível oral" (2013a: 161). As crianças nem mesmo se surpreendiam ao constatar que identificavam em uma frase escrita, mesmo quando escrita por elas mesmas, um número menor de palavras que o número de "palavras" que contavam na mesma frase, oralmente: é que, na oralidade, segmentavam a frase em sílabas, muitas vezes considerando-as como *palavra*s. Ferreiro (2013a: 168) conclui:

> A escrita fixa a unidade palavra, dando-lhe um corpo gráfico que nos permite pensar nela como independente e diferenciada do fluxo da fala. Para uma percepção adulta, o que se junta ao dizer se separa ao escrever. Para as crianças pode resultar exatamente o contrário. Como disse Salma [um dos sujeitos da pesquisa], que recorre à silabação oral: As palavras [referindo-se a sílabas] se juntam quando eu as escrevo. Se separam (quando falo).

Como revela a pesquisa de Ferreiro, a sílaba parece ser a unidade fonológica mais acessível às crianças, mesmo quando já compreenderam o princípio alfabético. É que sílabas são a menor unidade da fala que pode ser produzida isoladamente, com independência: correspondem, de certa forma, a *atos articulatórios unitários* (J. Morais et al., 1987: 430). Isso explica por que a criança desenvolve muito cedo a capacidade de segmentar palavras em sílabas: Goswami (2002a: 142) afirma que a habilidade de reconhecer sílabas precede a aprendizagem da escrita, e em geral se revela em crianças já por volta dos 3 anos; para Ferreiro (2004: 145), "a consciência da sílaba pode ser considerada como um fato evolutivo, já que foi reiteradamente constatada em crianças de 4 a 5 anos que não receberam treinamento específico".

Essa sensibilidade a sílabas parece ser universal, independentemente da língua ou de sistemas de escrita, como propõem Kandhadai e Sproat (2010: 106):

> Ao contrário do que ocorre com fonemas, a manipulação consciente de sílabas [...] parece não ter relação com o tipo de sistema de escrita que a pessoa aprende. Na verdade, ela parece não depender nem mesmo da alfabetização. Falantes de várias línguas com diferentes tipos de sistemas de escrita e mesmo falantes analfabetos revelaram capacidade de manipular sílabas.

No que se refere especificamente ao sistema alfabético de escrita, é preciso considerar, porém, que a consciência silábica se manifesta diferentemente, na dependência da maior ou menor complexidade silábica da língua.[10] No caso do inglês, por exemplo, como foi mencionado no capítulo "Aprendizagem da língua escrita em diferentes ortografias e na ortografia do português brasileiro" e retomado no tópico anterior a este, como decorrência de os limites da sílaba, tanto fonológicos quanto ortográficos, serem ambíguos, a estrutura silábica ser complexa e predominarem palavras monossilábicas, os elementos intrassilábicos são percebidos mais facilmente que a própria sílaba, de modo que a preferência é antes pela segmentação intrassilábica – ataque (*onset*), rima – que pela segmentação silábica.

Já em línguas de ortografias transparentes, ou próximas da transparência, pesquisas desenvolvidas com crianças falantes do espanhol (Vernon e Ferreiro, 1999), do espanhol e do hebraico (Tolchinsky, 1996), e com crianças falantes do português brasileiro (Freitas, 2003; A. Morais, 2004), evidenciam a acentuada tendência à segmentação oral de palavras em sílabas, mesmo em crianças já alfabetizadas. Assim, Tolchinsky (1996: 53),

---

[10] Para uma minuciosa revisão e análise das relações entre estratégias de segmentação e as características fonológicas de diferentes línguas (entre elas, o português europeu), ver Kolinsky (1998).

que pesquisou a progressão da habilidade de segmentação de palavras em crianças falantes do espanhol e do hebraico, alunos da pré-escola, da 1ª e da 2ª séries, aprendendo a ler e escrever em dois alfabetos diferentes (o latino e o hebraico), conclui: "a preferência pela segmentação silábica apareceu ao longo das três séries escolares e nas duas línguas".

É a consciência silábica que, possibilitando a segmentação da palavra em sílabas, introduz a criança no que Ferreiro (2004: 146) denomina *período de fonetização da escrita*, em que "as crianças realizam espontaneamente uma série de recortes orais, tratando de encontrar a letra adequada para tal ou qual parte da palavra". O passo inicial da *fonetização da escrita* é a escrita silábica: capaz de recortar oralmente a palavra em sílabas, e já compreendendo que a escrita representa os sons das palavras, e que estes são representados por letras, a criança começa a escrever silabicamente – a usar as letras para representar os recortes orais que identifica nas palavras: neste momento inicial, as sílabas.

Infere-se, pois, uma correlação entre as fases de desenvolvimento da aprendizagem da escrita alfabética, apresentadas no capítulo "Fases de desenvolvimento no processo de aprendizagem da escrita", e o processo de desenvolvimento da consciência fonológica.

No entanto, poucas pesquisas, entre as quais as citadas anteriormente neste tópico (Tolchinsky, 1996; Vernon e Ferreiro, 1999; Freitas, 2003; A. Morais, 2004), investigam as correlações entre o desenvolvimento da consciência fonológica, em seus diferentes níveis, e o desenvolvimento da aprendizagem do sistema alfabético, também em seus diferentes níveis. As pesquisas anteriormente citadas voltam-se particularmente para as correlações entre consciência fonológica e aprendizagem da escrita a partir do período de fonetização da escrita, ou seja, a partir do momento em que a criança adquire a habilidade de segmentação silábica e relaciona o som da sílaba com uma representação gráfica (e a elas se voltará no capítulo seguinte); entretanto, revelam também que crianças no nível pré-silábico, que em geral demonstram dificuldade em focalizar o som das palavras, têm também, e consequentemente, dificuldade de segmentá-las em sílabas. A pesquisa de A. Morais (2004: 185-86) identificou, entre crianças pré-silábicas, uma percentagem significativa de casos de realismo nominal: nas respostas à tarefa de identificação de palavras que compartilhavam o mesmo fonema inicial, "os sujeitos de nível pré-silábico (e também silábico!!!) formularam mais respostas indicadoras de 'realismo nominal'" (2004: 186; exclamações do original).

Pode-se inferir, do que foi discutido neste capítulo, que os níveis de consciência lexical e consciência de rimas e aliterações (estas, no nível da sílaba, não do fonema) precedem o período de fonetização da escrita, mas são fundamentais para a aprendizagem de um sistema alfabético de escrita, porque levam a criança a focalizar o som das palavras, dissociando-o de seus significados. Entretanto, se são fundamentais, não são suficientes, porque, nesses níveis, a criança ainda não alcançou o princípio alfabético, que supõe a segmentação da palavra e o relacionamento de segmentos orais com representações gráficas, até o nível do fonema. Assim, para alcançar o princípio alfabético, a criança precisa tornar-se consciente da segmentação da palavra em sílabas, representá-las com letras, inicialmente usando quaisquer letras, mas em número correspondente à quantidade de sílabas da palavra, em seguida usando para cada sílaba uma letra (ou grafema) que corresponda a um dos fonemas da sílaba, adquirindo finalmente condições para tornar-se sensível a fonemas e então escrever alfabeticamente.[11]

Para a questão dos métodos, tema deste livro, é, pois, necessário que o ensino desenvolva concomitantemente a compreensão de escrita alfabética, a consciência fonológica e o conhecimento das letras. Inicialmente, e já na educação infantil, levando a criança a superar o realismo nominal e a desenvolver a consciência de rimas e aliterações, a fim de que se torne capaz de focalizar os sons da fala, dissociando-os dos significados. Em seguida, desenvolvendo a consciência silábica e a habilidade de segmentação da palavra em sílabas, que inaugura o período de fonetização da escrita e conduz à sensibilidade a fonemas, condição essencial para o domínio de um sistema alfabético de escrita, tema do próximo capítulo.

---

[11] Convém lembrar que a esses processos *linguísticos* na trajetória da criança em direção ao princípio alfabético estão subjacentes processos *cognitivos* que são, ao mesmo tempo, condição e resultado da aprendizagem da escrita; na perspectiva da psicogênese da escrita, esses processos são, segundo Ferreiro (1990b: 40): "relação entre a totalidade e as partes; coordenação de semelhanças e diferenças; construção de uma ordem serial; construção de invariantes; correspondência termo a termo". A esse respeito, ver Ferreiro (1990b, 2013b); A. Morais (2012).

Consciência fonêmica e alfabetização

Este capítulo tem os seguintes objetivos:

- situar consciência fonêmica como uma das dimensões da consciência fonológica;
- conceituar fonema;
- identificar as relações de interação entre consciência fonêmica e aprendizagem do sistema alfabético de escrita;
- descrever o processo de conhecimento das letras pela criança;
- relacionar conhecimento das letras e identificação de fonemas;
- diferenciar *manipulação* de fonemas de *identificação* de fonemas;
- distinguir as relações de consciência fonêmica com a aprendizagem da leitura – *consciência grafofonêmica* – e da escrita – *consciência fonografêmica*;
- relacionar *escritas inventadas* com o desenvolvimento psicogenético e fonológico no processo de aprendizagem da escrita;
- apresentar pesquisas que investigam efeitos de intervenções pedagógicas em escritas inventadas.

Relembre-se aqui da discussão desenvolvida no capítulo "Fases de desenvolvimento no processo de aprendizagem da escrita" sobre os dois paradigmas que têm orientado os estudos sobre a aprendizagem inicial da língua escrita, o psicogenético (construtivista) e o fonológico, e a possibilidade, ali proposta, de conciliação entre esses dois paradigmas. Essa possibilidade se fortalece caso se associem, ao que foi apresentado no referido capítulo sobre o desenvolvimento, na criança, do processo de aprendizagem da escrita, as considerações feitas, no capítulo anterior a este, sobre consciência fonológica e alfabetização: pode-se inferir, dessa associação, que a criança, para aprender a ler e a escrever, vivencia um processo em que as relações entre as cadeias sonoras da fala e seus *significados* vão sendo progressivamente reconhecidas como abstratas, enquanto as relações entre as cadeias sonoras da fala e a *língua escrita* vão se tornando cada vez mais claras. Ou seja: o processo de conceitualização da escrita pela criança, em sua progressiva construção do princípio alfabético, processo analisado sob a perspectiva do paradigma psicogenético, é acompanhado, e mesmo estimulado, pelo processo, este analisado sob a perspectiva do paradigma fonológico, de progressiva compreensão, pela criança, das conexões entre os sons das palavras e sua representação alfabética, à medida que ela vai adquirindo consciência fonológica, em seus diferentes níveis. É o que parece reconhecer Ferreiro (2000: 62-3), que elucidou o paradigma psicogenético – *a psicogênese da reflexão sobre a língua* –, sem, porém, rejeitar o paradigma fonológico – *o conhecimento da representação gráfica da língua*:

> No caso particular da psicogênese da reflexão sobre a língua, parece necessário analisar, por um lado, o que se refere ao conhecimento do locutor como tal, fazendo abstração de seu conhecimento da escrita, e, por outro lado, o que se refere a seu conhecimento da representação gráfica da língua. Parece difícil conceber as duas evoluções de outra forma a não ser como interdependentes.

Este capítulo se volta para *o conhecimento da representação gráfica da língua* pela criança, procurando, porém, fazê-lo de forma *interdependente* com *a psicogênese da reflexão sobre a língua*.

DE NÍVEIS GLOBAIS DE CONSCIÊNCIA FONOLÓGICA À CONSCIÊNCIA FONÊMICA

É pertinente lembrar aqui a afirmação de Liberman (1995: 19-20; ênfase acrescentada) de que o alfabeto, que ele caracteriza como *um triunfo da biologia aplicada*, é *em parte uma descoberta, em parte uma invenção*, e explica:

> A *descoberta* – certamente uma das mais significativas de todos os tempos – foi que as palavras não se diferenciam umas de outras holisticamente, mas antes pelo arranjo particular de um pequeno conjunto de unidades sem significado. A *invenção* foi simplesmente a noção de que, se cada uma dessas unidades fosse representada por uma forma visual específica, então qualquer pessoa poderia ler e escrever, desde que conhecesse a língua e se tornasse consciente da estrutura fonológica interna de suas palavras.

Pode-se dizer que, de certa forma, a criança repete *descoberta* e *invenção*: para apropriar-se da leitura e da escrita em um sistema alfabético, ela refaz a *descoberta* de que a palavra é uma cadeia sonora independente de seu significado e passível de ser segmentada em pequenas unidades, tornando-se *consciente da estrutura fonológica interna das palavras*; e ela aprende a *invenção*: a *representação de cada uma dessas unidades por uma forma visual específica*.

É por esse processo de *descoberta* das palavras como cadeias sonoras segmentáveis e aprendizagem da *invenção* da representação desses segmentos por *formas visuais específicas* que a criança vai avançando em níveis de *consciência fonológica* relacionando-os, simultaneamente, com a escrita. Segundo Ferreiro (2004: 141), o que a Psicolinguística busca é

> [...] compreender de que modo são concebidas as segmentações do escrito, como são analisadas e que relações existem, em distintos momentos do desenvolvimento, entre a análise das emissões orais e a análise dos produtos escritos (escrita própria ou produzida por outros).

No mesmo texto, mais adiante, Ferreiro (2004: 146) afirma: "os níveis de conceitualização da escrita [...] se correlacionam com as capacidades de segmentação da oralidade disponíveis nesse momento do desenvolvimento".

Como foi dito no capítulo anterior, essas *capacidades de segmentação da oralidade* se desenvolvem em uma sequência que parte da sensibilidade a unidades maiores – as palavras – em direção a unidades menores – as sílabas, ataques e rimas das sílabas, finalmente os fonemas. É uma sequência que pesquisas têm mostrado que se repete em várias línguas, independentemente do maior ou menor nível de transparência/opacidade das ortografias, sendo, pois, *aparentemente universal,* como afima Adams (2011: 16):

> A humanidade (na perspectiva histórica) e as crianças (na perspectiva do desenvolvimento) adquirem consciência de palavras antes que de sílabas, de sílabas antes que de ataques e rimas, e de ataques e rimas antes que de fonemas.

A segmentação de palavras em sílabas, como se disse no capítulo anterior, é facilmente percebida pela criança, desde muito cedo. Não é o que acontece com a percepção da estrutura interna da sílaba, uma "unidade fonológica dotada de uma estrutura não linear de constituintes, que definem uma hierarquia interna" (Abaurre, 2001: 77), segundo a qual a sílaba se divide em ataque (*onset*) e rima, e esta, por sua vez, se divide em núcleo e coda. Os esquemas a seguir exemplificam essa hierarquia em estruturas silábicas mais frequentes no português – CV, CVC e CCV:

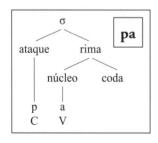 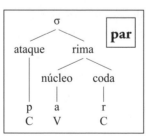 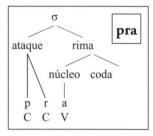

Em línguas de ortografia opaca, como o inglês, a predominância de estruturas silábicas complexas, já discutida no capítulo "Aprendizagem da língua escrita em diferentes ortografias e na ortografia do português brasileiro", faz com que "a consciência de unidades intrassilábicas seja mais fácil que a consciência silábica e, do ponto de vista do desenvolvimento, preceda a consciência silábica" (Treiman, 1992: 71). Já em ortografias relativamente transparentes, como é o caso do português brasileiro, com predominância do padrão silábico CV, em que ataque e rima se identificam com fonemas, sílabas que fogem a esse padrão silábico suscitam dificuldades na aprendizagem inicial da escrita (exatamente porque fogem ao padrão predominante), mas os constituintes subsilábicos desempenham um papel pouco expressivo tanto no desenvolvimento da consciência fonológica, como foi dito no capítulo anterior, quanto na conceitualização da escrita: da escrita silábica a criança geralmente evolui para uma escrita silábico-alfabética e dessa, em geral com bastante rapidez, para a escrita alfabética, escritas que já revelam consciência de fonemas, não necessariamente dependente de consciência anterior de elementos subsilábicos.

Em síntese, da escrita silábica, que resulta da consciência silábica, e que revela, como foi dito no capítulo anterior, o início da etapa de *fonetização da escrita*, a criança falante do português brasileiro vai se tornando sensível, por intermédio do desenvolvimento da *consciência fonêmica,* às unidades mínimas do sistema fonológico que os grafemas representam – os *fonemas* – e chega à compreensão do *princípio alfabético*. Cabe agora refletir sobre esse passo decisivo no período de fonetização da escrita: a passagem do reconhecimento da sílaba à identificação do fonema.

DA SÍLABA AO FONEMA

Se a criança, desde cedo, revela sensibilidade fonológica às sílabas, mostrando-se capaz de dividir uma palavra nesses segmentos, o mesmo não ocorre com a sensibilidade a fonemas. Isso acontece porque, como esclarece Adams (1990: 302; ênfase acrescentada):[1]

> [...] os sons de fonemas isolados não são fisicamente separáveis da cadeia da fala, estão inteiramente fundidos uns com os outros no interior da sílaba. Portanto, seja para transformar a fala em escrita ou traduzir a

---

[1] A ênfase acrescentada nas duas expressões pretende representar, na tradução da citação, o uso dessas expressões, no original, como palavras compostas, recurso utilizado por Adams para destacar uma habilidade *easy-to-acquire* de uma capacidade *hard-to-acquire*.

escrita em fala, é com a sílaba que se deve começar. A sugestão, em síntese, é que a consciência silábica constitui um elo essencial entre a habilidade aparentemente *fácil de adquirir*, implícita em nossa sensibilidade à semelhança de sons e à rima, e a capacidade *difícil de adquirir* que é o reconhecimento de fonemas isolados.

Como foi dito no capítulo anterior, a consciência silábica é *fácil de adquirir* porque sílabas podem ser produzidas isoladamente, pois constituem, repetindo a definição já citada de J. Morais et al. (1987: 430), "atos articulatórios unitários". Ao contrário, fonemas "não são pronunciáveis, pois expressam uma representação linguística abstrata" (Silva, 2011: 109). Unidade mínima da estrutura fonológica, o fonema é "uma entidade formal não observável diretamente, não audível, não definível por propriedades físicas" (Castilho, 2010: 48). Por isso, a invenção de uma escrita alfabética, ou seja, fonêmica, é surpreendente: segundo Scholes e Willis (1991: 226), que definem fonemas como "construtos mentais que não têm realidade no mundo físico", essa invenção sugere

> [...] o desenvolvimento de um "insight" intelectual que só pode ser atribuído a uma etiologia racionalista, isto é, ela surgiu não de algum elevado talento para a observação do mundo físico, mas de uma maneira inteiramente nova de conceitualizar esse mundo. (Scholes e Willis, 1991: 232)

Sendo os fonemas representações abstratas, segmentos não pronunciáveis, a consciência fonêmica dificilmente se desenvolve de forma espontânea, como acontece, ao contrário, com a consciência silábica; é que "não há quebras sinalizando onde um fonema termina e o próximo começa na pronúncia de palavras. Ao contrário, fonemas se sobrepõem e são coarticulados, gerando uma corrente contínua de som" (Ehri, 1998a: 15). Assim, segundo Scliar-Cabral (2003a: 53), "o reconhecimento das consoantes está na dependência de seu contexto vocálico imediato, e o que ocorre são movimentos simultâneos de mais de um articulador, na produção dos gestos fonoarticulatórios". Para exemplificar, compare-se a sobreposição de atos articulatórios na pronúncia do fonema consonantal fricativo /f/ seguido do fonema vocálico /a/ – [fa] –, e seguido do fonema vocálico /i/ – [fi] –; ou do fonema consonantal oclusivo /p/ seguido do fonema vocálico /i/ – [pi] –, e seguido do fonema vocálico /u/ – [pu]. A coarticulação se explica na medida em que as unidades sonoras da fala não são os fonemas: "as partículas fundamentais da fala não são sons, mas gestos dos órgãos articuladores" (Liberman, 1999: 106).[2]

Uma unidade sonora é identificada como fonema não por se distinguir como um segmento isolável de seu contexto linguístico (da cadeia sonora da palavra), mas por estar em oposição a outras unidades sonoras que ocorrem em um mesmo contexto linguístico produzindo significados diferentes: identificamos /p/ e /b/ como fonemas porque distinguimos *pata* de *bata*; identificamos /k/ e /g/ como fonemas porque distinguimos *fica* de *figa*. São esses *pares mínimos* que, na análise fonológica, identificam fonemas.[3] Na definição de Silva (2011: 170):

> [...] *par mínimo* – duas palavras com significados diferentes cuja cadeia sonora seja idêntica exceto por um segmento na mesma posição estrutural. Um par mínimo identifica dois fonemas. Um exemplo de par mínimo em português consiste das palavras caça [kasa] e casa [kaza], caracterizando os fonemas /s/ e /z/.

No entanto, pesquisas de avaliação da consciência fonêmica, com o objetivo de correlacioná-la com a aprendizagem da língua escrita, em geral demandam de crianças, contraditoriamente, respostas a tarefas que exigem reconhecimento e manipulação de fonemas, isolados da cadeia sonora da palavra. É interessante notar ainda que, na quase totalidade das pesquisas de avaliação de consciência fonêmica, os próprios pesquisadores, embora muitas vezes reconhecendo a natureza abstrata do fonema como unidade

---

[2] Explica Liberman (1999: 106): "Um gesto é uma mudança nas cavidades do aparelho fonador – um abrir ou fechar, alongar ou reduzir, alargar ou estreitar". Na terminologia fonológica, segundo a definição de Silva (2011: 126), "gesto é configuração em que a articulação de um segmento pode ser decomposta em sua organização fisiológica".

[3] São possíveis conjuntos mínimos com mais de duas palavras, como se vê na ampliação dos pares mínimos citados: *pata, bata, mata, data... fica, figa, fita, fila, fina...* Atividades com pares ou conjuntos mínimos ajudam as crianças a desenvolver a sensibilidade fonêmica e a estabelecer correspondências entre fonemas e grafemas.

linguística não audível e não pronunciável isoladamente, propõem tarefas de manipulação de fonemas, e preparam as crianças para elas, pretendendo "pronunciar" fonemas. Na verdade, essa "pronúncia" não pode deixar de ser uma combinação do fonema consonantal com um som vocálico neutro, átono (um *schwa*), que apoia a consoante: como esclarece Scliar-Cabral (2003a: 53), na citação anterior, "o reconhecimento das consoantes está na dependência de seu contexto vocálico imediato". Muitas vezes, a tentativa de "pronúncia" do fonema baseia-se, na verdade, no ato articulatório que o produz, o que ocorre quando é possível enfatizar o modo de articulação, como, por exemplo, em consoantes fricativas (/s/, /z/, /ʃ/, /ʒ/, /h/), recurso que não se aplica a vários fonemas que não podem ser articulados isoladamente, como é o caso das consoantes oclusivas (/p/, /b/, /t/, /d/, /k/, /g/).[4] Mesmo quando é possível enfatizar a articulação, ela dificilmente permite diferenciar de forma clara fonemas surdos de sonoros, por exemplo: /s/ de /z/, /ʃ/ de /ʒ/ (a esse respeito, ver, em pesquisa sobre a língua inglesa, Treiman et al., 1998).

Observe-se, por exemplo, as tarefas que, segundo o *National Reading Panel* (NICHD, 2000b), em sua avaliação da literatura científica sobre alfabetização, são as comumente utilizadas nas pesquisas sobre consciência fonêmica, e identifique-se, em todas elas, o pressuposto de que fonemas podem ser oralmente, pronunciados, manipulados:[5]

---

[4] Isso explica por que grande parte das pesquisas sobre consciência fonêmica tome as fricativas como foco das tarefas de avaliação: nelas é possível aproximar-se da "pronúncia" do fonema pela ênfase no modo de articulação. Entende-se também por que, ao soletrar uma palavra, é frequente que se associe cada letra com uma palavra, pela dificuldade de identificar o fonema que a letra representa, sobretudo no caso das oclusivas que diferem pelo vozeamento: B de bola, P de pato, D de dedo, T de tela etc. Cabe aqui mencionar que Boyer e Ehri (2003) e Ehri (2014) relatam pesquisas que concluem por efeitos positivos, no desenvolvimento da leitura de palavras por crianças inglesas, de ensino dos gestos articulatórios na pronúncia de fonemas (e também de ensino das relações fonema-grafema por meio da associação de letras a objetos, cujo nome não só comece com o fonema que a letra representa, mas que possam também ser desenhados de forma a lembrar o traçado da letra). Em português brasileiro, na área da Psicopedagogia, para alfabetização e reabilitação clínica em casos de distúrbios de leitura e escrita, ou de risco de dislexia, é proposta uma metodologia que enfatiza estratégias articulatórias ao lado de estratégias fônicas e visuais, denominada metodologia *fonovisuoarticulatória*, conhecida como "Método das Boquinhas" (criado por Renata Jardini), denominação que faz referência ao desenvolvimento da *consciência fonoarticulatória* pela aprendizagem dos pontos de articulação de cada letra ao ser pronunciada isoladamente. Sobre pesquisas com a utilização desse método, pode-se consultar Jardini e Souza (2006); Heinemann e Salgado-Azoni (2012).

[5] Os exemplos foram adaptados ao português brasileiro, tentando-se manter, sempre que possível, correspondência aos fonemas focalizados nos exemplos em inglês.

- isolar um fonema em palavra (exemplo: qual é o primeiro fonema na palavra *pato*?);
- identificar fonema igual em diferentes palavras (exemplo: que fonema se repete nas palavras *bico, bola, bule*?);
- categorizar o fonema diferente em uma sequência de palavras (exemplo: qual palavra começa com um fonema diferente em *bola, bota, rota*?);
- juntar fonemas apresentados separadamente, para formar uma palavra (exemplo: que palavra é /l/ + /u/ + /z/?);
- dividir ou contar fonemas de uma palavra (exemplo: pronuncie um por um os fonemas da palavra *chave*; ou: quantos fonemas tem a palavra *chave*?);
- retirar um fonema de uma palavra (exemplo: como fica a palavra *chave* sem o /ʃ/?).

(NICHD: 2000b: 2, cap. 2)

Uma relação de tarefas mais extensa é a que se encontra em Defior (1996): a pesquisadora faz uma ampla revisão de metodologias em pesquisas de avaliação de consciência fonológica sob o ponto de vista das tarefas utilizadas, de que resulta a proposta de uma classificação que inclui 15 tarefas, 11 das quais são especificamente de avaliação da consciência fonêmica – quase o dobro, pois, das 6 apresentadas anteriormente –, mas todas elas exigindo isolar, identificar, manipular fonemas. Em sua análise, Defior aponta o significativo número de variáveis – cognitivas, linguísticas, fonológicas – que podem influenciar a realização e os resultados das tarefas. Também Stanovich, Cunningham e Cramer (2000: 80-1) mencionam a dificuldade de isolar, em tarefas de avaliação, a consciência fonológica de outras capacidades que podem interferir nessa avaliação:

> Todas as tarefas [de avaliação de consciência fonológica] que têm sido usadas envolvem muitos processos cognitivos (por exemplo, memória de curta duração, comparação de estímulos, processamento das instruções da tarefa), além da habilidade de análise fonológica, que é o foco de interesse. Sem análise e comparação cuidadosas, não fica claro se o poder preditivo

dessas tarefas reside na habilidade fonológica ou em outros processos cognitivos interferentes.

Entretanto, nem Defior nem Stanovich, Cunningham e Cramer mencionam, entre os fatores que podem interferir nos resultados de tarefas de avaliação de consciência fonêmica, as dificuldades criadas pela natureza abstrata do fonema, unidade da estrutura fonológica não pronunciável isoladamente. Cabe aqui citar afirmação de Isabelle e Alvin Liberman (1992: 351), pesquisadores pioneiros e dos mais relevantes nos estudos sobre as relações entre consciência fonêmica e alfabetização, que alertam para a impossibilidade de pronunciar fonemas:

> [...] não há possibilidade de o professor dividir o som de "*bag*" de modo a recuperar os três fonemas. Falando para a criança "*buh a guh*" não ajuda necessariamente nada, pois "*buh a guh*" é a palavra errada. Assim, podemos afirmar que o processo normal da fala não apenas impede perceber as estruturas internas das palavras, mas pode ainda, sem dúvida, ocultá-las.

Alvin Liberman (1999), em texto posterior, e exemplificando com a mesma palavra *bag*, afirma, mais peremptoriamente, que "dizer à criança que a palavra *bag* consiste em três sons que se sucedem em estreita sequência temporal é dizer uma mentira", e acrescenta, em uma crítica também a métodos que se opõem à segmentação da palavra para a aprendizagem da escrita:

> É uma mentira branca, suponho, muito semelhante àquela sobre bebês e a cegonha, e é uma mentira melhor que aquelas que levariam a criança a acreditar que a palavra é apenas um significado ou uma figura, ou que na verdade não importa o que ela é exatamente, se o leitor adivinha seu significado pelas ilustrações ou pelo contexto. (Liberman, 1999: 104-5).

Na fala, não há como negar que crianças, desde que já com vocabulário suficientemente desenvolvido, e também adultos distinguem semanticamente, retomando o exemplo de língua inglesa dado nas citações anteriores, *bag* (bolsa) de *bat* (morcego) de *bad* (mau, má), palavras (conjuntos mínimos, como dito na nota 3) que se diferenciam por apenas um fonema. Exemplos em português seriam *mar, bar, lar, dar, par...* ou *casar, caçar, calar, catar, cavar...* Mas crianças ou adultos, ao usarem essas palavras na fala, não têm consciência da estrutura fonêmica que as diferencia, nem de que as palavras consistem em segmentos iguais com exceção de apenas um: trata-se, segundo J. Morais (2003: 132), de *sensibilidade fonética*, **não** de *sensibilidade fonêmica*. É que, na fala, fonemas não são produzidos nem percebidos como segmentos isolados, como foi dito anteriormente; além disso, na fala o foco é posto no conteúdo semântico das palavras, não em sua estrutura fonológica, como também foi dito no capítulo anterior. Assim, na cadeia sonora da fala, os fonemas são unidades *implicitamente percebidas*, mas *não explicitamente reconhecidas*.

É a natureza abstrata dos fonemas e a impossibilidade de reconhecê-los e pronunciá-los isoladamente que explica por que pesquisas constatam, reiteradamente, a dificuldade de reconhecimento e manipulação consciente de fonemas, ao contrário do que ocorre com as tarefas de reconhecimento e manipulação de rimas e de sílabas, que se revelam em geral fáceis. Algumas dessas pesquisas são citadas a seguir, restringindo-se a seleção àquelas que tratam da avaliação de consciência fonêmica no português, europeu ou brasileiro.[6]

Já na década em que se iniciaram os estudos sistemáticos sobre as relações entre consciência fonológica e alfabetização (os anos 1970), Morais et al. (1979), comparando dois grupos de adultos de uma área agrícola pobre de Portugal, um grupo de analfabetos e outro de recém-alfabetizados,

---

[6] As características fonológicas e ortográficas da língua (complexidade e variedade dos tipos de sílabas, transparência/opacidade das relações fonema-grafema – cf. capítulo "Aprendizagem da língua escrita em diferentes ortografias e na ortografia do português brasileiro") interferem obviamente na avaliação de consciência fonológica, particularmente fonêmica. Assim, embora sejam numerosas as pesquisas de avaliação da consciência fonêmica com falantes da língua inglesa, elas não são aqui citadas, porque a análise de seus resultados, ainda que também comprove sempre a dificuldade de manipulação oral de fonemas, não se aplica inteiramente a línguas como o português (europeu ou brasileiro), próximas da transparência. Há pesquisas sobre consciência fonêmica em outras línguas de ortografia transparente que confirmam os resultados de pesquisas com falantes do português; veja-se, por exemplo, Adrián, Alegria e Morais (1995), com adultos analfabetos de fala espanhola; Lukatela et al. (1995), com adultos analfabetos falantes de servo-croata.

quanto à capacidade de responder a tarefas de adição e supressão de fonemas iniciais em pseudopalavras, verificaram que a grande maioria dos analfabetos se mostrou incapaz de realizar as tarefas propostas, enquanto a quase totalidade dos recém-alfabetizados teve sucesso nelas. Os pesquisadores concluem:

> Os resultados apresentados indicam claramente que a habilidade de lidar explicitamente com as unidades fonéticas da fala não é adquirida espontaneamente. É evidente que alfabetizar-se, seja na infância ou na idade adulta, possibilita que essa habilidade se manifeste. (Morais et al., 1979: 330)[7]

Os mesmos pesquisadores replicaram, anos depois, a pesquisa, com novos grupos de analfabetos e recém-alfabetizados portugueses, utilizando, desta vez, tarefas que exploravam um número maior de capacidades fonológicas, confirmando os resultados da pesquisa anterior:

> As capacidades de analisar a fala no nível de unidades silábicas e de apreciar a semelhança de sons [rimas] podem, ambas, desenvolver-se na ausência de tipos específicos de experiência relacionada com a alfabetização formal [...]. Ao contrário, a emergência da capacidade de análise de segmentos fonéticos depende fortemente dessa experiência. (Morais et al., 1986: 62)

Pesquisas realizadas com adultos falantes do português brasileiro chegaram às mesmas conclusões. Bertelson et al. (1989) testaram adultos analfabetos e alfabetizados de uma área suburbana pobre do estado de São Paulo em tarefas de rima, de supressão do fonema vocálico /a/ de sílaba inicial de pseudopalavras e do fonema consonantal /f/, também de sílaba inicial de pseudopalavras. A conclusão a que chegaram os pesquisadores confirma as conclusões das pesquisas de Morais et al. (1979,

---

[7] Morais et al. (1979: 323, nota de rodapé) esclarecem referir-se a "unidades *fonéticas* da fala" – fones – e não a *fonemas* porque as tarefas, propondo acréscimo ou eliminação de fonemas a *pseudopalavras*, exigiam dos sujeitos manipular sons, ou fones, sem consideração de significados, fator determinante para o reconhecimento de fonemas; quanto ao uso de pseudopalavras para a análise, esclarecem ainda que, se usadas *palavras*, estas poderiam influenciar as respostas, pela possibilidade de que os sujeitos procurassem palavras com som similar (1979: 327).

1986), citadas anteriormente: as habilidades de manipulação fonêmica dependem estreitamente de *instrução escolar*, ou seja, de alfabetização (Bertelson et al., 1989: 248).

Pesquisa com adultos brasileiros foi também desenvolvida por Scliar-Cabral et al. (1997). Neste caso, três grupos de adultos brasileiros foram testados: um grupo de analfabetos, com nenhuma escolarização; um grupo de pouco escolarizados, com no máximo dois anos de escolarização na infância, ou frequentando, na época da pesquisa, classes de alfabetização de adultos; e um grupo de escolarizados, com quatro anos ou mais de escolarização na infância, portanto, alfabetizados. Os três grupos responderam a tarefas de supressão da vogal inicial (sempre [a]), em sílabas vcv, da consoante inicial (sempre [f]), em sílabas cvc, e a tarefas de classificação, em que o sujeito deveria identificar, entre três pseudopalavras (monossílabos cv), as duas que partilhavam o mesmo fonema, consoante ou vogal. Os resultados revelaram "a evidente inabilidade tanto dos sujeitos pouco escolarizados quanto dos analfabetos de responder a tarefas de supressão de consoante" (Scliar-Cabral et al., 1997: 222), o que conduziu à seguinte conclusão:

> Assim, um nível relativamente alto de consciência fonêmica exige não só alguma aprendizagem do código alfabético, mas também um conhecimento mais amplo e automatizado das regras de correspondências grafema-fonema e fonema-grafema. (Scliar-Cabral et al., 1997: 211)

Às mesmas conclusões chegaram pesquisas desenvolvidas com crianças brasileiras. Investigação de Mousinho e Correa (2009) sobre o desempenho de crianças de 6 anos, leitoras e não leitoras, em tarefas linguístico-cognitivas, entre elas tarefas de consciência fonológica (julgamento de rimas, análise de sílabas, manipulação de fonemas), concluiu que as provas destinadas à avaliação fonêmica "não mostraram diferença no desempenho de leitores e não leitores, tendo se revelado de realização muito difícil" (2009: 115). Assim, as pesquisadoras concluem: "itens relativos à consciência fonêmica se mostraram [...] difíceis, mesmo para as crianças leitoras, sendo tais habilidades, conforme sugerido pelos resultados deste estudo, desenvolvidas em anos ulteriores à própria alfabetização" (2009: 117).

Pesquisa de A. Morais (2004), a que já se fez referência no capítulo anterior, chega à mesma conclusão. Naquele capítulo, mencionou-se que, no processo de aprendizagem da língua escrita, a criança parece desenvolver concomitantemente a consciência fonológica e a compreensão da escrita alfabética. Assim, considerando a natureza abstrata do fonema, pode-se presumir que a criança só adquire sensibilidade ao fonema quando se aproxima da compreensão do princípio alfabético, isto é, quando se torna alfabética ou, pelo menos, silábico-alfabética. É o que confirma a pesquisa de A. Morais (2004), que

> [...] teve por objetivo investigar como o nível de apropriação do SNA [sistema de notação alfabética] alcançado por crianças se relacionava ao desempenho por elas demonstrado em diferentes tarefas envolvendo habilidades de reflexão fonológica.[8] (2004: 178)

O pesquisador propôs a crianças em diferentes níveis de escrita (pré-silábico, silábico, silábico-alfabético e alfabético) tarefas de consciência silábica (segmentação de palavras em sílabas, contagem de sílabas em palavras, identificação de aliteração da sílaba inicial, produção de aliteração com sílaba inicial) e de consciência fonêmica (segmentação de palavras em fonemas, contagem de fonemas em palavras, identificação de aliteração do fonema inicial, produção de aliteração com fonema inicial). Os resultados revelaram que

> [...] as tarefas de contagem e segmentação de sílabas se revelaram fáceis – inclusive para os sujeitos pré-silábicos. Já as tarefas de segmentação oral e de contagem de fonemas foram extremamente difíceis para todos os sujeitos, mesmo para aqueles com hipótese alfabética, que já escreviam convencionalmente. (A. Morais, 2004: 181)

Também Moojen et al. (2007: 21), na construção de um instrumento de avaliação de consciência fonológica "indicado para crianças a partir de 4 anos", o Confias (Consciência Fonológica: Instrumento de Avaliação Sequencial), agruparam as crianças que constituíram a amostra para validação do teste segundo as etapas de conceitualização da escrita

---

[8] Pesquisa sobre a relação entre consciência fonológica e níveis de escrita, em jovens e adultos em fase de alfabetização, com resultados semelhantes aos obtidos com crianças, é relatada pelo mesmo autor (A. Morais, 2010).

de Ferreiro e Teberosky (1986). Em consonância com os resultados das pesquisas de Mousinho e Correa (2009) e de A. Morais (2004) já citadas, os itens que se revelaram mais difíceis avaliavam, com exceção de apenas dois,[9] tarefas de consciência fonêmica, independentemente da etapa em que se encontrava a criança, enquanto os itens mais fáceis, com exceção de apenas um, avaliavam tarefas de consciência silábica, também independentemente da etapa em que se encontrava a criança.[10] É significativo notar (veja-se a Tabela 2, em Moogen et al., 2007: 17) que a dificuldade dos itens de avaliação fonêmica decresce no grupo de crianças silábico-alfabéticas, e mais ainda no grupo de crianças alfabéticas, o que mais uma vez evidencia que a sensibilidade aos fonemas se relaciona estreitamente com a aprendizagem da escrita.

É, porém, importante destacar que a consciência fonêmica parece desenvolver-se apenas com a aprendizagem de um sistema de escrita alfabético, não com a aprendizagem de sistemas não alfabéticos, como mostrou pesquisa de Read et al. (1986). Os pesquisadores replicaram a pesquisa de Morais et al. (1979) anteriormente mencionada, adaptando tarefas e procedimento à língua chinesa. A comparação foi feita entre chineses adultos que dominavam apenas a escrita logográfica (denominado grupo "não alfabético"), e chineses também adultos que, além de dominarem a escrita logográfica, tinham aprendido, no início da escolarização, a escrita pinyin, uma representação fonêmica do mandarim padrão com letras do alfabeto latino (grupo "alfabético").[11] Os resultados evidenciaram "uma

---

[9] Os dois itens que se revelaram difíceis, além dos de consciência fonêmica, foram os de produção de rima e de identificação de rima, curiosamente apenas entre as crianças já alfabéticas, o que vem corroborar pesquisas que mostram que, compreendido o princípio alfabético, a consciência fonêmica suplanta os demais níveis de consciência fonológica. Segundo Defior (2004: 645), "em ortografias predominantemente transparentes, habilidades fonológicas logo se revelam irrelevantes, e parecem ser importantes apenas durante os momentos iniciais da aprendizagem da escrita, depois dos quais não mais contribuem para o reconhecimento de palavras".

[10] O item que se revelou fácil, além dos de consciência silábica, foi o de produção fonêmica inicial, entre as crianças silábicas, silábico-alfabéticas e alfabéticas; realmente, pesquisas têm mostrado que tarefas que exigem sensibilidade ao fonema inicial de palavras são as que mais facilmente os sujeitos conseguem realizar: no Confias, solicita-se a produção oral de palavras que comecem com fonemas dados, sendo que estes são todos fricativos, em que o modo de articulação facilita a identificação do fonema, o que acontece com frequência em pesquisas de consciência fonêmica, como foi dito anteriormente.

[11] O pinyin passou a ser ensinado, a partir de 1958, no primeiro ano das escolas primárias chinesas, durante cerca de quatro semanas, antes que as crianças comecem a aprender a escrita logográfica. O objetivo é ensinar a pronúncia do mandarim padrão que a escrita logográfica representa, já que, dado o grande número de dialetos na China, muitas crianças não falam o mandarim em casa: a escrita alfabética – o pinyin – porque representa

ampla diferença na proporção de respostas corretas entre os grupos alfabético e não alfabético" (Read et al., 1986: 41), mesmo considerando que "os sujeitos alfabéticos tinham aprendido pinyin 27 anos antes" (1986: 42), o que permitiu aos pesquisadores inferir que "a concepção segmental [da fala] adquirida com a aprendizagem de um sistema de escrita alfabética pode perdurar, mesmo quando essa aprendizagem está adormecida" (1986: 41). Read et al. (1986: 41) concluem:

> Nosso grupo alfabético comportou-se de forma muito semelhante aos alfabetizados de Morais et al., e nosso grupo de não alfabéticos comportou-se de forma muito semelhante aos analfabetos daqueles pesquisadores. Este resultado nos permite tornar mais específica a conclusão de Morais et al.: não é a aprendizagem da língua escrita em geral que leva à habilidade de segmentação fonêmica, mas, particularmente, a aprendizagem de um sistema alfabético.

Embora não se possa considerar que a criança siga uma sequência de passos na aquisição de habilidades fonológicas, pois o processo revela "períodos de estabilização, progressos repentinos, mudanças graduais e quedas no desempenho" (Frith, 1985: 302), os níveis de consciência fonológica discutidos no capítulo anterior, centrados na oralidade, são, de certa forma, e sobretudo a consciência silábica, uma preparação para a consciência fonêmica, nível da consciência fonológica que, como demonstram as pesquisas já citadas, não parte, como os demais níveis, da oralidade, mas da escrita, pois emerge contemporaneamente à aprendizagem da representação, por grafemas, de sons da fala não identificáveis isoladamente e também não pronunciáveis isoladamente – os fonemas. É ao aprofundamento dessas relações entre consciência fonêmica e aprendizagem da escrita alfabética que se dedica o próximo tópico.

---

o som das palavras, permite-lhes aprender essa pronúncia mais facilmente. Assim, os dois grupos da pesquisa de Read et al. se diferenciavam pela idade, sendo os "não alfabéticos" mais idosos, já que escolhidos entre sujeitos que tinham frequentado a escola primária antes da introdução do ensino do pinyin.

RELAÇÕES ENTRE CONSCIÊNCIA FONÊMICA E ALFABETIZAÇÃO

A transição da consciência silábica para a consciência fonêmica representa um momento de mudança radical na relação entre consciência fonológica e aprendizagem da escrita alfabética: de início, a criança parte da oralidade – da palavra fonológica e de sua segmentação em sílabas – para chegar ao conceito de escrita como representação dos sons da fala. Para atingir a representação fonêmica, constitutiva da escrita alfabética, a direção é outra: é a escrita que suscita a consciência fonêmica, ao mesmo tempo que esta, por sua vez, impulsiona e facilita a aprendizagem da escrita, na medida em que dirige a atenção do aprendiz para os sons da fala no nível do fonema.

Assim, a natureza da relação entre consciência fonêmica e aprendizagem da língua escrita é atualmente reconhecida como uma relação de interação, de influência recíproca. No entanto, a esse consenso se chegou depois de muita polêmica, como esclarecem Morais e Kolinsky (1995: 317):

> Por alguns anos, houve polêmica sobre se a consciência fonêmica seria um correlato, uma consequência ou um determinante da aquisição da língua escrita. A polêmica de certa forma se extinguiu, com a maioria das pessoas chegando à conclusão de que deve haver uma influência recíproca entre as duas.

Se a *polêmica*[12] a respeito das relações entre consciência fonêmica e aprendizagem da língua escrita, desenvolvida sobretudo durante os anos 1980 e 1990, *de certa forma se extinguiu* em 1995, data das palavras de Morais e

---

[12] Resenhar a *polêmica* ultrapassaria os objetivos deste livro; para o leitor que deseja conhecer mais detalhadamente o teor das controvérsias, sugerem-se, como conjuntos exemplificativos, os seguintes (em cada conjunto, os textos são citados na sequência das argumentações – os títulos dos artigos, como se pode verificar nas referências bibliográficas, por si sós indicam o objeto das discordâncias): 1. no periódico *Nature*: Bradley e Bryant (1983), Bertelson et al. (1985), Bryant e Bradley (1985); 2. no periódico *Journal of Experimental Psychology*: Muter et al. (1998), Bryant (1998), Hulme et al. (1998); 3. também em *Journal of Experimental Psychology*: Hulme et al. (2002), Bowey (2002), Bryant (2002), Goswami (2002b), Hulme (2002); 4. nos periódicos *Cognition* e *Scientific Studies of Reading*: Castles e Coltheart (2004), Hulme et al. (2005). Em Castles e Coltheart (2004) encontra-se uma boa revisão das pesquisas sobre as relações entre consciência fonêmica e alfabetização. Leitura esclarecedora de polêmicas entre pesquisadores de processos de leitura de palavras é a análise que, na conferência de abertura da reunião anual (1997) da Society for the Scientific Study of Reading, Linnea Ehri, então presidente da Sociedade, faz de suas experiências pessoais nos 20 anos anteriores, evidenciando as controvérsias teóricas e metodológicas que marcam o campo da pesquisa sobre a aquisição da escrita; texto publicado em Ehri (1998b).

Kolinsky na citação, parece que atualmente já se pode suprimir a expressão *de certa forma*, e assumir a hipótese de que a polêmica está superada. É que pesquisas, nacionais e estrangeiras, identificam recorrentemente uma relação de reciprocidade entre consciência fonêmica e alfabetização: evidenciam que resultados ao longo do processo de aprendizagem da leitura e da escrita, ou o sucesso obtido nessa aprendizagem, correspondem a um mais alto nível de consciência fonêmica – a relação entre essas duas variáveis revela ser de influência mútua.

Basicamente, as pesquisas se desenvolveram em busca de resposta para a pergunta: qual é a relação entre o desempenho de crianças em tarefas de consciência fonêmica e seus resultados na aprendizagem da língua escrita? Essa busca se fez por meio de diferentes metodologias: há pesquisas correlacionais de natureza longitudinal, avaliando a consciência fonêmica de crianças antes do início do ensino formal da língua escrita e em alguns momentos ao longo dessa aprendizagem – em Cardoso-Martins (1995a) encontra-se um exemplo de pesquisa dessa natureza realizada com crianças brasileiras –; há pesquisas correlacionais investigando a relação entre consciência fonêmica e aprendizagem da língua escrita em alunos com e sem dificuldades de leitura e escrita – exemplos de pesquisas dessa natureza com crianças brasileiras podem ser encontrados em Guimarães (2003, 2005a) –; há pesquisas de natureza experimental, com confronto entre resultados de grupo experimental e grupo de controle, o primeiro submetido a tarefas de desenvolvimento da consciência fonêmica – exemplos de pesquisas dessa natureza com crianças brasileiras podem ser encontrados em Capovilla e Capovilla (2000), Santos e Maluf (2010). São pesquisas que sempre concluem que a resposta à pergunta formulada no início deste parágrafo é que a relação entre consciência fonêmica e aprendizagem da escrita alfabética não é uma relação unidirecional: os dados levam à conclusão de que consciência fonêmica não é *determinante* da aprendizagem da escrita, também não é *consequência* da aprendizagem da escrita, mas as relações são de *interação*, de *reciprocidade*. À mesma conclusão chegam as pesquisas citadas no tópico anterior, quando apontam que a capacidade de identificar e manipular fonemas, tanto por adultos como por crianças, depende da aprendizagem da escrita alfabética.

Assim, a hipótese de que a *polêmica* foi superada pode já ser convertida em afirmação. Uma análise, ainda que superficial, da produção científica em periódicos e livros nacionais e estrangeiros que têm contemplado a temática da aprendizagem inicial da língua escrita pode fundamentar essa afirmação:[13] evidencia-se claramente que, se nos anos 1980 e 1990 são frequentemente publicadas pesquisas com o objetivo de identificar as relações entre consciência fonêmica e alfabetização, a partir dos anos 2000, provavelmente por estarem já esclarecidas essas relações como sendo de reciprocidade, as pesquisas passam a investigar a relação entre fonologia e escrita em condições específicas – dificuldades e distúrbios de aprendizagem, dislexia, bilinguismo, surdez – ou a investigar, no recente campo das neurociências cognitivas, as bases cerebrais das relações consciência fonológica e domínio da escrita, graças às possibilidades oferecidas atualmente pelas tecnologias de imagem cerebral.

A reciprocidade entre consciência fonêmica e aprendizagem de uma escrita alfabética pode ser assim explicada: como os fonemas são, como dito em tópico anterior, segmentos abstratos da estrutura fonológica da língua, não pronunciáveis e não audíveis isoladamente, é sua representação por letras ou grafemas, tornando *visíveis* palavras *sonoras*, que suscita a sensibilidade fonêmica, a qual, por sua vez, leva à compreensão das relações entre fonemas e grafemas.

---

[13] A afirmação se baseia em uma análise ametódica e apenas indicial: para periódicos nacionais, identificou-se a produção, ao longo do tempo, de artigos com os indexadores *consciência fonológica* e *consciência fonêmica* no portal Scielo e de teses e dissertações no Banco de Teses e Dissertações – Capes; para periódicos estrangeiros, foi identificada, com esses mesmos indexadores, a produção de artigos, ao longo dos anos, em *Reading Research Quarterly, Reading and Writing, Early Childhood Education Journal, Cognition*, periódicos que publicam com frequência artigos na área da aprendizagem inicial da língua escrita. Outra fonte que pode comprovar a afirmação são as pesquisas de opinião publicadas anualmente, a partir de 1997, no boletim *Reading Today*, da International Reading Association (atualmente International Literacy Association), sob o título "What's Hot, What's Not", em que especialistas definem, para o ano seguinte, os temas que, no campo da leitura e da escrita, deveriam ser considerados *relevantes ("hot")*, não relevantes *("not hot")*, temas que *deveriam ser relevantes ("should be hot")*, temas que *não deveriam ser relevantes ("should not be hot")*. Os resultados evidenciam que os temas "consciência fonológica" e "*phonics*" foram definidos como "relevantes" e "deveriam ser relevantes" até 2003, em seguida passam progressivamente a ser definidos como "não relevantes" e "não deveriam ser relevantes" (posição que ocupam em 2014), dando lugar a outros temas avaliados como "relevantes" ou "devendo ser relevantes" (por exemplo, compreensão, dificuldades de aprendizagem, escrita, alfabetização e letramento na educação infantil, em 2013 e 2014). Um estudo da evolução das avaliações dos vários temas ao longo do período 1997-2010 é encontrado em Cassidy, Valadez e Garrett (2010), texto em que é interessante verificar a alternância na avaliação da relevância dos temas; resultados de 2013 e 2014 são apresentados em Cassidy e Grote-Garcia (2012, 2013).

Infere-se, do que foi até agora apresentado neste capítulo, que não se justificam propostas de ensino da língua escrita que pressupõem a possibilidade de pronúncia isolada de fonemas, ou consideram como "pré-requisito" para a alfabetização o desenvolvimento da consciência fonêmica por meio de exercícios e treinos de reconhecimento e manipulação de fonemas. Por outro lado, infere-se também a importância, no processo de alfabetização, do conhecimento das letras não simplesmente como "figuras", formas visuais, mas como grafias que representam os sons mínimos da fala, os fonemas. É para esse tema que se volta o tópico seguinte.

CONHECIMENTO DAS LETRAS

A faceta linguística da aprendizagem inicial da língua escrita, que é, como indicado no primeiro capítulo, o tema deste livro, tem, como primeira e mais fundamental etapa, a descoberta do *princípio alfabético* que, na clara e precisa definição de Byrne (1998: 1), é "a ideia relativamente simples de que as letras que constituem nossa língua escrita representam os sons individuais que constituem nossa língua falada". Entretanto, acrescenta Byrne, "a maior parte das crianças não fará a descoberta [do princípio alfabético] sem ajuda, e as consequências, para o desenvolvimento da leitura e da escrita, da não descoberta [desse princípio] são sérias".

A *ajuda* para a compreensão do *princípio alfabético*, a que se refere Byrne, é fundamentalmente a orientação para a aprendizagem das relações entre fonemas e letras, ou grafemas, sem a qual, como comprovaram pesquisas citadas anteriormente (Morais et al., 1979, 1986; Bertelson et al., 1989; Scliar-Cabral et al., 1997; Mousinho e Correa, 2009; A. Morais, 2004), a criança ou o adulto dificilmente se tornam sensíveis aos fonemas: são sobretudo as letras que, na escrita, tornam "visíveis" os fonemas, não audíveis na cadeia sonora da fala, e não pronunciáveis isoladamente.

Pode-se aqui retomar as teorias de Ehri e Ferreiro sobre as fases de desenvolvimento no processo de aprendizagem da escrita, discutidas no capítulo "Fases de desenvolvimento no processo de aprendizagem da escrita", e privilegiadas neste livro, para relembrar que, para Ehri (1998a: 21), a *fase plenamente alfabética* se caracteriza como o momento em que os alfabetizandos, para ler palavras, "estabelecem conexões completas entre letras que veem na forma escrita das palavras e fonemas detectados na pronúncia delas"; e para Ferreiro e Teberosky (1986: 213), o alfabetizando atinge a escrita alfabética quando "compreendeu que cada um dos caracteres da escrita [letras] corresponde a valores sonoros menores que a sílaba, e realiza sistematicamente uma análise sonora dos fonemas das palavras que vai escrever".

O conhecimento das letras é, pois, componente fundamental da compreensão do princípio alfabético. As crianças têm contato com as letras desde muito cedo, no contexto familiar e social, e também em práticas que, já na educação infantil, precedem o ensino formal da língua escrita: elas aprendem a copiar e memorizar as letras que compõem seu nome; são frequentemente expostas às letras em situações informais na educação familiar;[14] nas salas de aula da educação infantil, desde mesmo a creche, letras estão presentes em cartazes, etiquetas, livros e diversos outros materiais escritos, o alfabeto está quase sempre exposto, e muitas vezes alfabetos móveis são utilizados para atividades pedagógicas. Entretanto, são situações em que, como afirma Bialystok (1996: 5),

> [...] as crianças aprendem *sobre* a leitura, aprendem *o que* pode ser lido e talvez comecem a compreender *por que* ler. No entanto, sem um esforço mais diretamente dirigido à mecânica da leitura, o contexto social por si só oferece pouca orientação sobre o problema de *como* ler.

Assim, o simples contato com as letras, a memorização da escrita do próprio nome ou eventualmente de outros nomes, a recitação do alfabeto, caracterizam o momento apenas inicial do desenvolvimento da criança em direção à compreensão da natureza das relações entre as letras e a língua escrita, ou seja, em direção à consciência fonêmica.

De início, as letras são, para a criança, *formas visuais*. Ela *vê* letras e aprende a *nomear* letras em um processo que não se diferencia fundamental-

---

[14] Exemplos esclarecedores sobre o lugar e a natureza dos temas "escrita", "letras", "desenhos" em conversas entre pais e filhos são as pesquisas de Robins e Treiman (2009), Robins et al. (2012), Robins, Treiman e Rosales (2014), Treiman et al. (2015).

mente da aquisição de vocabulário na língua oral. Como afirmam Treiman, Kessler e Pollo (2006: 212):

> Para a criança, aprender a nomear a forma **D** com a sílaba [de] pode parecer bem semelhante a aprender a nomear a forma ★ com a palavra [estrela]. Vários anos podem ser necessários até que a criança descubra que **D** simboliza uma unidade linguística, um fonema, sendo, pois, diferente de ★.

Segundo Bialystok (1992), em estudo sobre a representação simbólica de letras e números,[15] essa seria a primeira etapa, das três que podem ser identificadas no desenvolvimento da criança em direção à compreensão das letras como representações simbólicas. Nesta primeira etapa, a criança incorpora a seu vocabulário nomes de letras, como os nomes das letras de seu nome, e pode mesmo aprender a recitar o alfabeto (em processo semelhante à aprendizagem da recitação dos números), mas não compreende as letras como elementos simbólicos, como representações. Memorizar o alfabeto frequentemente nem mesmo significa percebê-lo como um conjunto de unidades distintas.

Numa segunda etapa, a criança passa a reconhecer e a tentar escrever letras, e é então que estas se tornam, para ela, unidades distintas, como ocorre também com os números. No entanto, as letras, como os números, são consideradas, nesta etapa, *objetos* com certas características visuais (compostos de linhas verticais, horizontais, semicírculos), não como símbolos. Nas palavras de Bialystok (1992: 303):

---

[15] Estudos sobre o desenvolvimento da compreensão, pela criança, dos sistemas alfabético e numérico são fundamentais no campo da alfabetização, já que a criança aprende simultaneamente esses dois sistemas de notação, e se defronta com suas semelhanças e diferenças; como esclarece Bialystok (1992: 304-5): "Há muitas semelhanças entre a língua escrita e a escrita de números. São sistemas simbólicos de segunda ordem que combinam representações notacionais de elementos para produzir significados. Ambos são reconhecidos por crianças ainda muito pequenas como práticas rotineiras. Ambos são a base de importantes operações simbólicas aprendidas mais tarde, especialmente por meio da escolarização. Mas há diferenças entre os dois sistemas com importante influência na aprendizagem da criança sobre as unidades individuais do alfabeto e das sequências numéricas". Ver, sobre essa questão, além de Bialystok (1992), artigo de Tolchinsky-Landsmann e Karmiloff-Smith (1992) e o livro de Tolchinsky (2003) que apresenta um exaustivo e claro exame dessa questão.

As crianças representam mentalmente as letras e números na escrita como objetos com certas características visuais, e não como símbolos que substituem significados. Essas representações como objetos são suficientes para a produção e o reconhecimento de letras e números na escrita. Elas permitem à criança até mesmo reconhecer algumas palavras que são "lidas", e recordar informação numérica familiar, como sua idade. Nesta etapa de representação [de letras e números], as notações têm significado nelas mesmas, como objetos, e não em termos daquilo que significam.

Por isso é que, nesta etapa, a criança com frequência não distingue entre letras e números,[16] às vezes nem mesmo entre letras, números e outros símbolos, e também tem dificuldade em discriminar letras de traçados semelhantes, como, por exemplo, R de B, M de N, O de Q, F de P, entre as maiúsculas, e, entre as minúsculas, **c** de **o**, **l** de **i**, **m** de **n**, **h** de **n**. Pesquisa de Treiman, Kessler e Pollo (2006: 224) sobre a aprendizagem das letras por pré-escolares americanos e brasileiros concluiu:

> Em nosso estudo, algumas das confusões mais comuns com base na forma envolveu letras que são similares quando invertidas, como M-W e A-V. Outras letras com formas passíveis de confusão são aquelas que diferem no fechamento de uma curva (C e O) ou na adição de uma pequena linha (O e Q). Pares como O-Q podem ser difíceis, em parte porque o acréscimo de uma pequena linha às vezes não muda a categoria da letra (como na mudança de uma fonte sem serifa para uma fonte com serifa), mas outras vezes muda, sim, a categoria.

Lembre-se ainda da dificuldade que a criança em fase de alfabetização enfrenta para reconhecer determinada letra em diferentes fontes, por exemplo, Q - *Q* - Q - **Q** - Q - Q, ou g - *g*- *g* - g - **g**, sobretudo considerando que

---

[16] Por outro lado, o leitor competente é capaz de ler frases em que certas letras são substituídas por números com os quais mantém alguma semelhança, como na frase inicial de um texto que desafia leitores, na internet: 3M D14 D3 V3R40, 3574V4 N4 PR414, 0853RV4ND0 DU45 CR14NC45 8R1NC4ND0 N4 4R314. Lança-se mão da semelhança entre A e 4, E e 3, 1 e I, 5 e S, 7 e T, 8 e B, de modo que o leitor familiarizado com a escrita "lê" os números como letras, desconsiderando sua aparência visual.

logomarcas, rótulos, propagandas, anúncios, muito presentes no contexto social, cultural e até escolar, e mesmo em livros infantis, apresentam, com frequência, letras em diferentes fontes. Acrescente-se a dificuldade que a criança enfrenta para relacionar, à mesma letra, suas duas formas gráficas: a maiúscula e a minúscula: A – a, B – b, E – e, N – n etc. (estudo sobre esta questão, na perspectiva psicogenética, é apresentado por Díaz-Argüero e Ferreiro, 2013).

Outra dificuldade que a criança enfrenta nesta etapa em que as letras são consideradas *objetos* decorre de que, enquanto os objetos propriamente ditos não se alteram segundo sua orientação e posição no espaço, o mesmo não ocorre com as letras; consideradas estas como objetos pela criança, a simetria destes se estende a elas. A orientação e a posição não alteram a natureza de objetos: um lápis é sempre um lápis, esteja em posição vertical, horizontal, inclinada; uma xícara é sempre uma xícara, independentemente da posição em que esteja colocada. Nas letras, ao contrário, não ocorre essa simetria, a orientação e a posição mudam sua natureza: **n** é diferente de **u**, **b** é diferente de **d**, que é diferente de **p**, que é diferente de **q**... a rotação de uma grafia, no eixo vertical ou horizontal, muda o nome e a correspondência fonêmica de letras. É a atribuição às letras da condição de *objetos* que explica a escrita espelhada que algumas crianças produzem no início do processo de alfabetização, facilmente superada quando elas evoluem para a compreensão das letras como representações simbólicas.[17]

É na terceira etapa que, segundo Bialystok (1992: 303),

---

[17] A escrita espelhada, de letras ou mesmo de palavras, que costuma ser erroneamente considerada um problema clínico quando se manifesta em crianças na fase de alfabetização, ocorre, segundo Dehaene (2012: capítulo 7), em todas as crianças do mundo na idade em que produzem seus primeiros escritos, e dura pouco tempo (quando se prolonga por alguns anos, pode ser indício de problema neurológico, particularmente de dislexia). A explicação para escritas espelhadas na fase inicial de aprendizagem da escrita é que, sendo o nosso sistema visual *simétrico*, isto é, geneticamente construído para reconhecer objetos independentemente de sua orientação ou de sua posição, não fomos preparados, pelo processo evolutivo, para a "quebra da simetria" que a aprendizagem da escrita exige: a criança precisa aprender a "não considerar 'b' e 'd' como duas visões diferentes do mesmo objeto" (Dehaene, 2012: 307). Segundo Dehaene (2012: 283), a escrita espelhada é uma comprovação de que "o cérebro não está verdadeiramente preparado para a leitura", sendo, portanto, "um indício sólido em favor da hipótese da reciclagem neuronal" (2012: 281) (ver referência aos conceitos de *reciclagem neuronal* e de *paradoxo da leitura* no primeiro capítulo deste livro). Sobre escrita espelhada, pode-se consultar também Dehaene et al. (2010); Duñabeitia et al. (2013); Garcia Roberto (2013); Garcia (2008); Zorzi (2001, 2003).

[...] letras e números são compreendidos como símbolos com a função de se referir a valores específicos. Sua própria existência como objetos é subsidiária de sua função simbólica. A representação das notações, nesta etapa, baseia-se numa relação entre a forma escrita do elemento e o valor de som ou de quantidade que ele representa.

Como se pode inferir, a terceira etapa no processo de conhecimento das letras, segundo Bialystok, corresponde à fase *plenamente alfabética* segundo Ehri, e ao nível *alfabético* segundo Ferreiro. Sob perspectivas diferentes – Ferreiro sob a perspectiva psicogenética, Ehri sob a perspectiva fonológica, Bialystok sob a perspectiva do processo cognitivo de conhecimento das letras –, o ponto de chegada é o mesmo: o momento em que a criança fonetiza a escrita, compreende a conexão entre letras e fonemas, tornando-se capaz de identificar fonemas em palavras e sílabas, chegando assim à consciência fonêmica.

CONHECIMENTO DAS LETRAS, IDENTIFICAÇÃO DE FONEMAS

Retomando a relação entre consciência fonêmica e alfabetização, de que se tratou em tópico anterior, pode-se agora afirmar que essa relação se realiza fundamentalmente pela articulação entre o conhecimento das letras e a identificação dos fonemas a que elas correspondem. Não basta conhecer as letras, como não basta reconhecer fonemas por meio de treino ou avaliação da difícil, ou mesmo impossível, manipulação dos sons mínimos das palavras: são sobretudo as letras que, na aprendizagem da escrita alfabética, revelam os fonemas.

O conceito de *consciência fonêmica* proposto por Byrne e Fielding-Barnsley (1991: 451) esclarece o sentido de *identificação* de fonemas: para esses pesquisadores, *consciência fonêmica* tem sido entendida como *segmentação* de fonemas, mas pode ser entendida também como *identificação* de fonemas. Com base em vários experimentos sobre o efeito desses dois processos sobre a aprendizagem inicial da língua escrita, Byrne e Fielding-Barnsley (1989, 1990, 1991) e Byrne (1992, 1995) concluíram que é a *identificação* de fonemas que constitui a principal base para a compreensão do princípio alfabético:

Há uma assimetria essencial entre identificação e segmentação: a primeira parece abranger a segunda, mas não vice-versa. Se uma criança compreende que "mala" e "medo" começam com o mesmo som, deve ter isolado o som inicial para realizar um julgamento metalinguístico, o que é equivalente a dizer que percebeu o segmento inicial da primeira sílaba das duas palavras. Entretanto, segmentar "ma" e "me" em ataque e rima [em /m/ e /a/ ou /m/ e /e/] não significa que ela percebeu a identidade dos sons iniciais. Essa assimetria atribui uma vantagem à identificação do fonema sobre a segmentação como base para a aquisição do princípio alfabético. (Byrne e Fielding-Barnsley, 1990: 806)[18]

Murray (1998: 462) define assim *identificação de fonemas*: "*identidade* e *identificação* derivam da palavra latina *idem*, que significa 'o mesmo'; identificar um fonema é percebê-lo como o mesmo gesto vocal que se repete em diferentes palavras (i.e., uma entidade familiar e reconhecível)".

Infere-se que a *segmentação* pressupõe comportamento metalinguístico: o reconhecimento de que duas ou mais palavras começam com um mesmo som, como no exemplo apresentado por Byrne e Field-Barnsley na citação anterior, ou como exigido em testes de avaliação de consciência fonêmica discutidos em tópico anterior deste capítulo: extrair um fonema de uma palavra, acrescentar um fonema a uma palavra, dividir uma palavra em fonemas etc. A segmentação exige *manipulação* de fonemas.

Já a *identificação* de fonema não implica propriamente comportamento metalinguístico, ela resulta da *percepção* de que um mesmo segmento – *um mesmo fonema* – aparece em diferentes palavras, representado pela *mesma letra ou grafema* (como em *faca, furo, figo, fogo, fera*...), ou a *percepção* de que um único som – *um único fonema* – diferencia palavras que só se distinguem por esse fonema, representado por *letras diferentes* (como em *faca, maca, jaca, vaca*...).

Conforme a citação de Byrne e Fielding-Barnsley, a identificação envolve, de certa forma, a segmentação, já que a sensibilidade ao fonema, despertada pela relação fonema-letra, traz, implicitamente, a percepção de um segmento

---

[18] No original inglês, os pesquisadores exemplificaram com palavras monossílabas, predominantes na língua inglesa, *mat* e *mow*; para ficar claro que o que afirmam em relação a essa língua também se aplica ao português, tomou-se a liberdade, na tradução, de substituí-las por palavras dissílabas, predominantes nesta língua, concentrando-se a análise nas sílabas iniciais "ma" e "me" e em seu ataque /m/ e suas rimas /a/ e /e/.

da oralidade; ao contrário, a segmentação não supõe a identificação, pois a manipulação de fonemas não conduz forçosamente à sua identificação.

É a *identificação* que sobretudo contribui para a compreensão do princípio alfabético. Assim, Murray (1998), em um estudo experimental, compara o progresso de dois grupos de crianças ainda não alfabetizadas: em um grupo foram desenvolvidas atividades de identificação de fonemas, no outro, atividades de segmentação de fonemas; os resultados revelaram que

> [...] os participantes do grupo de segmentação desenvolveram a habilidade de manipular fonemas, mas, ao contrário do que ocorreu com o grupo de identificação, não pareciam reconhecer que os sons que podiam manipular eram segmentos sublexicais encontrados nas palavras faladas. (1998: 472)

Também Byrne (1992: 29) afirma, com base nos resultados de suas pesquisas:

> Concluímos que as crianças que tiveram ampla instrução apenas em identidade de fonemas revelaram compreensão do princípio alfabético [...] Treino em como segmentar palavras não resultou em relação tão clara com a aprendizagem do princípio alfabético.

Como se pode inferir, a distinção é relevante para a reflexão sobre métodos de alfabetização: o processo de segmentação pouco contribui para a compreensão do princípio alfabético, pois parece conduzir apenas à *habilidade de manipular fonemas*; por outro lado, o processo de *identificação* de fonemas, levando ao reconhecimento de *segmentos sublexicais encontrados nas palavras*, está na base da compreensão do princípio alfabético. Convém lembrar ainda, por relevante, que, sob a perspectiva linguística, enquanto atividades de *segmentação* de fonemas são artificiais, já que contrariam o conceito de fonemas como unidades não audíveis e não pronunciáveis isoladamente, como dito anteriormente neste capítulo, atividades de *identificação*, ao contrário, atendem ao princípio linguístico de que um "som" é reconhecido como fonema não por se distinguir como um *segmento* que se pode separar da cadeia sonora da palavra, mas por ser *identificado* como som, ou *gesto vocal*, que se repete em diferentes contextos linguísticos, ou se diferencia em contextos linguísticos semelhantes.

É a *consciência grafofonêmica*, tema do próximo tópico, que torna possível a identificação de fonemas, sua relação com as letras e, consequentemente, a aquisição do princípio alfabético.

LETRAS E FONEMAS: CONSCIÊNCIA GRAFOFONÊMICA

A expressão *consciência grafofonêmica*, definida por Ehri e Soffer (1999: 1) como "a habilidade de relacionar letras ou grafemas da palavra escrita com os sons ou fonemas detectados na palavra falada", é, sem dúvida, mais adequada que a expressão *consciência fonêmica*, porque nomeia com mais precisão o nível mais avançado de consciência fonológica, a consciência fonêmica, que só é alcançada por meio da associação entre os grafemas e os segmentos que eles representam, os fonemas. É essa associação que leva a criança à *identificação* de fonemas em palavras ou sílabas, não propriamente à *consciência* de fonemas.

Em tópico anterior deste capítulo, discutiu-se a relação entre consciência fonêmica e alfabetização; aqui, explicita-se com mais precisão essa relação: ela ocorre fundamentalmente por associação entre fonemas e letras, o que parece ser consenso há mais de duas décadas. Para citar pesquisadores reconhecidos na área, ao longo desse período: já em 1990, Byrne e Fielding-Barnsley (1990: 810-11), resumindo resultados de várias pesquisas, afirmavam que

> [...] o conhecimento das letras não acompanhado de firme *insight* sobre a identidade fonêmica não é suficiente para a aquisição do princípio alfabético [...] é necessária a associação de consciência fonêmica e conhecimento das letras para o desenvolvimento de *insight* alfabético.[19]

Mais adiante, em 1995, após citar Adams (1990: 322) que, em seu livro seminal *Beginning to Read*, caracterizava como "uma mágica especial

---
[19] Em texto de 1992, Byrne explica o uso do termo *insight* para se referir à compreensão do princípio alfabético que, segundo ele, uma vez adquirida com base em algumas relações fonema-letra, estende-se para as demais relações, o que torna adequado o termo, pois: "Um *insight* tipicamente transcende o contexto particular em que inicialmente ocorreu. Um princípio geral foi descoberto" (Byrne, 1992: 30). Resultados de pesquisas de Byrne e Fielding-Barnsley (1990) levaram esses pesquisadores à conclusão de que o princípio alfabético generaliza-se para letras cujos sons não tenham sido objeto de ensino, o que tem, evidentemente, implicações para métodos de alfabetização.

aprender simultaneamente letras e seus sons", Morais e Kolinsky (1995: 322) esclarecem: "Essa mágica especial tem um nome: é o princípio alfabético, que se baseia na associação entre grafemas e fonemas. Obviamente, a compreensão desse princípio exige o conhecimento de ambos". Por fim, recentemente, Dehaene (2012) expressa com clareza a interação entre fonemas e grafemas como constituinte da aprendizagem da escrita alfabética, a qual, segundo ele,

> [...] é, sem dúvida, o de uma *interação recíproca* entre o desenvolvimento dos grafemas e dos fonemas. A aprendizagem dos grafemas chama a atenção sobre as classes de sons; a análise das classes de sons afina, por seu turno, a compreensão dos grafemas e assim, em sequência, uma espiral causal faz emergir *simultaneamente* o código grafêmico e o código fonêmico. (2012: 221; ênfase acrescentada)

Meta-análise desenvolvida por Bus e Van IJzendoorn (1999) confirma que a plena compreensão do princípio alfabético se fundamenta na associação entre letras e fonemas. Esses pesquisadores, com base na análise de 71 pesquisas experimentais sobre o desenvolvimento de consciência fonêmica, com ou sem o suporte do conhecimento de letras, concluíram que a aprendizagem da escrita ocorreu de forma mais consistente e efetiva nos programas que desenvolveram simultaneamente fonemas e letras, e explicam:

> Letras parecem funcionar como mediação, porque podem facilitar a discriminação de fonemas. As letras podem levar a criança a prestar atenção nos sons das palavras faladas, e um símbolo visual diferente para cada fonema pode ancorar os fonemas perceptualmente. (Bus e Van IJzendoorn, 1999: 412)

Pesquisas têm sugerido que essa *ancoragem* dos fonemas nas letras pode ser facilitada pelo conhecimento não só *das letras* como signos que representam fonemas, mas também pelo conhecimento dos *nomes das letras*, que parecem auxiliar a criança a *identificar* os fonemas que as letras representam, isto é, a desenvolver *consciência grafofonêmica*.[20] Treiman e Kessler (2004), em exaustivo estudo sobre a relação entre os nomes das letras e a aprendizagem da língua escrita, atribuem essa relação à *iconicidade* dos nomes das letras:

> Sistemas icônicos são aqueles em que um signo tem propriedades de seu referente. Palavras que nomeiam sons, como *tweet* (chilro), são frequentemente icônicas na medida em que a palavra é semelhante ao som nomeado. Sistemas letra-nome, em que o som nomeado é na verdade um fonema da fala, são excelentes candidatos para essa iconicidade. Todos os sistemas letra-nome que conhecemos são icônicos, porque os nomes da maioria das letras contêm o fonema que a letra representa. (2004: 109)

Assim, conhecer nomes de letras em que está presente o fonema que representam pode auxiliar a criança, na fase inicial de aprendizagem da escrita, a identificar a relação letra-fonema e a desenvolver a consciência grafofonêmica. Entretanto, como advertem Treiman e Kessler (2004: 106), que discutem nomes de letras na língua inglesa e em outras línguas, é preciso "considerar cuidadosamente as características dos nomes das letras e as características da língua falada e escrita para compreender os efeitos dos nomes das letras na aprendizagem da escrita". Acrescente-se que é preciso também considerar que, além do possível efeito do nome das letras, uma outra hipótese pode explicar a escrita inicial da criança: a hipótese do efeito da incipiente consciência das relações entre fonemas e grafemas.

Entre as características dos nomes das letras, talvez a que mais fortemente determine seu efeito sobre a aprendizagem da língua escrita seja a *posição* do

---

[20] São numerosas, em várias línguas, as pesquisas sobre a relação entre o conhecimento dos nomes das letras e a aprendizagem da língua escrita. Foulin (2005) apresenta uma boa revisão de um significativo número dessas pesquisas. Na discussão que aqui se faz sobre as relações entre o conhecimento do nome das letras e a aprendizagem da língua escrita, optou-se por analisar essas relações no alfabeto do português, e apresentar exemplos de produções de crianças brasileiras recolhidos em práticas de alfabetização em escolas públicas. É importante, porém, mencionar pesquisas experimentais sobre essas relações desenvolvidas com crianças brasileiras, particularmente por Cardoso-Martins e seu grupo de pesquisa: De Abreu e Cardoso-Martins (1998); Cardoso-Martins et al. (2002); Cardoso-Martins e Batista (2005); Cardoso-Martins et al. (2008); Cardoso-Martins et al. (2011). Pesquisa com adultos iletrados está relatada em Corrêa, Cardoso-Martins e Rodrigues (2010). São também pesquisas sobre o tema com crianças brasileiras: Treiman et al. (2006); Pollo et al. (2008a).

fonema no nome da letra: o efeito pode ser significativo quando o fonema que a letra representa aparece no início de seu nome, como o nome da letra P, *pê,* que representa o fonema /p/; pode ser menos significativo quando o fonema aparece no meio do nome da letra, como o nome da letra F, *efe,* fonema /f/; e os nomes de algumas letras podem criar ambiguidades, como o nome da letra K, *cá,* que leva crianças a usá-la em lugar da letra C quando seguida de A, isto é, em lugar da sílaba CA, como em KVALO por *cavalo,* KSA por *casa;* o mesmo ocorre com o nome da letra H, agá, que leva crianças a usá-la com frequência para grafar a sílaba *ga,* por exemplo HTO por *gato,* HLIA por *galinha.*[21]

Assim, uma análise das relações entre os nomes das letras e os fonemas por elas representados no alfabeto do português pode explicar algumas das hipóteses que as crianças formulam e alguns dos equívocos que cometem, na fase inicial de seu processo de alfabetização. Propõe-se em seguida uma análise que se restringe ao ponto de vista do *nome das letras* e seu possível efeito sobre a escrita inicial das crianças; a esta análise se acrescentará, no capítulo seguinte, a discussão sobre a escrita ortográfica, considerando-se que, como dito anteriormente, o desenvolvimento da compreensão das relações fonema-letra pode ser também explicação para as escritas que as crianças produzem na fase inicial da alfabetização. Ou seja: aqui, o tema é a relação nome da letra-fonema; no capítulo seguinte, o tema é fonema-grafema.

Grande parte dos *nomes* das letras no alfabeto português são *icônicos* (ou *acrofônicos,* como preferem alguns): os nomes trazem em si o fonema que a letra representa, ora no início, ora no meio do nome da letra. A influência do nome das letras se revela particularmente na *escrita inventada,*[22] como evidenciam os exemplos a seguir.

Os nomes de seis consoantes são uma sílaba CV que *começa* com o fonema que a letra representa:

---

[21] Sobre o uso da letra H em palavras com /ga/ por crianças brasileiras, ver pesquisa de Pollo, Treiman e Kessler (2008a).
[22] A *escrita inventada* e sua relação com o desenvolvimento da consciência fonográfêmica é tema do último tópico deste capítulo.

LETRA	NOME	FONEMA	EXEMPLOS
B	bê	/b/	bebida, bola
D	dê	/d/	dedo, dado
P	pê	/p/	peteca, pipoca
T	tê	/t/	telefone, pateta
V	vê	/v/	veneno, viúva
Z	zê	/z/	zebra, anzol

Conhecendo o nome dessas letras, crianças, quando atingem o período de fonetização da escrita, costumam considerá-las como equivalentes a sílabas quando à consoante se segue a vogal E, como nos seguintes exemplos de *escritas inventadas* de crianças:[23] BCO por *beco*, CABLO por *cabelo*, PTCA por *peteca*, VNENO por *veneno*. Ocorre também, embora com muito menos frequência, o uso da letra pela sílaba mesmo quando a vogal desta é outra, não a vogal E: SABNETI por *sabonete*, BLA por *bola*. Talvez se possa dizer que, nestes últimos casos, a criança, ainda oscilando entre hipótese silábica e hipótese alfabética, já identifica e segmenta, no nome da letra, o fonema inicial.[24]

Os nomes de três outras consoantes – C, G e Q – embora comecem com o fonema que a letra representa, diferem das consoantes do quadro anterior: as duas primeiras, C e G, têm em seu início o fonema que representam somente quando em determinado contexto linguístico – antes das vogais E e I, e a terceira, Q, só se emprega seguida da letra U, que

---

[23] Os exemplos apresentados aqui, e também nos parágrafos seguintes, são escritas reais coletadas na produção de crianças no início do processo de alfabetização, em escolas públicas. Em casos de mais de uma alteração ortográfica na mesma palavra, mantém-se, para mais clareza do exemplo, apenas aquela focalizada no caso em discussão. Nas pesquisas citadas na nota 20, outros exemplos de *escrita inventada* por crianças brasileiras podem ser encontrados.

[24] Pode-se relembrar aqui o que foi discutido no capítulo "Fases de desenvolvimento no processo de aprendizagem da escrita", sobre a diferença de interpretação de uma mesma ocorrência pelos paradigmas construtivista (psicogenético) e fonológico (Cardoso-Martins e Correa, 2008). No quadro do paradigma fonológico, Treiman e Tincoff (1997) e Cardoso-Martins e Batista (2005) consideram que a criança escreve silabicamente porque supõe que uma letra cujo nome corresponde a uma sílaba CV pode representar a sílaba: a escrita silábica resultaria, assim, de consciência fonológica; no quadro do paradigma construtivista, a escrita silábica representaria, em relação às fases anteriores, uma mudança cognitiva, uma nova hipótese da criança sobre a natureza da escrita: a escrita silábica resultaria do desenvolvimento psicogenético.

pode ou não ser pronunciada; acrescente-se ainda que a letra G, quando seguida da letra U, pode corresponder ao mesmo fonema que representa quando diante de A, O ou U:

LETRA	NOME	FONEMA	EXEMPLOS
C	cê	/s/ – antes de E ou I /k/ – nos outros casos	cegonha, cidade, vacina caneco, cubo, pacote
G	gê	/ʒ/ – antes de E ou I /g/ – antes de A, O, U ou seguida de U antes de E ou I /gw/ – quando /g/ é seguido da semivogal /w/	gelo, gibi, mágico cegonha, galo, gula guerra, guia, mangueira água, linguiça, aguentar
Q(u)	quê	/k/ – antes de E ou I /kw/ – quando /k/ é seguido da semivolgal /w/	quilo, faquir, queda, moqueca quatro, tranquilo, frequente

Crianças que escrevem CBOLA por *cebola*, GMA por *gema*, supõem que a letra, graças a seu nome, equivale à sílaba CE ou GE, ou, influenciadas pelo nome da letra Q, escrevem BEQO por *beco*, PIPOQA por *pipoca*.

Os nomes de seis outras consoantes do alfabeto português são uma sílaba VCV que também contém o fonema que representam, mas na posição medial:

LETRA	NOME	FONEMA	EXEMPLOS
F	efe	/f/	festa, faca, café, figo, sufoco
L	ele	/l/	lata, gelo, maluco, elefante
M	eme	/m/	medo, mola, mico, camelo
N	ene	/n/	neto, caneta, navio, bonito
R	erre	/h/ – no início de palavra entre vogais (rr) /ɾ/ – entre vogais	rato, roda, rua, rede carro, murro, barraco, marreco cara, muro, pires, férias
S	esse	/z/ – entre vogais /s/ – nos outros casos (s ou ss)	casa, mesa, aviso, blusa sapato, sela, sílaba, suco massa, pressa, tosse, bússola

A influência do nome dessas letras na escrita da criança é menos frequente e discutível, já que a criança pode estar se guiando não pelo nome da letra, mas já pela relação fonema-grafema, como se verá no próximo capítulo; pode-se, porém, aventar a hipótese de que o nome da letra seja explicação para a escrita de RRATO por *rato*, CANTA por *caneta*, LFATE por *elefante*, MCO por *mico*, KMA por *camisa* (nestes dois últimos exemplos pode supor-se a influência do alçamento do /e/ final no nome da letra: [emi], por eme).

Considere-se ainda o nome da letra X, *xis*, que começa com o fonema que ela representa, /ʃ/, mas, na ortografia do português, apenas em alguns casos representa o fonema que traz em seu nome, fonema também representado pelo dígrafo CH, o que leva crianças a grafar com a letra X palavras com esse dígrafo: XAVE por *chave*, XITA por *chita*.

Da mesma forma, o nome da letra J, que é uma palavra dissílaba – *jota* –, em que a primeira sílaba começa com o fonema que a letra representa, o mesmo fonema representado no nome da letra G, pode explicar escritas como GABOTI por *jaboti*, GUBA por *juba*, JIRAFA por *girafa*, JELO por *gelo*. É, porém, necessário reconhecer que há outra possível explicação, de natureza ortográfica, para essas escritas, como se verá no capítulo seguinte: em relação a GABOTI e GUBA, não terá sido o nome das letras J e G que levou a criança a usar G antes de A e U, mas o desconhecimento dos dois valores da letra G, em dependência do contexto linguístico; também em JIRAFA e JELO a criança pode não ter se orientado pelo nome das letras J e G, mas sendo arbitrário o uso dessas letras antes de E ou I, a criança ainda terá de memorizar a grafia definida pela norma ortográfica.

Para completar o conjunto das 21 consoantes do português: das letras K, W e Y, apenas a primeira tem, em seu nome, o fonema que representa, mas são consoantes que só se usam em casos especiais. No entanto, crianças em fase de alfabetização, comprovando mais uma vez a influência do nome da letra, costumam usar, como foi dito anteriormente, a letra K – *cá* – para representar a sílaba CA, por exemplo, KMA por *camisa*, exemplo já dado, KVALO por *cavalo*, MAKCO por *macaco*.

Quanto às letras vogais, seus nomes são os fonemas que representam apenas na forma oral, o que talvez seja uma das causas das dificuldades que crianças em fase de alfabetização enfrentam na grafia das vogais nasais, dificuldades que serão discutidas no capítulo seguinte, no tópico sobre escrita ortográfica. Tradicionalmente, ensina-se que as vogais são cinco, quando na verdade são doze:

LETRAS	FONEMAS			
	ORAIS		NASAIS	
A	/a/	ave, mata	/ã/ [an, am, ã]	anzol, manta, campo, maçã
E	/e/ /ɛ/	medo, você café, pedra	/ẽ/ [en, em]	pente, avenca, tempo, sempre
O	/o/ /ɔ/	boca, avô avó, pobre	/õ/ [on, om, ô]	conto, onda, pomba, balões
U	/u/	mudo, maluco	/ũ/ [un, um]	mundo, junto, chumbo, comum
I	/i/	igreja, vida	/ĩ/ [in, im]	índio, cinto, capim, símbolo

Tendo aprendido que as vogais são cinco, e conhecendo-as apenas em sua forma oral, as crianças pouco erram na grafia de vogais orais, porque devem identificar o nome da letra com o fonema oral que ela representa; lembre-se de que já na fase silábica quase sempre privilegiam a vogal para representar a sílaba: OEA por *boneca*, AEA por *panela*, AKO por *macaco*, TEOI por *telefone*.[25] Ao contrário, erram significativamente na grafia de vogais nasalizadas com as letras N ou M, como por exemplo: AJO por *anjo*, ELEFATE por *elefante*, BODADE por *bondade*, LIPO por *limpo*, ATIGAMETE por *antigamente*, JUTO por *junto*. Hipóteses que podem explicar essa dificuldade de nasalização serão discutidas no capítulo "O efeito de regularidade sobre a leitura e a escrita", mas, no que se refere ao nome das letras, tema deste tópico, pode-se supor que a criança identifica, na fala, a vogal, ainda que nasalizada, e julga que com ela representa também o fonema nasal.

Convém aqui relembrar que todas as grafias analisadas anteriormente evidenciam as tentativas da criança para relacionar fonemas com letras, destacando-se a influência, sobre essas tentativas, do nome das letras;

---

[25] Nestes dois últimos exemplos, observe-se a já mencionada influência do nome da letra K para representação da sílaba CA, e do nome da letra T para representação da sílaba TE.

são, pois, comportamentos que ocorrem no processo de compreensão do princípio alfabético.

Se a influência do nome das letras é facilmente identificável na *escrita* inicial das crianças, o mesmo não ocorre em relação à *leitura*. É que, enquanto a escrita torna materialmente visível a produção da criança, permitindo analisar, interpretar e classificar suas tentativas de representação dos fonemas por grafemas, a leitura, sendo fundamentalmente um processo interno, exige a utilização de procedimentos que permitam captar esse processo no momento mesmo em que a criança tenta traduzir em sons os grafemas da palavra escrita.

Pesquisa de Monteiro e Soares (2014) examinou estratégias usadas por crianças com dificuldades de alfabetização para reconhecer palavras propostas em um teste de leitura. Entre outras estratégias, as crianças lançaram mão de seu conhecimento do nome de letras para ler palavras, isto é, para relacionar letras ou algumas das letras de uma palavra escrita com fonemas percebidos no nome delas. Assim, partindo do nome das letras P e D, que trazem o fonema que a letra representa no início de seu nome, e também do nome da letra R (*erre*), em que a segunda sílaba é um fonema que a letra representa em alguns contextos, a criança lê a palavra PEDRA soletrando: PÊ... DÊ... PE-DE-RRA, e conclui: PEDERRA; ou, baseando-se no nome da letra N, lê a palavra CONVITE como CO... NE... VI... TE, CONEVITE, revelando a dificuldade de compreender a letra N como elemento de nasalização da vogal da sílaba, associada à dificuldade de leitura de uma sílaba CVC.

Os exemplos anteriores, como foi dito, apresentam a leitura de criança com dificuldades de alfabetização; em crianças em processo regular de alfabetização, já no período de fonetização da escrita, a influência do nome das letras sobre a leitura parece ser menor. Assim, o fato de um mesmo fonema ter mais de uma representação gráfica oferece à criança opções para a escrita, que podem levar a uma escolha inadequada, em uma atividade de *escrita inventada*; para a leitura, em que a palavra é um *dado*, a criança não enfrenta opções, mas a necessidade de decifração. Por exemplo, a criança, ao escrever a palavra GIRAFA, pode optar pela letra J em lugar da convencional G; mas ao ler essa palavra, não terá opções para a pronúncia da primeira sílaba que não seja [ʒi]; da mesma forma, a criança lerá a primeira sílaba da palavra CHAVE como [ʃa], mas, ao escrever, terá a opção de escolher a letra X em lugar do dígrafo CH.

Pode-se concluir que, se a compreensão do princípio alfabético depende, fundamentalmente, do desenvolvimento da *consciência grafofonêmica* em interação com o processo de aprendizagem da leitura e da escrita, esse desenvolvimento ocorre de forma diferenciada, conforme se trate da representação dos fonemas por letras – *escrita* – ou do reconhecimento das letras como representação dos fonemas – *leitura*. As diferenças entre os dois processos é o tema do próximo tópico.

CONSCIÊNCIA GRAFOFONÊMICA E OS PROCESSOS DE LEITURA E DE ESCRITA

Já no primeiro capítulo tratou-se das relações entre leitura e escrita sob uma *perspectiva histórica*, quando se destacou o privilégio atribuído, ao longo da história da alfabetização, à leitura, em relação à escrita; a análise dessas relações, em seguida discutidas no capítulo seguinte sob a *perspectiva do desenvolvimento* da criança em seu progressivo avanço em direção ao princípio alfabético, prossegue neste capítulo sob a *perspectiva da consciência grafofonêmica*, para a qual parecem contribuir de forma diferenciada a leitura e a escrita; finalmente o capítulo seguinte discutirá as relações entre leitura e escrita *após* a compreensão pela criança do princípio alfabético, sob a perspectiva dos processos cognitivos e linguísticos de leitura e escrita de palavras. Neste tópico, portanto, e nos que se seguem a este, leitura e escrita são consideradas na etapa *inicial* da aprendizagem da escrita alfabética, durante a qual a criança busca compreender o princípio alfabético, etapa que Guimarães (2005a: 86) denomina *fase fonológica*, que "não pode ser considerada o ponto final da aprendizagem do sistema gráfico de representação".[26]

---

[26] Em geral as teorias sobre as relações entre leitura e escrita tomam como objeto a etapa chamada *ortográfica*, quando já vencida a etapa *fonológica*, isto é, quando já compreendido o princípio alfabético, e a criança adquire condições de desenvolver, por um lado, reconhecimento rápido de palavras, condição para uma leitura fluente, e, por outro lado, grafia rápida de palavras, condição para o uso fluente da escrita. É, porém, relevante considerar que as relações entre escrita e leitura se diferenciam, conforme se trate da etapa fonológica ou da etapa ortográfica; neste capítulo essas relações são discutidas na etapa *fonológica*, entendida como aquela da progressiva compreensão do princípio alfabético pela criança, sendo objeto do próximo capítulo a discussão de leitura e escrita na etapa seguinte, em geral denominada *ortográfica*.

Em texto significativamente intitulado "Learning to Read and Learning to Spell Are One And the Same, Almost" (Aprender a ler e aprender a escrever são uma única e mesma coisa, quase), Ehri (1997: 240) começa por afirmar que ler e escrever são processos muito similares: ambos se referem ao "tipo predominante de conhecimento sobre o sistema alfabético que os estudantes usam para recordar as formas de palavras familiares e para inventar leituras ou escritas de palavras desconhecidas", ou seja, nesse sentido, aprender a ler palavras e aprender a escrever palavras são *uma única e mesma coisa*, porque ambas as aprendizagens dependem da compreensão do princípio alfabético; no entanto, não são exatamente a mesma coisa, mas apenas *quase* a mesma coisa, porque o comportamento exigido pela leitura difere do comportamento exigido pela escrita:

> O ato de ler envolve uma resposta, a de pronunciar uma palavra. Ao contrário, o ato de escrever envolve múltiplas respostas, escrever várias letras na sequência correta. Escrever adequadamente exige da memória mais informações que ler palavras. (Ehri, 1997: 264)

Sob o ponto de vista da consciência grafofonêmica, essa diferença, que se vai revelando cada vez mais claramente ao longo da evolução da criança na compreensão do princípio alfabético, pode ser explicada pela direção do processo: *na leitura*, o processo parte dos grafemas para os fonemas, isto é, a criança precisa identificar nos grafemas os fonemas que eles representam para chegar à palavra; *na escrita*, ao contrário, o processo parte dos fonemas para os grafemas, isto é, a criança precisa representar os fonemas da palavra por grafemas. São processos que demandam de forma diferenciada a consciência grafofonêmica: *reconhecer* relações grafemas-fonemas na leitura, *produzir* relações fonemas-grafemas na escrita. Por isso alguns pesquisadores propõem diferenciar *consciência grafofonêmica*, necessária para a leitura, de *consciência fonografêmica*, necessária para a escrita.

Recorde-se de que Frith (1985), em seu modelo de seis estágios na aquisição de habilidades de leitura e de escrita, apresentado no capítulo "Fases de desenvolvimento no processo de aprendizagem da escrita" (Quadro 3), propõe que os processos iniciais de leitura e de escrita não se desenvolvem de forma paralela: a fase alfabética é atingida antes na escrita, só depois na leitura; por outro lado, a fase ortográfica é atingida na leitura antes de se consolidar na escrita.

Segundo Frith, a explicação para a ocorrência da fase alfabética na escrita, antes que na leitura, é que o alfabeto foi inventado para resolver a necessidade de *escrita*, não de leitura, sendo, por isso, um sistema mais adequado para registrar fonemas em grafemas que para traduzir grafemas em fonemas: "Assim, é fácil aprender a escrever usando um número relativamente pequeno de letras. Ao mesmo tempo, o número limitado de símbolos cria ambiguidades quando é necessário traduzi-los para sons." (Frith, 1985: 311)

Essa maior facilidade da escrita em relação à leitura ocorre durante o processo de compreensão do princípio alfabético; atingida essa compreensão, a direção é revertida, como se verá no capítulo seguinte: as crianças usam habilidades ortográficas primeiramente para a *leitura*, isto é, para *reconhecer* palavras; só posteriormente a familiarização com as representações ortográficas por meio da leitura reforça as habilidades para *produzir* palavras ortograficamente, isto é, para uma escrita obediente às normas e convenções que regem as relações fonemas-grafemas.

Frith (1985: 314) encontra suporte para sua proposta de não paralelismo entre a leitura e a escrita, no início do processo de desenvolvimento da criança em direção ao princípio alfabético, em Bradley e Bryant (1979) que, como conclusão de artigo que foi um dos primeiros a tratar da questão, sugerem a *hipótese da discrepância* entre as habilidades de ler e escrever, no processo inicial de aprendizagem da língua escrita. Por meio de dois experimentos, Bradley e Bryant verificaram que crianças eram capazes de escrever palavras que não eram capazes de ler: usavam estratégias fonológicas predominantemente quando escreviam, e estratégias visuais quando liam, sendo essa característica mais evidente em crianças com dificuldades de aprendizagem da língua escrita, o que leva os autores a concluir:

> Certamente nossos experimentos sugerem que há uma separação *inicial* entre ler e escrever em todas as crianças, e que as duas habilidades vão se associando mais intimamente à medida que as crianças adquirem mais experiência e mais habilidades em relação à língua escrita. (Bradley e Bryant, 1979: 512; ênfase acrescentada)

Essa hipótese da *discrepância* entre ler e escrever, na aprendizagem inicial da escrita, é reafirmada em Goswami e Bryant (1990: 60), que sustentam, com base em revisão de várias pesquisas, "a evidente diferença no processo de as crianças lerem e escreverem, porque se apoiam sobretudo no código fonológico para escrever e em uma estratégia visual ou ortográfica quando leem".

Ehri (2005a), reportando-se a Frith, reafirma a escrita como facilitadora da transição entre estratégias pré-alfabéticas e estratégias alfabéticas no processo de aprendizagem da língua escrita:

> [...] a escrita, mais que a leitura, pode ser a *porta de entrada* para a fase parcialmente alfabética. [...] A mudança de estratégias pré-alfabéticas para estratégias alfabéticas pode ser provocada pela escrita, não pela leitura. Enquanto a fase pré-alfabética não é analítica e não envolve letras, a escrita por meio de invenção de escritas requer atenção para a sequência de sons nas palavras e suas conexões com as letras. (Ehri, 2005a: 142-43; ênfase acrescentada)

A conclusão de Ehri (2005a: 143; ênfase acrescentada) é que há uma "dissociação entre os processos utilizados para ler e para escrever *durante este período inicial*" (intermediário entre estratégias pré-alfabéticas e estratégias alfabéticas), o que dá suporte à hipótese de que "a escrita pode tornar-se alfabética antes que a leitura se torne alfabética".

É interessante notar que, já nos anos 1970, Carol Chomsky (1971) iniciava artigo com o expressivo título "Write First, Read Later" (Escrever primeiro, ler depois) com a afirmação de que "as crianças deveriam aprender a ler criando, inicialmente, suas próprias escritas para palavras familiares" (C. Chomsky, 1971: 296); em texto posterior, essa pesquisadora, referindo-se a pesquisas suas e também de Bissex e Read (comentadas no capítulo "Fases de desenvolvimento no processo de aprendizagem da escrita" deste livro), explicita:

> Há relatos de crianças que começaram a escrever antes de saber ler, grafando palavras com uma escrita inventada própria. Usando seu conhecimento de nomes de letras e, em alguns casos, de sons de letras, essas crianças eram capazes de representar os sons de palavras de forma bastante precisa e consistente. [...] A habilidade de escrever dessa forma, representando as palavras de acordo com seus sons, em geral precede, nas crianças, a habilidade de leitura. Defendo que, do ponto de vista do desenvolvimento, as crianças são capazes de escrever antes de serem capazes de ler, e que sua *introdução* à palavra escrita deve ser, portanto, antes por meio da escrita que por meio da leitura. (C. Chomsky, 1979: 43; ênfase acrescentada)

A ênfase acrescentada nas citações anteriores visa destacar que é *no início* da aprendizagem da língua escrita, no processo de compreensão do princípio alfabético pela criança, na *introdução* à palavra escrita, que a escrita parece mais fácil que a leitura: ela é a *porta de entrada*, na metáfora proposta por Ehri (em citação anterior), para a fase alfabética. À medida que essa fase é vencida e é sucedida pela fase ortográfica, é a leitura que se torna mais fácil. Assim, a *discrepância*, para usar o termo proposto por Bradley e Bryant, já citados, é de natureza diferente, conforme se trate da fase *inicial* do processo de alfabetização – a escrita é mais fácil que a leitura – ou do período em que a criança já compreendeu o princípio alfabético – a leitura se torna mais fácil que a escrita.

Embora estes pesquisadores se refiram à leitura e à escrita na aprendizagem inicial da ortografia opaca do inglês (não foram identificadas pesquisas em ortografias transparentes ou próximas da transparência sobre as relações entre leitura e escrita especificamente durante o processo de compreensão do princípio alfabético), as conclusões a que chegam parecem aplicar-se também, e talvez com mais pertinência, a ortografias transparentes como a do português, já que compreender o princípio alfabético é compreender a escrita alfabética como um sistema de representação e um sistema notacional, compreensão que independe da maior ou menor profundidade da ortografia. Assim, por hipótese, na aprendizagem de escritas alfabéticas, ocorre um não paralelismo *inicial* entre leitura e escrita, sendo a *identificação de fonemas*, que se relaciona estreitamente, como dito anteriormente neste capítulo, com a aprendizagem formal da língua escrita, mais fácil por meio da escrita que por meio da leitura.

Uma das possíveis causas de, no início do processo de compreensão do princípio alfabético, a escrita contribuir mais fortemente para o desenvolvimento da consciência grafofonêmica, e assim conduzir mais rápida e facilmente à identificação de correspondências fonema-grafema é que, na escrita, a palavra já está dada como unidade fonológica e semântica; representá-la por grafemas significa a progressiva segmentação da cadeia sonora e a progressiva identificação dos segmentos – sejam sílabas, na fase silábica, ou fonemas, nas fases silábico-alfabética e alfabética – com grafemas; segundo Treiman (1998: 296), escrever "encoraja as crianças a analisar palavras em unidades menores de som e a relacionar esses sons com letras".

Na leitura, ao contrário, a palavra escrita é um conjunto de letras que é preciso decifrar para chegar à palavra como unidade fonológica e a seu significado, o que exige constituí-la a partir do reconhecimento sequencial dos grafemas e de seu relacionamento com fonemas; como afirmava C. Chomsky, já nos anos 1970, "a necessidade de identificar a palavra, que a leitura impõe, é um passo adicional considerável que a aprendizagem da escrita não requer" (1979: 47). O produto da escrita é, assim, uma palavra, preexistente na fala ou na mente da criança, tornada *visível*; já o produto da leitura é, no início do processo de alfabetização, a tentativa de decifração de um "enigma", de que resulta, frequentemente, a palavra soletrada ou silabada, dissociada de significado; lembre-se do exemplo dado no tópico anterior: a criança lê a palavra PEDRA soletrando PÊ... DÊ... PE-DE-RRA, e conclui com a palavra PEDERRA, sem considerar conteúdo semântico, já que tal palavra não existe na língua. Em síntese, na fase inicial de aprendizagem da língua escrita, a criança, na leitura, precisa focalizar os grafemas, para a partir deles *reconhecer* palavras, enquanto, na escrita, precisa focalizar os segmentos sonoros – sílabas ou fonemas – para, representando-os por grafemas, *produzir* palavras.

Uma segunda possível causa de a escrita ser, inicialmente, mais fácil que a leitura é que, na etapa inicial de compreensão do princípio alfabético, a escrita exige da criança menos da memória de curto prazo; ainda segundo Treiman (1998: 299), "as crianças podem escrever fonemas à medida que os identificam pela análise da palavra, não precisando guardá-los na memória até que cheguem ao fim da palavra para então juntá-los em uma pronúncia unificada". Assim, se na escrita cada segmento fonológico da palavra e seu correspondente grafema podem permanecer na memória da criança apenas o tempo suficiente para seu registro, na leitura é necessário guardar por mais tempo na memória cada grafema e o fonema correspondente, de modo a conectar progressivamente cada segmento com o anterior, até reunir todos os segmentos em uma palavra – assim se explica a leitura silabada.

Pode-se concluir que, se a consciência grafofonêmica e, consequentemente, a compreensão do princípio alfabético se desenvolvem por meio do processo formal de alfabetização, como discutido em tópicos anteriores, é a escrita que, no início do processo de alfabetização, parece sobretudo colaborar para isso, o que tem levado ao reconhecimento da *escrita inventada*[27] como "porta de entrada" para a escrita alfabética.[28] É o que se discute no tópico seguinte.

---

[27] Já no capítulo "Fases de desenvolvimento no processo de aprendizagem da escrita", nota 19, justificou-se o uso neste livro da expressão *escrita inventada* em lugar de "escrita criativa" ou "escrita espontânea", expressões que são também frequentemente usadas por pesquisadores e educadores. Amplia-se aqui a justificativa ali dada acrescentando que a preferência por *escrita inventada* baseia-se no sentido mais corrente do verbo *inventar* – estabelecer relações entre objetos já conhecidos –, que é o que a criança faz ao relacionar, à sua maneira, letras que conhece e sons da língua que fala. O verbo *criar* tem o sentido de dar origem a algo, e a criança não parte do nada, parte dos sons da língua que fala e das letras que conhece, portanto, não *cria* uma escrita, sendo por isso pouco pertinente a expressão *escrita criativa*. Quanto à expressão *escrita espontânea*, nem sempre a criança escreve espontaneamente, mas também provocada por ditado ou solicitação de adultos, logo, a expressão limita a escrita produzida pela criança a algumas situações, excluindo outras.

[28] Como a *escrita inventada* se caracteriza como escrita manual, com uso de lápis e papel, é interessante, nesta atual "sociedade da informação", em que a escrita digital vem se difundindo, já havendo mesmo propostas de alfabetização da criança por meio de computador, mencionar pesquisas que comparam a aquisição inicial da escrita por meio de diferentes tecnologias: papel e lápis, letras móveis, teclado. Sob a perspectiva da função do elemento motor na aprendizagem da escrita, ver, por exemplo, pesquisa de Cunningham e Stanovich (1990); sob a perspectiva da relação entre os níveis de conceituitalização e os instrumentos utilizados na aprendizagem da escrita – lápis e papel ou computador –, na perspectiva psicogenética, ver Molinari e Ferreiro (2013).

A *ESCRITA INVENTADA* NO PROCESSO DE COMPREENSÃO DO PRINCÍPIO ALFABÉTICO

São sobretudo as *escritas inventadas* pelas crianças que revelam tanto o nível em que se encontram em seu processo de conceitualização da escrita quanto, simultaneamente, seu nível de *consciência grafofonêmica*, que talvez fosse mais adequadamente denominada, neste caso, **consciência fonografêmica**, já que, na escrita, como dito anteriormente, a criança precisa representar *os fonemas* da palavra por grafemas, ao contrário da leitura, que exige identificar em grafemas os fonemas que eles representam, dependendo, neste caso, de **consciência grafofonêmica**. No entanto, trata-se apenas de *predominância* de uma ou outra relação, uma vez que, ao escrever, como ao ler, as duas modalidades de consciência fonêmica estão presentes; por isso, assume-se neste livro a expressão **consciência grafofonêmica**, a fim de que se preserve a indissociabilidade entre as duas modalidades de consciência fonêmica.

No início deste capítulo, retomou-se o que já havia sido dito no capítulo "Fases de desenvolvimento no processo de aprendizagem da escrita", e aqui se repete: dois paradigmas têm orientado o estudo do desenvolvimento e aprendizagem da língua escrita pela criança, o paradigma psicogenético e o paradigma fonológico.

Confirmando esses dois paradigmas, Fijalkow, Cussac-Pomel e Hannouz (2009: 66), em revisão de pesquisas que tomam como objeto de análise a *escrita inventada* por crianças de língua francesa, dividem os estudos em dois grupos, que se diferenciam, segundo esses pesquisadores, pela *orientação teórica*: de um lado, estudos que se voltam para "a psicologia da criança, na linha dos trabalhos de Ferreiro", estudos que buscam descrever a evolução da criança em seu processo de compreensão do princípio alfabético; de outro, estudos produzidos por pesquisadores

> [...] das ciências da educação e das ciências da linguagem, [...] mais centrados sobre o objeto "escrita inventada" que sobre a criança e seu confronto com a escrita, estudos que buscam identificar como as propriedades da língua francesa se refletem nas escritas das crianças.

Como foi dito no primeiro capítulo deste livro, a aprendizagem da língua escrita é processo extremamente complexo e, para estudá-lo, pesquisadores não podem deixar de fragmentá-lo, a fim de que se torne possível investigar cada uma das partes que o constituem. Assim, as duas *orientações teóricas* a que se referem Fijalkow, Cussac-Pomel e Hannouz são diferentes olhares lançados sobre o mesmo fenômeno, o desenvolvimento e aprendizagem da língua escrita pela criança ou, mais especificamente, sobre a escrita que a criança *inventa* em seu processo de compreensão da escrita: de um lado, um olhar sobre "a criança em seu confronto com a escrita"; de outro, um olhar sobre "como as propriedades da língua se refletem nas escritas das crianças".

Ferreiro e Teberosky (1986: 275) deixam clara essa diferença quando afirmam que o objeto de sua investigação é "o conjunto de hipóteses exploradas para [a criança] compreender este objeto [a escrita]", e consideram que os pesquisadores que tomam a *escrita inventada* como objeto de análise "estudam a escrita que antecede quase imediatamente a escrita correta, isto é, de acordo com os princípios de uma escrita alfabética", e contrapõem: "nosso trabalho mostra que, antes de chegar a esse ponto, a criança percorreu um longo caminho e explorou várias hipóteses de escrita" (1986: 274). Na verdade, o olhar psicogenético se volta para o desenvolvimento da escrita na criança desde seus primeiros desenhos e rabiscos, já antes de seu confronto com a escrita alfabética, e, mesmo durante esse confronto, sempre põe o foco na *criança* como *sujeito cognoscente* e suas hipóteses, tomando como *indicadores* as *produções espontâneas* das crianças (Ferreiro, 1985: 16), não propriamente, ou não apenas, a *escrita inventada*.

Por outro lado, pesquisadores que privilegiam a orientação fonológica investigam *a escrita inventada* que expressa o resultado do confronto da criança com o *objeto* de conhecimento – o sistema de escrita alfabética –, escrita que, nas palavras de Ferreiro e Teberosky citadas anteriormente, "antecedem quase imediatamente a escrita correta", ou, nas palavras de Fijalkow, Cussac-Pomel e Hannouz (2009: 66), escritas produzidas no "período durante o qual é possível falar de escrita inventada". Como foi dito anteriormente, esse período é aquele em que a criança atinge a fonetização da escrita, ou seja: já compreendeu que a escrita representa a cadeia sonora da fala e que esta pode ser segmentada, já tem conhecimento das letras, de seus nomes e eventualmente dos sons a que correspondem, e tenta grafar palavras "inventando" correspondências entre sílabas e grafemas, entre fonemas e grafemas. O objeto de investigação na perspectiva fonológica são, então, as *escritas inventadas*, nas quais se procuram identificar a influência e as interferências, sobre a "invenção" da criança, do sistema fonológico e do sistema de notação alfabética. Representam bem a orientação fonológica as palavras com que Charles Read, um dos primeiros a analisar escritas que denomina *criativas* (Read, 1971, 1975), inicia o livro em que reúne resultados de suas pesquisas, considerado um clássico na área, *Children's Creative Spelling* (1986: vii): "Este livro é sobre influências fonéticas na escrita inicial das crianças. Nele, aplicamos Fonética, Fonologia e o estudo dos sistemas de escrita para a compreensão de como a escrita se desenvolve."

Entretanto, se as duas *orientações* **teóricas** esclarecem dimensões diferentes do desenvolvimento e aprendizagem da escrita na criança, na perspectiva **do ensino**, que é a que este livro assume, elas não se excluem, ao contrário, se completam. Assim, são as pesquisas na perspectiva psicogenética que esclarecem as hipóteses que a criança vai formulando, em seu processo de conceitualização da escrita; mas, para avançar em suas hipóteses, atingido o período de fonetização da escrita, a criança se baseia na cadeia sonora da fala e sua segmentação, ou seja, apoia-se em sua percepção dos sons da fala e suas relações com os grafemas – e é o paradigma fonológico que estuda esse processo. A coexistência, na *escrita inventada*, de processos linguísticos e processos cognitivos é claramente expressa por Abaurre (1988: 418): após criticar a escrita produzida na escola sob condições controladas, a pesquisadora afirma que

> [...] as crianças, no entanto, podem escrever espontaneamente. Se lhes é permitido assim fazer (e se são estimuladas a isso), usarão a escrita como um contexto privilegiado para refletir e agir sobre a língua, o que torna possível inferir algumas hipóteses sobre as representações linguísticas subjacentes com as quais devem estar operando enquanto vão adquirindo conhecimento da variedade escrita de sua língua nativa.

O gráfico a seguir tenta representar essa *coexistência* e *correlação* entre o processo de conceitualização da escrita, na perspectiva psicogenética (retângulos centrais), o desenvolvimento da sensibilidade aos sons da fala e às possibilidades de sua segmentação, na perspectiva fonológica (setas superiores), e o conhecimento das notações alfabéticas, das letras (setas inferiores):

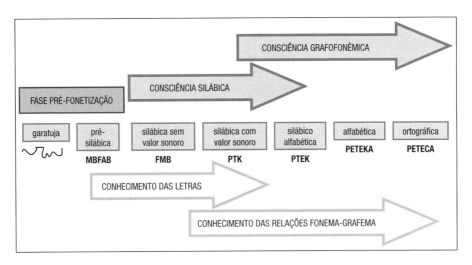

A interpretação do gráfico permite formular as seguintes inferências:

1. antes do período de fonetização da escrita, a criança produz *garatujas*, o que revela que já percebeu o caráter arbitrário da escrita, mas não sua relação com os sons da fala, ou produz *sequências de letras* também sem relação com os sons da fala, mas tendo já percebido que se escreve com *letras* – *fase pré-silábica* (obviamente, esta fase não interessa à perspectiva fonológica);
2. atingido o período de fonetização da escrita, a criança, que já identifica sílabas oralmente (*consciência silábica*), escreve silabicamente (*fase silábica*): de início usa *letras*, uma para cada sílaba, mas quaisquer letras, já percebendo, porém, a segmentação oral da palavra e uma possibilidade de seu registro gráfico (*escrita silábica sem valor sonoro*), em seguida usando para cada sílaba uma letra que corresponde a um de seus fonemas (*escrita silábica com valor sonoro*);

3. relacionar o som da sílaba a um de seus fonemas conduz a criança à progressiva identificação de sons menores que a sílaba e a perceber a relação desses sons intrassilábicos com *letras* (*consciência fonografêmica*) e, assim, ela começa a introduzir a representação de fonemas em sua escrita silábica (*fase silábico-alfabética*);
4. em seguida, pelo desenvolvimento da associação entre consciência fonêmica e conhecimento das letras (*consciência fonografêmica*), escreve alfabeticamente, ainda que com ortografia não convencional – é a *fase alfabética* que, na perspectiva psicogenética, como afirmam Ferreiro e Teberosky (1986: 213), é "o final da evolução; [...] a partir desse momento a criança se defrontará com as dificuldades próprias da ortografia, mas não terá problemas de escrita, no sentido estrito";
5. mas terá problemas de escrita no sentido amplo, porque lhe falta ainda aprender a escrever ortograficamente, isto é, a escrever de acordo com as normas da ortografia da língua (*fase plenamente ortográfica*, na proposta de Ehri – cf. capítulo "Fases de desenvolvimento no processo de aprendizagem da escrita"), e é a perspectiva fonológica que pode esclarecer os problemas e orientar a aprendizagem, como se verá adiante.

Como foi dito no último tópico do capítulo anterior, são ainda poucas as pesquisas que investigam essas coexistência e correlação entre níveis de conceitualização da escrita, consciência fonológica e conhecimento das letras. Pesquisadores que privilegiam a orientação fonológica, como Read (1971, 1975) e Ehri (1997, 1998a), já citados, coerentemente investigam a influência da consciência fonêmica sobre a aprendizagem da escrita; pesquisadores de orientação psicogenética, como Tolchinsky (1996), Vernon (1998), Vernon e Ferreiro (2013), investigam, ao contrário, a influência da aprendizagem da escrita sobre a consciência fonológica.[29]

---

[29] O objetivo de Tolchinsky (1996: 48) foi "explorar as mudanças na segmentação [oral] à medida que as crianças aprendiam a ler e a escrever"; de forma semelhante, Vernon (1998: 106) investigou "que tipos de segmentação de palavras são mais acessíveis a crianças pré-leitoras e leitoras principiantes [...] em diferentes momentos da aquisição da escrita". Também para Vernon e Ferreiro (2013: 198), o objetivo foi "explorar a possível influência da escrita na consciência fonológica".

No entanto, tanto as pesquisas de orientação fonológica quanto as de orientação psicogenética chegam a resultados que, embora priorizando um ou outro processo, reconhecem a reciprocidade entre ambos.[30] É A. Morais (2004) que, em pesquisa já citada no capítulo anterior, investiga, e comprova, a inter-relação entre as perspectivas psicogenética e fonológica, inter-relação explicitada no próprio título do artigo que relata a pesquisa – "A apropriação do sistema de notação alfabética e o desenvolvimento de habilidade de reflexão fonológica". Segundo A. Morais (2004: 178):

> O aprendiz, que em certo momento entra numa etapa de "fonetização da escrita" [...], certamente precisa dispor de habilidades metalinguísticas para analisar segmentos internos da palavra, a fim de elaborar hipóteses silábicas e alfabéticas de escrita. Paralelamente, parece-nos importante não considerar, *a priori*, que o desenvolvimento de habilidades de reflexão fonológica garantiria – por si só e sem influência da notação escrita – a compreensão do SNA [sistema de notação alfabética] e o aprendizado das correspondências fonográficas.

Ou seja: conceitualização da escrita, consciência fonológica e conhecimento das letras se desenvolvem em paralelo, influenciando-se mutuamente, como tenta visualizar o gráfico apresentado anteriormente.

A *escrita inventada* é o comportamento infantil que claramente evidencia essa reciprocidade: ela revela os níveis de conceitualização da escrita em que se encontram as crianças; esses níveis avançam em interação com a capacidade de segmentação da palavra oral em partes cada vez menores, ou seja, na medida em que se desenvolve a consciência fonológica (silábica e grafofonêmica); a segmentação da palavra oral se expressa por meio de grafemas, portanto, depende do conhecimento de letras e seu valor sonoro.

---

[30] Assim, e complementando a nota anterior: Tolchinsky (1996: 58) conclui por uma "relação importante entre segmentação exaustiva [oral] e progresso na escrita"; Vernon (1998: 113) verificou que "as respostas [de segmentação oral de palavras] menos analíticas são dadas pelas crianças com menos conhecimentos da escrita, e as respostas mais analíticas são produzidas pelos mais adiantados"; e Vernon e Ferreiro (2013: 208), em cuja pesquisa o nível de escrita foi claramente definido como *variável independente* e a consciência fonológica como *variável dependente*, concluem que "o modo como as crianças abordam as tarefas de segmentação oral apresenta uma forte correlação com essa variável independente [o nível de conceitualização da escrita], sem importar a idade" (2013: 211).

Os exemplos de *escrita inventada* analisados anteriormente neste capítulo, sob a perspectiva da influência do conhecimento dos nomes das letras, evidenciam, além desse conhecimento, os níveis de conceitualização da escrita em que se encontram as crianças, particularmente os níveis silábico e silábico-alfabético, e ainda permitem inferir os níveis subjacentes de desenvolvimento da consciência fonológica – silábica e grafofonêmica.

A partir daqueles exemplos, buscados no cotidiano da alfabetização em salas de aula, pode-se concluir que, no ensino e na aprendizagem em contexto escolar, os diferentes olhares teóricos se unem e se conciliam para a compreensão de um processo que é complexo, multifacetado, vivenciado por uma criança que ao mesmo tempo evolui em sua conceitualização da escrita, e para isso se apoia em consciência silábica e grafofonêmica, adquirindo, simultaneamente, o conhecimento das notações com que os segmentos sonoros da língua são representados no sistema de escrita – as letras.

Entretanto, o que as pesquisas oferecem, em sua grande maioria, em uma ou outra das orientações teóricas mencionadas, é a análise de um dos componentes do processo de compreensão, pela criança, do princípio alfabético: na perspectiva psicogenética, Ferreiro (2001: 119) declara que "o que fiz foi tentar entender que tipo de relação é gerada entre uma criança definida como um sujeito cognoscente, ou seja, alguém que quer conhecer, e um objeto definido como objeto de conhecimento"; na perspectiva fonológica, Treiman (1998: 300) afirma: "examinando-se cuidadosamente a escrita da criança, pode-se compreender em que ponto ela está no processo de alfabetização".

Essa possibilidade de compreensão de diferentes níveis no processo de aprendizagem inicial da língua escrita fez com que, motivadas pelas pesquisas, atividades de *escrita inventada* se tornassem práticas bastante frequentes, particularmente em contextos, como o brasileiro, em que a orientação psicogenética, em particular, difundiu-se de forma ampla. No entanto, essas práticas, se são de grande valor pelas oportunidades que oferecem para que se compreendam os "erros" das crianças, considerados, na perspectiva psicogenética, como "erros construtivos na gênese das conceitualizações acerca da escrita" (Ferreiro e Teberosky, 1986: 30), e, na perspectiva fonológica, como erros que "revelam características tanto fonológicas quanto ortográficas das escritas das crianças" (Treiman e Bourassa, 2000: 188),[31] têm sido utilizadas, muito frequentemente, apenas para rotular e até mesmo para classificar as crianças por níveis de compreensão do princípio alfabético e de consciência fonológica. É que, se pesquisas contribuíram para o conhecimento sobre níveis linguísticos e cognitivos no desenvolvimento e aprendizagem da língua escrita, poucas pesquisas se voltaram para a compreensão de *como* a criança pode ser orientada e incentivada em seu progresso de um nível a outro. É o que afirmam Levin e Aram (2013: 222) a esse respeito:

> Atualmente, atividades de escrita inventada tornaram-se uma prática comum em muitas salas de aula em todo o mundo, desde a educação infantil [...]. Entretanto, pouco se sabe sobre como diferentes ações mediadoras podem fazer avançar a escrita inventada e as habilidades que com ela se relacionam.

Assim, se, nas últimas décadas, alfabetizadores(as) têm identificado, observando *escritas inventadas,* os níveis cognitivos e linguísticos em que se encontram as crianças em sua progressão em direção ao princípio alfabético, e têm interpretado os "erros" sob o ponto de vista psicogenético ou fonológico, ao contrário, têm sido em geral ausentes ou intuitivas e descontínuas mediações que promovessem e facilitassem o avanço da criança de um nível a outro.

No entanto, já nos anos 1980, tanto Ferreiro, na perspectiva psicogenética, quanto Ehri, na perspectiva fonológica, mencionavam a importância

---

[31] Ao contrário do que ocorre com a caracterização do desenvolvimento psicogenético da escrita com base em *escritas inventadas,* a caracterização da evolução fonológica da criança evidenciada por seus "erros" em *escritas inventadas,* ao longo do processo de aprendizagem inicial da língua escrita, não tem sido objeto privilegiado no campo de estudos sobre a alfabetização na ortografia do português brasileiro. Talvez como consequência disso é que também análises e interpretações dos "erros" em *escritas inventadas* sob a perspectiva fonológica não têm orientado a prática pedagógica. Na bibliografia de língua inglesa, encontram-se estudos que, com base em "erros" em *escritas inventadas,* identificam níveis na progressão da aprendizagem da ortografia do inglês sob a perspectiva do desenvolvimento da consciência fonológica. Um exemplo é a análise longitudinal que faz Ehri (1989a, 1989b); outros exemplos podem ser encontrados em Tangel e Blachman (1992, 1995), Treiman e Bourassa (2000), Ouellette e Sénéchal (2008a). É preciso reconhecer que estudos dessa natureza são particularmente relevantes para uma ortografia opaca como a do inglês, menos relevantes para uma ortografia relativamente transparente, como a do português brasileiro.

de mediação pedagógica em práticas de *escrita inventada*. Assim, Ferreiro (1986a: 49; ênfase acrescentada) conclui texto em que relata etapas de desenvolvimento da escrita em duas crianças enfatizando "a necessidade de análise detalhada de dados processuais, *se pretendemos definir meios de intervenção* que levem em consideração os problemas tais como definidos pelas crianças"; e Ehri (1989a: 73-4; ênfase acrescentada), em texto em que faz uma revisão de suas pesquisas até aquela data, esclarece:

> [...] planejamos nossos estudos para examinar processos que são importantes para a aprendizagem da leitura e da escrita, não para identificar métodos específicos de ensino desses processos. [...] Quais métodos são mais efetivos devem ainda ser definidos. Nossa suposição é que aqueles métodos que envolvam a criança em atividades significativas de escrita e, ao mesmo tempo, *as orientem a tornar suas escritas mais fonéticas* se revelarão mais efetivos, e também mais motivadores.

Também Treiman (1998: 306) alerta para a necessidade de que "as experiências de escrita independente das crianças sejam orientadas por instrução sobre a escrita", de modo a "ajudá-las a compreender como sua escrita pode ser melhorada", processo que a pesquisadora denomina *escrita inventada guiada*.

Embora ainda pouco se tenha estudado e proposto sobre ações mediadoras que, no processo de alfabetização, a partir de *escritas inventadas*, promovam o desenvolvimento grafofonêmico e facilitem a progressão para níveis mais sofisticados de escrita, os resultados de pesquisas que investigaram o impacto de determinados treinamentos experimentais sobre a *escrita inventada* de crianças sugerem alternativas de mediações pedagógicas que podem atuar sobre essa progressão com resultados positivos. É o que se apresenta no tópico seguinte.

ESCRITA INVENTADA: EFEITOS DE MEDIAÇÕES

São recentes – datam das duas primeiras décadas do século XXI – as pesquisas que investigam os efeitos de intervenções ou mediações em *escritas inventadas* sobre o progresso da criança em seu processo de compreensão do princípio alfabético. São pesquisas que analisam escritas de crianças da pré-escola, entre 5 e 6 anos, e ainda não alfabetizadas.[32]

Rieben et al. (2005) compararam o efeito de diferentes procedimentos de intervenção em *escritas inventadas* de 148 crianças de fala francesa da pré-escola, idade média de 5 anos e 4 meses, não alfabetizadas. As crianças foram divididas em três grupos: em um grupo, apenas copiavam palavras de um modelo; nos dois outros grupos, produziam *escritas inventadas* de palavras ditadas, mas em apenas um desses dois grupos o pesquisador intervinha, levando cada criança a confrontar sua escrita com a escrita convencional da palavra: "*Você inventou um bom jeito de escrever esta palavra, mas nos livros essa palavra é escrita de um jeito diferente*" (Rieben et al., 2005: 154). O pesquisador escrevia então a forma correta da palavra, comentando e explicando suas características ortográficas, em comparação com a escrita inventada pela criança. Essa intervenção produziu resultados significativamente superiores aos obtidos por crianças dos dois outros grupos, não só em escrita de novas palavras, mas também em leitura. Rieben et al. (2005: 158-59) concluem:

> É a prática de segmentação e de correspondência entre fonemas e grafemas e a exposição a ortografias corretas pela intervenção do pesquisador que produzem efeitos positivos sistemáticos na leitura de palavras e na escrita e leitura de partes inconsistentes de palavras.[33]

Em outras pesquisas, em lugar de levar a criança a confrontar sua *escrita inventada* com a forma correta da palavra, como fizeram Rieben et al., a natureza da intervenção é determinada pelo nível em que se encontra a criança, em sua compreensão do princípio alfabético.

---

[32] A pesquisa de Clarke (1988), segundo alguns pesquisadores (cf. Rieben et al., 2005: 149) a única anterior aos anos 2000 sobre efeitos da *escrita inventada*, não é pertinente aos objetivos deste tópico porque foi desenvolvida com crianças de 1º ano, já em processo de alfabetização formal, e comparou os efeitos, sobre a aprendizagem da ortografia do inglês, de dois procedimentos: ensino por meio de *escrita inventada* e ensino formal das normas ortográficas. Neste tópico, interessam efeitos de *escrita inventada* sobre o avanço da criança ainda no processo de compreensão do princípio alfabético, tema das pesquisas que são relatadas no tópico.

[33] Entre as palavras ditadas às crianças, algumas apresentavam inconsistência na relação fonema-grafema, na ortografia próxima da opacidade da língua francesa (por exemplo, o fonema /o/ representado por "*o*", "*au*" ou "*eau*", entre outras representações) e letras finais não pronunciadas (por exemplo, *lit*, leito).

É o que se verifica em pesquisa de Ouellette e Sénéchal (2008b). Os pesquisadores dividiram 69 crianças pré-escolares de fala inglesa, idade média de 5 anos e 7 meses, não alfabetizadas, em três grupos que realizaram diferentes atividades com as *mesmas* palavras: a um grupo, considerado experimental, as palavras foram ditadas, com subsequente intervenção; os dois outros grupos, considerados de controle, ocuparam-se, um deles com tarefas de consciência fonológica (segmentação das palavras), outro com a produção de desenhos representando as palavras. Cada criança do grupo que *inventava* escritas para as palavras ditadas[34] foi em seguida orientada a "aumentar a sofisticação de suas escritas inventadas produzidas naturalmente" (2008b: 904), por meio de uma intervenção em que o pesquisador copiava a palavra tal como a criança a escrevera introduzindo uma única alteração, isto é, avançando minimamente no nível de sofisticação da escrita (os pesquisadores usaram como critério os níveis de desenvolvimento propostos por Gentry, apresentados no capítulo "Fases de desenvolvimento no processo de aprendizagem da escrita"). Os resultados evidenciaram que o grupo em que *escritas inventadas* foram acompanhadas desse tipo de intervenção superou os demais grupos em leitura e escrita de palavras, em consciência fonológica e em conhecimentos ortográficos. Os pesquisadores concluem:

> [...] a escrita inventada combinada com intervenção que ofereça modelos logo acima do nível de desenvolvimento da criança pode ser usada por professores de pré-escola para desenvolver a habilidade de representar a língua falada pela escrita graças ao crescente conhecimento de letras, bem como para desenvolver consciência fonológica e ortográfica e, por fim, para aprender a ler palavras. (Ouellette e Sénéchal, 2008b: 910)

Os efeitos positivos desse tipo de intervenção – a mediação que orienta a criança para que, a partir do nível em que está, vá avançando passo a passo em direção à escrita convencional – foram comprovados por Sénéchal et

---

[34] Convém destacar que as palavras eram ditadas de maneira a facilitar a *escrita inventada*: inicialmente, a palavra era falada pelo pesquisador de forma normal, em seguida repetida por ele exagerando a articulação, depois novamente falada, agora por criança e pesquisador, em uníssono, finalmente falada de forma normal pelo pesquisador, e só então escrita pela criança.

al. (2012), quando utilizada em crianças pré-escolares com dificuldades de alfabetização, e por Ouellette, Sénéchal e Haley (2013: 263), que explicam os resultados positivos com base no conceito de zona de desenvolvimento proximal de Vygotsky:

> Considerando que escrita inventada é um processo de desenvolvimento, e revela a compreensão que, em determinado momento, a criança tem sobre como as palavras são representadas na escrita, ela é condizente com ensino que atue na zona de desenvolvimento proximal (Vygotsky, 1962), segundo a qual a criança pode ser guiada para o nível de sofisticação da escrita imediatamente superior ao em que se encontra.[35]

Enquanto Rieben et al. (2005) propõem o confronto da *escrita inventada* com a escrita correta, e Ouellete e Sénéchal (2008b) o confronto com uma escrita em um nível acima daquele em que se encontra a criança, Levin e Aram (2013) compararam a contribuição de dois outros tipos de mediação em *escritas inventadas* por pré-escolares falantes do hebraico, com idade média de 5 anos e 6 meses. As 197 crianças foram distribuídas em quatro grupos internamente heterogêneos, isto é, compostos de forma que, em cada grupo, crianças em diferentes níveis de escrita recebiam o mesmo tratamento, para que a comparação dos resultados permitisse identificar a relação entre o nível inicial e o nível atingido ao final do experimento. Em dois grupos, considerados experimentais, houve intervenção, tendo sido utilizados dois tipos diferentes de mediação: *mediação processo-produto*, em um grupo, e *mediação produto* no segundo grupo. Os dois outros grupos foram considerados de controle: em um deles, as crianças apenas inventavam a escrita de cada palavra duas vezes, sem intervenção ou mediação – grupo *sem mediação*; o segundo grupo de controle continuou envolvido nas atividades normais de sala de aula, nem nenhuma intervenção – grupo *sem intervenção*.

Na mediação denominada *processo-produto*, a criança *inventava* a escrita de palavras ditadas, usando letras de um alfabeto móvel, e em

---

[35] A referência a Vygotsky (1962), na citação, remete à obra *Pensamento e linguagem*, que neste livro está referenciada como Vygotsky (1989).

seguida o pesquisador escrevia a palavra, também fazendo uso do alfabeto móvel, enquanto "explicava os processos implícitos e explícitos envolvidos na escrita inventada, passo a passo, e demonstrava esses passos" (Levin e Aram, 2013: 223): segmentava a palavra em seus sons, relacionando cada som com o nome de uma letra, selecionava, ele mesmo, a letra adequada a cada som, e ia compondo a palavra, até chegar à sua ortografia correta. Pronunciava então a palavra, removia as letras, e pedia à criança que escrevesse de novo a palavra. Ou seja: explicitava o *processo* e chegava ao *produto*.

Na mediação denominada *produto*, o pesquisador, depois da *invenção* pela criança da escrita de uma palavra ditada, apenas produzia, também usando letras de um alfabeto móvel, a escrita correta da palavra, sem explicações: selecionava as letras apropriadas, dizia seus nomes, colocava-as em sequência e pronunciava a palavra: apresentava o *produto*, sem explicitar o *processo*. Em seguida, removia as letras e solicitava à criança que escrevesse de novo a palavra.

Os resultados foram superiores no grupo de intervenção *processo-produto*; nas palavras das pesquisadoras:

> Os resultados revelaram efeitos positivos na alfabetização de mediação que inclua explicação e demonstração dos processos de correspondência entre letras e sons, processos circulares que envolvem muitos passos na invenção de escrita para uma palavra, acompanhados de apresentação do produto ortográfico correto. Esta conclusão se baseia nos maiores ganhos, a curto e a longo prazo, encontrados no grupo de mediação processo-produto em relação aos outros três grupos. (Levin e Aram, 2013: 232)

Como os resultados superiores do grupo de mediação *processo-produto* não dependeram do nível inicial das crianças, já que o grupo era heterogêneo quanto a esse nível, as pesquisadoras contestam pesquisas que, fundamentando-se no conceito de zona de desenvolvimento proximal, investigaram efeitos de intervenção em *escritas inventadas* adaptando a mediação ao nível em que se encontrava a criança, como a de Ouellette e Sénéchal (2008b), anteriormente citada. Levin e Aram (2013: 233), ao contrário, orientaram as crianças do grupo *processo-produto* ao longo dos vários passos em direção à escrita correta da palavra, independentemente do nível de conceitualização da escrita em que se encontravam: "usamos a mesma mediação em todas as crianças do grupo de mediação processo-produto, ignorando o nível de escrita em que estavam"; e concluem:

> É possível que em muitas áreas os estudantes podem progredir mais se foram confrontados com soluções que estão vários níveis adiante de seu próprio nível.
> [...] Além disso, estudantes que mostram o mesmo nível de conhecimento não necessariamente têm a mesma zona de desenvolvimento proximal, porque são diferentes em sua capacidade de aprendizagem. [...] A conclusão a que se pode chegar é que a zona de desenvolvimento proximal deve ser determinada empiricamente, e não definida previamente de acordo com uma escala de desenvolvimento. (Levin e Aram, 2013: 233)

As pesquisas citadas investigam intervenções em *escritas inventadas* em ortografias opacas ou próximas da opacidade: francês (Rieben et al.), inglês (Ouellette e Sénéchal), hebraico (Levin e Aram).[36] Cabe perguntar, relembrando o que foi discutido no capítulo "Aprendizagem da língua escrita em diferentes ortografias e na ortografia do português brasileiro" sobre os níveis de transparência/opacidade de ortografias de diferentes línguas, e a influência desses níveis na aprendizagem da língua escrita, se as mediações sugeridas por aquelas pesquisas levariam a resultados semelhantes em *escritas inventadas* em ortografias transparentes.

---

[36] A opacidade das ortografias do inglês e do francês foram caracterizadas no capítulo "Aprendizagem da língua escrita em diferentes ortografias e na ortografia do português brasileiro"; o hebraico constitui um caso singular: há duas versões para sua ortografia, uma opaca, outra transparente. Na ortografia universalmente usada, o sistema alfabético é consonantal: são representadas apenas as consoantes – uma ortografia opaca –; somente na aprendizagem inicial da língua escrita, e nos casos em que é fundamental garantir uma leitura inequívoca (textos religiosos e poéticos), usa-se uma ortografia vocalizada, em que às consoantes se acrescentam sinais diacríticos representativos das vogais – é a versão transparente da ortografia, em que regras de conversão simples permitem a fácil identificação das relações fonema-grafema (Ravid, 2006; Frost, 2005). Na pesquisa relatada por Levin e Aram, as *escritas inventadas* pelas crianças e as reescritas das palavras pelas pesquisadoras guiavam-se pelo sistema consonantal, ou seja, pela ortografia opaca do hebraico. Em Tolchinsky e Teberosky (1997) encontra-se comparação entre escrita de palavras por crianças em fase de alfabetização em hebraico e em espanhol.

No caso da ortografia próxima da transparência do português brasileiro, embora a prática de *escritas inventadas* seja bastante difundida no Brasil, parece não haver pesquisas que analisem e avaliem resultados de mediações pedagógicas em *escritas inventadas* de crianças falantes do português brasileiro. Há, porém, estudos e pesquisas sobre intervenções em *escritas inventadas* no português europeu que, apesar das diferenças de pronúncia entre essas duas modalidades do português, com possíveis repercussões na representação escrita da cadeia sonora, apontadas também no capítulo "Aprendizagem da língua escrita em diferentes ortografias e na ortografia do português brasileiro", podem sugerir intervenções em *escritas inventadas* no português brasileiro.

Pesquisas sobre efeitos de mediação pedagógica em *escritas inventadas* de crianças portuguesas foram realizadas por Silva e Alves Martins (2003), Alves Martins e Silva (2006a, 2006b), Alves Martins et al. (2013, 2014).

Na pesquisa de 2003, as pesquisadoras investigaram os efeitos de mediação em escritas de crianças silábicas sem valor sonoro, ou seja, pré-fonéticas; na de 2006a, em escritas de crianças silábicas com fonetização; e na de 2006b, em escritas de crianças em três diferentes níveis: pré-silábicas, silábicas sem fonetização e silábicas com fonetização. Por subsumir, de certa forma, as pesquisas anteriores, já que inclui crianças em diferentes níveis de conceitualização da escrita e avaliados os mesmos tipos de intervenção utilizados nas pesquisas anteriores, relata-se a seguir a pesquisa de 2006b, e em seguida relatam-se as pesquisas de 2013 e 2014 de Alves Martins et al., que se diferenciam das anteriores em alguns aspectos relevantes.

Na pesquisa de 2006b, foram sujeitos do estudo de Alves Martins e Silva 82 crianças portuguesas da pré-escola, com idade média de 5 anos e 6 meses, divididas em três grupos, segundo os níveis de *escrita inventada* revelados em pré-teste: um grupo de crianças pré-silábicas,[37] um segundo grupo de crianças silábicas sem fonetização e um terceiro grupo de crianças silábicas com fonetização.[38] Cada um desses três grupos foi, por sua vez,

---

[37] Como são em geral caracterizadas como pré-silábicas crianças com diversos comportamentos de "escrita", convém esclarecer que, na pesquisa que se relata, foram consideradas pré-silábicas crianças que representavam cada palavra com uma sequência de letras, sem correspondência entre letras e sílabas e entre letras e fonemas.
[38] Como se pode inferir, as pesquisadoras definiram os níveis das crianças com base na classificação de Ferreiro e Teberosky (1986).

subdividido em dois: um subgrupo experimental, submetido, durante uma quinzena, à mediação em suas *escritas inventadas* que visava a uma reestruturação da escrita pela criança, buscando levá-la a nível superior ao em que se encontrava; e um subgrupo de controle, submetido, igualmente durante uma quinzena, a um programa de classificação de figuras geométricas com blocos lógicos. Foram estudados, portanto, seis grupos de crianças: três grupos experimentais, cada um em um nível de escrita, e três grupos de controle, também cada um em um correspondente nível de escrita. Em todos os grupos foram avaliadas, em pré-teste, habilidades de consciência fonêmica (classificação de fonemas, supressão de fonemas e segmentação fonêmica), com o objetivo de investigar os efeitos sobre o desenvolvimento da consciência fonêmica da intervenção na *escrita inventada*, comparando os grupos experimentais com os grupos de controle.

Às crianças dos três grupos experimentais foram ditadas palavras individualmente: para cada criança, as palavras continham apenas letras que ela conhecia (identificadas em avaliação prévia). Cada criança era levada a confrontar sua escrita com uma escrita da mesma palavra em um nível superior, atribuída a uma hipotética criança de outra escola. Assim, as crianças do grupo pré-silábico confrontavam sua escrita com a escrita da mesma palavra no nível silábico sem fonetização; as crianças do grupo silábico sem fonetização, com a escrita da palavra no nível silábico com fonetização; as crianças do grupo silábico com fonetização, com a escrita da palavra no nível silábico-alfabético ou alfabético. Solicitava-se que a criança lesse e comparasse as duas escritas de cada palavra, avaliasse qual das duas versões era melhor e justificasse sua escrita e a da outra criança. Segundo as pesquisadoras:

> Dessa forma criamos condições que provocariam um conflito cognitivo nas crianças e atuaríamos na área de desenvolvimento proximal, uma vez que a própria situação as levaria a pensar sobre formas de escrita que não eram muito distantes da sua própria. (Alves Martins e Silva, 2006b: 48)

O pós-teste foi realizado um mês após encerrados os programas de intervenção, a fim de que se pudesse verificar se o eventual progresso das crianças se manteria ao longo do tempo, o que se confirmou.

Assim, em relação à *escrita inventada*, todas as crianças dos três grupos experimentais avançaram, no pós-teste, para nível superior ao em que estavam no pré-teste: no grupo de crianças pré-silábicas, todas se tornaram silábicas sem fonetização; no grupo de crianças silábicas sem fonetização, todas se tornaram silábicas com fonetização; e no grupo de crianças silábicas com fonetização, todas se tornaram silábico-alfabéticas ou alfabéticas. Já nos grupos de controle, as *escritas inventadas* de todas as crianças continuaram no mesmo nível em que estavam no pré-teste, com exceção de apenas duas crianças do grupo inicialmente silábico com fonetização que produziram, no pós-teste, escritas silábico-alfabéticas.

Em relação à consciência fonêmica, todas as crianças dos três grupos experimentais evoluíram significativamente mais que as crianças dos grupos de controle, o que leva as pesquisadoras a afirmar que "programas de treinamento fonológico podem ser substituídos, ou pelo menos complementados, por atividades que incentivem as crianças a produzir escritas inventadas e a refletir sobre elas" (Alves Martins e Silva, 2006b: 53). E concluem:

> O estudo que aqui apresentamos evidencia a importância de atividades de escrita inventada como um meio de promover o desenvolvimento da consciência fonêmica e a compreensão da lógica subjacente ao alfabeto. Dessa forma, parece-nos pertinente concluir que estimular as crianças a escrever e a refletir sobre sua própria escrita facilita o processo de alfabetização. (Alves Martins e Silva, 2006b: 54)

A diferença entre o estudo anteriormente relatado e o de Alves Martins et al. (2013), desenvolvido com 108 crianças portuguesas pré-escolares de 5 anos de idade divididas em dois grupos, experimental e de controle, é que, neste último, as crianças do grupo experimental, independentemente do nível de escrita em que se encontravam, comparavam sua escrita com a escrita alfabética de uma hipotética criança de outra escola, e cada criança individualmente era

> [...] incentivada a analisar as duas escritas cuidadosamente, a dizer qual das duas versões era melhor e a tentar justificar por que tinha escrito a palavra como escrevera, e por que a outra criança tinha escrito a mesma palavra de forma diferente. (Alves Martins et al., 2013: 224)

Uma segunda diferença desse estudo em relação aos anteriores é que as pesquisadoras investigaram também se a intervenção na escrita inventada do grupo experimental levava a avanço em habilidades de leitura em comparação com o grupo de controle (com o qual foi desenvolvido um programa de desenho, enquanto se desenvolvia a intervenção em *escrita inventada* no grupo experimental).

Os resultados revelaram progresso significativo das crianças do grupo experimental em relação ao grupo de controle, tanto na escrita inventada quanto no processo de aprendizagem da leitura, o que leva as pesquisadoras à seguinte inferência:

> Do ponto de vista da educação, os resultados que obtivemos indicam a importância de promover desde cedo práticas de escrita inventada, o que quer dizer que as crianças devem ser confrontadas com atividades que estimulem a escrita muito mais cedo do que se tem feito usualmente. [...] Particularmente, este modelo de intervenção, que combina a reflexão das crianças sobre sua forma de escrever com a escrita de outra criança, e leva-as a pensar sobre qual seria a melhor maneira de escrever a palavra e por quê, poderia ser usado por professoras da educação infantil com o objetivo de desenvolver nas crianças a habilidade de reconhecer a língua falada na escrita e de ler palavras. (Alves Martins et al., 2013: 230)

O que diferencia o estudo mais recente de Alves Martins et al. (2014) dos estudos anteriormente mencionados é que a intervenção na *escrita inventada* de crianças pré-escolares (idade de 5 anos) foi desenvolvida não individualmente, como nos estudos anteriores, mas em pequenos grupos de quatro crianças intencionalmente em diferentes níveis de escrita inventada, "a fim de maximizar as possibilidades de discussão em cada grupo" (Alves Martins et al., 2014: 5). Como no estudo de Alves Martins et al. (2013), já relatado, também neste as crianças eram confrontadas com a escrita alfabética. No grupo, as crianças discutiam, com a mediação de um adulto, como escrever determinada palavra até chegar a um consenso, quando então eram apresentadas à palavra escrita alfabeticamente, comparavam-na com a escrita a que o grupo chegara, e discutiam qual escrita era melhor e por quê. Segundo as pesquisadoras,

> [...] as crianças constroem coletivamente uma solução para o problema que lhes é proposto, beneficiando-se da ajuda do adulto. O adulto, assim, não apenas orienta as interações entre as crianças, levando-as a justificar explicitamente seu pensamento, mas também chama a atenção para os diferentes sons da palavra a ser escrita. (Alves Martins et al., 2014: 7)

Os resultados evidenciaram avanço das crianças tanto em escrita quanto em leitura, levando as pesquisadoras a concluir:

> [...] um programa de escrita inventada em pequenos grupos de crianças pré-escolares, em que se provoca um processo de reflexão metalinguística sobre a escrita, tem consequências importantes na evolução de escritas inventadas, na leitura de palavras e na habilidade de decodificação. (Alves Martins et al., 2014: 11)

Em síntese, todas as pesquisas anteriormente relatadas confirmam que as práticas de *escrita inventada*, quando acompanhadas de intervenção por meio de mediações que levem as crianças a refletir sobre a escrita que *inventaram*, contribuem significativamente para o desenvolvimento da consciência grafofonêmica e, consequentemente, para a compreensão do princípio alfabético. Assim, o que Levin e Aram (2013: 233) concluem dos resultados de sua pesquisa pode aplicar-se aos resultados das demais pesquisas relatadas:

> Embora a escrita inventada possa contribuir para que os estudantes compreendam as relações entre o oral e o escrito, e aumentar o interesse pela escrita e a motivação para escrever, nossos resultados questionam se oferecer-lhes oportunidades para inventar escritas sem o acompanhamento de ensino é uma prática proveitosa.

Como se pode inferir dessas pesquisas, esse "acompanhamento de ensino" realiza-se não só por meio de intervenção na **escrita**, mas também na **leitura**: as pesquisas chegam à conclusão de que a mediação pedagógica em *escritas inventadas* propicia o desenvolvimento da consciência fonêmica em suas duas direções, a *consciência fonografêmica*, que predomina quando a criança escreve, e a *consciência grafofonêmica*, que predomina quando ela procura ler o que escreveu, e acompanha a leitura de escrita produzida pelo pesquisador ou supostamente por outra criança. Em síntese, a *escrita inventada* acompanhada de mediações pedagógicas, na fase inicial de aprendizagem da língua escrita, colabora significativamente para a compreensão da escrita alfabética pela criança, em seu uso tanto na escrita quanto na leitura.

No entanto, após compreendido o princípio alfabético, é necessário, para o pleno domínio da leitura e da escrita, que a criança desenvolva habilidades de ler e escrever palavras com rapidez, fluência e de forma preferentemente automática. Com relação à leitura, Demond e Gombert (2004: 246-47) afirmam:

> É impossível, na verdade, ter acesso à significação de um texto sem identificar pelo menos uma parte das palavras que o constituem. Não há, assim, bons leitores que sejam incapazes de reconhecer as palavras. [...] O reconhecimento deve ser não apenas feito corretamente, mas, no bom leitor, deve ser também predominantemente automático. [...] Com efeito, o reconhecimento de palavras deve exigir pouco do leitor, a fim de que ele possa concentrar-se nos processos de mais alto nível envolvidos na compreensão.

O mesmo se poderia dizer em relação à escrita; parafraseando Demond e Gombert, bons produtores de texto são capazes de escrever palavras não apenas corretamente, mas também de forma predominantemente automática; a produção de um texto deve demandar pouca atenção à escrita das palavras, a fim de que o autor possa concentrar-se nos processos de mais alto nível envolvidos na construção de textos bem estruturados, coerentes e coesos.

Assim, tendo-se completado, neste capítulo, a análise que se vinha fazendo do desenvolvimento da consciência fonológica da criança, particularmente da consciência grafofonêmica, e, consequentemente, de sua progressiva compreensão da escrita como representação dos sons da fala, ou seja, sua compreensão do princípio alfabético, dedica-se o capítulo seguinte às estratégias de leitura e escrita de palavras para além dos processos iniciais de codificação de fonemas por grafemas e decodificação de grafemas em fonemas.

Leitura e escrita de palavras

Este capítulo tem os seguintes objetivos:

- caracterizar as estratégias de leitura e de escrita de palavras segundo o modelo de dupla rota;
- discutir o uso do modelo de dupla rota tanto na leitura oral quanto na silenciosa;
- indicar efeitos de características das palavras sobre as estratégias de leitura e de escrita;
- caracterizar a interação entre as duas rotas;
- relacionar a hipótese do autoensino com a aprendizagem da escrita.

Buscando uma síntese, pode-se considerar que os capítulos anteriores trataram do que se poderia denominar os "alicerces" das habilidades de leitura e escrita em uma ortografia alfabética: o desenvolvimento da criança em seu processo de progressiva compreensão da escrita como um sistema de representação dos sons da fala, processo que se apoia em consciência fonológica; paralelamente, a aprendizagem pela criança do sistema de notação alfabética em que os sons da fala, reduzidos à sua menor unidade, os fonemas, são representados por grafemas, processo que se apoia em consciência grafofonêmica e fonografêmica; esses dois processos condicionados pela natureza e características da ortografia do português brasileiro.

Ao longo desses dois processos, a criança vai aprendendo tanto a ler quanto a escrever *palavras*, de início construindo passo a passo o reconhecimento delas na leitura, ou grafando-as passo a passo na escrita, toda sua atenção mobilizada para as associações entre fonemas e grafemas, até que se torne *alfabética*. Só quando essas *decifração* e *cifração* de palavras passam a ser rápidas e corretas, isto é, quando a criança se torna capaz de construir representações *ortográficas* das palavras, é que se pode considerar que ela realmente adquiriu habilidades de leitura e escrita *de palavras*, necessárias, ainda que não suficientes, para que alcance competência em leitura e produção fluentes *de textos*. Como afirma Adams (2013: 783) em relação à leitura, mas que se pode estender à escrita:

> É verdade que a capacidade de reconhecer palavras é apenas um muito pequeno componente do grande desafio da alfabetização. É também verdade que os conhecimentos e habilidades envolvidos no reconhecimento visual de palavras escritas, uma a uma, não têm utilidade por si mesmos. E é igualmente verdade que o reconhecimento de palavras só tem valor e, mais categoricamente, só é possível na medida em que é praticado e orientado no mais amplo contexto das atividades de compreensão da língua e do pensamento. Por outro lado, se os processos envolvidos no reconhecimento individual de palavras não funcionar adequadamente, nada mais no sistema funcionará.

Assim, o conhecimento dos processos cognitivos e linguísticos de leitura de palavras e, acrescente-se, também de escrita de palavras é necessário para a compreensão da aprendizagem inicial da língua escrita e, portanto, para fundamentar métodos de alfabetização que assegurem condições necessárias à leitura e à produção de textos. O objetivo deste capítulo é a discussão desses processos.[1]

Sendo as estratégias de leitura e de escrita de palavras aproximadamente as mesmas, são tratadas conjuntamente, indicando-se, porém, ao lado das semelhanças, também as diferenças entre os dois processos. Essas estratégias são inicialmente analisadas segundo o modelo de dupla rota, predominante na literatura da área e particularmente adequado à compreensão e à orientação da aprendizagem inicial da língua escrita, e discute-se a possibilidade de as estratégias de leitura oral, que o modelo privilegia, serem as mesmas usadas na leitura silenciosa. Em seguida, considerando que as estratégias tanto de leitura quanto de escrita de palavras são, em grande parte, determinadas pelas características delas, são analisadas essas características e seus efeitos no ler e no escrever, sendo, porém, o efeito de regularidade, por sua relevância, tratado separadamente no capítulo seguinte. Segue-se uma reflexão sobre as interações entre as duas rotas e suas implicações para a alfabetização, considerando-se em separado, por sua especificidade, a questão da escrita ortográfica de palavras. Finalmente, em um último tópico, situa-se a aprendizagem da leitura e escrita de palavras como um componente necessário do processo de alfabetização, mas apenas instrumental no contexto mais amplo da aprendizagem da leitura e da escrita: no contexto de leitura e escrita fluentes de textos e de letramento.

---

[1] Como lembrado no capítulo anterior (parágrafo inicial do tópico "Consciência grafofonêmica e os processos de leitura e de escrita"), as relações entre leitura e escrita foram já consideradas neste livro no primeiro capítulo sob a perspectiva *histórica*, no capítulo seguinte sob a perspectiva do *desenvolvimento* da criança, e no capítulo anterior sob a perspectiva da *consciência fonêmica*. Neste capítulo, discutem-se os processos *cognitivos e linguísticos* de leitura e de escrita *de palavras* após a compreensão pela criança do princípio alfabético.

ESTRATÉGIAS DE LEITURA E ESCRITA DE PALAVRAS: O MODELO DE DUPLA ROTA

Já nos anos 1980, A. Morais, em um estudo pioneiro – pois avançava para além da análise do processo de compreensão do princípio alfabético por crianças falantes do português, naquele momento privilegiada na pesquisa brasileira –, investigou "o tipo de estratégias empregadas por crianças ao ler e escrever em português, durante os primeiros anos de escolaridade" (A. Morais, 1986: 23). O pesquisador analisou o uso, por crianças brasileiras, de dois tipos de estratégias – a *estratégia fonológica* e a *estratégia visual* – que vinham sendo apontadas, na produção científica internacional, como processos básicos de leitura e escrita, constituindo o que se denominou *modelo* (ou *teoria*) *de dupla rota*. Nas décadas seguintes, numerosas pesquisas (para uma revisão, ver Lúcio e Pinheiro, 2011) comprovaram a validade, para crianças brasileiras, desse modelo, construído originalmente para a leitura na ortografia da língua inglesa.

A **leitura de palavras**, de acordo com o *modelo* (ou *teoria*) *de dupla rota*, pode ocorrer ou pelo processo de decodificação grafema-fonema – *rota fonológica* ou *sublexical* –, ou pelo reconhecimento visual direto da ortografia de palavra conhecida, "arquivada" em um léxico mental que reúne representações de palavras familiares – *rota lexical*, também denominada *visual* ou ainda *ortográfica*. Diferentes versões deste modelo têm sido desenvolvidas nas últimas décadas;[2] opta-se aqui por sua versão básica;[3] suficiente para os

---

[2] Versões mais complexas são representações computacionais que simulam o reconhecimento de palavras, como o *modelo de dupla rota em cascata* (DRC – *dual route cascaded model*), proposto por Coltheart et al. (1993, 2001); modelos alternativos de reconhecimento de palavras, também computacionais, são o *modelo de ativação interativa*, de McClelland e Rumelhart (1981), o *modelo conexionista*, de Seidenberg e McClelland (1989) e o *modelo conexionista de duplo processo* (CDP – *connectionist dual process*), de Zorzi (2010). Comparações entre modelos de dupla rota e conexionistas são encontradas em Coltheart (2006) e Pritchard et al. (2012). Recentemente, Norris (2013), em uma revisão de modelos de reconhecimento de palavras, cita as várias versões computacionais que se multiplicaram e se sofisticaram nas últimas décadas. Na área das neurociências, Sela et al. (2014) comprovaram a dupla rota na leitura de palavras investigando, por meio de tecnologia de neuroimagem funcional, a atividade cerebral em tarefas de decisão lexical.

[3] A versão aqui considerada "básica", originalmente proposta por Morton (1969), que a denominou *modelo logogen* (de *logos* = palavra, e *genus* = nascimento), é a arquitetura básica do modelo de dupla rota em que se fundamentam Coltheart (2006), Coltheart et al. (1993 e 2001), Ellis (1995), entre outros. Na produção acadêmica brasileira, considerando-se apenas livros, teses e dissertações, fundamentam-se nessa versão as pesquisas de Pinheiro (1994, 2008), Guimarães (2005a), Salles (2005), Godoy (2005), Lúcio (2008), entre outras.

objetivos deste livro, ou seja, para a compreensão e orientação dos processos de leitura e escrita fluentes e rápidas de palavras na aprendizagem inicial da língua escrita.

Na leitura, palavras escritas carregam três tipos de informação: sua ortografia, sua pronúncia e seu significado. Para chegar a essa tríplice informação, o leitor, a partir da identificação visual da cadeia de letras que compõem a palavra, segue uma de duas rotas. A figura a seguir representa essas duas rotas de leitura:

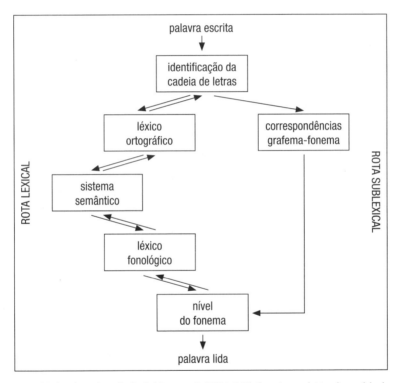

Fonte: Traduzido e adaptado de Coltheart et al. (2001: 213), "arquitetura básica do modelo de dupla rota em cascata".

Como se depreende da figura, o leitor ou decodifica as correspondências grafema-fonema, e assim chega à palavra – *rota sublexical* –, ou reconhece, em seu léxico ortográfico mental, ativando a memória de longo prazo, a palavra como um todo, sem necessidade de decodificação grafema-fonema – *rota lexical*. Na rota lexical, as setas de mão dupla indicam a interação entre unidades; nas palavras de Coltheart et al. (2001: 213), "a ativação de uma unidade contribui para a ativação de outras unidades".

As duas rotas no processamento da leitura têm sido identificadas ou por meio de estudos empíricos, em que sujeitos são levados à manifestação de comportamentos de leitura que revelem o uso de uma ou outra rota, ou por representação computacional que simula o processamento de leitura (como no modelo de dupla rota em cascata, de Coltheart et al., 1993, citado na nota 2). Também estudos neuropsicológicos e estudos de imagem cerebral dão *suporte empírico objetivo* ao uso das duas rotas na leitura.

Assim, para Dehaene (2012: 53), "a melhor prova da existência [das] duas vias provém da Neuropsicologia – o estudo das consequências das lesões cerebrais". O pesquisador cita pacientes que, após um acidente vascular, dependendo da área cerebral comprometida, "perdem a capacidade de converter os grafemas em fonemas" (2012: 53), ou seja, a capacidade de uso da via sublexical (fonológica); ou, em uma patologia inversa, "não acessam mais as palavras pela via direta [...] precisam pronunciar as palavras para compreendê-las" (2012: 55), ou seja, perdem a capacidade de uso da via lexical (ortográfica). Segundo esse mesmo pesquisador, estudos de imagem cerebral levam à conclusão de que "as duas vias de leitura postuladas pelos psicólogos correspondem bem a dois feixes distintos das áreas cerebrais" (2012: 121).

Quanto à **escrita de palavras**, os estudos que focalizam a aplicabilidade do modelo de dupla rota também à escrita são pouco numerosos, tanto na literatura internacional quanto na nacional, ao contrário do que ocorre em relação a estudos sobre a dupla rota na leitura de palavras. No entanto, como afirma Pinheiro (2008: 71), "a maioria dos argumentos desenvolvidos para explicar a leitura pode ser aplicada, também, aos processos de escrita"; e continua: "Como no modelo de leitura, o modelo de escrita parece ter duas rotas independentes, a rota lexical – escrita lexical – e a rota fonológica – escrita por meio de mediação fonológica" (2008: 71). Aliás, a pesquisa pioneira de A. Morais (1986) já identificara a presença de estratégias visuais e fonológicas não só na leitura, mas também na escrita.

Em paralelo à figura anterior, que representa as duas rotas *de leitura*, pode-se assim representar as *duas rotas de escrita*:

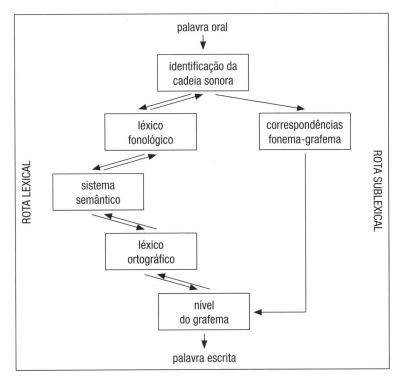

Fonte: Adaptação à escrita da "arquitetura básica do modelo de dupla rota em cascata" de Coltheart et al. (2001: 213).

Como mostra a figura, para representar pela escrita uma palavra, ou os fonemas da cadeia sonora (ouvida, ditada, falada ou apenas pensada) são diretamente codificados em grafemas, com base na consciência grafofonêmica – *rota sublexical* –, ou a cadeia sonora é reconhecida no léxico mental – fonológico, semântico, ortográfico – e é grafada sem necessidade de decodificação serial fonema-grafema – *rota lexical*.

Os estudos empíricos sobre o modelo de dupla rota na **escrita** são realizados por intermédio de ditado de palavras, inferindo-se as estratégias utilizadas pela criança por meio da análise do efeito, sobre sua escrita, de características das palavras ditadas (sobre características de palavras e seus efeitos se falará em próximo tópico).

Também os estudos empíricos sobre o modelo de dupla rota na **leitura** utilizam, como procedimento de investigação, a análise dos efeitos de características das palavras sobre a leitura oral de palavras[4] (como foi dito, sobre características das palavras e seus efeitos se falará adiante). Pesquisas sobre a leitura possibilitam, porém, outros dois procedimentos para identificação da rota utilizada: o *tempo de reação vocal*, isto é, o tempo entre *ver* a palavra escrita e *dizê-la oralmente*, em princípio mais longo quando a rota é sublexical; e a *leitura oral de pseudopalavras*, que permite analisar o uso da rota sublexical, já que, tratando-se de palavras inexistentes na língua, não podem, em princípio, ser lidas pela rota lexical.

Os três procedimentos citados para investigação da leitura segundo o modelo de dupla rota baseiam-se em análise da *vocalização*, isto é, da leitura em voz alta de palavras pelo leitor, inferindo-se dela o uso de um ou outro modelo. Limitando-nos a estudos com crianças brasileiras, a leitura de palavras em voz alta é que forneceu dados, nas pesquisas citadas anteriormente (nota 3), para a confirmação do uso do modelo de dupla rota no reconhecimento de palavras por crianças falantes do português brasileiro.

Poucas pesquisas com crianças brasileiras focalizaram a leitura *silenciosa* de palavras; uma delas é a pesquisa de A. Morais (1986) que, nos três estudos experimentais que desenvolveu, avaliou, entre outros aspectos, a rota utilizada por crianças em fase de alfabetização na leitura silenciosa de frases e de palavras isoladas: a criança lia frases ou palavras com interferência fonológica – ao mesmo tempo que lia silenciosamente, "pronunciava ininterrupta e ritmadamente a sequência de números 1, 2, 3 em voz alta" (A. Morais, 1986: 26) –, e revelava a leitura, correta ou não, ao fazer a correspondência entre cartão com a frase ou palavra lidas silenciosamente e cartão que, entre outros, apresentasse gravura ou figura que representasse o conteúdo da frase ou o significado da palavra. A conclusão foi que "a interferência fonológica constituiu obstáculo à leitura de palavras isoladas, fazendo os sujeitos levarem mais tempo para realizar a tarefa – sobretudo os iniciantes", o que evidenciou que as crianças "usavam estratégias fonológicas ao ler [silenciosamente]" (A. Morais, 1986: 50). Como se pode inferir, ao ler *silenciosamente* as crianças usavam a rota sublexical, ou fonológica.

---

[4] Pinheiro, Cunha e Lúcio (2008) apresentam uma proposta de análise e classificação de erros de leitura de palavras por crianças em processo de alfabetização, distinguindo tipos de erros que sugerem o uso de uma ou outra rota.

Outra metodologia de pesquisa usada com frequência, em que o procedimento implica leitura silenciosa, é aquela que se realiza com uso de computador: a criança não pronuncia palavras que aparecem no monitor, mas indica a decisão lexical apertando determinada tecla, isto é, faz leitura silenciosa, embora não seja esta a variável considerada na investigação (ver, como exemplo, Justi e Pinheiro, 2008); o tempo de decisão lexical permite inferir a rota utilizada: tempo maior indica rota fonológica, tempo menor, rota lexical.

Como se pode concluir, mesmo as pesquisas anteriormente citadas não focalizam propriamente a utilização do modelo de dupla rota na leitura silenciosa. Entretanto, como é sobretudo à leitura silenciosa que se procura conduzir a criança no processo de alfabetização, já que é esta a modalidade de leitura mais frequente tanto em termos individuais quanto sociais, pode-se perguntar se, no reconhecimento silencioso de palavras, são também usadas as estratégias do modelo de dupla rota. A resposta a essa pergunta depende de resposta a uma outra pergunta: a leitura silenciosa é fonologicamente mediada como é a leitura em voz alta, condição para que ela se realize também por estratégias da teoria da dupla rota? É o que se discute no próximo tópico.

O MODELO DE DUPLA ROTA E A LEITURA SILENCIOSA

Em texto sobre o reconhecimento de palavras, Grainger e Ziegler (2008: 129), ao mesmo tempo que diferenciam, também aproximam a leitura em voz alta e a leitura silenciosa:

> O processo de *leitura silenciosa de palavras* (ler para compreender) requer minimamente dois tipos de códigos: ortografia (conhecimento das letras e de sua posição na palavra) e semântica (conhecimento do significado das palavras). O processo de *leitura em voz alta* requer minimamente um código ortográfico e um código fonológico-articulatório para gerar pronúncia. Embora não mais que dois códigos essenciais sejam necessariamente exigidos por cada modalidade, vem se tornando cada vez mais claro que todos os três códigos (ortografia, fonologia e semântica) estão presentes tanto na leitura silenciosa quanto na leitura em voz alta.

Afirmando que a fonologia está presente também na leitura silenciosa, Grainger e Ziegler aderem à hipótese, que data de muito tempo, de que a leitura envolve uma *fala interior*, expressão de Huey (1908) que, já no início do século XX, em livro pioneiro sobre a psicologia da leitura, hoje considerado um "clássico", afirmava que "não há dúvida de que ouvir ou pronunciar, ou ambos, interiormente, o que é lido é parte constitutiva da leitura da grande maioria de pessoas" (1908: 117), e propunha que "o falar ou ouvir interiormente o que é lido parece ser a essência da leitura" (1908: 122).

Essa hipótese, considerada a *hipótese clássica* sobre a leitura silenciosa, tem sido recentemente posta à prova em numerosas pesquisas. Não são pesquisas com o objetivo de verificar se também à leitura silenciosa se aplica a teoria da dupla rota, mas com o objetivo de verificar se ela realmente envolve uma *fala interior*. As conclusões dessas pesquisas interessam aqui porque a comprovação de que a leitura silenciosa é fonologicamente mediada é condição para estudos sobre a presença, nela, das estratégias do modelo de dupla rota, o que pode esclarecer as relações entre leitura oral e leitura silenciosa no processo de aprendizagem da língua escrita.

Assim, Lukatela et al. (2004), por meio de quatro experimentos com falantes do inglês, investigaram se a latência na decisão léxica visual silenciosa (leitura em tela de computador não acompanhada de vocalização) seria função da duração das vogais presentes em palavras (medida em milissegundos). Com base nos pressupostos de que o tempo de realização de uma palavra falada é função da duração dos sons coarticulados (combinações de fonemas) que a compõem, e de que há, portanto, variação fonética na pronúncia de palavras em virtude do tempo diferente de realização de vogais breves ou longas, frequentes na língua inglesa, partiram da hipótese de que a leitura silenciosa de palavras com vogais breves seria mais rápida que a leitura de palavras com vogais longas. A investigação confirmou essa hipótese, revelando que a leitura silenciosa de palavras envolve não só aspectos fonológicos, mas até mesmo aspectos fonéticos.

A pesquisa de Lukatela et al. (2004) replicou, estendendo-a, pesquisa anterior de Abramson e Goldinger (1997), e ambas as pesquisas chegaram à mesma conclusão: "estímulos com vogais breves foram lidos [silenciosamente] mais rapidamente que estímulos com vogais longas, sugerindo que a leitura silenciosa provoca fala interior" (Abramson e Goldinger, 1997: 1062); "a decisão léxica visual é sensível à duração de vogais das palavras faladas que as palavras escritas representam" (Lukatela et al., 2004: 158). Ou seja, segundo ainda palavras de Lukatela et al. (2004: 152):

> [...] a hipótese clássica de fala interior na leitura [...] pode receber uma interpretação moderna de representações que integram fonologia e fonética. Ler uma palavra [silenciosamente] envolve uma forma fonológica que representa não apenas distinções fonologicamente significativas, como aceito tradicionalmente, mas envolve também detalhes fonéticos físicos.

Abramson e Goldinger (1997: 1.063), em um segundo experimento com base na diferente duração de consoantes no início de palavras – fricativas e líquidas foneticamente mais longas que oclusivas –, identificaram também o efeito, sobre a leitura silenciosa, dessas ocorrências: latência maior, na decisão léxica visual de palavras com fricativa ou líquida inicial, que a latência na decisão léxica visual de palavras iniciadas por oclusiva (dado apresentado pelos pesquisadores na língua inglesa: *tape* com latência menor que *sake*; por hipótese, em português a latência de, por exemplo, *bola* seria menor que a de *sola*, na leitura silenciosa).

É interessante acrescentar que há ainda pesquisas que, avançando para a leitura de *textos*, para além da leitura de palavras, comprovam que a "fala interior" na leitura silenciosa pode incluir também, além de aspectos fonéticos da fala, características não linguísticas ou suprassegmentais. Por exemplo, Alexander e Nygaard (2008) comprovaram que sujeitos que, tendo ouvido conversação entre dois indivíduos, um que falava de forma rápida, outro que falava de maneira lenta, liam silenciosamente texto supostamente atribuído ao primeiro mais rapidamente que texto atribuído ao segundo, embora os textos se equiparassem em número de palavras e de sentenças.

Mais recentemente, os resultados de pesquisas com base em dados comportamentais, como as citadas anteriormente, têm sido confirmados com dados neurofisiológicos, obtidos com tecnologias de imagem por ressonância magnética funcional (fMRI).

Um exemplo é a pesquisa de Yao, Belin e Scheepers (2011) os quais investigaram se, na leitura silenciosa de discurso direto – reprodução literal da fala de alguém – e de discurso indireto – incorporação da fala de alguém na fala de outrem –, seriam ativadas diferentemente áreas do córtex auditivo seletivas de voz, tendo confirmado que ambos os tipos de discurso ativam essas áreas, sendo, porém, a ativação maior na leitura silenciosa de discurso direto que na leitura silenciosa de discurso indireto: "nossos resultados trazem suporte empírico objetivo à experiência intuitiva de uma 'voz interior' durante a leitura silenciosa de um texto, particularmente durante a leitura silenciosa de enunciados em discurso direto" (Yao, Belin e Scheepers, 2011: 3.150). Ou seja: a leitura silenciosa revelou ser não só fonologicamente mediada, mas, mais que isso, também modulada por propriedades linguísticas e pragmáticas características da linguagem oral e da leitura em voz alta.

Pesquisa de Perrone-Bertolotti et al. (2012) confirmou os resultados de Yao, Belin e Scheepers (2011): investigando, por meio de eletroencefalografia, se a leitura silenciosa de palavras ativava regiões seletivas de voz do córtex auditivo em quatro sujeitos adultos, os pesquisadores concluíram que ler silenciosamente "suscita processamento auditivo na ausência de qualquer estimulação auditiva, o que pode indicar que leitores usam espontaneamente imagens auditivas" (2012: 17.560). Essa conclusão leva os pesquisadores a uma reflexão sobre o nível de automatização da *voz interior* durante a leitura silenciosa, propondo uma explicação relevante para a questão da aprendizagem da língua escrita. Segundo eles, em bons leitores esse nível é alto, e talvez seja porque

> [...] aprender a ler deve reforçar a conexão entre as áreas visual e auditiva [...]: essas regiões seriam simultaneamente ativadas graças a associações repetidas entre estímulos visuais e auditivos durante o período de aprendizagem (a palavra escrita e a percepção da própria voz quando lendo em voz alta). Com a prática, essa conexão permitiria, na ausência de voz, uma ativação direta do córtex auditivo por estímulos visuais sobre o córtex visual, bem semelhante a uma associação automática estímulo-resposta. (Perrone-Bertolotti et al., 2012: 17.560)

Tal proposta já vem anunciada no início do artigo em que Perrone-Bertolotti et al. (2012: 17.554) relatam a pesquisa: "Quando as crianças aprendem a ler, aprendem a associar símbolos escritos com sons falados, até que a associação esteja tão bem construída que ocorre sem esforço. Neste momento, elas se tornam capazes de ler silenciosamente." Dessas palavras inferem-se uma explicação e uma justificativa para a importância da leitura em voz alta na aprendizagem inicial da língua escrita como caminho para a aquisição de competência em leitura silenciosa.

As pesquisas anteriores esclarecem os processos cognitivos e linguísticos inerentes à leitura silenciosa; embora desenvolvidas sobre a leitura silenciosa em língua inglesa (Lukatela et al., 2004; Abramson e Goldinger, 1997); Yao, Belin e Scheepers, 2011) e francesa (Perrone-Bertolotti et al., 2012), pode-se supor que, apesar das peculiaridades da fonologia e ortografia de cada língua, esses processos serão, de certa forma, se não universais, pelo menos presentes em ortografias alfabéticas. Assim, pode-se admitir que também na ortografia do português a leitura silenciosa é mediada fonológica e foneticamente, e mesmo pragmaticamente.

Se as pesquisas relatadas, repetindo palavras de Yao, Belin e Scheepers já citadas, "trazem suporte empírico objetivo à experiência intuitiva de uma 'voz interior' durante a leitura silenciosa de um texto", pode-se inferir que o modelo de dupla rota, construído com dados sobre a leitura em voz alta, explica também as estratégias da leitura silenciosa.[5] Assim, Dehaene (2012: 39 ss.), discutindo "a voz muda" na leitura, afirma que atualmente é consensual que "nos adultos, as duas vias de leitura existem e são ativadas simultaneamente", e continua:

> Dispomos todos de uma via direta de acesso às palavras, que nos evita pronunciá-las mentalmente antes de compreendê-las. Contudo, nos leitores experientes, a sonoridade das palavras continua a ser utilizada, mesmo se dela não tivermos sempre consciência. Não se trata de articulação – não

---

[5] Em crianças em fase de alfabetização, e mesmo em adultos com pouca fluência de leitura, é relativamente comum a movimentação dos lábios durante a leitura silenciosa, ou mesmo um murmúrio, o que indica uma fala subvocal, indício de leitura pela rota fonológica, o que não se verifica em leitores experientes – ver citação de Dehaene (2012) adiante.

temos necessidade de mover os lábios nem mesmo de preparar um movimento da boca. Mas, a nível mais profundo de nosso cérebro, as informações sobre a pronúncia das palavras são automaticamente ativadas. As duas vias de tratamento das palavras, a via lexical e a via fonológica, funcionam, pois, em paralelo, uma sustentando a outra. (Dehaene, 2012: 40)

Uma meta-análise de 35 estudos de neuroimagem para avaliação da teoria da dupla rota na leitura silenciosa desenvolvidos no período de 1990 a 2002, realizada por Jobard, Crivello e Tzourio-Mazoyer (2003: 710), concluiu que o principal resultado da meta-análise foi "a demonstração da adequação do modelo de dupla rota para explicar ativações observadas durante a leitura [silenciosa]".

Essa "adequação" do modelo de dupla rota, tanto à leitura em voz alta quanto à leitura silenciosa, subordina-se, porém, a características da palavra a ser lida. Citando novamente Dehaene (2012: 55):

> Conforme a palavra a ser lida – conhecida ou não, frequente ou rara, regular ou irregular – e conforme a tarefa proposta – leitura em voz alta ou compreensão do texto [leitura silenciosa] –, a contribuição respectiva das duas vias será preponderante ou menor.

O próximo tópico busca esclarecer essa relação entre características das palavras e as estratégias de leitura e também de escrita, no quadro do modelo de dupla rota.

EFEITOS DAS CARACTERÍSTICAS DAS PALAVRAS SOBRE A LEITURA E A ESCRITA

Como se depreende das palavras de Dehaene, são sobretudo as características das palavras que suscitam o uso de uma ou outra rota, sublexical ou lexical, na leitura e, pode-se acrescentar, também na escrita. Assim, o modelo de dupla rota é em geral estudado por meio de pesquisas que solicitam aos sujeitos leitura ou escrita de palavras com diferentes características, inferindo-se, do tempo de resposta e dos efeitos negativos (erros) ou positivos (acertos) dessas características, a rota preferencialmente utilizada na leitura ou na escrita. Para o ensino, conhecer os efeitos de características das palavras sobre a leitura e a escrita interessa sobretudo por possibilitar melhor compreensão não só dos processos subjacentes à aprendizagem da leitura e da escrita, mas também dos tipos e causas de dificuldades que eventualmente se revelem ao longo dessa aprendizagem, compreensão necessária para uma orientação adequada da alfabetização.

Os principais efeitos de características das palavras sobre a leitura e a escrita identificados pelas pesquisas são: o efeito de *lexicalidade*, o efeito de *extensão*, o efeito de *vizinhança*, o efeito de *frequência* e o efeito de *regularidade*. Naturalmente, o grau de influência desses efeitos sobre a leitura e a escrita de palavras depende da natureza da ortografia – transparência ou opacidade. Interessa aqui o efeito de características de palavras sobre a aprendizagem da leitura e escrita na ortografia do português brasileiro, próxima da transparência (cf. capítulo "Aprendizagem da língua escrita em diferentes ortografias e na ortografia do português brasileiro).[6] Ou seja: efeitos de características de palavras estudados pela *pesquisa* para a identificação da utilização de uma ou outra rota do modelo de dupla rota são aqui discutidos sob a perspectiva do *ensino*, mais especificamente do processo de alfabetização, e com base sobretudo em pesquisas desenvolvidas nas últimas décadas com crianças brasileiras em fase de aprendizagem da ortografia do português brasileiro (para revisões dessas pesquisas, ver Lúcio e Pinheiro, 2011).

Um dos procedimentos usados pelas pesquisas para inferir o uso preferencial de uma ou outra rota – fonológica ou lexical – por crianças em fase

---

[6] Tanto no português brasileiro quanto em outras ortografias, as pesquisas contemplam sobretudo *a leitura* de palavras, raramente a escrita. Para uma análise atualizada e abrangente, e sob diferentes perspectivas, dos processos de leitura de palavras em diferentes ortografias, sobretudo na ortografia opaca do inglês, ver os capítulos do livro *Single-Word Reading*, organizado por Grigorenko e Naples (2008). A respeito de efeitos de características de palavras sobre leitura do português europeu, menos transparente que o português brasileiro, pode-se consultar Sucena e Castro (2005), Fernandes et al. (2008), Lima e Castro (2010). Sobre a *leitura* de palavras em espanhol, ortografia mais próxima da transparência que o português, tanto europeu quanto brasileiro, ver Cuetos e Suárez-Coalla (2009); sobre a leitura de palavras em português europeu e espanhol, ver Defior, Martos e Cary (2002). Sprenger-Charolles, Siegel e Bonnet (1998) estudam a leitura e escrita de palavras em francês, em confronto com outras ortografias de diferentes níveis de profundidade; Wimmer e Goswami (1994) comparam leitura de palavras por crianças na ortografia opaca do inglês e na ortografia próxima da transparência do alemão; Aro e Wimmer (2003) apresentam revisão de estudos sobre leitura de palavras em seis ortografias de diferentes níveis de transparência/opacidade.

de alfabetização é investigar a presença, ou não, do *efeito de lexicalidade*: a criança é solicitada a ler ou escrever palavras reais e pseudopalavras, também chamadas não palavras,[7] e a rapidez e precisão com que lê ou escreve essas palavras e não palavras permitem inferir que rota é usada. A hipótese é que, como palavras reais podem ser reconhecidas no léxico mental, leitura e escrita delas seriam mais rápidas e precisas, indicando uso preferencial da rota lexical; ao contrário, leitura e escrita de pseudopalavras, inexistentes, só podem dar-se por decodificação (conversão grafofonêmica) ou codificação (conversão fonografêmica), ou seja, pela rota fonológica, mais lenta e mais suscetível a erros.

Pseudopalavras, se são um recurso válido em pesquisas sobre processos cognitivos e linguísticos de aprendizagem da língua escrita (sobre a questão do uso de pseudopalavras na pesquisa, releia-se a nota 38 do capítulo "Aprendizagem da língua escrita em diferentes ortografias e na ortografia do português brasileiro"), não se justificam no processo de ensino, pois a criança se alfabetiza com e para palavras e textos reais. Entretanto, resultados de pesquisas sobre o *efeito de lexicalidade* representam contribuição para o ensino quando concluem, o que em geral ocorre nas pesquisas, que esse efeito não se manifesta na fase inicial da alfabetização, "demonstrando que as crianças podem ler tanto palavras quanto pseudopalavras da mesma forma, ou seja, através da rota fonológica" (Salles e Parente, 2002: 326), o mesmo acontecendo em relação à escrita. É que, no início da alfabetização, a criança, por estar ainda em processo de compreensão das correspondências grafofonêmicas, como discutido no capítulo anterior a respeito da *escrita inventada*, ainda não constituiu um léxico mental suficientemente rico para permitir uso preferencial da rota lexical. É o que concluem Lúcio e Pinheiro (2011: 177) de sua revisão de 20 anos de estudos sobre o reconhecimento de palavras em crianças brasileiras:

---

[7] *Pseudopalavras*, ou *não palavras*, são sequências de letras construídas artificialmente, com estrutura ortográfica possível na escrita da língua em questão, mas não existentes, sem significado. Em geral, nas pesquisas sobre o uso do modelo de dupla rota, as crianças são solicitadas a ler ou escrever palavras reais e pseudopalavras, sendo estas últimas construídas com o mesmo número de letras e a mesma estrutura ortográfica das palavras reais utilizadas; por exemplo, vejam-se algumas palavras e pseudopalavras utilizadas na pesquisa de Salles (2005: Anexo C): *zero/zure, droga/truga, alimento/alanare, conversa/sanverca.*

> [...] as crianças brasileiras parecem utilizar preferencialmente a estratégia fonológica no início da aprendizagem da leitura, a qual vai sendo gradualmente substituída pelo uso prioritário da estratégia lexical, que é mais eficaz do ponto de vista do desenvolvimento.

É também o uso preferencial da rota fonológica que parece explicar o *efeito de extensão* que, como concluem pesquisas com crianças brasileiras, manifesta-se sobretudo no início da aprendizagem da língua escrita, fase em que quanto maior o número de letras contidas na palavra mais lenta e menos precisa é a leitura e, sobretudo, a escrita. Pinheiro (1994, 2008: 191), estudando, em pesquisa transversal, crianças de 1ª a 4ª séries, conclui, em relação à leitura, que o efeito de extensão "tende a diminuir com o avanço da escolaridade em desenvolvimento normal, mas pode continuar afetando a leitura de crianças com dificuldade"; Salles e Parente (2002, 2007), em pesquisas com crianças de 2ª e 3ª séries, concluem que o *efeito de extensão* foi elevado, sobretudo na escrita; Godoy (2005: 141), em pesquisa longitudinal que acompanhou crianças da pré-escola ao final do 1º ano, conclui que houve efeito de extensão na escrita, "indicando que as palavras curtas foram escritas mais corretamente que as palavras longas", e também na leitura:

> Houve efeito de extensão, presente tanto em termos de respostas corretas [...] como em termos de velocidade de processamento [...]. As palavras curtas foram lidas mais rápida e precisamente do que as palavras longas, mostrando que o domínio das regras de correspondência grafofonológica não está completamente automatizado e o processamento dessas palavras é realizado de forma serial, pela via fonológica. (Godoy, 2005: 128)

Em síntese, pesquisas sobre os efeitos de *lexicalidade* e de *extensão* concluem, geralmente, que esses efeitos se manifestam sobretudo quando predomina o uso da rota fonológica, ou sublexical, ou seja, no início do processo de aprendizagem da leitura e da escrita.

No entanto, se o uso da rota fonológica predomina no início da alfabetização, o uso da rota lexical também está aí presente, uma vez que certas características de palavras reais exercem, sobre a leitura e a escrita, outros efeitos, de que se falará em seguida. Como afirmam Salles e Parente (2007: 225), em conclusão de pesquisa sobre leitura e escrita de palavras em amostra de crianças de 2ª série, "há indícios de uso de ambas as rotas de leitura e escrita na amostra estudada", embora reconhecendo que "a rota fonológica é mais usada do que a lexical".

Assim, pesquisas têm encontrado indícios de uso da rota lexical ao identificar a presença do *efeito de vizinhança* na leitura e, menos frequentemente, também na escrita de certas palavras. Entende-se por *efeito de vizinhança* a influência que exercem, sobre a leitura ou escrita de uma palavra, palavras semelhantes arquivadas no léxico mental, denominadas *vizinhos ortográficos*: na definição de Pinheiro, Cunha e Lúcio (2008: 117), "duas palavras são vizinhas ortográficas quando compartilham exatamente o mesmo número de letras e na mesma posição, com exceção de uma". As pesquisadoras acrescentam, ao efeito de vizinhança ortográfica, erros de leitura por *confusão visual*, ou *semelhança visual* (como *vasilha/vizinha*, exemplo dado pelas pesquisadoras); são erros de *lexicalização*: erros em que uma palavra real a ser lida é substituída por outra palavra real ou, no caso de leitura de pseudopalavra, esta é substituída por palavra real.

Para Justi e Pinheiro (2008: 560), "as pesquisas sobre o efeito de vizinhança ortográfica têm se revestido de grande importância teórica [...] porque podem ajudar a revelar a dinâmica do processo de acesso a [...] representações mentais [no léxico mental]". Como o *efeito de vizinhança* revela o uso da rota lexical, as pesquisas procuram determinar se esse efeito é facilitador ou inibitório da leitura ou da escrita, e em quais condições; para isso considerando o *número*, maior ou menor, de vizinhos ortográficos de uma palavra, e a *frequência*, também maior ou menor, desses vizinhos ortográficos.

O efeito sobre a leitura e a escrita de vizinhos ortográficos tem-se revelado presente sobretudo em ortografias opacas, em que a rota lexical prevalece, favorecendo o aparecimento desse efeito. Assim, são numerosas as pesquisas sobre o *efeito de vizinhança* na leitura e escrita da ortografia opaca do inglês,[8] enquanto são poucas as pesquisas sobre o *efeito de vizi-*

---

[8] Para revisões, ver Andrews (1997) e Perea e Rosa (2000). O *efeito de vizinhança* na leitura aproxima-se da leitura por *analogia*, estratégia proposta por Ehri (1998a, 2014) como uma das formas de ler palavras.

nhança na aprendizagem da leitura e da escrita na ortografia relativamente transparente do português brasileiro. Pode-se citar Justi e Pinheiro (2008), que investigaram o efeito de vizinhança ortográfica na leitura de crianças brasileiras da 4ª série do ensino fundamental em função de diferentes tarefas de decisão lexical, anteriormente utilizadas com sujeitos adultos (Justi e Pinheiro, 2006); também Pinheiro, Costa e Justi (2005) consideraram o *efeito de vizinhança*, embora apenas para interpretação de resultados de pesquisa sobre os efeitos de frequência e de extensão no reconhecimento de palavras por crianças de 1ª a 4ª séries.

Considerando que a ortografia do português brasileiro, próxima da transparência, favorece o uso da rota fonológica, por isso preferencial, sobretudo no início do processo de alfabetização, erros relativamente comuns em que a criança troca, na leitura ou na escrita, a palavra por um seu vizinho ortográfico (a criança lê *bode* por *bote*, *cadela* por *capela*, ou escreve *cabelo* por *camelo*, *poste* por *posto*)[9] são mais provavelmente explicados por um inadequado processamento das correspondências grafema-fonema pela rota fonológica que a um *efeito de vizinhança*.

Pode-se supor que também respostas a questões de leitura de palavras, em geral presentes em avaliações de alfabetização, podem receber dupla interpretação: decodificação ou *efeito de vizinhança*? Ou, em outras palavras, uso da rota fonológica ou da rota lexical? São questões em que a criança deve indicar onde está escrita determinada palavra, falada pelo aplicador da prova ou representada por um desenho, assinalando-a entre opções que são vizinhos ortográficos ou apresentam semelhança visual: por exemplo, marcar onde

---

No entanto, enquanto a bibliografia em português e outras ortografias transparentes considera o *efeito de vizinhança* sobretudo como indutor de erros na leitura, para Ehri, ao contrário, a estratégia da *analogia* facilita a leitura – lembre-se de que a pesquisadora estuda a leitura na ortografia opaca do inglês: para ela, ler palavras desconhecidas por analogia "envolve encontrar na memória a ortografia de uma palavra conhecida e ajustar sua pronúncia para corresponder a letras da palavra desconhecida (por exemplo, ler *thump* por analogia com *jump*)" (Ehri, 2014: 6).

[9] Os exemplos apresentados neste tópico, e também em tópicos seguintes deste capítulo, são escritas reais coletadas na produção de crianças no início do processo de alfabetização, em escolas públicas. Entre essas escritas, é interessante citar casos, pouco frequentes, mas significativos, em que a criança, ao escrever palavras ditadas, revela um efeito de vizinhança não ortográfica, mas semântica: ditada a palavra *gorila*, escreve *macaco*; ditada a palavra *melancia*, escreve *melão*; ditada a palavra *jabuticaba*, escreve *goiaba*; ditada a palavra *dentadura*, escreve *boca*; ditada a palavra *esqueleto*, escreve *caveira*; ditada a palavra *margarina*, escreve *qualy* (nome de marca do produto muito divulgada). A hipótese que aqui se faz é que talvez a memória de curta duração da criança conserve o conteúdo semântico da palavra mais que sua forma sonora.

está escrita a palavra *pomada* decidindo entre *camada, tomada, chamada, pomada* (Questão 7 da Provinha Brasil 2014). A resposta a perguntas dessa natureza, correta ou incorreta, pode ser interpretada quer como resultado de *efeito de vizinhança* (particularmente com relação a *pomada/tomada*) ou de confusão visual em uma leitura pela rota lexical, quer como resultado de decodificação grafofonêmica em uma leitura pela rota fonológica. Mas é a segunda interpretação que parece ser mais adequada no caso da ortografia do português brasileiro. Pinheiro, Cunha e Lúcio (2008: 119) concluem, de pesquisa com crianças de 1ª a 3ª séries do ensino fundamental que teve o objetivo de "investigar a natureza dos erros de respostas de substituição de uma palavra real por outra palavra real", que

> [...] erros de substituição de uma palavra real por outra palavra também real, [...] ao invés de ser um indicativo de leitura lexical, como se nota em uma ortografia mais irregular como a do inglês, é, na nossa ortografia, mais um sinal de leitura fonológica do que lexical. (Pinheiro, Cunha e Lúcio, 2008: 131).

A substituição de uma palavra real por outra palavra real pode, porém, ser indício de leitura lexical quando ocorre por *efeito de frequência*: palavras que são vistas reiteradamente – palavras que ocorrem com alta frequência no vocabulário da criança[10] – são lidas e escritas com mais rapidez e precisão

---

[10] Várias línguas (inglês, francês, espanhol, italiano, entre outras) contam com dicionários de frequência de palavras, ainda não existentes para o português brasileiro. Pode-se, porém, citar Bisol e Veit (1986) que organizaram, por meio de amostragem construída estatisticamente, considerando como universo as palavras constantes do *Dicionário Caldas Aulete* (edição de 1958), uma lista de palavras que, aplicada a alunos do então 4º ano primário e do último nível do ensino supletivo, deu origem a uma *escala de ortografia portuguesa para a escola primária*, que apresenta as palavras agrupadas em 46 níveis de dificuldade. Também Votre (1986), em pesquisa de natureza lexicométrica, identificou, por meio de entrevistas com crianças de 6 a 9 anos de 6 regiões do estado do Rio de Janeiro, um índice de frequência de palavras no vocabulário infantil, organizadas por classe morfológica. Estudos mais recentes nesse sentido foram feitos por Maria Tereza Camargo Biderman (cf. Biderman, 1998). É também dessa pesquisadora um *Dicionário ilustrado de português* destinado ao ensino fundamental (Biderman, 2009), composto de palavras de maior frequência identificadas em um amplo *corpus* do português brasileiro contemporâneo, seleção confrontada com um grande número de livros escolares destinados ao ensino fundamental e, a partir desse confronto, ampliada (Biderman, 2009: 8). Como já citado anteriormente, Pinheiro, em relatório de pesquisa de 2004, não publicado, apresenta um "Banco de palavras de baixa frequência de ocorrência para crianças brasileiras da 1ª a 4ª séries do ensino fundamental, classificadas em termos de estrutura silábica, número de letras e regularidades para leitura e para escrita", disponível em Sim-Sim e Viana (2007: Anexo 2). Anteriormente, em 1996, Pinheiro construiu, para a Associação Brasileira de Dislexia, uma "contagem de frequência de ocorrência e análise psicolinguísticas de palavras expostas a crianças na faixa pré-escolar e séries iniciais do 1º grau", listagem não publicada.

que palavras vistas menos frequentemente – palavras de baixa frequência de ocorrência. Assim, desde muito cedo, a criança em processo de alfabetização memoriza e arquiva em seu léxico mental, ortográfico e semântico, palavras que vê repetidamente escritas no material didático e nos livros de literatura infantil com que convive e interage, o que lhe possibilita o uso da rota lexical, e desse modo uma leitura e escrita em geral mais rápida e correta dessas palavras. Por outro lado, palavras de baixa frequência demandam em geral leitura e escrita pela rota fonológica, o que aumenta o tempo de reconhecimento e de codificação, e pode conduzir a erros de correspondências grafofonêmicas e fonografêmicas.[11]

Pesquisas têm identificado elevado *efeito de frequência* em estratégias de leitura de crianças brasileiras em processo de alfabetização, mais raramente em estratégias de escrita. Estudo pioneiro, realizado por Pinheiro (1994, 2008) nos anos 1980,[12] investigou o uso de estratégias fonológicas e visuais na leitura e na escrita de crianças brasileiras, considerando efeitos, sobre essas estratégias, de características de palavras: efeitos de frequência, de regularidade e de extensão. A pesquisadora comparou o desenvolvimento, na leitura e na escrita, de dois grupos de crianças de 1ª a 4ª séries, portanto, crianças em diferentes etapas do processo inicial de aprendizagem da língua escrita. Um dos grupos foi constituído de crianças consideradas competentes em habilidades de leitura e escrita, o outro, de crianças com dificuldades na leitura e/ou na escrita. Limitando-nos aqui aos resultados relativos ao *efeito de frequência*, a pesquisa concluiu que, tanto na leitura quanto na escrita de palavras, esse efeito foi significativo: na leitura, as palavras de alta

---

[11] Embora correndo o risco de anacronismo – analisar fenômenos do passado com conceitos do presente –, pode-se considerar que os métodos hoje considerados "tradicionais" pressupõem uma ou outra rota do atual modelo de dupla rota: os métodos sintéticos, o ensino pela rota fonológica, já que partem da aprendizagem das correspondências entre letras e fonemas (*bottom-up*); os métodos analíticos, o ensino pela rota lexical, já que, seja na modalidade da palavração, da sentenciação ou de métodos globais, buscam inicialmente o reconhecimento visual e a memorização de palavras, sentenças, textos ou contos, avançando progressivamente para unidades menores (*top-down*). Tanto nos sintéticos quanto nos analíticos, identifica-se implícito o conceito atual de *efeito de frequência*: nas cartilhas sintéticas ou analíticas e nos "primeiros livros" do método global, as mesmas palavras aparecem repetidamente, fugindo às características do texto escrito, mas favorecendo o reconhecimento global de palavras – *efeito de frequência*. A influência de métodos de ensino sobre as estratégias de leitura, na perspectiva do modelo de dupla rota, é tema da tese de Godoy (2005).

[12] A pesquisa de Pinheiro, já anteriormente citada, foi realizada no período 1985-1989, apresentada em tese de doutorado em 1989, publicada em livro em 1994 (Pinheiro, 1994), republicada em nova edição em 2008 (Pinheiro, 2008); foi também relatada em artigo de 1995 (Pinheiro, 1995).

frequência foram lidas com mais rapidez e menos erros que as palavras de baixa frequência, em todas as séries, o que indica uso da rota lexical, pelo reconhecimento de palavras arquivadas no léxico mental, porque frequentes; na escrita, as palavras de baixa frequência produziram mais erros que as palavras de alta frequência, também em todas as séries, indiciando que estas últimas são escritas recorrendo à rota lexical: a criança busca em seu léxico mental a forma ortográfica da palavra.

Outras pesquisas voltam-se para crianças de uma ou duas séries do ensino fundamental, sempre confirmando a presença do *efeito de frequência*. Assim, Godoy (2005) verificou que o *efeito de frequência* foi significativo tanto na leitura quanto na escrita de crianças no final da 1ª série do ensino fundamental. Salles (2005), em pesquisa sobre habilidades e dificuldades de leitura e de escrita em crianças de 2ª série, concluiu que, na leitura, o *efeito de frequência* foi elevado, embora não na escrita (ver também Salles e Parente, 2007). Resultados da pesquisa de Justi e Justi (2009), que investigaram os efeitos de lexicalidade, frequência e regularidade na leitura de crianças de 3ª e 4ª séries do ensino fundamental, evidenciaram, em relação ao *efeito de frequência*, que este foi significativo, pois as crianças pronunciaram mais rapidamente e de forma mais acurada as palavras de alta frequência que as de baixa frequência.

Assim, o comprovado *efeito de frequência*, particularmente na leitura, mas também na escrita, em crianças brasileiras em processo de alfabetização, permite afirmar que palavras que são vistas com alta frequência passam a integrar o léxico ortográfico e semântico, sendo lidas e escritas predominantemente pela rota lexical, o que em geral possibilita mais rapidez e menos erros de leitura e de escrita. Conclui-se, como implicação para métodos de alfabetização, que atividades que proporcionem às crianças convívio intenso e rico com material escrito, incentivando-as a ver/ler e registrar/escrever palavras de alta frequência na língua escrita, colaboram, graças ao *efeito de frequência*, para a constituição e ampliação de seu léxico ortográfico e semântico, o que provoca o uso da rota lexical, assim contribuindo para o desenvolvimento de leitura e escrita mais rápidas e mais corretas.

No entanto, o efeito de frequência pode ser afetado pelo *efeito de regularidade*. A ortografia do português brasileiro é *relativamente* transparente, o que significa que as correspondências entre fonemas e grafemas não são totalmente regulares (biunívocas), há correspondências apenas parcialmente regulares (previsíveis pelo contexto linguístico) e correspondências irregulares (arbitrárias), que influenciam o reconhecimento e a grafia de palavras. É o que se denomina *efeito de regularidade*, reiteradamente reconhecido como exercendo significativa influência na aprendizagem inicial da língua escrita, sobretudo porque afeta de forma diferenciada o processo de leitura e o de escrita, razão pela qual esse efeito é discutido mais longamente no próximo capítulo.

Retomando o que foi dito no início deste capítulo, a *decifração* e *cifração* rápidas e corretas das *palavras* são habilidades de leitura e de escrita que, embora não suficientes, são necessárias: necessária a *decifração* (decodificação) para que a criança alcance competência em leitura – supere a silabação, a lentidão, os tropeços, em que significado e sentido se perdem –; necessária a *cifração* (codificação) para que a criança alcance competência em escrita – adquira fluência e precisão, ainda que relativas, de modo que não se perca o fluxo do pensamento na produção de uma frase ou texto. Para isso, é fundamental o desenvolvimento das habilidades de leitura e de escrita *de palavras*, tanto pela rota fonológica quanto pela rota lexical, e são sobretudo os efeitos das características das palavras que suscitam o uso de uma ou outra rota ou a interação entre elas que, na verdade, não se contrapõem, mas interagem.

Assim, se no início da aprendizagem da língua escrita a criança usa sobretudo a *rota fonológica*, palavras que se vão tornando de alta frequência em seu vocabulário, progressivamente arquivadas no léxico ortográfico, passam a ser lidas e escritas pela *rota lexical*, portanto, lidas e escritas mais rapidamente e com menos erros que palavras que ainda sejam, para a criança, de baixa frequência, demandando leitura serial, pela rota fonológica – *efeito de frequência*. Palavras longas são lidas e escritas mais lentamente e com mais erros que palavras curtas, quando a leitura ou escrita são feitas por decodificação ou codificação, ou seja, pela *rota fonológica – efeito de extensão –*, que também afeta particularmente o início do processo de aprendizagem da língua escrita, quando a criança ainda está em fase de consolidação da consciência grafofonêmica e fonográfêmica. Se são palavras longas, mas já de alta frequência no vocabulário da criança, o comprimento da palavra, mesmo nos anos iniciais, não afeta a leitura e a escrita, se feitas pela *rota lexical – efeito de frequência* em interação com *efeito de extensão*. Palavras de ortografia regular são lidas e escritas mais rapidamente e com menos erros que palavras irregulares nos anos iniciais, já que a estratégia neste momento privilegiada é a *rota fonológica – efeito de regularidade*. Entretanto, palavras irregulares que se vão tornando de alta frequência no vocabulário da criança, arquivadas no léxico ortográfico, podem passar a ser progressivamente lidas e escritas pela *rota lexical*, rapidamente e em geral sem erros – *efeito de regularidade* em interação com *efeito de frequência*. Troca de uma palavra real por outra semelhante pode indicar, em crianças com vizinhos ortográficos arquivados em seu léxico mental, leitura ou escrita pela *rota lexical – efeito de vizinhança –*, ou, em crianças no início da alfabetização, leitura ou escrita pela *rota fonológica* com erros de decodificação – *efeito de regularidade*.[13]

Em síntese, no quadro do modelo de dupla rota, configurado pelas características das palavras e as relações destas com as duas rotas do modelo, as crianças, no início da aprendizagem da língua escrita, quando ainda estão desenvolvendo a compreensão das correspondências entre fonemas e grafemas, privilegiam o uso da rota fonológica, também favorecida pela natureza quase transparente da ortografia do português brasileiro. Com o avanço da escolarização e, consequentemente, a ampliação de seu léxico ortográfico, resultado de convívio progressivamente mais amplo e diversificado com textos que leem e que escrevem, o uso da estratégia fonológica vai sendo igualado, e mesmo superado, pelo uso da rota lexical.[14] Conclui-se que as crianças avançam em proficiência e rapidez na leitura e na escrita

---

[13] A análise aqui assumida sobre a leitura de palavras, com fundamento em estudos e pesquisas nas áreas da Psicologia Cognitiva e da Psicolinguística, difere da análise do processo de leitura proposta por Smith (1971, 1989, 2004 – sobre essas três edições da mesma obra, ver nota 25 do primeiro capítulo) e por Goodman (2003); para Goodman, a leitura é um *jogo de adivinhação psicolinguístico – a psycholinguistic guessing game* (Goodman, 2003) –, um jogo em que, segundo Smith (1973: 164), o leitor não reconhece palavras, mas "escolhe, na informação disponível, apenas o suficiente para identificar e predizer uma estrutura da língua". Também no primeiro capítulo contestou-se a teoria em que se fundamentam esses dois pesquisadores: a teoria de que aprender a escrita é um "processo natural", semelhante à aprendizagem da fala.

[14] Esclarecedor nesse sentido é o estudo de Salles et al. (2013) que analisam, por meio de um instrumento de Leitura de Palavras Isoladas (LPI), o desempenho de crianças do 1º ao 7º anos do ensino fundamental em leitura de palavras e pseudopalavras selecionadas/construídas segundo características apontadas anteriormente neste capítulo (cf. nota 7), permitindo avaliar o uso, ao longo da escolarização, das duas rotas.

com a experiência escolar, e mais fácil e seguro será esse avanço se métodos de alfabetização se orientarem pelos processos linguísticos e cognitivos que fundamentam a aprendizagem da língua escrita.

A questão, porém, que ainda se coloca é a *natureza* da relação entre rota fonológica e rota lexical, de modo que se compreenda como a primeira contribui para a progressiva constituição do léxico ortográfico, condição para o uso da segunda.

INTERAÇÕES ENTRE A ROTA FONOLÓGICA E A ROTA LEXICAL E A HIPÓTESE DO AUTOENSINO

Já no início dos anos 1990, Ehri (1992: 110) afirmava que não se deveria considerar que as duas rotas "operassem independentemente na leitura de palavras", argumentando com o seguinte exemplo:

> Suponha que um leitor encontre em uma história uma palavra nunca vista antes e a decodifique fonologicamente. A palavra reaparece várias vezes. Em algum momento, a memória do leitor em relação a essa palavra se impõe e elimina a necessidade de decodificação fonológica. Que processos estão sendo então usados para ler a palavra com base na memória? (Ehri, 1992: 113)

A resposta a essa pergunta, afirma Ehri (1992: 114), é "uma rota visual pavimentada com informação fonológica conduzindo à memória lexical". Assim, sucessivas decodificações de uma palavra, na leitura pela rota fonológica, conduzem à memorização de sua forma visual (*sight word*)[15] e, consequentemente, a sua leitura pela rota lexical.[16] A importância dessa leitura

---

[15] *Sight word* é a expressão usada por Ehri em seus textos e também em geral na bibliografia de língua inglesa; de difícil tradução para o português (*palavra visual? visualização da palavra?*), neste livro usa-se a expressão *unidade ortográfica global*.
[16] Linnea Ehri vem desenvolvendo, desde os anos 1980, importante linha de pesquisas e estudos sobre leitura de palavras, acrescentando, à leitura por decodificação e por memorização da forma visual (*sight word*), a leitura por *analogia*, por *padrões ortográficos* e por *pistas contextuais* (Ehri 1991, 1992, 1994, 1998a, 2005a, 2005b, 2014). Os estudos e pesquisas de Ehri têm como objeto a ortografia opaca do inglês, e nem sempre o que se conclui para essa ortografia é pertinente para ortografias transparentes, ou próximas da transparência, como é o caso do português brasileiro; nessas ortografias, basta, em princípio, para o reconhecimento de palavras, a decodificação fonológica e a memorização lexical, por isso privilegiadas neste capítulo.

pela rota lexical está, citando ainda Ehri (2014: 5), agora em texto recente, no fato de que a "forma visual da palavra ativa sua pronúncia e significado imediatamente na memória, e permite que os leitores concentrem-se na compreensão, mais que no reconhecimento das palavras".

O desenvolvimento dessa *rota visual pavimentada com informação fonológica*, como a define Ehri, é, pois, fundamental na aprendizagem inicial da língua escrita, sendo, consequentemente, também fundamental que a orientação dessa aprendizagem se baseie na compreensão do processo por meio do qual a rota fonológica, predominante nas etapas iniciais da alfabetização, como fica evidenciado nos capítulos anteriores deste livro, passa progressivamente a contribuir para a constituição do léxico ortográfico e, portanto, para o uso da rota lexical.

Segundo Ehri e McCormick (2013: 341), há *conexões* entre as duas rotas:

> O tipo de processo que descobrimos estar no âmago da aprendizagem de palavras como unidades globais é um *processo de formação de conexões*. São formadas conexões que associam a forma escrita das palavras a sua pronúncia e significados. Essa informação é arquivada no dicionário mental do leitor, em seu léxico.

É Share (1995) que, de certa forma, explicita esse processo de *conexões*, ou de conjunção das rotas fonológica e lexical, com o que denominou *hipótese do autoensino*, proposta inicialmente para a leitura, mais tarde também para a escrita, como se verá adiante.

Segundo Share (1995), a *recodificação fonológica*, ou *codificação fonológica*[17] (a rota fonológica, na terminologia do modelo de dupla rota), é a condição *sine qua non* para a aprendizagem da leitura, porque ela se torna um mecanismo de *autoensino* (*self-teaching*), por meio do qual a criança vai constituindo seu *conhecimento ortográfico* (seu léxico ortográfico), essencial para a leitura fluente (graças ao uso da rota lexical, nos termos do modelo de dupla rota).

---

[17] O termo *recodificação*, frequentemente usado em lugar de *codificação* na bibliografia da área, é assim justificado por Ehri (1992: 107, nota de rodapé): "O termo decodificação é ambíguo e pode ser usado tanto como um sinônimo de recodificação quanto para referir-se ao processo geral de leitura de palavras, quer por recodificação quer por reconhecimento visual." Outra explicação, de natureza linguística, é possível: considerando que o falante tem representações internas das palavras da fala, a escrita seria uma *codificação* dessas representações, e a leitura seria uma *recodificação*: um retorno do código gráfico à representação da fala, o prefixo *re-* designando movimento para trás, ou em sentido contrário.

Nas palavras de Share (1995: 152),

> [...] a recodificação fonológica (tradução do escrito para o som) funciona como um mecanismo de autoensino que possibilita ao aprendiz adquirir representações ortográficas específicas necessárias ao reconhecimento visual de palavras rápido e autônomo.

Autoensino porque as correspondências grafema-fonema, uma vez compreendidas pela criança, constituem um processo gerativo que permite que ela, sem instrução explícita, autoinstruindo-se, ou "ensinando a si mesma", decodifique, na leitura independente de palavras, isoladas ou em textos, novas palavras ou palavras pouco frequentes em seu vocabulário que, encontradas um certo número de vezes, vão sendo "lexicalizadas", isto é, arquivadas em seu léxico ortográfico.

É que não se pode supor que a criança, e mesmo o adulto, possam construir, por apenas memorização de palavras, léxico ortográfico tão amplo que lhes permita leitura rápida e autônoma de todo e qualquer texto; basta considerar o grande número de palavras com que o leitor brasileiro pode defrontar-se em um universo que, segundo o *Vocabulário ortográfico da língua portuguesa* (Academia Brasileira de Letras, 2009), é constituído de cerca de 390 mil palavras. Ou, mesmo considerando não todo esse universo de palavras – muitas das quais, é preciso reconhecer, dificilmente serão encontradas na leitura ou usadas na escrita porque incomuns, raras –, mas apenas palavras de uso corrente no contexto social, o leitor pode defrontar-se com o conjunto menor, mas ainda assim considerável, das 62 mil palavras que constituem o *Dicionário de usos do português do Brasil* (Borba, 2002), conjunto estabelecido a partir de um *corpus* de textos em prosa em circulação no Brasil na segunda metade do século XX, portanto, palavras de uso atual e frequente na língua escrita em português brasileiro.[18]

---

[18] Segundo Borba (2002: v), o conjunto das entradas nesse dicionário foi estabelecido com base em um *corpus* da língua escrita constituído de textos de gêneros de ampla circulação no contexto social, na segunda metade do século passado: "ocorrências de palavras em textos de literatura romanesca, dramática, técnica, oratória e jornalística, com absoluta predominância desta última, por ser aí que as palavras mais circulam".

É verdade que algumas palavras podem ser memorizadas no início da alfabetização, particularmente palavras funcionais, que aparecem com grande frequência nos textos com que a criança convive desde cedo e que são em grande parte monossílabos de fácil memorização (artigos, preposições, conjunções). Podem ainda ser memorizadas palavras quando são utilizados procedimentos pedagógicos que estimulem e facilitem essa memorização, como ocorre em métodos analíticos ou *top-down* (métodos que partem de palavras, frases ou textos). Entretanto, será sempre um conjunto pequeno de palavras, que constituirá um léxico ortográfico bastante reduzido, insuficiente para a leitura rápida e autônoma de toda e qualquer palavra, em todo e qualquer texto. Por isso os métodos *top-down* na verdade apenas **partem** do *top* (palavras, frases, textos), mas **caminham para** o *down* – para sílabas e, por meio delas, para a identificação de fonemas –; assim, subjacente aos métodos chamados *analíticos,* está o pressuposto de que o objetivo último é chegar à compreensão das correspondências fonema-grafema, necessária para que se torne possível a leitura de toda e qualquer palavra.[19]

Para formular o que denominou *hipótese do autoensino*, Share (1999: 100) parte do pressuposto de que a criança, quando se depara, em situação de leitura, com uma nova palavra, pode ignorá-la, se isso não prejudica a compreensão da frase ou texto; ou pode "adivinhá-la" (corretamente ou não), baseando-se no contexto linguístico ou em conhecimentos prévios; ou pode ainda fazer dela uma leitura incorreta. De acordo com a *hipótese do autoensino*, se a situação de leitura impede o apelo a essas alternativas (como ocorre geralmente em leituras que demandam compreensão e interpretação precisas, frequentes em situações escolares), e a criança já possui suficiente domínio de habilidades de decodificação (de conversões grafofonêmicas), ela decodifica a palavra, instruindo a si mesma sobre sua pronúncia – *auto-*

---

[19] A hipótese de que pistas contextuais, semânticas ou sintáticas, permitem suprir, por um "jogo de adivinhação psicolinguístico", o significado de palavras desconhecidas fundamenta-se em uma teoria (mencionada na nota 13 deste capítulo) que não se sustenta: até que ponto um texto é previsível? Até que ponto um sinônimo ou palavra do mesmo campo semântico é aceitável, condiz com o sentido do texto? Convém ressaltar, porém, que esse "jogo de adivinhação" se diferencia do recurso à inferência do sentido de uma palavra desconhecida pelo contexto sintático, semântico, pragmático em que ela se insere, uma estratégia adequada e oportuna em determinadas situações de leitura.

ensinando-se –, o que as alternativas anteriores não propiciam. Se a palavra é encontrada várias vezes e repetidamente decodificada nessas situações de autoensino, acaba por se incorporar ao léxico ortográfico, fundamental para uma leitura fluente. Assim, segundo Share (2008b: 41), a aprendizagem da leitura de palavras é

> [...] um processo de constante mudança e refinamento que parece ser, no início, basicamente *bottom-up*, com pouca sensibilidade para regularidades mais complexas, mas que, com a crescente experiência com materiais escritos, vai-se tornando progressivamente receptivo à ortografia ("lexicalizado"), numa interação entre habilidades de decodificação e conhecimento ortográfico.

O autoensino como uma estratégia de constituição do léxico ortográfico foi, inicialmente, uma *hipótese* formulada por Share em 1995 (daí a denominação *hipótese* do autoensino), ou, na terminologia desse pesquisador em texto posterior, uma *teoria de aprendizagem ortográfica* (Share, 2008b: 35). Proposta essa hipótese, ou teoria, ela foi em seguida testada e comprovada em pesquisas, inicialmente em pesquisa do próprio Share (1999) e, a partir de então, em várias pesquisas desenvolvidas na primeira década do século XXI, tanto em condições de leitura oral (Share, 2004b; Cunningham et al., 2002; Cunningham, 2006; Kyte e Johnson, 2006; Nation, Angell e Castles, 2007; Ouellette e Fraser, 2009; Ricketts et al., 2011) quanto em condições de leitura silenciosa (Bowey e Muller, 2005; Bowey e Miller, 2007; De Jong e Share, 2007; De Jong et al., 2009). Em geral, as pesquisas adotam o paradigma que foi usado por Share (1999) em sua primeira pesquisa: os participantes são crianças das séries iniciais do ensino básico, mais frequentemente das 2ª e 3ª séries, ou seja, em nível em que já dominam relativamente bem as correspondências grafema-fonema, às quais se pede que leiam pequenos textos narrativos em que uma mesma pseudopalavra aparece algumas vezes, com sentido que lhe é atribuído pelo contexto da narrativa, sendo solicitado que reconheçam a pseudopalavra, imediatamente e após um período de tempo, entre alternativas: um homófono e um vizinho ortográfico; o acerto é considerado como evidência de incorporação da palavra ao léxico ortográfico.[20]

Nesse mesmo paradigma, Shahar-Yames e Share (2008) desenvolveram pesquisa com o objetivo de verificar se o autoensino ocorreria também em atividades de escrita, não só de leitura, privilegiada nas pesquisas anteriormente citadas. Para isso, os pesquisadores investigaram se o escrever contribuiria, tal como o ler, para a incorporação de novas palavras ao léxico ortográfico. Os resultados da pesquisa evidenciaram que pseudopalavras passaram a fazer parte do léxico ortográfico das crianças tanto após terem sido *lidas* algumas vezes quanto após terem sido *escritas* algumas vezes, com a diferença de que os resultados da *escrita* foram superiores em relação aos resultados da leitura. Segundo os pesquisadores, essa superioridade da escrita sobre a leitura na incorporação de palavras ao léxico ortográfico pode ser explicada pela atenção repetidamente exigida às representações fonema-grafema, a cada vez que a nova palavra é escrita, ao passo que, em leituras sucessivas de uma nova palavra, essa atenção pode ser progressivamente "abreviada":

> Pensamos que, embora o primeiro encontro de decodificação de uma palavra nova (especialmente na leitura oral) deva demandar um processo de tradução exaustivo grafema-fonema, parece razoável supor que em ocasiões subsequentes esse processo será parcialmente abreviado, particularmente se a palavra estiver inserida em um texto. A escrita, ao contrário, não admite processamento "abreviado". Cada produção obriga quem escreve a processar toda e qualquer letra da cadeia, dedicando completa e igual atenção a cada letra. (Shahar-Yamen e Share, 2008: 34)

Além dessa explicação para a superioridade de resultados da escrita sobre a leitura no processo de incorporação ao léxico ortográfico de novas palavras, os pesquisadores avançam a hipótese de que essa superioridade pode ser atribuída também ao fato de a escrita envolver, além do processamento

---

[20] Variações nesse paradigma, nas pesquisas citadas, se referem à introdução de questões como: palavras reais, em vez de pseudopalavras, provocam igualmente o autoensino? Quantas vezes a palavra precisa ser encontrada para que passe a incorporar-se ao léxico ortográfico? O conhecimento ortográfico assim adquirido é retido ao longo do tempo? O autoensino ocorre da mesma forma na leitura oral e na silenciosa? Para uma revisão das pesquisas, ver Share (2008b), De Jong et al. (2009); revisão recente sobre variáveis a serem consideradas em pesquisas sobre autoensino e constituição de léxico ortográfico encontra-se em Suárez-Coalla, Álvarez-Cañizo e Cuetos (2014). Não foram identificadas pesquisas sobre a hipótese do autoensino no processo de aprendizagem da ortografia do português brasileiro.

fonografêmico, aspectos motores e cinéticos decorrentes da execução manual, e ainda aspectos visuais e espaciais, pela necessidade de composição adequada das letras em uma cadeia gráfica e disposição das palavras na página segundo as convenções da escrita:[21]

> [...] aspectos da escrita de palavras incluem a identificação dos fonemas que se sucedem na forma oral, a seleção dos grafemas correspondentes, e ainda o componente motor e o cinético (como também o componente viso-espacial). (Shahar-Yamen e Share, 2008: 36)[22]

Pesquisas sobre o autoensino, citadas anteriormente, foram desenvolvidas em aprendizagem de ortografias de diferentes níveis de profundidade, desde a ortografia transparente do hebraico (na versão vocalizada) até a ortografia opaca do inglês. Como afirmam Shahar-Yamen e Share (2008: 23), "conjuntamente, esses estudos [sobre o autoensino] demonstraram aprendizagem ortográfica rápida e duradoura por meio do autoensino em ortografias de diferentes níveis de transparência, tanto na leitura oral quanto na silenciosa".

No entanto, pesquisas têm mostrado que, se o autoensino ocorre independentemente do nível de transparência/opacidade da ortografia, ocorre de forma diferenciada quanto ao *tempo* necessário para a aprendizagem: com base em resultados do estudo comparativo de 13 línguas europeias, citado no terceiro capítulo (Seymour, Aro e Erskine, 2003),[23] Seymour (2006: 453) afirma:

---

[21] Pesquisa de Cunningham e Stanovich (1990), particularmente significativa em tempos de escrita digital (ver nota 28 do capítulo anterior), comparou três formas de escrita no processo de alfabetização – lápis e papel, teclado de computador e alfabeto móvel – tendo concluído por resultados superiores das crianças que escreveram palavras usando lápis e papel, o que atribuímos, por hipótese, a consequências cognitivas associadas às atividades motoras demandadas pela escrita à mão.

[22] Convém notar que, se o autoensino justifica procedimentos que levem a criança em fase de alfabetização a encontros frequentes, na leitura, com palavras, particularmente as de ortografia irregular, a fim de que assim as incorporem a seu léxico ortográfico, a hipótese de Shahar-Yamen com relação à escrita frequente de palavras não pode ser tomada como justificativa para o procedimento tradicional de levar a criança a copiar repetidamente palavra com "dificuldade ortográfica" (expressão com que se costuma designar palavra com irregularidade ortográfica), pretendendo dessa forma levar à memorização da forma ortográfica irregular: o fato de a criança, após copiar a palavra escrita de forma correta, apenas continuar a copiá-la várias vezes, dificilmente conduzirá à incorporação da palavra ao léxico ortográfico, já que a cópia dispensa a identificação das relações fonografêmicas a cada vez que a palavra é escrita por cópia.

[23] No capítulo "Aprendizagem da língua escrita em diferentes ortografias e na ortografia do português brasileiro", no tópico "Pesquisas sobre relações entre alfabetização e natureza da ortografia", foram discutidas as relações entre a alfabetização e níveis de transparência/opacidade de diferentes sistemas ortográficos sob o ponto de vista da maior ou menor facilidade de aprendizagem da língua escrita; aqui, discutem-se essas relações sob o ponto do vista do *tempo* necessário para a aprendizagem, na perspectiva do modelo de dupla rota e do autoensino.

Esses resultados evidenciam claramente que há significativas diferenças entre ortografias alfabéticas quanto ao tempo necessário para que os elementos básicos da alfabetização sejam adquiridos. A aquisição é mais lenta em ortografias opacas que em ortografias transparentes, e revela muito maior *variabilidade* nos ritmos de progresso das crianças individualmente.

Por *elementos básicos da alfabetização* entendam-se habilidades fundamentais de leitura e escrita de palavras por decodificação e codificação – pela rota fonológica – e de leitura e escrita de palavras frequentes ou familiares como unidades ortográficas globais – pela rota lexical. Pode-se aqui relacionar a *hipótese do autoensino* com a *hipótese da profundidade ortográfica* discutida no capítulo "Aprendizagem da língua escrita em diferentes ortografias e na ortografia do português brasileiro" deste livro. Essa relação se evidencia nas palavras de Katz e Frost (1992: 71):

> [A hipótese da profundidade ortográfica] afirma que ortografias transparentes propiciam mais facilmente um processo de reconhecimento de palavras com base na fonologia da língua. Ao contrário, ortografias opacas induzem o leitor a processar palavras escritas baseando-se em sua morfologia por meio da estrutura visual-ortográfica da palavra escrita.

Assim, enquanto a aprendizagem de ortografias opacas se desenvolve mais lentamente, pela inconsistência das correspondências entre fonemas e grafemas, e consequente necessidade de memorização da ortografia das muitas palavras irregulares, isto é, de uso da rota lexical, a aprendizagem de ortografias transparentes, graças à sua consistência grafofonológica e fonografológica, desenvolve-se com mais rapidez e facilidade, propiciando, também mais facilmente, a construção de um léxico ortográfico.[24] Dito de

---

[24] Seymour, Aro e Erskine (2003: 167) concluem, do estudo comparativo de 13 línguas de diferentes níveis de profundidade ortográfica, que são necessários 2 anos e meio ou mais para que crianças inglesas, aprendizes de uma ortografia opaca, adquiram habilidades de decodificação e reconhecimento de palavras familiares, enquanto um ano basta para que crianças aprendizes de ortografias transparentes ou próximas da transparência alcancem essas habilidades. Para uma revisão sobre essa diferença no tempo necessário para a aprendizagem de ortografias opacas e transparentes, ver Serrano et al. (2010/2011), em artigo em que comparam a aprendizagem de leitura e escrita em português europeu, francês e espanhol; ver também Aro e Wimmer (2003), Aro (2006), Caravolas (2004). Em Dehaene (2012: 248-50) há elucidativo comentário e figura sobre diferenças na aprendizagem da leitura em diferentes ortografias.

outra forma, se é por meio da repetida decodificação, na leitura, ou codificação, na escrita, que o autoensino propicia a lexicalização de palavras, quanto maior for a consistência das relações grafema-fonema ou fonema-grafema, ou seja, quanto mais próxima da transparência for a ortografia da língua, mais fácil e rápida será essa lexicalização, porque mais facilmente identificadas serão as relações grafofonêmicas e fonografêmicas.

Embora pareça não haver pesquisas sobre autoensino na aprendizagem da ortografia do português brasileiro, pode-se, considerando o nível de transparência dessa ortografia, aventar a hipótese de que a relativa consistência das relações fonema-grafema e grafema-fonema facilite não só a decodificação e a codificação, pela rota fonológica, mas também a construção do léxico ortográfico, pela rota lexical, e, consequentemente, pode-se ainda reconhecer a relevância do conceito de *autoensino* que, esclarecendo as conexões entre a rota fonológica e a rota lexical, contribui para a adequada orientação do processo de aprendizagem da leitura e da escrita.

Entretanto, sendo a ortografia do português brasileiro apenas *relativamente* consistente, como dito antes, as correspondências irregulares entre grafemas e fonemas, atuando sobre a leitura, e entre fonemas e grafemas, atuando sobre a escrita, podem reduzir o papel do autoensino na alfabetização de crianças brasileiras. São essas correspondências irregulares que criam o anteriormente discutido *efeito de regularidade* que, vencida a *fase alfabética*, manifesta-se na *fase ortográfica*, na leitura e sobretudo na escrita. Assim, dedica-se o próximo capítulo ao efeito de regularidade sobre a leitura e a escrita.

O efeito de regularidade sobre a leitura e a escrita

Este capítulo tem os seguintes objetivos:
- esclarecer o duplo sentido da palavra ortografia e sua relação com o efeito de regularidade sobre a leitura e escrita de palavras;
- discutir o efeito de regularidade sobre a leitura em português brasileiro;
- discutir o efeito de regularidade sobre a escrita em português brasileiro;
- descrever a norma ortográfica que rege a escrita do português brasileiro;
- caracterizar a influência da estrutura silábica do português brasileiro sobre a escrita.

No capítulo "Aprendizagem da língua escrita em diferentes ortografias e na ortografia do português brasileiro", em que se discutem as diferenças entre ortografias segundo níveis de transparência e opacidade, a palavra *ortografia* refere-se ao sistema de representação das palavras em escritas alfabéticas, ou seja: aos sistemas gráficos alfabéticos (cf. nota 2 daquele capítulo). Como se viu naquele capítulo, as ortografias alfabéticas se distribuem em um contínuo, segundo a consistência das correspondências fonema-grafema, desde a biunivocidade – ortografias transparentes – até correspondências inconsistentes, e mesmo arbitrárias – ortografias opacas. À medida que ortografias se vão afastando da transparência, o *efeito de regularidade*, mencionado no capítulo anterior, passa a afetar a leitura e a escrita: às correspondências biunívocas, totalmente regulares, somam-se correspondências alternativas, em que um fonema pode ser representado por mais de um grafema, ou um grafema pode representar diferentes fonemas. É então que a palavra *ortografia* adquire outro significado, o de *grafia correta*, como evidencia a etimologia da palavra, composta de *ort(o)-* + *grafia*, sendo *ort(o)-* do grego *orthós* = *direito*, *correto*: a grafia de acordo com normas que estabelecem a escrita convencional em casos de correspondências que fogem à biunivocidade. Fica claro este segundo sentido de *ortografia* nas palavras de Ferreiro (2013c: 249) que afirma: "se uma escrita alfabética fosse totalmente regular, ou seja, se tivesse uma correspondência biunívoca entre letras e sons, essa escrita teria um sistema gráfico, mas não se poderia falar de ortografia". Ou seja: um sistema de escrita totalmente transparente seria não propriamente uma *ortografia*, mas um *sistema gráfico*, enquanto *ortografia* designa o sistema de grafia *considerada* correta, quando outras grafias seriam possíveis.[1]

A ênfase posta no adjetivo, na expressão "*considerada* correta", pretende ressaltar que o *correto* na escrita se define por uma padronização corporificada em uma *ortografia oficial,* que *é* "fruto de um gesto político, é determinada por decreto, é resultado de negociações e pressões de toda ordem (geopolí-

---

[1] No verbete *ortografia* do *Dicionário Houaiss*, há duas acepções para a palavra: "1. conjunto de regras que ensina a grafia correta das palavras, e 2. o mesmo que *grafia*". Confirma o uso da palavra *ortografia* com esses dois sentidos no português brasileiro contemporâneo o *Dicionário de usos do português do Brasil* (Borba, 2002: 1.133), que também registra as duas acepções para a palavra: "1. conjunto de normas para a grafia das palavras de uma língua, e 2. grafia, escrita" (sobre o *Dicionário de usos do português do Brasil*, ver no capítulo "Leitura e escrita de palavras", nota 18).

ticas, econômicas, ideológicas)" (Bagno, 2011: 353). Assim, o considerado *correto* ortograficamente, caso se apoie parcialmente em equivalências biunívocas, incorre também em representações convencionais, e ainda em uma neutralidade em relação à pronúncia, uma vez que ignora as diferentes pronúncias possíveis de uma mesma palavra, segundo as modalidades de fala: no uso culto, seja formal ou informal, no uso popular, seja também formal e informal, e no uso de variantes sociolinguísticas, regionais ou sociais.

Em capítulos precedentes e neste capítulo, os "erros" de crianças apresentados como exemplos são, como se pretendeu evidenciar, tentativas que elas fazem de grafar segundo a análise da palavra tal como a falam: grafar de acordo com os sons que percebem na palavra falada. Cabe à alfabetização conduzi-las ao domínio da norma ortográfica, uma vez que, nas palavras de Bagno (2011: 352), "não se pode desprezar o valor simbólico que o erro ortográfico assume nas relações sociais, servindo muitas vezes como critério para discriminação e exclusão de uns e o favorecimento de outros".[2]

Assim, este capítulo discute o efeito de regularidade sobre a leitura e a escrita no português brasileiro considerando a palavra *ortografia* como grafia considerada correta – *orto+grafia*.[3] Discute-se, nos dois próximos tópicos, o efeito de regularidade que afeta a alfabetização de crianças em decorrência das correspondências não biunívocas grafema-fonema, no caso da leitura, e fonema-grafema, no caso da escrita. Em seguida, dedica-se o último tópico ao efeito da estrutura silábica do português brasileiro, que gera dificuldades ortográficas para a leitura e sobretudo para a escrita, no processo inicial de aprendizagem da língua escrita.

O EFEITO DE REGULARIDADE SOBRE A LEITURA

Cabe aqui lembrar o que foi discutido no capítulo "Consciência fonêmica e alfabetização", no tópico "Consciência grafofonêmica e os processos

---

[2] Convém lembrar que, em atividades de letramento, indissociáveis das atividades de alfabetização, como dito no primeiro capítulo deste livro, é fundamental levar as crianças à reflexão sobre as diferenças entre oralidade e escrita, sobre variedades sociolinguísticas, alertando-as sobre preconceitos linguísticos.

[3] Por ultrapassar os objetivos deste livro, não se discute um outro relevante ponto de vista sobre a ortografia: a sua dimensão social e cultural, numa perspectiva sociolinguística e no quadro dos estudos sobre o letramento. A esse respeito, ver Sebba (2007, 2009) e Coulmas (2014).

de leitura e escrita". Na fase em que a criança ainda está em processo de compreensão do princípio alfabético, a escrita parece mais fácil que a leitura: ela é a *porta de entrada* para a *fase alfabética*, na metáfora proposta por Ehri (2005a), citada no capítulo anterior – nesta fase inicial, a criança se orienta pela rota fonológica. Quando a criança se torna alfabética – quando foi compreendido o princípio alfabético –, e, para ler ou escrever, avança para além de uma identificação progressiva, e em geral lenta, das correspondências entre fonemas e grafemas, passando a focalizar *palavras*, é a leitura que se torna mais fácil que a escrita. É que, ao se defrontar com as regularidades/irregularidades do sistema gráfico do português, na fase que, nas teorias de desenvolvimento discutidas no capítulo "Fases de desenvolvimento no processo de aprendizagem da escrita", é denominada *ortográfica*, o *efeito de regularidade* se manifesta de forma diferenciada, influenciando menos a leitura – a direção grafofonêmica – que a escrita – a direção fonografêmica.

A razão é que o regular/irregular sob o ponto de vista das características do sistema gráfico do português não corresponde sempre ao regular/irregular sob o ponto de vista dos processos de leitura e de escrita.

Assim, a criança alfabética lê a palavra *girafa*, pronunciando corretamente a sílaba GI como /ʒi/, mas pode hesitar ao escrever essa palavra, e grafar erradamente JIRAFA: usa a letra J que representa o mesmo fonema /ʒ/; lê sem erro a palavra *morcego*, mas pode errar escrevendo MORSSEGO, já que o fonema /s/ da sílaba -CE- pode ser representado também pelo dígrafo SS; lê sem erro a sílaba -XA da palavra *bruxa*, pronunciando-a como /ʃa/, mas escreve BRUCHA, pois o fonema /ʃ/ pode ser representado pela letra X ou pelo dígrafo CH (e é mais frequentemente representado por este dígrafo na ortografia do português). Por outro lado, se a criança encontra as palavras JIRAFA, MORSSEGO, BRUCHA assim escritas (por exemplo, ao revisar a escrita de um colega), lê sem dificuldade essas palavras, e frequentemente nem mesmo detecta o erro de escrita.[4] São casos que evidenciam que a criança já compreendeu o princípio alfabético, tornou-se *alfabética*, pois estabelece relações entre fonemas e grafemas, mas ainda não se tornou *ortográfica*:

---

[4] Esta afirmação resulta de observação de comportamento semelhante identificado com frequência em crianças das séries iniciais de escolas públicas.

ainda não aprendeu relações regulares contextuais e irregulares do sistema gráfico do português brasileiro, que acarretam erros sobretudo na escrita, muito mais que na leitura.

Para a criança que já avança para o nível *ortográfico* de **leitura** – aquela que lê corretamente a palavra *girafa*, embora não escreva corretamente essa palavra –, as relações biunívocas e as regularidades contextuais em geral não mais constituem problema, quando se considera a direção grafema-fonema[5] – ao contrário do que ocorre com a direção da escrita – do fonema ao grafema.

Parente, Silveira e Lecours (1997), em capítulo de livro sobre as implicações, para a dislexia, do sistema de escrita do português, diferenciam a regularidade na conversão grafofonêmica – para a leitura – da regularidade na conversão fonografêmica – para a escrita,[6] evidenciando por que o efeito de regularidade atua pouco sobre a leitura. É que, enquanto são muitas as correspondências fonografêmicas irregulares, ou seja, na direção da **escrita**, são, segundo esses pesquisadores, apenas três os casos em que há correspondências grafofonêmicas irregulares, ou seja, na direção da **leitura**.

Assim, para Parente, Silveira e Lecours (1997), a correspondência grafofonêmica irregular para a leitura ocorre na leitura do grafema vocálico E e do grafema vocálico O em sílaba tônica de palavras paroxítonas, e na leitura do grafema consonantal X (os pesquisadores consideram regulares as correspondências dependentes de regras contextuais).

Quanto à leitura dos grafemas E e O, Parente, Silveira e Lecours (1997: 47) parecem considerar como possível causa de erros de leitura apenas os homógrafos: palavras que diferem no significado e na pronún-

---

[5] Erros *de leitura* de palavras com regularidades contextuais parecem ocorrer apenas quando a criança ainda não se apropriou das regularidades contextuais; um exemplo é o erro da criança que lê *goleiro* como JO-LEI-RRO (dado da pesquisa de Monteiro e Soares, 2014), revelando ainda não ter compreendido que as letras J e G correspondem a fonemas diferentes quando G está diante das vogais A, O ou U, e ainda que o dígrafo RR corresponde ao fonema /h/, não ao fonema /r/. Acrescente-se que, ao pronunciar a sílaba -RO como -RRO, a criança pode estar também se guiando, conforme discutido no capítulo anterior, pelo nome da letra R (*erre*), não por uma já compreendida relação grafema-fonema.

[6] Como os pesquisadores são da área da Psicologia Cognitiva, sua análise do sistema de escrita do português apresenta uma categorização peculiar das regularidades/irregularidades, mas que não conflita basicamente com a análise que dele é feita na área da Fonologia; a contribuição da análise desses pesquisadores está na diferenciação de irregularidades do sistema de escrita segundo se trate de leitura ou de escrita, enquanto as análises fonológicas privilegiam em geral a direção grafofonêmica – a direção da escrita. Para as práticas de ensino da língua escrita, e também para a pesquisa sobre a alfabetização, a diferenciação entre efeito de regularidade sobre a leitura e efeito de regularidade sobre a escrita é fundamental.

cia, mas que não se diferenciam na escrita, como *selo* (substantivo - /se/) e *selo* (do verbo *selar* - /sɛ/), ou *bolo* (substantivo - /bo/) e *bolo* (do verbo *bolar* - /bɔ/). Nestes casos, os erros ocorrem apenas na leitura (a criança lê como aberta a vogal fechada ou vice-versa), já que na escrita os grafemas vocálicos E e O são escritos sem diferenciação (lembre-se: quando na sílaba tônica de palavras paroxítonas).

No entanto, nem sempre é apenas a homografia que pode motivar erros de leitura dos grafemas E e O em sílaba tônica de palavras paroxítonas. Assim, a criança pode ler palavras, sobretudo as de baixa frequência no vocabulário infantil, pronunciando o grafema vocálico E = /e/ (vogal fechada), em sílaba tônica de palavras paroxítonas, como /ɛ/ (vogal aberta) – lê como *bésta, *coléte as palavras *besta, colete* – ou, menos frequentemente, pronunciando como /e/ (vogal fechada) o grafema E – lê como *brêjo, *atlêta as palavras *brejo, atleta*. Da mesma forma, a criança pronuncia, na leitura, como /ɔ/ (vogal aberta) o grafema vocálico O de sílaba tônica de palavras paroxítonas de baixa frequência – lê como *tólo, *maróto as palavras *tolo, maroto*, ou, também menos frequentemente, pronunciando esse grafema como /o/ (vogal fechada) – lê como *serrôte, *rôcha as palavras *serrote, rocha*.[7] No entanto, observa-se que, quando a palavra faz parte do léxico ortográfico da criança, se não é lida pela rota lexical, mas pela rota fonológica, é em seguida reconhecida, e a pronúncia é imediatamente corrigida.

Já o terceiro caso de relação grafofonêmica irregular apontado por Parente, Silveira e Lecours (1997) é também um caso de relação irregular fonografêmica: palavras com o grafema X causam erros tanto de leitura quanto de escrita. No que se refere à *leitura*, a tendência da criança em fase de aprendizagem ortográfica é considerar o grafema X como repre-

---

[7] O uso da expressão "menos frequentemente" para caracterizar erros de leitura em que a criança lê /ɛ/ por /e/, ou /ɔ/ por /o/ é apenas uma hipótese baseada em observação de leitura de palavras por crianças de escolas públicas, já que não foram encontradas pesquisas que estudassem especificamente esse tipo de erro. A explicação para esses erros talvez esteja no fato de, na variante linguística das crianças observadas (dialeto mineiro), as vogais E e O serem pronunciadas como /ɛ/ e /ɔ/ na recitação do alfabeto (a, b, c, d, **é**...; m, n, **ó**, p...), e também na forma tradicional de recitação das vogais (a, **é**, i, **ó**, u). Em alguns casos, é possível que esteja atuando o efeito de vizinhança: a criança lê *bésta por *besta* pela vizinhança com palavras de alta frequência em seu léxico: *festa, testa*; ou lê *rôcha pela vizinhança com *roxa, roxo*.

sentação do fonema /ʃ/: lê *fixo* como *ficho, *léxico* como *léchico, *boxe* como *boche, *tóxico* como *tóchico. Como na maior parte das palavras do português brasileiro o grafema X representa o fonema /ʃ/, a criança em geral erra pouco na leitura, sobretudo ao ler palavras de alta frequência no vocabulário infantil: não erra ao ler *bruxa, roxo, luxo, graxa, lixa* etc. Ao contrário, errava com frequência na escrita de palavras com o grafema X, como se verá adiante.

Assim, a leitura sofre menos que a escrita o *efeito de regularidade*; já em texto anterior ao de Parente, Silveira e Lecours (1997) previamente citado, Alvarenga (1988: 29) afirmava que "devido à direção dos dois processos (da letra para o som na leitura; do som para a letra na escrita), as regras são diferentes em natureza e em número", o que faz da leitura um processo mais simples que o processo de escrita:

> A codificação [a escrita] é um conjunto de regras de *construção ortográfica*, enquanto a decodificação [a leitura] o é de *interpretação ortográfica*. Na codificação, devido a esse caráter de construção, o domínio da ortografia é essencial e se coloca como uma tarefa a mais, ao lado de todas as outras tarefas de construção do texto como um todo. Na decodificação, ao contrário, o que se espera não é o domínio pleno da construção, mas o da interpretação. (Alvarenga, 1988: 30)

Talvez seja essa a razão por que pesquisas que avaliam a **leitura** de crianças brasileiras, considerando o *efeito de regularidade* em geral, concluem que é apenas no início do processo de alfabetização (ou seja, quando as crianças ainda não se tornaram alfabéticas) que esse efeito se revela significativo. Pinheiro (2008), avaliando o *efeito de regularidade* na leitura de palavras de crianças de 1ª a 4ª séries, verificou que, **na leitura**, um *efeito de regularidade* foi significativo apenas nas séries iniciais, e restrito a palavras de baixa frequência e ao tempo de processamento, tendo concluído que

[...] contradizendo a hipótese levantada [na pesquisa relatada], de que iniciantes poderiam mostrar uma certa dificuldade na leitura de palavras-regra [regularidades contextuais], nenhuma diferença significativa foi observada entre a leitura de palavras regulares [correspondências biunívocas] e palavras-regra, o que indica que, na leitura, as crianças aprendem cedo as regras contextuais da língua. (Pinheiro, 2008: 186-87)[8]

Essa conclusão se confirma em Lúcio, Pinheiro e Nascimento (2010); resultados semelhantes foram encontrados por Godoy (2005), em pesquisa longitudinal que acompanhou crianças do início da pré-escola ao final do 1º ano; por Salles e Parente (2002), em estudo que evidenciou diferença estatisticamente significante do *efeito de regularidade* sobre a leitura de crianças de 2ª série em relação à leitura de crianças de 3ª série; por Salles e Parente (2007), em pesquisa que revelou efeito elevado de regularidade em avaliação de leitura de crianças de 2ª série. Coerentemente, Justi e Justi (2009) não encontraram *efeito de regularidade* em avaliação de leitura de crianças já nas 3ª e 4ª séries.

Ao contrário, Pinheiro (2008: 210), tendo avaliado não só a leitura, mas também a escrita de palavras, verificou que, na escrita, ao contrário de na leitura, o efeito de regularidade ocorreu nos dois níveis de frequência das palavras, alta e baixa, embora mais forte nas palavras de baixa frequência; concluiu, assim que "a leitura e a escrita das crianças brasileiras [...] foram afetadas diferentemente pela regularidade ortográfica: essa regularidade, que representou apenas um efeito marginal na leitura, teve, na escrita, um efeito significativo" (Pinheiro, 2008: 231). O próximo tópico discute esse significativo efeito de regularidade na escrita do português brasileiro.

---

[8] Pinheiro, na pesquisa mencionada, que teve como objeto a leitura e a escrita, classificou regularidade/irregularidade das palavras na direção fonema-grafema, isto é, apenas na direção da escrita; mais tarde, a pesquisadora concluiu pela necessidade de distinguir a irregularidade considerando as duas direções: palavras irregulares para a leitura e a escrita e palavras irregulares apenas para a leitura (Pinheiro e Rothe-Neves, 2001). Em estudo posterior, a partir de hipótese levantada por Lúcio (2008: 99, 103, 104), Pinheiro, Lúcio e Silva (2008: 26) constataram "a existência de indícios que apontam que o nível de regularidade para a escrita pode afetar o tempo de reação na leitura em voz alta de palavras isoladas", indícios que receberam suporte empírico em pesquisa de Lúcio, Pinheiro e Nascimento (2010: 502), que esclarecem: "Ainda não está claro por que esse efeito ocorre, mas é possível que o fato de a aquisição das regras na escrita se efetuar de forma mais lenta e laboriosa do que as regras para a leitura tenha alguma interferência". A hipótese é retomada em Lúcio e Pinheiro (2011: 176): "o efeito de regularidade na leitura aparecerá na precisão, sempre que o nível de regularidade das palavras for classificado quanto à direção da leitura, enquanto que, para o tempo de processamento, esse efeito sempre aparecerá quando a classificação para a escrita é considerada".

O EFEITO DE REGULARIDADE SOBRE A ESCRITA: A ESCRITA ORTOGRÁFICA

Caso se assuma *escrita ortográfica* com o significado de *escrita correta*, que é o significado da expressão no título deste tópico, pode-se considerar que a compreensão pela criança do sistema de notação alfabética analisada em capítulos anteriores deste livro é, de certa forma, inicialmente um processo de aprendizagem de um *sistema gráfico*: na perspectiva da **escrita**, a criança aprende inicialmente as *grafias* – o conhecimento e traçado das letras do alfabeto e as correspondências que busca identificar entre estas e os sons da fala, os fonemas – e, nesse processo de apropriação do *princípio alfabético*, incide em "erros" do ponto de vista *ortográfico* – da *norma ortográfica*.

A transição de uma escrita alfabética para uma escrita ortográfica no processo de aprendizagem inicial da língua escrita é geralmente reconhecida pelos pesquisadores. Lembrem-se das palavras de Ferreiro e Teberosky (1986: 213) citadas no capítulo "Fases de desenvolvimento no processo de aprendizagem da escrita": as pesquisadoras consideram a *escrita alfabética* como o nível *final da evolução* da criança na compreensão da escrita, pois "a partir desse momento a criança se defrontará com as dificuldades próprias da ortografia, mas não terá problemas de escrita, no sentido estrito". Da mesma forma, lembrem-se das palavras de A. Morais (1998: 20-1) citadas no capítulo "Aprendizagem da língua escrita em diferentes ortografias e na ortografia do português brasileiro":

> A criança inicialmente se apropria do sistema alfabético; num processo gradativo, descrito pelas pesquisas da psicogênese da escrita, ela aos poucos "domina a base alfabética". [...] O que o aprendiz nessa fase ainda não domina, porque desconhece, é a norma ortográfica [...] ainda não internalizou as formas escritas que a norma ortográfica convencionou serem as únicas autorizadas.

Assim, a aprendizagem do sistema gráfico de notação alfabética, que torna a criança *alfabética*, deve completar-se, sobretudo no caso da **escrita**, com a aprendizagem das convenções que impõem determinada grafia em casos em que outras grafias são também possíveis: a aprendizagem da *norma* *ortográfica*, que vai tornando a criança *ortográfica*, para além de *alfabética*. Talvez isso explique a relevância que se atribui, na alfabetização, e no ensino da língua escrita em geral, à questão da aprendizagem da ortografia, entendida predominantemente na direção fonografêmica, isto é, na direção da escrita, já que, como foi dito no tópico anterior, o *efeito de regularidade* sobre a **leitura** do português brasileiro é pouco significativo, pois a norma ortográfica interfere pouco sobre o reconhecimento de palavras; ao contrário, interfere significativamente sobre a **escrita**, ou seja: a ortografia do português brasileiro é mais transparente para a leitura que para a escrita.

São vários os estudos que analisam as relações entre a fonologia e a ortografia do português sob a perspectiva da aprendizagem da língua escrita; entre outros: Silva (1981); Lemle (1987); Parente, Silveira e Lecours (1997); Zorzi (1998); A. Morais (1998, 2012); Scliar-Cabral (2003a, 2003b); Faraco (2012); Nóbrega (2013). Esses estudos em geral não analisam separadamente, na perspectiva da ortografia, a direção da leitura – relações grafema-fonema – e a direção da escrita – relações fonema-grafema; exceção é o estudo de Parente, Silveira e Lecours (1997), citado no tópico anterior, que analisa escrita **e** leitura.

Considerando-se a ortografia do português brasileiro na perspectiva fonografêmica, ou seja, na direção da escrita, os cerca de 33 fonemas são representados por cerca de 22 letras e 7 dígrafos[9] (excluídas das 26 letras do alfabeto as letras H e Q, as quais, isoladas, não têm correlato sonoro, e as letras K, Y e W, por seu uso apenas em casos excepcionais, e em que representam fonemas já representados por outras letras); são, pois, cerca de 33 fonemas representados por 29 grafemas. Dessa forma, a relação fonema-grafema é de 1.1:1, muito próxima da relação na ortografia transparente do finlandês (1:1) e distante da relação na ortografia opaca do inglês (1.7:1), mencionadas no capítulo "Aprendizagem da língua escrita em diferentes ortografias e na ortografia do português brasileiro".

As relações fonema-grafema na ortografia do português brasileiro são em geral classificadas como *regulares, regulares contextuais* e *irregulares*, classes defi-

---

[9] Como já esclarecido na nota 23 do capítulo "Aprendizagem da língua escrita em diferentes ortografias e na ortografia do português brasileiro", o uso da expressão modalizadora "cerca de" pretende relativizar dados quantitativos, que variam conforme a teoria ou modelo fonológico assumidos.

nidas a partir da análise da ortografia, inferindo-se dessa análise os desafios que a aprendizagem da norma ortográfica propõe à criança e, consequentemente, ao ensino. Outra perspectiva de classificação é a que parte não propriamente da ortografia, mas dos erros que as crianças cometem ao escrever: sob essa perspectiva, Cagliari (2009: 120) propõe 11 categorias de erros ortográficos, Zorzi (1998: 34) identifica 10 categorias de alterações ortográficas encontradas na escrita de crianças. Aqui, busca-se, de certa forma, associar essas duas perspectivas, confrontando as relações *regulares, regulares contextuais* e *irregulares* com escritas reais de crianças de escolas públicas que revelam as dificuldades que enfrentam na aprendizagem da norma ortográfica.

As relações *regulares* na direção da **escrita**, considerando inicialmente as representações de fonemas por *consoantes*, são aquelas em que um fonema é representado por um, e apenas um, grafema consonantal, indiferentemente de sua posição na palavra: são relações *biunívocas*, que normalmente não oferecem dificuldade para a criança que já se tornou alfabética:

\multicolumn{3}{c	}{RELAÇÕES REGULARES FONEMA-GRAFEMA CONSOANTES}
FONEMA	**GRAFEMA**	**EXEMPLOS**
/p/	p	*p*ato, sa*p*o, *p*rato, *p*laca
/b/	b	*b*eco, ca*b*o, *b*ravo, *b*loco
/t/	t	*t*ela, ma*t*o, le*t*ra, *t*roco
/d/	d	*d*ado, lo*d*o, ca*d*erno, pa*d*re
/f/	f	*f*ato, *f*rase, gar*f*o, *f*lanela
/v/	v	*v*ida, no*v*o, li*v*ro, na*v*io
/m/*	m	*m*ala, ca*m*elo, a*m*ora, a*m*igo
/n/*	n	*n*avio, ca*n*il, ce*n*oura, *n*uvem
/ɲ/**	nh	ni*nh*o, fari*nh*a, vi*nh*o, ba*nh*o
/ʎ/	lh	i*lh*a, mi*lh*o, tri*lh*o, ervi*lh*a

* Os fonemas **/m/** e **/n/**, quando em início de sílaba, estabelecem relações regulares com os grafemas M e N; quando em seu outro uso – em fim de sílaba – não são aqui considerados como um fonema, porque apenas atuam sobre a vogal anterior para marcar nasalidade, como se justificará adiante, quando se tratar das vogais.

** Convém notar que, em algumas modalidades do português brasileiro, o fonema /ɲ/, representado pelo dígrafo NH, não é pronunciado, apenas nasaliza a vogal anterior: *banho* é pronunciado como [bãyu], *sonho* como [sõyu] (A. Morais, 1998: 30). Infere-se a importância de considerar as relações fonema-grafema no contexto das variantes linguísticas.

Entre esses casos de relações regulares, há erros que as crianças, na fase inicial do processo de alfabetização, costumam cometer na escrita não por desconhecimento da relação fonema-grafema, mas por dificuldade na discriminação entre fonemas que, iguais no modo e no lugar de articulação, distinguem-se apenas pelo vozeamento. Assim, trocas entre as oclusivas bilabiais **p** e **b** (CABIVARA por *capivara*, CAPITE por *cabide*), as oclusivas dentais **t** e **d** (CAPITE por *cabide*, no exemplo anterior, e ainda VESTITO por *vestido*, TENTISTA por *dentista*), as fricativas labiodentais **f** e **v** (FIOLA por *viola*, CAFALO por *cavalo*)[10] revelam quase sempre problemas não de relação fonema-grafema, mas de distinção entre *sons*: entre fonema sonoro, ou vozeado (/b/, /d/, /v/), e fonema surdo, ou desvozeado (/p/, /t/, /f/). A orientação à criança, nestes casos, está no âmbito da consciência fonografêmica, não propriamente no âmbito da ortografia: a escrita correta – ortográfica – será consequência do desenvolvimento da discriminação fonológica entre consoantes sonoras e surdas.

Outro erro ortográfico comum entre crianças na fase de aprendizagem da norma é a representação do fonema /ʎ/, seguido das vogais **a** ou **o**, pela sílaba -**li**-: VASÍLIA por *vasilha*, TOALIA por *toalha*, MARAVÍLIA por *maravilha*.[11] Se, nas trocas entre sonoras e surdas, a dificuldade está na discriminação fonológica, aqui, ao contrário, a criança, revelando capacidade de identificação de fonemas, grafa sons que discrimina na fala, mas que não estão representados no grafema LH: a criança, como, aliás, a maioria dos falantes do português brasileiro, pronuncia como -**li**- o fonema /ʎ/ seguido das vogais **a** ou **o**, mas grafado como -LH- segundo a norma ortográfica. Pode-se considerar que se trata, na perspectiva do aprendiz da escrita, de uma relação irregular, arbitrária, não propriamente regular, sendo-lhe assim necessário memorizar a escrita de palavras com as sílabas -**lha**, -**lho**, usando a rota lexical, que lhe permite incorporar a grafia correta da palavra a seu léxico mental.

---

[10] Os exemplos aqui apresentados, como também os que são apresentados a seguir neste tópico, são escritas reais coletadas na produção de crianças em processo de alfabetização, em escolas públicas mineiras; assim, a base para a análise das relações fonema-grafema nesses exemplos é o dialeto mineiro.
[11] Para um extenso estudo sobre a fonologia e a escrita inicial das palatais /ʎ/ e /ɲ/, ver Miranda (2014).

De modo geral, porém, as crianças raramente incorrem em erros ortográficos na escrita de palavras em que as representações fonema-grafema são biunívocas, casos em que a escrita se apoia quase apenas na rota fonológica; são essas relações regulares que elas sobretudo representam na *escrita inventada*, errando, porém, ao considerar regulares relações que são, sim, regulares, mas em dependência do contexto.

As *relações regulares contextuais* são *regulares* porque, embora um mesmo fonema possa ser representado por mais de um grafema, cada representação é previsível, determinada pelo contexto, e por isso *regular contextual*.[12] Não são, porém, muitas as relações regulares contextuais no que se refere à representação de fonemas por consoantes, na ortografia do português brasileiro:

\multicolumn{4}{c}{**RELAÇÕES REGULARES CONTEXTUAIS – CONSOANTES**}
\multicolumn{4}{c}{(direção da escrita)}
FONEMA	**GRAFEMAS**	**CONTEXTO**	**EXEMPLOS**
/k/	• c • qu	• antes de **a, o, u** • antes de e, i	• **c**avalo, **s**a**c**ola, **c**ubo, **c**ampo, **c**ompra • **qu**eda, pe**qu**eno, **qu**ilo, es**qu**ina
/g/	• g • gu	• antes de **a, o, u** • antes de e, i	• **g**ato, **g**ota, a**g**udo, **g**anso, **g**ongo • **gu**erra, **gu**itarra, **gu**indaste
/h/	• r • rr	• no início da palavra • no fim de sílaba • entre vogais	• **r**ato, **r**ua, **r**io, **r**eal, **r**oda • ca**r**ta, mo**r**te, be**r**ço, cu**r**va • ca**rr**o, ma**rr**eco, pi**rr**aça, mo**rr**o
/ɾ/	r[13]	• entre vogais • em sílaba CCV	• ca**r**a, fe**r**a, fe**r**ida, censu**r**a • p**r**ata, cob**r**a, tig**r**e, g**r**eve
/l/	• l • u	• no início de sílaba • no fim de sílaba*	• **l**ua, bo**l**a, va**l**e, came**l**o, **l**írio • me**l**, sa**l**, ca**l**ma, cani**l**, faro**l**, so**l**dado

* Embora esta regra esclareça o uso de L ou U no maior número de palavras do português brasileiro, há casos em que ela não se aplica, sobretudo quando a vogal anterior é E ou A, como em *papel/chapéu*, *mel/céu*, *calda/cauda*, *central/degrau*; nestes casos, será necessária a memorização da forma ortográfica, pela via lexical.

---

[12] No caso de grafemas *consonantais*, as relações regulares contextuais na direção da leitura (grafema-fonema) em geral não apresentam problemas para a leitura, como dito no tópico anterior.
[13] O grafema R pode remeter a dois fonemas, como mostra o quadro: /h/, no início da palavra, e /ɾ/ entre vogais; a criança em fase de alfabetização erra com certa frequência a representação de /h/ na escrita, mas raramente erra a representação de /ɾ/.

Enquanto as crianças não se apropriam das regras contextuais, na representação de fonemas consonantais, escrevem (exemplificando cada caso apresentado no quadro anterior com escritas de crianças em fase de alfabetização): ESCELETO por *esqueleto*, ESCILO por *esquilo*; GAVALI por *javali*, CORUGA por *coruja*; RROSQUINHA por *rosquinha*, LANTERRNA por *lanterna*, BARACA por *barraca*; BAUDE por *balde*, AVENTAU por *avental*. Na perspectiva da criança, se ela acerta ao escrever es***c***ada, es***c***ola, por que erra quando escreve ESCILO e ESCELETO? Se acerta quando escreve *carro*, *terra*, por que erra quando escreve RROSQUINHA e LANTERRNA? Assim, se o ensino explícito da norma ortográfica é em geral desnecessário quando as relações fonema-grafema são biunívocas, já que em geral são essas relações que a criança apreende no processo de compreensão do *princípio alfabético*, as relações *regulares contextuais*, porque interferem nas relações biunívocas já compreendidas, demandam ensino de regras ortográficas: a explicitação dos contextos em que deve ser usado um ou outro grafema.

As relações fonema-grafema *irregulares*, também denominadas relações *arbitrárias*, embora se refiram sempre aos mesmos fonemas – /z/, /s/, /ʃ/, /ʒ/, representados, cada um deles, por diferentes grafemas consonantais –, não são classificadas de forma unânime. Na análise de Lemle (1987: 23-4), esses quatro fonemas constituem, todos eles, "casos de situação de concorrência pela qual mais de uma letra, na mesma posição, pode servir para representar o mesmo som", isto é, casos em que um fonema pode ser representado por diferentes grafemas, sem que haja regra que defina a relação correta segundo a norma ortográfica.

Para Faraco (2012: 148), porém, entre os quatro fonemas anteriores, apenas em um único, o fonema /ʃ/, é sempre imprevisível a ocorrência de uma ou outra representação; nas demais relações fonema-grafema irregulares, /z/, /s/ e /ʒ/, algumas são previsíveis pelo contexto, outras não, portanto, são relações fonema-grafema "parcialmente previsíveis e parcialmente arbitrárias" (2012: 140).

Já A. Morais (1998: 32-4) retira do grupo de relações irregulares dos fonemas /z/ e /s/ os casos em que essas relações se tornam previsíveis se considerados aspectos morfológicos e gramaticais, e assim propõe um terceiro grupo de relações regulares, as *regularidades morfológico-gramaticais*, mantendo como irregulares as demais representações dos fonemas /z/, /s/ e as representações dos fonemas /ʃ/, /ʒ/.

Considerando que a aprendizagem da norma ortográfica estende-se por todo o ensino fundamental, até mesmo por todo o ensino básico, no quadro a seguir são apresentadas as representações gráficas dos fonemas /z/, /s/, /ʃ/, /ʒ/, indicando-se, porém, apenas aquelas que aparecem em palavras frequentes no vocabulário infantil e que possam ser compreendidas por crianças em fase de alfabetização. Evita-se, por exigir conhecimentos linguísticos que crianças nessa fase ainda não dominam, a distinção entre *parcialmente previsíveis* e *parcialmente arbitrárias* da análise de Faraco e, de certa forma, também de Lemle[14] – indicam-se apenas as previsibilidades que crianças em fase inicial de aprendizagem da língua escrita tenham condições de considerar. O mesmo se pode dizer sobre as regularidades morfológico-gramaticais propostas por A. Morais; estas, porém, sugerem, como se verá adiante, procedimentos de ensino que podem facilitar a aprendizagem de certas relações fonema-grafema irregulares por meio de noções básicas sobre sufixos e tempos verbais, acessíveis a crianças em fase de alfabetização.

---

[14] Lemle (1987: 24; ênfase acrescentada) dá, ao quadro em que apresenta as relações irregulares, o título "letras que representam fones idênticos em *contextos idênticos*", mas nele já reconhece previsibilidades parciais quando indica os contextos em que um fonema é representado por diferentes grafemas, ou seja, os contextos não são sempre "idênticos".

RELAÇÕES IRREGULARES FONEMA-GRAFEMA – CONSOANTES (direção da escrita)		
FONEMA	**GRAFEMA**	**EXEMPLOS**
/ʒ/	j (diante de qualquer vogal)*	*jeito, jejum, jiló, canjica, caju, jovem, laranja*
	g (diante de e ou i)	*gesto, gelo, gelatina, girafa, mágico, gibi*
/z/	s	*casar, mesa, asilo, cesta, mês, famoso*
	z	*azar, zebra, azul, paz, cruz, anzol, certeza*
	x	*exemplo, exame, texto, sexta*
/s/	s (no início de palavra)	*sino, sílaba, silêncio, seda, segredo, selo*
	c (antes de i, e)	*cipó, cidade, cinema, cedo, cegonha, cera*
	ss	*assento, pressa, posse, posseiro, fóssil*
	c	*acento, prece, precoce, roceiro, dócil*
	ç	*ruço, açúcar, paço, roça, justiça, peça*
	sc	*crescer, crescimento, descer, nascente*
	sç	*cresço, cresça, desço, desça*
	x	*máximo, auxílio, sintaxe*
	xc	*exceção, excelente, excesso, excedente*
/ʃ/	ch	*chuva, chave, chinelo, bicho, boliche*
	x	*enxuto, enxada, faxina, lixo, maxixe*

* Pode-se considerar que antes das vogais A, O e U a representação do fonema /ʒ/ pelo grafema J constitui uma regularidade contextual; já antes das vogais E e I, a alternância entre J e G torna a relação irregular.

Entre essas representações irregulares, em que a forma correta, entre grafias possíveis, é determinada pela norma ortográfica, uma dificuldade frequente das crianças é a dúvida entre J e G na representação do fonema /ʒ/: por exemplo, escrevem JIGANTE, TANJERINA, HOGE, SUGEIRA, e, se ainda não se apropriaram da regra contextual para o uso de G antes de A, O, U, escrevem GANELA por *janela*, GABUTICABA por *jabuticaba*, GOELHO por *joelho*. Em casos como estes, de uso descontextualizado da representação do fonema /ʒ/, o ensino levará a criança a compreender a regra contextual e ela deixará de trocar J por G, orientando-se pela rota fonológica; nos casos de relações irregulares, porém, ela terá de memorizar, pela rota lexical, a ortografia de palavras em que G e J são grafias possíveis, como em *gigante, tangerina, hoje*.

Também é pela memorização que a criança aprenderá a grafia correta de palavras em que os fonemas /z/, /s/, /ʃ/ admitiriam mais de uma representação, devendo assim recorrer à rota lexical para identificar a ortografia da palavra arquivada em seu léxico mental. Alguns exemplos de erros ortográficos em crianças em processo de alfabetização são: em relação ao fonema /z/, AZA por *asa*, VES por *vez*, BUSINA por *buzina*, PAÍZES por *países*; em relação ao fonema /s/, CERROTE por *serrote*, SEU por *céu*, SIGARRA por *cigarra*; SSOCORRO por *socorro*, MORSSEGO por *morcego*, AÇADO por *assado*, CRESSER por *crescer*, URÇO, por *urso*; em relação ao fonema /ʃ/, XOCOLATE por *chocolate*, XAMINÉ por *chaminé*, MOXILA por *mochila*, CHADREZ por *xadrez*, COACHAR por *coaxar*.

Entretanto, como propõe A. Morais (1998: 32-4), anteriormente citado (e também Lemle, 1987: 36-8 e Scliar-Cabral, 2003a: capítulos 10 e 11), há relações em geral definidas como irregulares que, com apoio em regras morfossintáticas, podem ser consideradas regulares. Recorde-se o tópico "Consciência morfológica" no capítulo "Consciência metalinguística e aprendizagem da língua escrita" deste livro: ao contrário do que ocorre em ortografias opacas, morfofonêmicas, como o inglês, em que "algumas das mais importantes relações entre a língua oral e a língua escrita estão no nível do morfema, que frequentemente determina a ortografia" (Nunes e Bryant, 2006: 34),[15] em ortografias próximas da transparência, como a do português brasileiro, a consciência morfossintática e sua tradução em regras ortográficas tornam-se um recurso de facilitação para o domínio da grafia de correspondências irregulares fonema-grafema.[16]

---

[15] Não só em inglês, mas também em outras línguas de ortografia opaca ou próxima da opacidade, como o francês, "a morfologia intervém no reconhecimento das palavras escritas desde o primeiro ano da aprendizagem da escrita, quando as crianças não dominam totalmente o código alfabético", como afirmam Marec-Breton e Gombert (2004: 118), com base em pesquisas com crianças francesas.

[16] A consciência morfológica parece contribuir também para a leitura de palavras e para a apreensão do significado de palavras pouco familiares: ver, a esse respeito, o tópico sobre consciência morfológica, no capítulo "Consciência metalinguística e aprendizagem da língua escrita".

Assim, o conhecimento da ortografia de certos sufixos que formam, a partir de um morfema radical, palavras de outra classe gramatical orienta a ortografia da palavra derivada, por exemplo: uso da letra Z e não S, nos sufixos *-eza* e *-ez,* que formam substantivos de adjetivos (como em *belo/beleza, macio/maciez*); uso da letra C, e não do dígrafo SS, no sufixo *-ência,* que forma substantivos de adjetivos (como em *frequente/frequência*); da letra G, e não J, no sufixo *agem,* que também forma substantivos de adjetivos (como em *bobo/bobagem*); da letra S, e não Z, no sufixo *-oso,* que forma adjetivos de substantivos (como em *fama/famoso*); da letra Z e não S no sufixo *-izar,* que forma verbos de adjetivos (como em *final/finalizar*).[17]

Também a ortografia de certos sufixos de flexão verbal pode ser orientada por conhecimento morfossintático; é o caso da distinção entre a grafia das desinências verbais *-ão* e *-am* que as crianças frequentemente confundem, escrevendo, por exemplo, FALARAM, para o tempo futuro *falarão,* ou FALAVÃO para o pretérito imperfeito *falavam.* Nesses casos, é a morfologia – a relação da ortografia com o conceito de tempos verbais – que pode orientar a criança para o uso adequado dessas terminações.[18]

Acrescente-se ainda a contribuição da morfologia derivacional para definir a representação gráfica do fonema /ʒ/ pelas letras G ou J, que se mantêm na palavra derivada (supondo-se que a forma primitiva tenha sido memorizada): *ferrugem/ferruginoso, sujo/sujeira.* Inversamente, a palavra derivada pode esclarecer a ortografia da palavra primitiva: a dúvida entre os grafemas L e U, que representam o mesmo fonema – a semivogal /w/ –, no final de certas palavras, como *mel, jornal, farol,* pode ser esclarecida recorrendo a palavras derivadas: *me*l*ado/me*l, *pape*l*aria/ pape*l, *so*l*ar/so*l, *jorna*l*eiro/jorna*l.

---

[17] Sobre o conhecimento de crianças de diferentes níveis de escolaridade a respeito da ortografia de palavras sujeitas a regras morfossintáticas e contextuais, ver pesquisas de Meireles e Correa (2005), Pessoa e Morais (2010).
[18] Outra alternativa para diferenciar formas verbais em -ão e -am é a posição da sílaba tônica: -ão nas formas oxítonas, -am nas formas paroxítonas, o que depende tanto de consciência fonológica quanto de consciência morfológica.

Palavras derivadas por sufixação em que há alteração na pronúncia e na ortografia em relação à palavra primitiva, o que ocorre com bastante frequência no inglês (cf. capítulo "Consciência metalinguística e aprendizagem da língua escrita"), são pouco numerosas no português: são apenas aquelas palavras formadas com base em morfema radical que conserva a forma latina de uma palavra existente na língua, como, por exemplo: adjetivos com o sufixo *-al* ou *-ar* (*vida/vital, mão/manual, lua/lunar*); verbos com o sufixo *-ficar* (*pedra/petrificar*); substantivos com o sufixo *-ão* (*ver/visão*).[19]

Foram discutidas até aqui as relações fonema-grafema considerando os fonemas consonantais, e o impacto delas na ortografia. Também os fonemas vocálicos criam dificuldades ortográficas para crianças em fase de alfabetização, porque em geral são, no ensino, reduzidos a cinco, quando na verdade são doze, e são apresentados quase sempre na modalidade oral, ignorando-se a modalidade nasal.

No capítulo "Consciência fonêmica e alfabetização", em tópico sobre a influência do *nome* das letras na escrita das crianças, mencionou-se a frequência de erros na representação das vogais nasais, que as crianças representam por vogais orais, sem a marca de nasalidade; retoma-se e aprofunda-se agora essa questão na direção da escrita, sob a perspectiva das relações entre fonemas e grafemas vocálicos, no período de aprendizagem inicial da língua escrita. Assim, o quadro a seguir reverte o quadro apresentado no capítulo "Consciência fonêmica e alfabetização", substituindo o foco ali posto na influência dos nomes das vogais sobre a escrita da criança pelo foco nas relações dos fonemas vocálicos com sua representação por grafemas.

---

[19] Para um tratamento mais extenso da contribuição da morfologia à ortografia, ver os autores citados: Morais, A. (1998); Lemle (1987); Faraco (2012); Scliar-Cabral (2003a, b); e também Nunes e Bryant (2014), que discutem a relação entre ortografia e morfemas no inglês e no português (tradução e adaptação para o português de Nunes e Bryant, 2009); sobre a morfologia do português, sugere-se Gonçalves (2011).

RELAÇÕES FONEMA-GRAFEMA – VOGAIS
(direção da escrita)

FONEMA	GRAFEMAS	EXEMPLOS
/a/	[a]	*ave, mata, macaco, fubá*
/ã/	[an], [am], [ã]	*anzol, manta, campo, bambu, irmã, maçã*
/e/	[ê]	*equipe, medo, cabelo, você, ipê*
/ɛ/	[é]	*pedra, médico, canela, café*
/ẽ/	[en], [em]	*enfermo, mente, avenca, tempo, sempre*
/o/	[ô]	*ovo, boca, garoa, problema, avô, tricô*
/ɔ/	[ó]	*ócio, foca, corda, pobre, serrote*
/õ/	[on], [om], [õ]	*onda, bondoso, bomba, compra, balões*
/u/	[u]	*juba, mudo, chuva, rubi*
/ũ/	[un], [um]	*junto, mundo, chumbo, rumba*
/i/	[i]	*ideal, cidra, pino, apito, saci*
/ĩ/	[in], [im]	*índio, cinto, pingo, faminto, assim*

É na leitura, como dito no tópico anterior, que os grafemas vocálicos orais E e O podem levar a criança a erros de reconhecimento de palavras, quando deve decidir entre a pronúncia /e/ ou /ɛ/, /o/ ou /ɔ/, em sílaba tônica de palavras paroxítonas; na **escrita**, essa dificuldade não se coloca, já que a grafia é sempre a mesma (exceto em casos em que regras de acentuação devam ser aplicadas). Essas mesmas vogais orais causam, porém, erros frequentes de escrita no início da alfabetização: como na fala ocorre, na maioria dos dialetos do português brasileiro, alçamento dos fonemas /e/ e /o/ em posição átona final, a criança escreve /i/ em lugar de /e/, /u/ em lugar de /o/, como nos exemplos SORVETI por *sorvete*, CHAVI por *chave*, CAMELU por *camelo*, LOBU por *lobo*, MEDU por *medo*.[20] No entanto, nas palavras de Faraco (2012: 153), "esse não é um problema de difícil solução porque é regular e o usuário não está diante de escolhas

---

[20] Resultados de pesquisa de Miranda (2008: 164) sobre a grafia das vogais átonas finais no português brasileiro evidenciaram que as crianças tratam diferentemente a grafia das vogais átonas "e" e "o" finais: "o número de erros na grafia do 'o' é significativamente menor do que aquele encontrado na grafia do 'e'".

arbitrárias"; na verdade, pode-se dizer que se trata de uma regularidade contextual, que as crianças incorporam com facilidade, como nos demais casos de regularidades contextuais.

Em posição pretônica, o alçamento das vogais /e/ e /o/ que ocorre em alguns dialetos do português brasileiro, entre eles o dialeto mineiro, coloca a criança diante de escolhas arbitrárias, gerando erros na escrita: a criança escreve MININO por *menino*, PIRIGO por *perigo*, BUNITO por *bonito*, CURUJA por *coruja*. É também relativamente frequente o alçamento da vogal E em início de palavra: ISCOLA por *escola*, ISBARRAR por *esbarrar*.[21] Nesses casos, torna-se necessária a memorização da grafia correta, pela rota lexical.

O que significativamente representa dificuldade no processo de aprendizagem da língua escrita, no que se refere às vogais, é a representação da nasalidade. Exemplos de erros de nasalização cometidos por crianças já no terceiro ano de alfabetização evidenciam essa dificuldade: tendem a omitir a marca de nasalidade quando escrevem MOSTRO por *monstro*, AVETAL por *aventual*, FATASMA por *fantasma*, VAPIRO por *vampiro*, BRACO por *branco*, PLATA por *planta*, MOTANHA por *montanha*, LARAJA por *laranja*.

Como afirma Abaurre (1988: 421), em estudo sobre a representação da nasalidade na ortografia do português por crianças brasileiras, "este é um dos mais difíceis aspectos da ortografia convencional para a aprendizagem das crianças, [que] parecem considerar contraintuitivo representar na escrita a nasalidade por uma sequência de vogal mais consoante nasal". Um aspecto que se torna ainda mais difícil para as crianças porque, como observa Cagliari (2009: 122), "no programa escolar, a nasalização em português não é ensinada logo no início"; realmente, é comprovação disso o fato de, em livros didáticos e em livros de alfabeto, ser frequente o foco nas vogais orais, sem distinção entre as abertas e fechadas, e a omissão em relação às nasais, ou, o que é ainda mais prejudicial ao desenvolvimento da compreensão grafofonêmica da criança, a não diferenciação entre vogais orais e nasais, considerando, em livros e outros materiais didáticos, exemplos de palavras iniciadas pelo fonema /a/ palavras como *anjo*, *anta*, cujo fonema inicial é

---

[21] A respeito da grafia de vogais pretônicas na aprendizagem do sistema de escrita ortográfica pela criança, ver Miranda (2011b).

/ã/, ou considerar exemplo de palavra iniciada pelo fonema /i/ a palavra *índio*, cujo fonema inicial é /ĩ/, ou exemplo de palavra iniciada pelo fonema /o/ a palavra *onça*, cujo fonema inicial é /õ/.

Verifica-se também com frequência a ausência de nasalização com o diacrítico til em ditongos nasais no final de palavras, particularmente no ditongo /ãʊ/, muito frequente em português, como em AVIAU por *avião*, BALAU por *balão*, FEJAU por *feijão*. Por outro lado, há exemplos de uso pela criança do diacrítico til substituindo a nasalização por N ou M, como se lhe parecesse mais natural representar a vogal nasal com um diacrítico que com uma consoante não pronunciada: BALÃSO por *balanço*, ELEFÃTE por *elefante*, PÕTI por *ponte*. Ao contrário, em casos em que a nasalização se faz com o diacrítico til, é frequente a criança ou não nasalizar a vogal, ou nasalizá-la com N ou M, como em MAÇA ou MASAM por *maçã*, IRMAN por *irmã*.

É interessante notar que, se a criança comete erros na grafia de vogais nasais, raramente erra em casos de vogais *nasalizadas*, isto é, de vogais de uma sílaba CV seguida de sílaba em que o ataque é uma consoante nasal – M ou N – ou é o dígrafo nasal NH, como em *cama* [kãma], *lama* [lãma], *pena* [pẽna], *cana* [kãna], *banho* [bãɲw], *sonho* [sõɲo];²² a criança em geral não erra nestes casos provavelmente porque a consoante nasaliza a vogal da sílaba CV anterior, mas é pronunciada, como ataque, na sílaba seguinte. Observe-se, porém, que, quando o dígrafo NH vem precedido do fonema /ĩ/, talvez pela dificuldade que a criança, no processo de compreensão do princípio alfabético, em geral revela para a compreensão dos dígrafos (pois são duas letras representando um só fonema), ela tende a omiti-lo, e usa a vogal oral pela vogal nasalizada, como em PATIO por *patinho*, SAPIO por *sapinho*, GALIA por *galinha*, BARQUIA por *barquinha*.

Possíveis causas para as dificuldades da criança na nasalização de vogais pelas consoantes **m** e **n** foram indicadas anteriormente. Relembrando, uma delas, apresentada no capítulo "Consciência fonêmica e alfabetização", é a possível influência dos nomes das vogais, que se referem aos fonemas vogais

---

²² Como já foi dito anteriormente (cf. nota 10), os exemplos apresentados neste livro são escritas reais de crianças de escolas públicas, falantes do dialeto mineiro; em observação ao quadro das relações regulares consonantais, mencionou-se que, em algumas modalidades do português brasileiro, o dígrafo NH não corresponde ao fonema /ɲ/, apenas nasaliza a vogal anterior: *banho* e *sonho* pronunciam-se [bãyu], [sõyu].

orais, fazendo a criança supor que elas podem representar tanto as vogais abertas quanto as fechadas e também as nasais. Uma segunda causa decorre, como foi dito antes, da ausência ou inadequação do tratamento das vogais nasais no ensino e nos materiais didáticos.

Uma terceira causa, apontada por Abaurre na citação anterior – parece à criança "contraintuitivo representar na escrita a nasalidade por uma sequência de vogal mais consoante nasal" – explica-se pelo fato de as vogais nasais serem representadas, na verdade, por dígrafos: uma vogal seguida de uma consoante que não corresponde a um fonema, tem apenas a função de nasalizar a vogal. Segundo Cagliari (2009: 122), o aluno "usa somente a vogal para indicar o som nasalizado, suprimindo a consoante 'm' e 'n', que não pronuncia"; ou seja, o aluno, na fase inicial de aprendizagem da língua escrita, mantém a hipótese de que *cada* letra da palavra se identifica com *um* fonema, e assim não representa a vogal nasal pelo dígrafo, mas apenas pela vogal, omitindo a consoante que não é pronunciada, embora perceba, na oralidade, o som nasalizado.[23]

Ainda uma quarta causa para as dificuldades de nasalização, que reforça a anterior, pode ser a dificuldade de escrita de sílabas não canônicas na fase inicial da alfabetização: *na fala*, a criança percebe apenas dois sons em sílaba com vogal nasal – por exemplo, oralmente a sílaba inicial de *cinto* é percebida como /sĩ/, uma sílaba canônica CV – mas, *na escrita*, a sílaba é representada por três letras, constituindo uma sílaba CVC, em que a consoante pós-vocálica – a coda da sílaba – não corresponde a um fonema, apenas modifica a vogal que a precede, nasalizando-a: a criança escreve CITO por *cinto*.[24] Na verdade, as crianças compreendem o princípio alfabético basicamente por meio do reconhecimento, na leitura, ou da representação, na escrita, da sílaba canônica do português, a sílaba CV, que se torna para elas padrão de referência, e por isso enfrentam dificuldades para ler ou escrever palavras com sílabas que fogem a esse padrão. É o que se discute no tópico seguinte.

---

[23] Convém lembrar aqui o caso da palavra *muito*, pronunciada [mũitu], único exemplo na língua portuguesa de nasalização progressiva – o traço de nasalidade da consoante /m/ que precede o ditongo /ui/ se estende a este. Curiosamente, as crianças, quando aprendem o uso de M e N para nasalizar vogais, com frequência escrevem MUINTO por *muito*. Abaurre (1999:173) apresenta e analisa um exemplo de escrita da palavra *muito* por uma criança em fase de alfabetização.

[24] Há divergências quanto a esta interpretação da sílaba CVC em que a consoante pós-vocálica é uma nasal; a este respeito, ver a nota 28, adiante.

EFEITO DA ESTRUTURA SILÁBICA SOBRE A ESCRITA

O efeito da estrutura silábica sobre a aprendizagem da **leitura**, ao contrário do que ocorre em relação à aprendizagem da **escrita**, tem sido pouco estudado no português brasileiro, embora a observação de leitura por crianças em fase de alfabetização revele dificuldades em sílabas que fujam ao padrão CV.[25] Assim, esse tópico discute o efeito da estrutura silábica apenas sobre a **escrita**.

Como foi discutido no capítulo "Aprendizagem da língua escrita em diferentes ortografias e na ortografia do português brasileiro", ortografias transparentes ou próximas da transparência se caracterizam por padrões silábicos pouco complexos. Assim, na ortografia do português brasileiro, ao contrário do que ocorre em ortografias opacas, como a do inglês, os limites da sílaba são em geral claramente marcados, o número de padrões silábicos é reduzido, predomina o padrão constituído de apenas dois segmentos (CV – consoante + vogal), sílabas travadas são pouco numerosas.

Nas estruturas silábicas do português, como se viu nos esquemas de sílabas apresentados no capítulo "Consciência fonêmica e alfabetização", a vogal é sempre o núcleo da sílaba precedida e/ou sucedida de consoantes, de modo que, segundo Silva (1999: 152), são "sílabas possíveis do português: constituídas apenas de vogal, constituídas de uma ou duas consoantes prévocálicas e constituídas de uma ou duas consoantes pós-vocálicas"; a estrutura silábica pode ainda apresentar duas vogais no núcleo (1999: 154), uma delas sendo uma semivogal, ou glide (vogal + glide → ditongo decrescente, ou glide + vogal → ditongo crescente). Essas combinações de consoantes, vogais e semivogais resultam em um número relativamente reduzido de padrões silábicos. Collischonn (2005: 117) adverte: "Para o português, não há acordo entre os autores quanto ao número máximo de elementos que uma sílaba pode conter. Esta discordância decorre de diferentes análises fonológicas empreendidas pelos autores."

---

[25] Em geral, a estrutura silábica tem sido considerada como um dos critérios para a construção de *instrumentos de pesquisa* sobre a leitura (listas das palavras a serem lidas), como no instrumento proposto por Pinheiro (2007), não como *objeto* de pesquisa, isto é, na perspectiva de seu *efeito* no reconhecimento de palavras. Assim, enquanto os efeitos sobre a leitura de *características* das palavras – frequência, extensão e regularidade – são já bastante estudados, como discutido no capítulo anterior e no primeiro tópico deste capítulo, o efeito da complexidade silábica sobre a leitura tem sido *objeto* de poucas pesquisas – exemplos de pesquisas com crianças brasileiras que investigam o efeito da estrutura silábica sobre a leitura são Monteiro (2007) e Monteiro e Soares (2014).

No entanto, mesmo admitindo a possibilidade de discordâncias, Collischonn (2005: 117) identifica apenas 13 padrões silábicos do português, sendo as estruturas máximas constituídas de 5 segmentos (CCVCC e CCVVC).[26] Ainda assim, essas estruturas mais complexas são pouco frequentes, ao passo que, tal como em outras ortografias transparentes, é predominante a estrutura silábica CV, por isso denominada *sílaba canônica*. Silva (2011: 119) distingue 16 padrões silábicos *possíveis* em português, dos quais 3 de fato não ocorrem (VCC, CVVCC, CCVVCC), o que reduz para 13 as ocorrências de padrões silábicos na ortografia do português, confirmando Collischonn. Bisol (1999: 738), analisando as sílabas do português brasileiro e seus constituintes, conclui: "a estrutura interna da sílaba, que se desenvolve a partir de CV, emerge maximamente com o padrão canônico CCVC(C), em que o C parentético, unicamente S, manifesta-se em um pequeno conjunto de palavras".

O número e frequência de tipos de padrões silábicos variam em diferentes ortografias; assim, enquanto pesquisa de De Cara e Goswami (2002), citada no capítulo "Aprendizagem da língua escrita em diferentes ortografias e na ortografia do português brasileiro", identificou, no inglês, ortografia opaca, quase 80% de sílabas constituídas de 3 ou mais segmentos, e apenas 4,5% de sílabas padrão CV, no português brasileiro, segundo estudo de Marques (2008), 64% das sílabas são constituídas de apenas 2 segmentos (sílabas CV).[27]

O quadro a seguir apresenta os padrões silábicos do português, com base em Silva (2011: 119), e em ordem decrescente de frequência segundo dados de Marques (2008: 92):

---

[26] Outra proposta de análise da estrutura silábica do português é a de Silva (1981: 102-3) que, partindo da fórmula básica M_1VM_2, em que M representa as margens da sílaba (M_1 = ataque, M_2 = coda), e incorporando as possibilidades de ramificação do ataque e a existência de glides no núcleo V (quando representado por ditongos ou tritongos), relaciona 18 padrões silábicos, organizados em quatro grupos. Também entre esses 18 padrões silábicos, os mais complexos são constituídos de 5 segmentos, e estes são pouco frequentes (apenas dois padrões: CCVVC, como em cons**tróis**, e CVVVC, como em ***iguais***).

[27] Marques (2008) analisou um *corpus* de textos falados; Alvarenga e Oliveira (1997: 138 e nota 7), com base em dados de *corpus* escrito, também afirmam que mais de metade das sílabas do português brasileiro são sílabas CV (dado de pesquisa de Alvarenga, apresentado em sua tese de doutorado: *Variations orthographiques, temps d'identification et apprentissage de la langue écrite portugaise, une approche phono-cognitive*, Université Paris VIII, 1993).

PADRÕES SILÁBICOS	EXEMPLOS
CV	gi-ra-fa; ga-lo; ga-li-nha; ma-la; ma-lha; ma-ta; man-ta*
CVV	sau-da-de; pai; ban-dei-ra; mu-seu; noi-te; pou-co; cui-dar
V	a-mi-go; ti-o; u-va; o-vo; to-a-lha; ca-ri-o-ca; i-gre-ja; sa-í-da
CVC	car-ta; gos-tar; ver-de; re-vis-ta; ces-to; mo-der-no
CCV	pra-to; pe-dra; brin-co*; cli-ma; ca-pri-cho; te-cla; fle-cha
VC	er-vi-lha; ár-vo-re; ur-na; as-fal-to; es-to-jo; is-ca; ins-tá-vel*
VV	au-la; ai-po; oi-to; ou-ro; ei-xo; eu-ro-peu; ui-vo
CCVV	frau-de; trau-ma; clau-su-ra; grau; flau-ta; frou-xo; breu
CCVC	cruz; a-trás; cres-po; tris-te; tras-te; fras-co; ma-dras-ta
CCVVC	claus-tro; fleug-ma
CVCC	pers-pec-ti-va; pers-cru-tar; sols-tí-cio; mons-tro*

Observe-se que no quadro, tal como discutido no tópico anterior, e se discutirá a seguir na análise de sílabas CVC, considera-se que o M ou N pós-vocálicos não constituem fonemas, apenas nasalizam a vogal anterior (cf. as palavras assinaladas com *); assim, a sílaba **ins-**, na palavra *instável*, é considerada uma sílaba VC, ou seja, $V_{[nasal]}C$; a sílaba **man-**, na palavra *manta*, uma sílaba CV, ou seja, $CV_{[nasal]}$; a sílaba **brin-**, na palavra *brinco*, uma sílaba CCV, ou seja, $CCV_{[nasal]}$; a sílaba **mons-**, na palavra *monstro*, uma sílaba CVC, ou seja, $CV_{[nasal]}C$. Esta interpretação para os grafemas M e N pós-vocálicos explica por que não se incluiu no quadro anterior, entre os padrões silábicos, como acontece em algumas propostas, a sílaba CCVC, em que V é nasal, como a sílaba **trans-** na palavra *transtorno*: essa sílaba é aqui considerada uma sílaba CCVC, ou seja, $CCV_{[nasal]}C$.[28]

A predominância de sílabas CV no português brasileiro é uma das características que aproxima sua ortografia da transparência, pois a segmentação

---

[28] A consoante nasal pós-vocálica, "n" ou "m", é considerada, por alguns linguistas, como a coda nas estruturas silábicas CVC (como em *cinto*) ou CCVC (como em *planta*, *branco*); para outros, ela não faz parte da estrutura silábica, ligando-se diretamente ao núcleo da sílaba. A esse respeito, ver Miranda (2009a, 2009b, 2011a); Miranda e Matzenauer (2010), Matzenauer e Miranda (2012), Miranda e Cunha (2013). A frequente ausência da marca de nasalização com "n" ou "m" na escrita de crianças em fase de alfabetização parece reforçar a segunda posição, assumida aqui.

ataque-rima é equivalente, em grande número de palavras, à segmentação fonêmica (por exemplo, na palavra *boneca*, em cada sílaba o ataque corresponde a um fonema consonantal, e a rima corresponde a um fonema vocálico). Confrontando a alfabetização em ortografias consistentes, como as do italiano e do espanhol (e poderíamos aí acrescentar a do português brasileiro), com ortografias inconsistentes, como a do inglês, Goswami (2002a: 145) afirma:

> Para crianças que se alfabetizam em ortografias alfabéticas consistentes com uma estrutura silábica aberta (consoante-vogal, ou cv), o problema das correspondências [fonema-grafema] é menos difícil. Nessas línguas, como o italiano e o espanhol, a segmentação ataque-rima (percebida antes do processo de alfabetização) é equivalente à segmentação fonêmica (teoricamente aprendida por meio do processo de alfabetização) para muitas palavras (*e.g.*, "casa", "mama"). [...] A criança está aprendendo uma ortografia em que cada letra corresponde consistentemente a um fonema. Muitos desses fonemas estão já representados em seu léxico oral porque eles *são* ataques e rimas (*e.g.*, para uma palavra como "casa", os ataques e rimas são /c/ /A/ /s/ /A/, que são também fonemas). [...] Crianças que enfrentam os mais sérios problemas de correspondências são aquelas que se alfabetizam em ortografias inconsistentes e que também têm estrutura silábica complexa, como o inglês. Não apenas a segmentação ataque-rima é raramente equivalente à segmentação fonêmica em inglês, mas ainda uma letra não corresponde consistentemente a um fonema na leitura.

Como menciona Goswami na citação, a estrutura cv é percebida antes mesmo do início do processo de alfabetização, já no desenvolvimento da fala; em estudo sobre o desenvolvimento fonológico na aquisição da linguagem, Matzenauer e Miranda (2012: 110)[29] confirmam:

---

[29] Sobre as relações entre aquisição da fala e aprendizagem da escrita, ver os artigos dessas pesquisadoras: Miranda e Matzenauer (2010); Matzenauer e Miranda (2012); Miranda (2012).

Estudos sobre a aquisição da fonologia apontam a estrutura CV como aquela que, por ser menos marcada, estará disponível à criança desde suas primeiras palavras, já a ramificação do *onset* será uma operação verificada mais tardiamente. A ideia de emergência gradual da estrutura silábica e da existência de certa ordem de aquisição é pacífica em estudos sobre a aquisição de línguas.

Assim, segundo Miranda (2009b: 413), "estudos sobre a aquisição da linguagem [...] mostram que há uma ordem obedecida pelas crianças relativamente à aquisição do padrão silábico, e são unânimes em atestar a seguinte sequência: CV,V>> CVV>>CVC>>CCV, CCVC".

A aprendizagem da escrita, representação da fonologia por grafias, parece seguir sequência semelhante, pois

> [...] as crianças demonstram dominar rapidamente, na escrita, as estruturas silábicas do tipo CV, mas em seguida enfrentam casos em que [...] não conseguem resolver, na escrita, o problema da correta representação dos segmentos que ocupam posições nas sílabas com estrutura mais complexa do que CV. (Abaurre, 1999: 175)

Assim, identifica-se, no processo de alfabetização, inicialmente o domínio de leitura e escrita de palavras com sílabas CV, podendo-se mesmo considerar um momento em que a criança está já *alfabetizada em sílabas CV*, e só posteriormente, após atingido o domínio de leitura e escrita de sílabas mais complexas, pode-se considerar que esteja *plenamente alfabetizada*.

Além do reconhecimento consensual de que, antes mesmo de se tornarem alfabéticas, já na fase silábico-alfabética, a criança domina estruturas CV, pouco se sabe sobre a ordem de aquisição dos demais padrões silábicos na aprendizagem da escrita pela criança, já que parece não haver pesquisas longitudinais com o objetivo de identificar essa ordem (ao contrário, pesquisas têm identificado a ordem de aquisição dos padrões silábicos no desenvolvimento da fala). No entanto, dados de estudos desenvolvidos sem esse objetivo precípuo (por exemplo, Abaurre, 1999, 2001; Miranda, 2011a, 2012; Miranda e Matzenauer, 2010) e também as práticas de alfabetização confirmam, de certa forma, ordem semelhante à identificada na aquisição da linguagem (segundo Miranda, já citada) e condizente com o índice de frequência dos padrões silábicos no português (segundo Marques, já citada).

Assim, atingida a fase alfabética, e dominado o padrão CV, a estrutura silábica V logo aparece na escrita da criança, que aceita a possibilidade de existir sílaba constituída de um só segmento, o padrão V, e não erra em palavras como *abacaxi*, *uva*, *ovo*, provavelmente pela facilidade de identificação do fonema vogal. Com pouca orientação fonografêmica, aceita logo também a possibilidade de sílaba VC, um padrão que inverte a ordem dos segmentos da sílaba canônica: CV → VC, havendo apenas duas possibilidades para a consoante pós-vocálica, fonemas também de fácil identificação: fonema /z/, representado por S (*as*-tro, *es*-tante, *os*-tra) ou fonema /h/, representado por R (*ar*-te, *er*-guer, *or*-dem). Como sílabas VC são relativamente raras no português, erros parecem ser pouco frequentes e apenas quando a vogal é E e o fonema consonantal é /z/: no início do processo de alfabetização, é relativamente comum a criança escrever, por exemplo, SECOLA por *escola*, SECADA por *escada*, SETE por *este*.[30]

São os padrões silábicos complexos que desafiam a criança, aqueles em que ao padrão canônico CV se acrescenta um segmento consonantal prévocálico – padrão CCV – ou pós-vocálico – padrão CVC.

O padrão **CCV**, padrão silábico adquirido tardiamente na aquisição da linguagem, como mostra a sequência anteriormente citada (Miranda, 2009b), parece ser também o mais difícil no processo de aprendizagem da escrita, talvez devido ao ataque ramificado – duas consoantes em posições contíguas. No entanto, o ensino pode facilitar a aquisição desse padrão, já que são apenas duas as consoantes que podem ocupar a segunda posição, o fonema /ɾ/ (tepe) representado pela letra R, e o fonema /l/ (lateral), representado pela letra L; por outro lado, apenas as oclusivas (/p/, /b/, /t/, /d/, /k/ e /g/) e duas fricativas, /f/ e /v/, podem ocupar a primeira posição. O quadro apresenta os grupos CCV possíveis no português:

---

[30] Observações de grafias de crianças de escolas públicas em fase de alfabetização é que sustentam o que aqui se diz sobre erros em sílabas VC, já que não foram identificadas pesquisas sobre a escrita dessa estrutura silábica por crianças, talvez por ser ela pouco frequente no português; essas observações parecem indicar que a criança não erra quando a consoante pós-vocálica é o R, como em *urso, erva, arco, irmão*.

PADRÃO SILÁBICO **CCV** – GRUPOS PERMITIDOS

	+ TEPE	+ LATERAL
OCLUSIVAS	pr *prova, sopro*	pl *pluma, duplo*
	br *brado, cobra*	bl *bloco, público*
	tr *trote, metro*	tl Ø *atleta*
	dr *dragão, pedra*	(dl) Ø Ø
	cr *creme, lacre*	cl *cloro, caboclo*
	gr *greve, tigre*	gl *globo, sigla*
FRICATIVAS	fr *frio, africano*	fl *floresta, rifle*
	vr Ø *livro*	(vl) Ø Ø

Ø – não há palavra na língua com esses grupos na sílaba inicial.

Ø Ø – não há palavra na língua com esses grupos.

Ao grafar sílabas CCV, os erros mais frequentes de crianças em fase de alfabetização são: *omissão* da segunda consoante; *metátese* – troca de posição da segunda consoante – e *epêntese* – intercalação de fonema.[31]

Por exemplo, a palavra *pedreiro* escrita como PEDEIRO – omissão do fonema /ɾ/ e sua representação pela letra R; como PREDEIRO – troca de posição do fonema/letra (metátese); e como PEDEREIRO, intercalação de fonema (epêntese); a palavra *floresta* escrita como FORESTA – omissão; como FOLRESTA – metátese; e como FOLORESTA – intercalação de fonema (epêntese).

A *omissão* da consoante que ocupa a segunda posição em sílabas CCV parece indicar a dificuldade de aceitação de estrutura que contraria a estrutura canônica CV: embora se possa supor que a criança pronuncie corretamente as palavras *pedreiro* e *floresta*, pois são palavras de uso frequente, ela parece não conseguir resolver, na escrita, a representação de sílaba com mais de

---

[31] Discute-se neste tópico, cujo tema é a escrita ortográfica, a *grafia* de palavras com sílaba complexa por crianças em fase de alfabetização. A *leitura* de palavras com sílaba complexa tem sido pouco estudada; pode-se citar Monteiro (2007), Monteiro e Soares (2014). Também pesquisas sobre a *escrita*, embora mais numerosas, em geral não focalizam dificuldades decorrentes da estrutura silábica – exemplos de pesquisas com foco na escrita de sílabas complexas são Abaurre (1999, 2001), Oliveira (2010b), Miranda (2001, 2009a, 2009b). Os exemplos de grafia de palavras com sílabas complexas apresentados neste tópico são escritas de crianças de escolas públicas, em resposta a ditado de palavras com sílabas CCV, CVC, VC e V.

dois segmentos, e ignora a consoante na segunda posição. Ou resolve a dificuldade transformando a sílaba ccv em duas sílabas cv, pela intercalação de fonema/letra – *epêntese*: PEDEREIRO, FOLORESTA.

Já a troca de posição da letra na escrita – *metátese* – revela que a criança identifica o fonema na fala, apenas não sabe onde colocá-lo, não consegue decidir o lugar que ele ocupa na sílaba ccv: desloca-o para a primeira sílaba – PREDEIRO por ***pedreiro***, ou troca sua posição no interior da sílaba – FOLRESTA por ***floresta***.

Abaurre (1999: 179), buscando explicar, de um ponto de vista linguístico, essa dificuldade da criança quanto ao número de segmentos que devem ser representados em sílabas complexas, e a posição que esses segmentos devem ocupar na estrutura silábica, propõe como hipótese que

> [...] as crianças, ao iniciarem a aprendizagem da escrita alfabética, começam também a analisar a estrutura interna das sílabas, reajustando suas representações fonológicas de forma a acomodar os constituintes das sílabas e sua hierarquia. Tal procedimento de análise reflete-se em suas escritas iniciais das sílabas complexas.

Por outro lado, Ferreiro (2013b: 66) explica, de um ponto de vista psicogenético, as *alternâncias grafofônicas* na escrita de sílabas complexas como

> [...] a alternância de centrações cognitivas sobre dois aspectos da unidade sílaba. A sílaba oral é considerada a partir de duas ancoragens diferentes. As letras escolhidas correspondem a essas duas ancoragens. A centração no "aspecto vocálico" da sílaba é seguida de uma centração no aspecto "consonântico" da mesma sílaba. A mesma sílaba é ouvida "a partir de outro lugar". (Ouvida e "vista", porque a escrita permite vê-la.)

Ferreiro (2013: 73), nesse mesmo texto, propõe uma analogia entre a tentativa de escrita da sílaba complexa pela criança e a tentativa, por alguém que não é músico profissional, de diferenciar, em um acorde musical produzido por vários instrumentos, o som de um instrumento do som de outro: a escuta da sílaba pela criança (como seria a do acorde por um leigo em música) ocorreria por "centrações alternadas, incompatíveis entre si: uma ou outra, mas não as duas ao mesmo tempo"; e conclui que a escrita "obriga a considerar esses sons simultâneos [da sílaba] como se fossem sucessivos". É o desafio que a criança enfrenta.

O que se pode inferir é que a criança, quando inclui, na escrita da sílaba ou da palavra, a letra que representa a segunda consoante do ataque ramificado, ainda que em posição errada, revela consciência fonêmica: percebe o fonema, apenas não sabe situá-lo na sílaba ou mesmo na palavra: pRedeiro? pedeReiro? folResta? foloResta? Ainda está tentando "acomodar os constituintes das sílabas e sua hierarquia", na hipótese linguística de Abaurre já citada, ou está incorrendo em "alternância de centrações cognitivas sobre dois aspectos da unidade sílaba", na hipótese psicogenética de Ferreiro mencionada.

Ao contrário, a *omissão* da segunda consoante do ataque – PEDEIRO, FO-RESTA – parece indicar que a criança ainda tem dificuldade em identificar todos os fonemas da sílaba e da palavra, percebe o fonema inicial e a vogal da sílaba complexa, e transforma-a em uma sílaba CV.

A estratégia de ensino, portanto, será diferente em um e outro caso: no primeiro, trata-se de orientar a criança para que, observando a pronúncia da sílaba e da palavra, perceba a posição do fonema, que já identifica, na sílaba complexa, e assim encontre a posição que ele deve ocupar. No segundo caso, atividades de consciência fonêmica podem ajudar a criança a identificar, na pronúncia, a presença do segundo fonema do ataque ramificado e, de preferência simultaneamente, a definir sua posição na sílaba complexa.

O padrão silábico CVC, segundo atestam pesquisas e práticas de alfabetização, revela-se de mais fácil aprendizagem pela criança que o padrão CCV. Considerando não os fonemas, mas sua representação por *letras*, quatro consoantes podem ocupar o lugar da rima nos grupos CVC, no português:

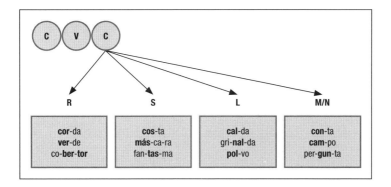

Se, porém, se consideram os *fonemas*, não as letras, apenas o tepe /ɾ/, representado pela letra R, e a fricativa /s/, representada pela letra S, ocupam o lugar da rima em sílabas CVC.

Com relação às letras M e N na coda de sílabas CVC, já se discutiu anteriormente, em comentário sobre o quadro de padrões silábicos, e também no tópico anterior, na análise das relações dos fonemas vocálicos com sua representação por grafemas, que, na interpretação aqui adotada, em final de sílaba essas letras não correspondem, na *pronúncia*, a um fonema; assim, nas sílabas CVC em que o C pós-vocálico é a letra M ou a letra N, essas letras apenas nasalizam a vogal núcleo da sílaba, como mostram os exemplos na figura anterior, e também os exemplos de escritas de crianças apresentados no tópico anterior. É que, fonologicamente, nesse caso, não se tem uma sílaba CVC, mas uma sílaba CV, constituída do ataque seguido de uma vogal nasal, esta representada por duas letras que constituem, na verdade, um dígrafo – $CV_{[nasal]}$.[32] Isso explica a alta frequência de erros na escrita de palavras com vogais nasais por crianças em fase de alfabetização e a aprendizagem tardia da *escrita* de sílabas $CV_{[nasal]}$, quando, ao contrário, estudos sobre o desenvolvimento da linguagem na criança revelam que a aquisição fonológica dessa estrutura $CV_{[nasal]}$ é precoce. Em estudo sobre a aquisição oral e escrita das codas em sílabas CVC, Miranda (2009a: 125) propõe a seguinte hipótese, para o caso da coda nasal (que a pesquisadora representa como CVN):

---

[32] Há divergências quanto a esta interpretação das nasais pós-vocálicas, como indicado na nota 28. É particularmente esclarecedor, por sua relação com a aprendizagem da escrita pela criança, o artigo de Miranda e Cunha (2013).

A hipótese considerada neste estudo é a de que a estrutura CVN não é interpretada pela criança como uma estrutura complexa e por esse motivo tem sua aquisição tão precoce [...]. Seguindo esse raciocínio, podemos supor também que, em um primeiro momento, a tarefa da criança seria dar conta da representação gráfica da vogal que ela percebe possuir características particulares, em se considerando suas contrapartes orais, para, em um momento subsequente, após um contato mais intenso com as práticas de letramento proporcionadas pela escola, reestruturar a representação fonológica de uma sequência que seria CV[nasal] para uma representação bimorfêmica CVN [...].

Conclui-se que, no processo de alfabetização, a nasalização de vogais na estrutura $CV_{[nasal]}$, em que os erros são tão frequentes (como tem sido comprovado em pesquisas e também nas práticas escolares de alfabetização), o ensino deve orientar a criança para o confronto entre as vogais nasais e *suas contrapartes orais*, e para as marcas de nasalidade que as diferenciam, a fim de que compreendam que a estrutura oral $CV_{[nasal]}$ é ortograficamente grafada como uma sílaba CVC.

Dificuldade para a criança apresenta também a sílaba CVC quando a consoante pós-vocálica é, na escrita, a letra L. Fonologicamente, na maioria dos dialetos do português brasileiro, essa letra na posição pós-vocálica não corresponde à lateral /l/ que ela representa em início de sílaba, mas à semivogal "w", que se une à vogal do núcleo, formando um ditongo: "a lateral em posição pós-vocálica é semivocalizada sistematicamente, o que faz com que as crianças, ao adquirirem a escrita, cometam erros motivados pela fonética da língua" (Miranda, 2001: 268). Assim, a criança escreve BAUDE por *balde*, PERNAUTA por *pernalta*, BOUSA por *bolsa*, SAU por *sal*, SOU por *sol*; no mesmo erro ocorre em coda final: PAPEU por *papel*, ANZOU por *anzol*, HOSPITAU por *hospital*. Trata-se, aqui, de a criança se apropriar da regra relativa à regularidade contextual já discutida no tópico anterior: em final de sílaba, pronuncia-se U, escreve-se L.[33] Aprendida a regra, é comum

---

[33] Como dito em observação acrescentada sob o quadro das regularidades contextuais, há casos em que a regra para o uso de L em final de sílaba não se aplica, particularmente quando a vogal anterior é A ou E aberto: *degrau, sarau, mingau, cacau*... e *chapéu, fogaréu, mausoléu, troféu*... E há ainda casos – poucos – em que a

a criança generalizá-la, sobretudo para a 3ª pessoa do singular do pretérito perfeito de verbos: escreve SOPROL por *soprou*, ACABOL por *acabou*, COMEL por *comeu*, VESTIL por *vestiu* – erra por hipercorreção. Neste caso, retomando a contribuição da morfologia para a ortografia mencionada no tópico anterior, é na reflexão sobre flexões verbais que traz a regra: a terminação da 3ª pessoa do singular do pretérito perfeito de verbos escreve-se como se pronuncia: *-ou, -eu, -iu*.

Considerando-se a não correspondência entre fonema e letra nas codas representadas por M/N ou por L em sílabas CVC, pode-se dizer que apenas quando a consoante da coda é R ou S tem-se, na verdade, uma sílaba CVC. Nesses casos, as crianças em geral aprendem mais cedo e mais rapidamente, em comparação com a aprendizagem de sílabas CCV, a grafar sílabas CVC, talvez porque a pronúncia do fonema rótico representado pela letra R,[34] ou a pronúncia dos fonemas fricativos (/s/ ou /z/) representados pela letra S ou pela letra Z, são percebidos mais claramente na pronúncia por sua posição pós-vocálica, ao contrário do que acontece com fonemas na segunda posição em sílabas com ataque ramificado, CCV.

Em síntese, crianças cometem significativamente menos erros em sílabas CVC com coda R (rótica) ou S/Z (fricativas) que em sílabas CVC em que o C pós-vocálico é M/N (nasal) ou L (lateral) – é o que pesquisas têm comprovado.[35]

---

pronúncia de L como /w/ cria palavras homófonas: duas palavras que se pronunciam de modo idêntico, mas são diferentes no significado e na escrita: palavras com sílaba CVC(L), como ***calda/cauda***, ***mal/mau***, e também palavras com sílaba vc, como ***alto/auto***. São casos não muito frequentes, em que as palavras precisarão ser aprendidas ou pela rota lexical-semântica ou por meio de conhecimento morfossintático (caso da diferença no uso de *mal* e *mau*).

[34] Róticos são uma "classe de segmentos consonantais com características articulatórias heterogêneas e que se relacionam fonologicamente entre si. Tanto em português quanto em outras línguas, os róticos são associados a segmentos relacionados a um *som de r*" (Silva, 2011: 197). A realização fonética do rótico em posição pós-vocálica, em sílabas CVC, varia em dependência do dialeto, mais comumente o rótico pós-vocálico corresponde à fricativa /h/ ou ao tepe /ɾ/.

[35] Pesquisas que têm estudado o desempenho de crianças na escrita dos diferentes padrões silábicos têm usado, como procedimento, a análise de erros em textos produzidos por alunos das séries iniciais do ensino fundamental, o que restringe a análise aos erros em estruturas silábicas que apareçam nos textos; parece não haver pesquisa que provoque a escrita de todos os padrões silábicos por meio de instrumento que incluísse todas as possibilidades. Listas ou bancos de palavras – como os citados na nota 10 do capítulo anterior – são construídos por critérios outros que não as estruturas silábicas. O banco de palavras construído por Pinheiro (2007), embora classifique as palavras segundo a estrutura silábica, não abrange todas as estruturas, apenas CV, CVC, V e CCV, já que o critério predominante parece ter sido a frequência das palavras (a *baixa* frequência). Mesmo no Teste de Desempenho Escolar – TDE (Stein, 1994), o subteste de escrita inclui, em 31 de suas 34 pala-

Pesquisa de Zorzi (1998: 53), com base na análise de 2.570 amostras de produção escrita de crianças de 7 a 11 anos, concluiu: "palavras escritas de modo incompleto corresponderam ao terceiro tipo principal de erros", sendo que, entre as ocorrências desse *terceiro tipo de erros* (denominado pelo pesquisador "omissão de letras", com um total de 2.028 erros), o pesquisador incluiu *omissão em final de sílaba* de M e N, de L, de R e de S (1998: 56), portanto, omissão da coda em sílabas CVC. A ausência de M e N como marca de nasalização de vogais foi a que atingiu maior percentagem de erros no total de erros de omissão de letras, 28%, comprovando a dificuldade de nasalização de vogais na escrita inicial de crianças, já mencionada e no tópico anterior; em segundo lugar, com uma frequência bem menor de erros, Zorzi (1998: 56) identificou a omissão de S em final de sílaba, 7,8%, seguindo-se a omissão de L, 5,9%, e finalmente a omissão de R (5,6%). Verifica-se que a omissão da fricativa (7,8%) em coda de sílabas CVC é mais frequente que a omissão da rótica (5,6%), o que se confirma em pesquisa de Miranda (2011a).

Miranda (2011a: 269), com dados de aquisição de escrita de crianças entre 6 e 12 anos, em estudo especificamente sobre a grafia das codas nasal, fricativa e rótica em sílabas CVC,[36] constatou "significativa diferença relativamente à distribuição dos erros, em se comparando os três tipos de coda: 76,5% para nasais, 14,7% para fricativas e 8,8% para róticas", o que confirma os dados de Zorzi de que o erro em coda nasal é significativamente mais frequente, e que o erro em coda rótica é menos frequente que em coda fricativa.

Os erros em coda rótica ocorrem sobretudo nas duas primeiras séries do ensino fundamental, segundo afirma Miranda (2011a: 267), e também escritas de crianças dessas séries em escolas públicas confirmam: TATARUGA por *tartaruga*, COTINA por *cortina*, FOMIGA por *formiga*, indicando apagamento da coda; ou, embora com menos frequência, há erros de desdobramento da

---

vras, apenas 4 padrões silábicos – CV, CVC, V, CCV, 1 palavra CVVC (**mais**) e 2 CCVC (**cristalizar** e **prestigioso**). Instrumentos construídos pelo critério das estruturas silábicas de palavras permitiriam identificar, em crianças em processo de aprendizagem da língua escrita, o nível de dificuldade dos padrões silábicos e, se aplicados longitudinalmente, a sequência no domínio dos diferentes padrões.

[36] A pesquisadora excluiu a coda representada pela letra L porque esta representa não o fonema lateral, mas a semivogal "w", tornando a coda uma semivogal.

sílaba CVC em duas sílabas CV ou troca de posição da letra que representa a coda – erros semelhantes aos que podem ocorrer em sílabas CCV, como anteriormente mencionado. Um exemplo é a palavra **sorvete** grafada como SOROVETE, SOVERTE e SOVRETE. O apagamento do rótico em geral não ocorre em sílaba final de palavra, mas é frequente nos infinitivos verbais, neste caso por influência da fala, em que o R final dos infinitivos em geral não é pronunciado: a criança escreve "*ele não quis FALA*" por "ele não quis *falar*"; "*não gosto de COME verdura*" por "não gosto de *comer* verdura" (exemplos de frases escritas por crianças em fase de alfabetização).

Mais frequentes que erros em coda rótica, os erros em coda fricativa são quase sempre por apagamento da coda: CATELO por *castelo*, BICOITO por *biscoito*, BOQUE por *bosque*, FETA por *festa*. No entanto, são erros que parecem ocorrer apenas na fase inicial da alfabetização, pois o fonema fricativo na pronúncia é em geral facilmente identificado, graças a seu modo de articulação. Eventualmente ocorre troca de S por Z ou vice-versa em sílaba medial (por exemplo, DEZDE por *desde*), e, mais frequentemente, em final de sílaba, sobretudo em palavras monossilábicas CVC (por exemplo, VES por *vez*, MEZ por *mês*, GAS por *gaz*, GIS por *giz*). São casos em que a ortografia correta só pode ser aprendida pela rota lexical, isto é, pela memorização da palavra e sua incorporação ao léxico mental.

De modo geral, porém, as dificuldades ortográficas das crianças na escrita de palavras com sílabas CVC em que a coda é rótica ou fricativa demandam atividades de consciência fonografêmica, que as façam perceber o fonema rótico ou fricativo na fala,[37] reconhecer a letra que a eles corresponde e identificar, particularmente no caso do rótico, a posição que o fonema ocupa na sílaba e, portanto, a posição em que a letra deve ser colocada na escrita.

Finalmente, duas outras estruturas silábicas relativamente frequentes em palavras do vocabulário infantil merecem consideração: a estrutura VV, constituída de um ditongo decrescente oral, como em ***aula***, ***aipo***, ***europeu***, ***eixo***, ***ouro***, ***oito***, ***uivo***, e a estrutura CVV, constituída de consoante seguida de ditongo decrescente oral, como em ***cauda***, ***caixa***, ***museu***, ***feixe***, ***doido***, ***doutor***.

---

[37] Excetua-se o caso do apagamento do rótico em sílaba final dos infinitivos verbais, em que só uma regra com base morfológica pode corrigir esse apagamento na escrita, já que ele ocorre regularmente na fala.

São 11 os ditongos decrescentes do português brasileiro constituídos de uma vogal e uma semivogal (ou glide), sendo esta **i** ou **u**. O quadro a seguir apresenta os ditongos decrescentes orais do português brasileiro:[38]

DITONGOS DECRESCENTES ORAIS	
VOGAL + i sílabas VV, CVV, CVV(s)	**VOGAL + u** sílabas VV e CVV
ai – *aipim*, **baile**, *caixa*	au – *aula*, **jaula**, *astronauta*
ei – *leite*, *carteira*, **beijo**, *peixe*	eu – *europeu*, **meu**, *museu*
éi – *papéis*, **anéis**, *colmeia*	éu – *céu*, *chapéu*, *fogaréu*
oi – *oito*, **foice**, *biscoito*	ou – *ouro*, *roupa*, *tesouro*
ói – *herói*, *heroico*, *faróis*	—
ui – *uivo*, **cuidado**, *gratuito*	—
—	iu – *viu*, *pediu*, *redigiu*

Em 3 desses 11 ditongos – nos ditongos **ai**, **ei**, **ou** – pode ocorrer, quando em posição medial em sílabas CVV, ou em início de palavras em sílabas VV, apagamento, na fala, da semivogal, o que explica, dada a influência da fala sobre a escrita na aprendizagem inicial da língua escrita, erros ortográficos na grafia dessas sílabas.[39]

Observe-se, no quadro anterior, entre os exemplos de palavras com o ditongo **ai**, que a semivogal **i** é em geral apagada, na fala, em ***caixa***:

---

[38] Considera-se também como ditongos decrescentes os que ocorrem *na fala*, na maioria das variedades do português brasileiro, em sílabas CV e CVC, quando a consoante pós-vocálica é, *na escrita*, a letra L, pronunciada, porém, como uma semivogal **u**, como dito anteriormente, quando se tratou de sílabas CVC. Em palavras como *alto*, *olfato*, *elmo*, as sílabas destacadas são, na escrita, sílabas VC, mas, na fala, são sílabas Vv (o v minúsculo representando a semivogal); da mesma forma, em palavras como *calma*, *relva*, *bolso*, *lençol*, *canil*, *filtro*, as sílabas destacadas são, na escrita, sílabas CVC, mas, na fala, são sílabas CVv. O uso de L por U em fim de sílaba é uma regularidade contextual, como dito no tópico anterior deste capítulo, quando se tratou das regularidades contextuais, portanto, um uso sujeito a regra: em fim de sílaba, escreve-se L, embora se pronuncie U. As implicações para o ensino foram discutidas anteriormente, quando se tratou das sílabas CVC.

[39] Fugiria aos objetivos deste livro um aprofundamento na questão da aprendizagem dos ditongos decrescentes na alfabetização; para isso, sugere-se: em dissertação de mestrado sobre aquisição gráfica dos ditongos decrescentes na escrita infantil, Adamoli (2006) pesquisa as ocorrências de supressão das semivogais nos ditongos **ai**, **ei** e **ou** na escrita de crianças das duas primeiras séries de duas escolas, uma pública e uma particular; sobre essa pesquisa, ver também Adamoli (2010); em tese de doutorado (Adamoli, 2012), o pesquisador relata pesquisa longitudinal sobre produções orais e gráficas dos ditongos **ai** e **ei**, acompanhando crianças de uma escola pública ao longo dos dois primeiros anos do ensino fundamental.

pronuncia-se [caxa]; não há apagamento da semivogal nas duas outras palavras do quadro, *aipim* e *baile*. Apagamento da semivogal **i** ocorre com frequência em três exemplos de palavras do quadro com o ditongo **ei**: *carteira*, pronúncia [cartera]; *beijo*, pronúncia [beju]; *peixe*, pronúncia [pexe] ou [pexi]; não há omissão da semivogal na quarta palavra do quadro, *leite*. Quanto ao ditongo **ou**, em todas as palavras exemplificadas no quadro ocorre geralmente apagamento da semivogal **u**: *ouro* pronuncia-se [oru], *roupa* pronuncia-se [ropa], *tesouro* pronuncia-se [tesoru].

Conclui-se que o apagamento, ou não, da semivogal nos ditongos **ai**, **ei** e **ou** depende do contexto linguístico em que eles ocorrem. O quadro a seguir apresenta os contextos em que, em sílabas CVV e VV, pode haver apagamento da semivogal:

	REDUÇÃO DE DITONGOS DECRESCENTES		
DITONGOS	CONTEXTOS	EXEMPLOS	
		SÍLABA CVV	SÍLABA VV
ai	antes do fonema /ʃ/, letra **X**	caixa → [caxa] faixa → [faxa]	---------
ei	antes do fonema /ʃ/, letra **X**	peixe → [pexe] feixe → [fexe]	eixo → [exo]*
	antes do fonema /r/, letra **R**	carteira → [cartera] mineiro → [minero]	---------
	antes do fonema /ʒ/, letra **J**	beijo → [bejo] feijão → [fejão]	-------
ou	em todos os contextos	roupa → [ropa] tesouro → [tesoro] cenoura → [cenora] pouco → [poco] louco → [loco]	ouro → [oro] outro → [otro] ouvir → [ovir] outubro → [otubro] outono → [otono]

* *eixo* parece ser a única palavra do português em que há redução da semivogal em ditongo **ei** de sílaba VV inicial de palavra.

Como mostra o quadro, o ditongo **ai** é reduzido, na fala, quando precede o fonema /ʃ/, e apenas em sílabas CVV, o que pode ocasionar erros ortográficos que se explicam por influência da fala sobre a escrita. Assim, as palavras *faixa*, *baixo*, *debaixo*, *abaixo*, *paixão* aparecem grafadas por crianças como FAXA, BAXO, DEBAXO, ABAXO, PAXÃO, às vezes com substituição do X pelo

CH: FACHA, BACHO, DEBACHO, ABACHO, PACHÃO. Aqui, como em geral nos erros que ocorrem por transcrição da fala, a aprendizagem da grafia correta da palavra se pode fazer por memorização e incorporação ao léxico mental da forma ortográfica, já que a indução de regra – contexto em que o ditongo **ai** é reduzido – é de difícil compreensão para crianças ainda em fase de alfabetização (o uso de X ou CH, relação irregular fonema-grafema, também depende de memorização, como discutido anteriormente).

A redução do ditongo **ei** na fala traz mais problemas de aprendizagem ortográfica, porque ocorre em três contextos, como mostra o quadro, e são numerosas e frequentes, sobretudo em um desses três contextos – antes do fonema /ɾ/, como se verá adiante – palavras do vocabulário infantil com sílabas consoante + ditongo **ei** (CVV).

Em um dos contextos – quando o ditongo **ei** precede o fonema /ʃ/ – pode ocorrer, tal como ocorre com o ditongo **ai** em contexto semelhante, influência da fala e consequente supressão da semivogal na escrita: *peixe*, *feixe*, *queixo*, *deixar* são palavras frequentemente grafadas por crianças como PEXE, FEXE, QUEXO, DEXAR (e demais formas desse verbo, como DEXEI, DEXOU, DEXASSE etc.). Também aqui a forma ortográfica será aprendida por sua memorização e incorporação ao léxico mental pela via lexical, o que, neste caso, é facilitado pela pouca ocorrência de palavras, no português, com sílaba consoante + ditongo **ei** neste contexto.[40]

Ao contrário, são muitas as palavras com sílaba em que o ditongo **ei** precede o fonema /ɾ/, palavras em que ocorre com frequência o apagamento, na fala, da semivogal, levando à supressão dela na escrita: *cheiro*, *cadeira*, *feira*, grafadas como CHERO, CADERA, FERA. Grande parte das palavras com o ditongo **ei** seguido do fonema /ɾ/ são palavras derivadas com os sufixos *-eiro* e *-eira*, muito produtivos em português,[41] gerando numerosos substantivos indicativos, entre outros, de profissão ou atividade, como: *leite/leiteiro, carta/*

---

[40] No *Dicionário de rimas da língua portuguesa* (Fernandes, 1985), é pequeno o número de palavras com as terminações *-eixa, -eixe, -eixo* (1985: 139), entre as quais são muito poucas as que são frequentes no vocabulário infantil e mesmo na linguagem corrente; talvez não mais que *ameixa, madeixa, queixa, feixe, peixe, desleixo, queixo, seixo*; verbos com a terminação *-eixar*, com exceção de *deixar*, são poucos e de baixa frequência (1985: 379).

[41] No *Dicionário de rimas da língua portuguesa* (Fernandes, 1985), palavras com a terminação *-eira* ocupam 16 colunas em 4 páginas (1985: 127-31); com a terminação *-eiro*, 25 colunas em 6 páginas (1985: 131-38) – note-se que são quase 40 palavras em cada coluna.

carteiro, cozinha/cozinheira; de recipiente, como *merenda/merendeira, lixo/lixeira, palito/paliteiro*; de nome de árvore, como *laranja/laranjeira, goiaba/goiabeira, abacate/abacateiro*, palavras derivadas grafadas frequentemente por crianças em fase de alfabetização com supressão da semivogal. Neste caso, a grafia correta pode ser aprendida com apoio na morfologia derivacional: pelo conhecimento dos sufixos *-eiro* e *-eira* e de sua ortografia, e por atividades de formação de palavras derivadas com esses sufixos.

Tal como ocorre com palavras em que o ditongo **ei** precede o fonema /ʃ/, também são muito poucas, embora quase todas frequentes no vocabulário infantil, as palavras do português com sílaba consoante + ditongo **ei** seguida de sílaba iniciada pelo fonema /ʒ/, representado pela letra J, resultando em supressão da semivogal na escrita: *feijão, beijo, queijo* grafadas por crianças como FEJÃO, BEJO, QUEJO.[42] Sendo tão poucas, a forma correta dessas palavras pode ser facilmente aprendida por sua memorização e incorporação ao léxico mental pela via lexical.

Como mostra o quadro anterior, a supressão da semivogal do ditongo **ou** na fala é de caráter geral, isto é, ocorre sempre, decorrendo daí erros frequentes na grafia de palavras com esse ditongo, quer na posição medial, em sílabas CVV, quer na posição inicial de palavras, em sílabas VV, palavras em geral frequentes no vocabulário infantil:[43] a criança escreve DOTOR por *doutor*, VASSORA por *vassoura*, COVE por *couve*, OTRO por *outro*, CENORA por *cenoura*. Como se trata de escrita ortograficamente incorreta por influência da fala, não há regra que possa orientar a criança para a grafia correta: a aprendizagem da forma ortográfica de palavras com o ditongo **ou** se faz, pois, sobretudo por via lexical, ou seja, pela memorização da grafia correta

---

[42] O *Dicionário de rimas da língua portuguesa* (Fernandes, 1985: 126) registra, além das palavras citadas *beijo* e *queijo* (o dicionário não registra *feijão*), apenas duas outras palavras com as terminações *-eija/-eijo*, e ambas de muito baixa frequência: *requeija* (segundo o *Dicionário Houaiss*, variedade de queijo fresco, feito com o soro do leite) e *gueijo* (segundo o mesmo dicionário, instrumento usado para marcar a bitola); além dos verbos frequentes *beijar* e *aleijar*, o *Dicionário de rimas* registra apenas três outros verbos com essa terminação (Fernandes, 1985: 379), todos também de muito baixa frequência na fala corrente (*enqueijar, queijar, rebeijar*). Adamoli (2010: 305 e 2012: 60) observa que em uma única palavra ocorre supressão da semivogal do ditongo **ei** quando precede o fonema /g/: *manteiga*, palavra que costuma ser pronunciada como MANTEGA, e consequentemente ser assim escrita.

[43] No *Dicionário de rimas da língua portuguesa* (Fernandes, 1985), são numerosas as palavras com o ditongo **ou** seguido de diversos fonemas – mais de oito colunas; muitas são palavras raras, mas são também muitas as palavras frequentes no vocabulário infantil.

e sua incorporação ao léxico mental. É interessante notar que, à medida que a criança aprende a ortografar palavras com o ditongo **ou**, costuma, por hipercorreção, grafar como **ou** o fonema /o/ da fala que não é redução de um ditongo **ou**, como em LOUBO, DOUCE, FOUGO, BOUCA, SOUPA para escrever *lobo, doce, fogo, boca, sopa*.[44]

Voltando agora ao tema deste capítulo – o efeito de regularidade sobre a leitura e a escrita – e relembrando também os capítulos anteriores, particularmente os capítulos "Consciência fonêmica e alfabetização" e "Leitura e escrita de palavras", pode-se agora ampliar o conceito de alfabetização proposto no primeiro capítulo deste livro, definindo-a mais amplamente como a aprendizagem de um sistema de representação que se traduz em um sistema de notação que não é um "espelho" daquilo que representa, uma vez que é arbitrário – a relação entre as notações (as letras) e aquilo que representam (os fonemas) não é lógica nem natural – e é um sistema regido por normas – por convenções e regras.

Assim, na aprendizagem desse sistema de notação, a criança avança por um processo de assimilação de notações regulares e irregulares e de incorporação de regras e convenções por processos diferenciados: por rota fonológica, por rota lexical, por conhecimento de regras, por memorização de convenções – e nesse processo comete erros valiosos porque iluminam hipóteses equivocadas, incompreensão de regras, desconhecimento de convenções, permitindo ao/a alfabetizador/a definir procedimentos de ensino fundamentados na compreensão dos processos linguísticos e cognitivos que explicam os erros e, assim, orientar a criança no desenvolvimento de conhecimentos e habilidades que a conduzem às competências de leitura e de escrita de palavras, à alfabetização.

O próximo e último capítulo pretende responder, finalmente, à *questão dos métodos*, resposta de certa forma prometida no título deste livro.

---

[44] Os exemplos apresentados são escritas encontradas em textos de crianças de escolas públicas em fase de alfabetização. Com relação aos ditongos **ai** e **ei**, parece não ocorrer casos de hipercorreção. Dados da pesquisa de Adamoli (2012: 159) revelaram "o aumento do número de formas orais de [aj] e [ej] a partir do segundo ano de escolarização", sugerindo que "a exposição às práticas escolares, especificamente à aprendizagem da escrita e ao entendimento das formas ortográficas dos ditongos 'ai' e 'ei', oferece condições para que as crianças atualizem o seu conhecimento sobre a fonologia da língua". A respeito da interferência da escrita na oralidade, ver Silva e Greco (2010).

Métodos de alfabetização: uma resposta à questão

Este capítulo final tem os seguintes objetivos:
- inferir, dos capítulos anteriores, a resposta que este livro propõe para a **questão** dos métodos de alfabetização, enunciada no título deste livro:
  - resposta à questão do *conceito* de método de alfabetização;
  - resposta à questão das *controvérsias* sobre métodos de alfabetização;
- conceituar e relacionar ensino construtivista e ensino direto ou explícito;
- caracterizar o *tempo* do processo de alfabetização;
- situar a alfabetização no contexto mais amplo da aprendizagem da leitura e da escrita;
- inferir o papel do(a) alfabetizador(a) no contexto da resposta que este livro propõe para a questão dos métodos de alfabetização.

Recorde-se do que se propôs ao leitor, no primeiro parágrafo do primeiro capítulo: que à palavra **questão**, presente no título deste livro e no título daquele capítulo, fossem atribuídos os dois sentidos que ela tem na língua: **questão** como *assunto a discutir, dificuldade a resolver*, e **questão** como *controvérsia, polêmica*.

Tomando a palavra nos dois sentidos, a intenção ao longo dos capítulos anteriores foi fundamentar, por um lado, uma resposta para a *questão dos métodos* como uma *dificuldade a resolver* – uma resposta para a histórica dificuldade em definir o que se deve entender por método de alfabetização. Por outro, fundamentar respostas para a *questão dos métodos* como *controvérsia, polêmica* – respostas para os equívocos que parecem estar subjacentes a divergências sobre métodos de alfabetização.

A palavra **questão** volta agora no título deste capítulo final para, com base nos capítulos anteriores, sugerir respostas às **questões** propostas no primeiro capítulo. Assim, atendendo ao primeiro sentido da palavra **questão**, busca-se explicitar a resposta que se pode inferir dos capítulos anteriores para o conceito de *método de alfabetização* – primeiro tópico; atendendo ao segundo sentido da palavra **questão**, tenta-se esclarecer, também com base nos capítulos anteriores, as que parecem ser as principais causas das divergências sobre *métodos de alfabetização* – primeiro, a polêmica entre ensino construtivista e ensino direto, tema do segundo tópico; segundo, a dúvida quanto ao *tempo* da alfabetização: *quando* começa e *quanto tempo* dura, tema do terceiro tópico.

Finalmente, encerra-se o capítulo e o livro em um último tópico que situa a alfabetização – a *faceta linguística* da aprendizagem inicial da escrita, à qual se limitou este livro, como anunciado no primeiro capítulo – como apenas uma parte do todo multifacetado que é a aprendizagem da língua escrita, parte essencial, mas não suficiente.

CONCEITO DE MÉTODO DE ALFABETIZAÇÃO

Já no primeiro capítulo adiantou-se o que neste livro se entende por método de alfabetização: um conjunto de procedimentos que, fundamentados em teorias e princípios, orientem a aprendizagem inicial da leitura e da escrita, no que se refere à faceta linguística dessa aprendizagem. Essas *teorias* e esses *princípios* foram apresentados e discutidos nos capítulos anteriores, e se situam sobretudo nos campos da Psicologia Cognitiva e das ciências linguísticas, uma vez que o processo de alfabetização demanda *habilidades cognitivas* necessárias à aprendizagem de um *objeto linguístico*, o sistema de escrita alfabético.

Assim, o conceito de métodos de alfabetização que se pretendeu construir ao longo dos capítulos anteriores permite inferir que a resposta à *questão dos métodos* mencionada no título deste livro não é qual método ou quais métodos são os melhores ou os mais adequados; a resposta que se pode inferir reverte os termos da expressão *métodos de alfabetização* para **alfabetizar com método**: orientar a criança por meio de procedimentos que, fundamentados em teorias e princípios, estimulem e orientem as operações cognitivas e linguísticas que progressivamente a conduzam a uma aprendizagem bem-sucedida da leitura e da escrita em uma ortografia alfabética.

A multiplicação histórica de métodos de alfabetização e as divergências em torno deles parecem ter sua explicação no fato de que a necessidade *de ensinar* a ler e a escrever, resultado da ampliação de novas possibilidades de acesso ao impresso e da democratização da educação escolar, precedeu de muito o conhecimento de *como se aprende* a ler e a escrever, de modo que se pudesse definir com claros fundamentos e pressupostos como se *deveria ensinar* a ler e a escrever. Assim, os métodos tiveram sua origem muito mais em materiais para ensinar a ler e a escrever – inicialmente os abecedários, os silabários, durante largo tempo as cartilhas, mais recentemente os livros didáticos – que em fundamentos psicológicos e linguísticos da aprendizagem da modalidade escrita da língua. Fundamentos de métodos, quando mencionados, ora se basearam em princípios genéricos da psicologia da criança (percepção, orientação espacial e temporal, desenvolvimento motor, entre outros),[1] ora em

---

[1] Cabe aqui lembrar as relações que se foram diferenciando ao longo do tempo, desde as primeiras décadas do século XX, entre Psicologia e Pedagogia, com repercussões na caracterização dos alunos, na explicação e prevenção de diferenças individuais, na concepção de métodos de ensino. Sobre a história dessas relações no período de 1920 a 1960, são elucidativas as pesquisas de Lima e Catani (2015) e de Assunção (2007), ambas as pesquisas inferindo, a partir da análise de livros de psicologia educacional utilizados para a formação de professores no período citado, as concepções então vigentes sobre as relações entre Psicologia e ensino escolar. Neste livro,

características mais superficiais da escrita (a direção da organização dos sons da fala: do fonema, da sílaba, à palavra, à frase, ao texto, ou vice-versa, resultando em propostas antagônicas – métodos sintéticos, métodos analíticos).

Foi recentemente, a partir de meados do século XX, como dito no primeiro capítulo, que a língua escrita tornou-se objeto de estudos e pesquisas no campo das ciências linguísticas, com relevantes implicações para a compreensão do processo de aprendizagem desse objeto e, consequentemente, para seu ensino, ao mesmo tempo que as ciências psicológicas, particularmente a Psicologia Cognitiva e a Psicologia do Desenvolvimento (mais recentemente também a Neurociência) voltaram-se para a investigação do processo de aprendizagem da língua escrita pela criança, também com implicações fundamentais para a orientação dessa aprendizagem.

Um resultado desses novos estudos e pesquisas sobre a língua escrita e sua aprendizagem é que a *faceta linguística* da alfabetização, objeto deste livro, como se pode inferir dos capítulos anteriores, compõe-se do que se poderia chamar de *subfacetas*: tal como a aprendizagem da língua escrita se compõe de *facetas*, mencionadas e definidas no primeiro capítulo, também cada faceta se compõe de *subfacetas*, cada uma delas elucidada por determinadas teorias. Com base nos capítulos anteriores, a faceta linguística, em decorrência dos estudos psicológicos e linguísticos, envolve fundamentalmente: o desenvolvimento da criança na compreensão do sistema alfabético de escrita e seu processo de aprendizagem desse sistema (capítulo "Fases de desenvolvimento no processo de aprendizagem da escrita"); as características do sistema ortográfico objeto desses desenvolvimento e aprendizagem (capítulo "Aprendizagem da língua escrita em diferentes ortografias e na ortografia do português brasileiro"); a consciência metalinguística, em seus diferentes níveis, necessária à aprendizagem da escrita (capítulo "Consciência metalinguística e aprendizagem da língua escrita"), particularmente, no caso da alfabetização, no nível da consciência fonológica (capítulo "Consciência

---

assume-se que, para a aprendizagem inicial da língua escrita, no estágio atual das ciências psicológicas e das ciências linguísticas, a contribuição fundamental para uma pedagogia da alfabetização é da Psicolinguística, cujo objeto é a interação entre processos cognitivos (*psico-*) e um objeto linguístico (*-linguística*), seja esse objeto a língua oral ou a língua escrita.

fonológica e alfabetização") e mais especificamente no nível da consciência grafofonêmica (capítulo "Consciência fonêmica e alfabetização"); as fases de construção do conceito de letra e o conhecimento das letras (mesmo capítulo); os efeitos das características das palavras sobre a aprendizagem da escrita (capítulo "Leitura e escrita de palavras"); as diferentes estratégias de leitura e de escrita de palavras (mesmo capítulo); as regularidades e irregularidades da ortografia do português e seus efeitos sobre a aprendizagem (capítulo "O efeito de regularidade sobre a leitura e a escrita").

Como evidenciam os capítulos anteriores, cada uma dessas *subfacetas* é analisada sob a luz de teorias que a esclarecem, em sua especificidade; aqui talvez se aplique também a história dos cegos e do elefante mencionada no primeiro capítulo com relação às três facetas da aprendizagem da língua escrita: cada *subfaceta* da faceta linguística tem uma natureza específica, cada uma delas é esclarecida por determinadas teorias, mas, no ensino, embora cada uma demande ações pedagógicas diferenciadas – procedimentos específicos, definidos pelos princípios e teorias em que cada uma delas se fundamenta –, devem ser desenvolvidas de forma integrada e simultânea. No entanto, por sua diversidade e especificidade, a reunião desses procedimentos dificilmente pode constituir **um** método; é a ação docente que leve em conta as diferentes subfacetas e as desenvolva simultaneamente, embora respeitando a especificidade de cada uma, segundo as teorias que as esclarecem, que constitui um *alfabetizar com método*. Entendendo-se a palavra **método** segundo sua etimologia – *meta-* + *hodós* = caminho em direção a um fim, considera-se que *o fim* é a criança alfabetizada, o *caminho* é o ensino e a aprendizagem das várias subfacetas da faceta linguística, por meio de procedimentos adequados a cada uma delas, segundo as diferentes teorias que as esclarecem –, os procedimentos desenvolvidos de forma integrada e simultânea constituem o **alfabetizar com método**.

Em outras palavras, o que se propõe é que uma alfabetização bem-sucedida não depende de **um método**, ou, genericamente, de **métodos**, mas é construída por aqueles/aquelas que alfabetizam compreendendo os processos cognitivos e linguísticos do processo de alfabetização, e com base neles desenvolvem atividades que estimulem e orientem a aprendizagem da criança, identificam e interpretam dificuldades em que terão condições de intervir de forma adequada – aqueles/aquelas que **alfabetizam com método**.

Se o ponto de vista proposto anteriormente sugere uma resposta à *questão dos métodos* entendendo-se *questão* como *assunto a resolver*, não responde a essa questão entendendo-a como *controvérsia, polêmica* sobre métodos de alfabetização. É que a controvérsia, a polêmica parecem desenvolver-se em torno não propriamente da necessidade, ou não, do ensino da faceta linguística da alfabetização, tal como entendida neste livro, pois não pode deixar de ser consenso que habilidades de decodificação e de codificação corretas e fluentes da escrita constituem o *alicerce* da compreensão e da produção de texto escrito, e ainda do uso da língua escrita nas práticas sociais que ocorrem em diferentes contextos de sociedades letradas. Relembrando palavras de Tolchinsky (2003: XXIII), já citadas no primeiro capítulo:

> [...] aprender o sistema de escrita é apenas um fio na teia de conhecimentos pragmáticos e gramaticais que as crianças precisam dominar a fim de tornarem-se competentes no uso da língua escrita, mas é uma aprendizagem imperativa, e promove as outras.

No entanto, se há consenso sobre a necessidade da aprendizagem do sistema de escrita, a *controvérsia, a polêmica* parecem estar sobretudo em dois pontos de divergência: a divergência sobre *como* orientar a aprendizagem – de forma *direta e explícita*, no quadro do paradigma fonológico, ou de forma indireta, no quadro do paradigma *construtivista* – e a divergência sobre o *tempo* de alfabetização – *a partir de quando* e *durante quanto tempo* se desenvolve o processo de alfabetização da criança? É o que se discute nos dois próximos tópicos, pretendendo-se assim propor respostas à *questão dos métodos*, no sentido da palavra *questão* como *controvérsia, polêmica*.

ENSINO CONSTRUTIVISTA, ENSINO EXPLÍCITO

No capítulo "Fases de desenvolvimento no processo de aprendizagem da escrita" e também no capítulo "Aprendizagem da língua escrita em diferentes ortografias e na ortografia do português brasileiro", quando foram mencionados os dois paradigmas que orientam a pesquisa sobre o desenvolvimento e a aprendizagem da língua escrita – o paradigma construtivista e o paradigma fonológico –, já se fez referência à ausência ou presença de *ensino direto e explícito* em um e outro paradigma. Retoma-se aqui esse tema, agora com o objetivo de buscar resposta à questão da controvérsia e polêmica sobre métodos de alfabetização.

No quadro do *paradigma construtivista*, que busca identificar as hipóteses que a criança constrói sobre a natureza da escrita ao longo de seu desenvolvimento, a atuação do(a) alfabetizador(a) é de acompanhamento do processo de conceitualização da língua escrita pela criança em seu convívio com material escrito, acompanhamento traduzido em provocação e orientação na estruturação, desestruturação, reestruturação de hipóteses e conceitos sobre a língua escrita. O/a alfabetizador(a) não propriamente *ensina*, mas *guia* a criança em seu desenvolvimento: processos internos que a levam à formulação de hipóteses e à formação de conceitos sobre um *objeto* de conhecimento com o qual se defronta – a língua escrita. Assim, o *alfabetizar com método*, nessa etapa de conceitualização da língua escrita, constitui-se de um conjunto de procedimentos, tais como: a criação de condições para que a criança interaja intensamente com a escrita; o estímulo à descoberta da natureza da escrita; a proposta de situações-problema que levem a criança a "experimentar" a escrita, construindo hipóteses sobre sua natureza; o incentivo à reflexão diante de uma hipótese inadequada, indicando a necessidade de sua desconstrução ou reformulação. São procedimentos que se fundamentam no domínio que o/a alfabetizador(a) deve ter de teorias e princípios psicogenéticos que iluminam os processos cognitivos e linguísticos da progressiva construção do conceito da língua escrita pela criança. Lembre-se de que o capítulo "Consciência fonêmica e alfabetização" discutiu a importância do desenvolvimento concomitante de consciência fonológica e compreensão da escrita alfabética, e propôs formas de mediação pedagógica para o avanço da criança em suas hipóteses sobre a escrita como sistema de representação dos sons da fala.[2]

---

[2] Na concepção de *método* proposta no tópico anterior, não cabe a alegação de que a orientação construtivista eliminou o método na alfabetização, a chamada "desmetodização" do processo, de que se tratou no primeiro capítulo; o paradigma construtivista não dispensa atuação do(a) alfabetizador(a) por meio de procedimentos fundamentados na teoria construtivista que caracterizam sua ação como uma *alfabetização com método*.

Por outro lado, no quadro do paradigma fonológico que, a partir do momento de *fonetização* da escrita, quando a criança compreende que grafemas representam os sons das palavras, busca esclarecer as relações que ela vai estabelecendo entre fonemas e grafemas, por meio do desenvolvimento da consciência fonológica e grafofonêmica e do conhecimento das letras, o *ensino direto, explícito* é considerado mais adequado, já que o *objeto* a ser aprendido é um construto cultural *exterior* à criança, um sistema *criado* pelo homem, com o objetivo de tornar *visível* o oral, para isso *inventando* formas de representação dos sons da fala natural e inata em notações gráficas convencionais e frequentemente arbitrárias. Sendo assim, seria mais adequado e proveitoso *ensinar* a criança de forma direta e explícita, orientando-a em seu esforço de relacionar fonemas e grafemas e de ler e escrever palavras.

A controvérsia e a polêmica em torno de métodos de alfabetização parecem ser decorrência de um pretenso antagonismo entre os dois paradigmas, de que resultou a dicotomia entre um *ensino construtivista* e um *ensino explícito*: de um lado, o argumento de que os alunos aprendem por *construção* do conhecimento sobre o sistema alfabético; de outro, o argumento de que os alunos, ao contrário, aprendem por *instrução e orientação explícitas* sobre o sistema alfabético.

Sem intentar aprofundamento nessa questão, o que ultrapassaria os objetivos deste capítulo,[3] toma-se aqui a distinção entre *ensino construtivista* e *ensino explícito* para, a partir dela, e da contestação dela, refletir sobre a questão – a *polêmica*, a *controvérsia* – dos métodos de alfabetização, no que se refere à faceta linguística.[4]

---

[3] Um elucidativo debate em torno dessa dicotomia foi publicado no periódico *Educational Psychologist* (2006, v. 41, n. 2, e 2007, v. 4, n. 2): suscitado por artigo de Kirschner, Sweller e Clark (2006), com críticas ao ensino construtivista, prosseguiu com artigos de Hmelo-Silver, Duncan e Chinn (2007), Schmidt et al. (2007) e Kuhn (2007) contestando os argumentos desses pesquisadores, contestações refutadas, por sua vez, em resposta de Sweller, Kirschner e Clark (2007). Esse debate gerou o livro organizado por Tobias e Duffy, *Constructivist Instruction: Success or Failure?* (2009), em que se apresenta uma exaustiva discussão da dicotomia *ensino construtivista – ensino explícito*, em capítulos de pesquisadores que defendem uma ou outra alternativa, ou que propõem que não se trata de "ou isto ou aquilo", mas de "isto e aquilo". A crítica de Taber (2010) a esse livro e a crítica de Klahr (2010) à crítica de Taber aprofundam ainda mais o debate. Uma contribuição ao debate é ainda dada por Alfieri et al. (2011), em duas meta-análises, com base em 164 estudos, sobre as características e os efeitos de diferentes modalidades de ensino direto e de ensino construtivista.

[4] Outra perspectiva significativa para a discussão que se segue seria a que tomasse o ponto de vista não do ensino, mas da aprendizagem, a partir desta outra dicotomia: aprendizagem implícita, aprendizagem explícita (Reber,

Por *ensino construtivista* se tem entendido um ensino não diretivo, em que orientação à criança só é dada quando é demandada ou se revela necessária, enquanto o *ensino explícito* é definido como aquele que determina claramente os objetivos a alcançar, e se constitui de procedimentos que conduzam em direção a objetivos prefixados, por meio de permanente orientação e apoio às crianças. Ou seja: tem sido apontado como critério básico de diferenciação entre uma e outra modalidade de ensino a maior ou menor presença de orientação dada aos aprendizes; é esse critério que torna a dicotomia discutível.[5]

Em primeiro lugar, tem sido considerada discutível a própria categoria *ensino construtivista*, caracterizado pelo uso de métodos "ativos", em oposição à categoria *ensino explícito*, caracterizado pelo uso de métodos "passivos". Segundo Mayer (2009: 184-85), o adjetivo *construtivista* aplicado a *ensino* é uma *falácia*, que ele denomina "a falácia do ensino construtivista", porque se confunde "construtivismo como uma teoria da aprendizagem [...] e construtivismo como uma prescrição para o ensino", e porque "identifica-se aprendizagem ativa com ensino ativo", quando "uma variedade de métodos de ensino pode conduzir a uma aprendizagem construtivista" (Mayer, 2004: 15). Nesse sentido, não é o método – o modo de ensinar – que determina se o ensino promove ou não processos ativos de aprendizagem:

> processos ativos de aprendizagem podem ser provocados por métodos de ensino passivos (como uma exposição bem estruturada) e podem ser dificultados por métodos de ensino ativos (como a pura descoberta). (Mayer, 2009: 195)

1989; Gombert, 2003a; Demont e Gombert, 2004; Leme, 2008; Paula e Leme, 2010). Sob esta perspectiva, a aprendizagem da criança na fase de sua trajetória em direção à descoberta do princípio alfabético seria uma *aprendizagem implícita*: segundo Demont e Gombert (2004: 251), aquela que ocorre "sem que o sujeito tenha consciência dela, graças ao simples fato do encontro repetido com um sistema de escrita que apresenta numerosas regularidades"; por outro lado, a aprendizagem implícita por si só não leva ao "conhecimento consciente das regras que devem ser aplicadas para ler qualquer palavra em qualquer contexto" (2004: 253), tornando-se então necessário o ensino direto que conduz à análise consciente do sistema de escrita, isto é, à *aprendizagem explícita*. Como neste livro a perspectiva é sobretudo a do **ensino**, uma vez que o objeto dele são os métodos de alfabetização, privilegia-se aqui a discussão da dicotomia ensino construtivista – ensino explícito, sendo, porém, importante ter presente que sob essa dicotomia está esta outra, aprendizagem implícita – aprendizagem explícita.

[5] A leitura dos capítulos do livro citado na nota 3 anterior (Tobias e Duffy, 2009) permite concluir que é este o critério básico com que se tem feito a distinção entre as duas modalidades de ensino: a defesa de uma ou outra, e a crítica a uma e outra giram, na maior parte dos capítulos do livro, sobretudo em torno da questão da maior ou menor quantidade de orientação proporcionada ao aprendiz, algumas vezes em torno do *tipo* de orientação proporcionada.

Sendo assim, não só *a falácia do ensino construtivista* – confundir construtivismo como teoria com construtivismo como prescrição – torna discutível a dicotomia ensino construtivista – ensino explícito –; também o critério para diferenciar um de outro – a maior ou menor intensidade de orientação dada ao aprendiz – é impróprio. Segundo Kintsch (2009: 234), que defende ser a aprendizagem "uma atividade de construção, um processo ativo, intencional", acrescentando que, "nesse sentido, quase toda atual teoria da aprendizagem é construtivista", é difícil determinar a natureza e quantidade de orientação a ser dada ao aprendiz:

> É difícil determinar em termos gerais qual é o nível apropriado de orientação para o processo de aprendizagem. [...] a quantidade de orientação necessária é diferente, dependendo da natureza do material, das experiências prévias do aprendiz, e também da fase da aprendizagem. (2009: 234)

Pode-se, então, afirmar que a dicotomia ensino construtivista – ensino explícito, se considerada em seus aspectos metodológicos, como está implícito na terminologia com que se denominam esses tipos de ensino – os *modos de ensinar*, diferenciados segundo o grau de orientação dada ao aprendiz –, não se sustenta. Além disso, focalizando *como* se ensina, a dicotomia não considera os fatores determinantes desse *como*, entre os quais se destaca aqui, para fins da reflexão que se vem fazendo, a *natureza do material*, citada por Kintsch: a natureza do objeto da aprendizagem, *o que* se ensina.

Spiro e DeSchryver (2009), embora assumindo a dicotomia ensino construtivista – ensino explícito, rejeitam o critério em geral adotado para diferenciar essas duas modalidades, sustentando que o grau de orientação a ser dado ao aprendiz, ou seja, a opção por uma ou outra modalidade de ensino, depende da natureza do objeto da aprendizagem. Esses autores consideram que o ensino explícito é adequado e eficiente em áreas do conhecimento *bem estruturadas*, em que é possível determinar quais informações, conceitos e processos os alunos devem aprender. Por outro lado, em áreas do conhecimento *mal estruturadas,* caracterizadas pela indeterminação e imprevisibilidade, torna-se impossível a definição de informações, conceitos e processos a serem ensinados de forma direta e explícita. Spiro e DeSchryver

(2009) incluem, entre os exemplos que dão de áreas *bem estruturadas,* a aprendizagem das relações grafofonêmicas:

> Pode-se dizer que as propostas de ensino direto foram validadas apenas para aqueles domínios em que informações essenciais são facilmente identificáveis e explicações completas são inteiramente viáveis – isto é, em que há mais possibilidade de que essas propostas funcionem. O **desenvolvimento grafofonêmico inicial**, a matemática elementar e introduções aos fundamentos de algumas áreas da ciência podem beneficiar-se do ensino direto. Mas isso não é *possível* em um domínio mal estruturado. Assim, o argumento neste capítulo é que *não há alternativa, em princípio,* a propostas construtivistas na aprendizagem, ensino, representações mentais e aplicação do conhecimento em domínios mal estruturados. (Spiro e DeSchryver, 2009: 113, ênfase acrescentada)

Como afirmam Spiro e DeSchryver na citação, a aprendizagem das correspondências fonema-grafema, que constituem o sistema notacional alfabético, ocorre em área *bem estruturada*: um sistema de notações convencional, em que informações e regras são "facilmente identificáveis e explicações completas são inteiramente viáveis", tornando possível e conveniente o ensino explícito ou, nos termos da argumentação anteriormente desenvolvida, o ensino pautado por objetivos prefixados e por meio de orientação precisa ao aluno, com permanentes ajuda e apoio. Ao contrário, o desenvolvimento da criança em sua trajetória de compreensão da escrita como sistema de representação, isto é, de "descoberta" de que a escrita representa os sons da palavra, não os significados delas, pode ser considerado como ocorrendo em uma área *mal estruturada* – a progressiva construção e desconstrução de hipóteses e a formação de conceitos, que se dão em ritmo imprevisível, não havendo, assim, nessa área, para repetir palavras de Spiro e DeSchryver, "alternativa a propostas construtivistas", ou, nos termos da argumentação anterior: nessa área, a única alternativa é o acompanhamento atento do processo da criança, com orientação apenas para balizar sua trajetória em direção à compreensão do princípio alfabético. Citando novamente Spiro e DeSchryver (2009: 106):

[...] o sucesso de propostas de orientação instrucional direta em domínios bem estruturados não pode, *em princípio*, ocorrer em domínios mal estruturados, devido à própria natureza desses domínios. O que poderia ser ensinado diretamente e orientado explicitamente *não existe* em domínios mal estruturados – *não é*, portanto, uma coincidência que não exista um *corpus* de dados sobre propostas de orientação instrucional direta em domínios mal estruturados, como existe em domínios bem estruturados.

Pode-se, assim, concluir que a aprendizagem inicial da língua escrita, **no que se refere à faceta linguística**, particularmente no caso de ortografias transparentes ou próximas da transparência, evolui ao longo de um *domínio mal estruturado*, na trajetória da criança em direção à compreensão da escrita como sistema de representação, e de um *domínio bem estruturado,* na subsequente trajetória em direção à aquisição do *sistema notacional alfabético*, ou seja, em direção ao domínio das correspondências fonema-grafema e da norma ortográfica que conduza a habilidades de leitura e de produção de texto corretas e fluentes.

Assim, na ortografia do português brasileiro, como de outras próximas da transparência, e retomando os paradigmas construtivista e fonológico, a teoria proposta por Ferreiro, no quadro de um paradigma construtivista, atuando em um *domínio mal estruturado*, retrata mais adequadamente as fases de desenvolvimento da criança em direção à compreensão da escrita como representação do que teorias fonológicas; por outro lado, a aprendizagem pela criança do *sistema notacional alfabético*, um domínio bem estruturado, deve orientar-se por paradigma fonológico, que oriente a aprendizagem das relações fonema-grafema e da norma ortográfica. Consequentemente, os procedimentos para a orientação da aprendizagem inicial da língua escrita são diferentes, em cada domínio: para a compreensão do princípio alfabético, em domínio *mal estruturado*, são adequados procedimentos que provoquem e acompanhem os processos de construção, desconstrução, reconstrução de hipóteses e formação de conceitos, com fundamento, sobretudo, no paradigma construtivista; para a aprendizagem do sistema alfabético e da norma ortográfica, em domínio *bem estruturado*, são adequados procedimentos de ensino explícito, isto é, direcionados por objetivos prefixados, orientação direta e permanente, apoio e ajuda, com fundamento sobretudo no paradigma fonológico.

Assim, pode-se propor que a resposta à *questão dos métodos* entendida como *polêmica, controvérsia* se constrói equivocadamente em torno de dois domínios diferentes: um domínio *mal estruturado* – a *subfaceta* do desenvolvimento conceitual da criança em seu processo de conceitualização do sistema de escrita, em que parece mais adequado um *ensino construtivista* – e um *domínio bem estruturado* – a *subfaceta* da aprendizagem da decodificação e codificação de palavras, pelo domínio do sistema notacional do português brasileiro e das regras de sua ortografia, o que demanda *ensino explícito*.

Essa trajetória de um *domínio mal estruturado* para um *domínio bem estruturado* e a duplicidade de paradigmas para orientar o processo de aprendizagem da língua escrita – construtivista ou fonológico – talvez estejam na raiz de um segundo ponto de divergência que pode também explicar a *controvérsia*, a *polêmica* em torno da *questão dos métodos*: a definição do *tempo* da alfabetização – quando começa? Quando termina? É o que se discute no próximo tópico.

O *TEMPO* DA ALFABETIZAÇÃO

Haverá um momento preciso de *início* do processo de alfabetização da criança? Já nos anos 1980, Emília Ferreiro (1985: 96) afirmava que "a polêmica sobre a idade ótima para o acesso à língua escrita" é uma "polêmica mal colocada", porque tem "por pressuposto serem os adultos que decidem quando essa aprendizagem [aprender a ler e escrever] deverá ser iniciada". A polêmica é *mal colocada* porque a aprendizagem da língua escrita pela criança, como se pretende que os capítulos anteriores tenham deixado claro, é um processo contínuo de desenvolvimento cognitivo e linguístico que não tem momento definível quer de início, quer de término, como, aliás, pode-se dizer de todas as demais áreas de desenvolvimento e aprendizagem – iniciam-se no nascimento e só terminam na morte, última aprendizagem e momento final do desenvolvimento.

Assim, no que se refere ao *início* da alfabetização, o desenvolvimento e aprendizagem da língua escrita (lembre-se da interação entre desenvolvimento e aprendizagem nos termos de Vygotsky, assumida no início do capítulo "Fases de desenvolvimento no processo de aprendizagem da escrita"), em sociedades grafocêntricas, como são as sociedades do mundo contemporâneo em sua maioria, a criança vivencia, desde muito cedo, experiências com a língua escrita. A escrita é um objeto cultural, como caracterizado no primeiro capítulo, com funções sociais que a criança identifica já muito pequena, reconhecendo em seu ambiente familiar objetos – papel, caderno, lápis, caneta, livros, folhetos, embalagens... – usados *em* e *para* determinadas práticas: vê pessoas lendo jornais, rótulos, livros, escrevendo bilhetes, listas de compras, recados...; e percebe que a escrita, objeto cultural presente nessas práticas, materializa-se em um sistema de símbolos, de pequenos traços, sobre o qual vai construindo hipóteses e conceitos, à medida que vai compreendendo que sob eles estão escondidas as palavras.

Assim, *controvérsia*, *polêmica* em torno de iniciar ou não a alfabetização nesta ou naquela idade, neste ou naquele segmento da educação básica é **questão** *mal colocada* porque desconsidera que a criança já chega a instituições educativas em pleno processo de alfabetização e letramento: é desconhecer os contextos culturais em que as crianças estão imersas fora das paredes de instituições, é rejeitar o que elas já trazem de conceitos e conhecimentos, é ignorar o interesse que elas têm por ampliar seu convívio com a escrita e o uso dela.

As teorias de desenvolvimento e aprendizagem da língua escrita pela criança, apresentadas no capítulo "Fases de desenvolvimento no processo de aprendizagem da escrita", afirmam, seja na perspectiva semiótica (Vygotsky, Luria, Kress), seja na perspectiva psicogenética (Ferreiro), seja na perspectiva fonológica (Gentry, Frith, Ehri), que a criança vivencia os processos de desenvolvimento e aprendizagem da língua escrita desde muito pequena, e por isso caracterizam fases nesses processos, desde a *pré-história da escrita*, identificada em pesquisas com crianças de 3, 4, 5 anos (Vygotsky, Luria), ou desde uma fase icônica e ao longo de fases de desenvolvimento psicogenético, identificadas em pesquisas com crianças de 4 a 6 anos (Ferreiro), ou desde uma *fase pré-alfabética* até uma fase *alfabética consolidada,* ao longo de sucessivas fases de desenvolvimento fonológico (Ehri). A criança chega a instituições educativas em uma ou outra dessas fases, e cabe a essas instituições dar *prosseguimento* a esses processos, pois seria prejudicial ao desenvolvimento e aprendizagem da criança interrompê-los, impedi-los, correndo o risco de fazê-los retroceder: dar prosseguimento **alfabetizando com método** em um domínio que, nos anos iniciais em instituição educativa, isto é, no segmento da educação infantil, é *mal estruturado*, nos termos discutidos no tópico anterior, mas é iluminado por teorias cognitivas e linguísticas que orientam professores/as a agir **com método**.

É curioso observar a vinculação que em geral se faz de início do processo de alfabetização com a organização do sistema formal de ensino, no pressuposto de que é nele, só nele e pela ação dele que a criança se alfabetiza – é a luz dessa vinculação que se tem polemizado sobre a definição do início, e também do término, desse processo. No entanto, demonstra a fragilidade dessa vinculação o fato de que a divisão do sistema de ensino em segmentos, a idade de entrada nele e o tempo determinado para que nele se inicie e se complete a alfabetização modificam-se ao longo do tempo, basicamente em função de possibilidades econômicas e consequentes políticas educacionais, não propriamente em função dos processos cognitivos e linguísticos de desenvolvimento e aprendizagem da língua escrita pela criança.

Assim, o ensino fundamental, que tem como uma de suas principais funções alfabetizar a criança, até o final dos anos 1960 chamava-se *primário*, durava 4 anos, a criança deveria ter 7 anos para ingressar nele e deveria estar alfabetizada ao final do 1º ano.[6] No início dos anos 1970, o ensino fundamental passou a chamar-se *1º grau*, teve a duração estendida para oito anos, organizou-se em ciclos, e a criança deveria estar alfabetizada ao final do primeiro ciclo, de duração definida pelas redes de ensino ou escolas, em geral de 3 anos. Em meados dos anos 2006 de novo foi ampliado o ensino fundamental, agora para 9 anos, a idade de entrada foi antecipada para 6 anos, e a criança deve estar alfabetizada não em determinado ano ou ao final de um ciclo, mas **até** o 3º ano.

Já a educação anterior ao ensino fundamental – a educação infantil – só foi assegurada tardiamente, pela Constituição de 1988, que reconheceu o

---

[6] Lembre-se do alto número, nesse período, de reprovações no 1º ano, ano de que a criança não podia sair sem estar alfabetizada, o que originou a expressão "pedagogia da repetência" – ver, a esse respeito, Ribeiro (1991).

direito à educação à criança de 0 a 6 anos; em 1996, pela Lei de Diretrizes e Bases da Educação naquele ano promulgada, foi integrada à educação básica, de que passou a ser a primeira etapa, então ainda para crianças de 0 a 6 anos, faixa que, em 2006, como decorrência de alteração naquela lei, determinando o acesso ao ensino fundamental aos 6 anos, passou a ser de 0 a 5 anos.

O que parece estar subjacente a essa instabilidade de faixas etárias na educação infantil e no ensino fundamental, a essa variação da idade de passagem de um segmento a outro, é o inevitável recurso ao único critério objetivo para definir como "ponto de corte" a idade cronológica, dada a impossibilidade de situar um "ponto de corte" no processo de desenvolvimento e aprendizagem contínuo, ininterrupto da criança.[7] Especificamente no que se refere ao processo de alfabetização, no quadro da argumentação exposta anteriormente, como definir um "ponto de corte" no desenvolvimento cognitivo e linguístico da criança em seu processo de compreensão do sistema alfabético de escrita? Talvez porque tradicionalmente, ao longo da história da estrutura e organização do sistema de ensino, a alfabetização tenha sido responsabilidade do ensino fundamental, já que a institucionalização da educação de crianças com idade inferior à de entrada nele foi tardia, conservou-se a concepção de que é nele que a alfabetização deve iniciar-se, o que pode explicar a polêmica em torno de a educação infantil poder ou dever ocupar-se, ou não, do processo de aprendizagem da língua escrita pela criança (na verdade, dar prosseguimento, ou não, ao desenvolvimento da criança na compreensão do sistema alfabético de escrita).

Quanto ao *término* do processo de alfabetização, no quadro da concepção desse processo como desenvolvimento e aprendizagem contínuos, torna-se também impossível defini-lo: quando se pode considerar que uma criança está alfabetizada? A determinação atual, pelo Plano Nacional de Educação (2014), é de que a criança deve estar alfabetizada **até** o final do 3º ano, ou

---

[7] Comprovam o descompasso entre idade cronológica e processo de desenvolvimento e aprendizagem da criança as divergências, que chegam ao envolvimento da Justiça, em relação ao que se deve entender por entrada da criança no ensino fundamental aos 6 anos: a criança deve ter já completado 6 anos? Ou deve completar 6 anos após um certo número de meses? De quantos meses? Divergências de difícil solução, pela impossibilidade de fugir à frequente discrepância entre idade cronológica, sobretudo se considerada em meses, e desenvolvimento cognitivo e linguístico da criança.

seja, **até** 8 anos de idade: note-se o uso do advérbio **até**, que ressalta que se determina um tempo máximo, não se impõe um tempo necessário. Pode-se assim admitir que a alfabetização até o final do 3º ano fundamenta-se não na crença de que é possível determinar com precisão o ano de escolarização e a idade em que deve estar concluída a alfabetização da criança, mas na importância e, mais que isso, na necessidade de garantir a todas as crianças, depois de um certo número de anos de escolarização, um domínio básico da leitura e da escrita, imprescindível como meio de superação das desigualdades, que os dados têm evidenciado, na obtenção desse direito fundamental para o exercício da cidadania e aquisição de condições mínimas para a vida social e profissional em uma sociedade grafocêntrica.

Conclui-se que considerar que há um determinado momento no processo de desenvolvimento da criança em que tem *início* sua compreensão do sistema alfabético de escrita – sua alfabetização –, que esse momento é definido pela idade da criança, por segmento ou ano de escolarização, não se sustenta quer em teorias psicológicas, quer em teorias linguísticas. Por outro lado, determinar o nível de aprendizagem da língua escrita que seja o *término* dessa aprendizagem também não se sustenta quer em teorias psicológicas, quer em teorias linguísticas, apenas há razões de natureza social e política para determinar não propriamente o *término* desse processo, mas o nível mínimo de domínio da escrita que os sistemas devem assegurar às crianças a fim de que tenham condições de prosseguir em sua escolarização e, sobretudo, em sua formação para a cidadania, para a vida social e profissional – assegurar sua entrada no mundo da cultura escrita.

Mas não é apenas a *alfabetização*, tal como entendida neste livro – a *faceta linguística* da aprendizagem inicial da língua escrita – que assegura à criança, em seus primeiros anos de escolarização, a entrada no mundo da cultura escrita. Como se disse no primeiro capítulo, a alfabetização é **uma** das três facetas da aprendizagem inicial da língua escrita, necessária, mas não suficiente, porque esta só se completa se integrada com as facetas *interativa* e *sociocultural*, estas duas constituindo o *letramento*.

O próximo tópico, que encerra este capítulo e este livro, pretende recompor esse "todo" defendido no primeiro capítulo, situando a *faceta linguística*, privilegiada neste livro, no contexto mais amplo da aprendizagem inicial da língua escrita, de que são parte integrante também as *facetas interativa* e *sociocultural*, as três constituindo os componentes que, desenvolvidos simultânea e indissociavelmente, definem a aprendizagem inicial da língua escrita.

ALFABETIZAÇÃO: APENAS UMA DAS FACETAS DA APRENDIZAGEM DA ESCRITA

Em uma autocitação, repete-se aqui o que se caracterizou, no primeiro capítulo, como *facetas* da aprendizagem da língua escrita: tal como, em uma pedra lapidada, as várias superfícies – facetas – se somam para compor o todo que é a pedra, assim também os componentes do processo de aprendizagem da língua escrita – suas facetas – se somam para compor o todo que é o produto desse processo: *alfabetização e letramento*. Uma só faceta de uma pedra lapidada não é a pedra; um só componente – faceta – do processo de aprendizagem da língua escrita não resulta em criança *alfabetizada* e *letrada*, aquela que não só sabe ler e escrever, mas também domina habilidades básicas de leitura e escrita necessárias para a participação em eventos de letramento tão frequentes nas sociedades contemporâneas.

Assim, como foi dito repetidas vezes ao longo deste livro, a faceta linguística, à qual se reserva a denominação de *alfabetização*, é componente *necessário, mas não suficiente*, do processo de aprendizagem inicial da língua escrita.

No entanto, é preciso reconhecer que, tanto no âmbito nacional brasileiro quanto no âmbito internacional, tem-se acentuado, nas duas últimas décadas, a tendência (talvez de novo um deslocamento do pêndulo? Lembre-se do *movimento pendular* mencionado no primeiro capítulo) a *considerar o necessário como suficiente*, em uma interpretação da aprendizagem inicial da língua escrita como restrita à aprendizagem do sistema de notação alfabética: nos termos deste livro, como restrita à faceta linguística da língua escrita.

Pode-se atribuir essa interpretação restrita da aprendizagem da língua escrita nas duas últimas décadas – esse deslocamento do pêndulo para a modalidade fônica dos métodos sintéticos – à influência da divulgação, em 2000, das conclusões de relatório encomendado pelo Congresso norte-americano a um grupo de pesquisadores, com o objetivo de identificar pesquisas cujos resultados fornecessem os fundamentos para uma aprendizagem da escrita baseada em "evidências científicas", o National Reading Panel (NICHD, 2000). Em relação às correspondências fonema-grafema, a análise das pesquisas levou à conclusão de que um ensino explícito e sistemático dessas correspondências (que, em inglês, são designadas pelo substantivo *phonics*, sem tradução em português)[8] é um componente fundamental na aprendizagem inicial da língua escrita, evidência que, aliás, já tinha sido anteriormente atestada por outros pesquisadores: uma década antes, Adams (1990), em seu clássico livro *Beginning to Read: Thinking and Learning about Print*, já apresentava uma revisão de estudos e pesquisas sobre propostas de aprendizagem inicial da língua escrita que confirmavam a eficácia do ensino explícito das correspondências fonema-grafema. Mas Adams considera esse ensino como apenas **um** dos componentes, inegavelmente fundamental, dessa aprendizagem. No livro citado, essa pesquisadora se refere à importância da *inclusão* desse componente no ensino da língua escrita:

> [...] programas *que incluem* instrução sistemática sobre as correspondências letra-som conduzem a melhores resultados tanto no reconhecimento de palavras quanto em ortografia, pelo menos nos anos iniciais e especialmente para alunos mais lentos e em desvantagem econômica. (Adams, 1990: 31, ênfase acrescentada)

---

[8] Em Harris e Hodges (1999), *Dicionário de alfabetização: vocabulário de leitura e escrita* (tradução de *The Literacy Dicionary: the Vocabulary of Reading and Writing*, 1995), o substantivo *phonics* do original (1995: 186) é traduzido pelo substantivo "fônica" (1999: 116), palavra não dicionarizada e ausente na bibliografia e no discurso pedagógico em língua portuguesa. Na bibliografia de língua inglesa, o substantivo *phonics* designa tanto o sistema de correspondências entre fonemas e grafemas – "the understanding that there is a predictable relationship between phonemes [...] and graphemes", NIFL (2001: 4) – "a compreensão de que há uma relação previsível entre fonemas e grafemas" –, quanto "uma maneira de ensinar a leitura e a escrita que enfatiza as relações símbolo-som" ("a way of teaching reading and spelling that stresses symbol-sound relationships", Harris e Hodges, 1995: 186). Na área do ensino, porém, encontra-se mais frequentemente, na bibliografia de língua inglesa, a expressão *phonics instruction* para referência ao componente do processo de alfabetização que focaliza as relações fonema-grafema. Não parece, assim, apropriado traduzir quer *phonics*, quer *phonics instruction* por "método fônico" como tem ocorrido entre nós, já que esta expressão tem conotação específica, designando um determinado *método* de alfabetização que esteve, e às vezes ainda está, presente nas escolas brasileiras, método que restringe o processo de aprendizagem inicial da língua escrita a apenas a aquisição do sistema de notação alfabético.

Não só Adams, mas também pesquisadores e estudiosos em geral consideram que o ensino explícito das correspondências fonema-grafema deve ser *incluído* em programas de aprendizagem da língua escrita, mas não conduz a essa aprendizagem em sua totalidade. São ainda palavras de Adams (1990: 29): "'Necessário' não é o mesmo que 'suficiente'. Por mais essenciais que sejam as correspondências letra-som, elas não bastam. Para se tornarem leitoras competentes, as crianças precisam de muito mais".

O National Reading Panel considera, ele mesmo, como também componentes da aprendizagem inicial da escrita, além do desenvolvimento da consciência fonêmica e aprendizagem das correspondências fonema-grafema, a *fluência*, que diz respeito não só à *leitura oral*, mas também à *leitura silenciosa*, e a *compreensão*, de que é parte integrante o *vocabulário* (NICHD, Report of the National Reading Panel, 2000a: 7-15). O subgrupo do National Reading Panel responsável pela análise de pesquisas que permitissem a identificação de "evidências" sobre o ensino das relações fonema-grafema (Ehri et al., 2001: 427) concluiu que "o ensino sistemático das relações fonema-grafema ajuda as crianças a aprender a ler mais eficazmente que um ensino não sistemático ou que ausência de ensino", mas advertiu:

> Finalmente, é importante marcar o lugar das correspondências fonema-grafema em um programa de ensino inicial da leitura. Apenas o ensino sistemático dessas correspondências não ajuda os alunos a adquirir todos os processos de que necessitam para tornarem-se leitores bem-sucedidos. O ensino das relações fonema-grafema *precisa ser combinado com outros componentes essenciais*, para criar um programa de alfabetização completo e equilibrado. (Ehri et al., 2011: 433; ênfase acrescentada)

Pode-se concluir que, se se reconhece a *necessidade* de que as correspondências fonema-grafema – a faceta linguística da aprendizagem inicial da língua escrita – sejam objeto de ensino sistemático, direto, explícito, como, aliás, se defendeu no tópico anterior, não se pode, por uma interpretação imprópria dessa *necessidade*, considerar o "necessário" como "suficiente", ou o "necessário" como devendo ser ensinado de forma dissociada dos demais processos de aprendizagem inicial da língua escrita, ou seja, das demais facetas dessa aprendizagem. Para que as crianças se tornem *leitoras bem-sucedidas*, nas palavras de Ehri et al. (2001), e, acrescente-se, também *produtoras de textos bem-sucedidas*, não se pode reduzir a aprendizagem inicial da língua escrita a apenas a faceta linguística, considerando-a como condição e pré-requisito para a interação com textos *reais* e para a produção de textos *reais*; o ensino das relações fonema-grafema – a faceta linguística da aprendizagem da escrita – citando mais uma vez palavras de Ehri et al. (2001), "precisa ser combinado com outros componentes essenciais".

Scarborough (2003: 97) representa essa "combinação" como uma tessitura em que vários e diferentes fios vão sendo entrelaçados, durante a formação do leitor – e, pode-se acrescentar, também a formação do produtor de texto. Segundo ele,

> É costume considerar separadamente os fios envolvidos no reconhecimento de palavras daqueles envolvidos na compreensão do significado da cadeia de palavras que foram identificadas, embora esses dois processos operem (e se desenvolvam) interativamente e não independentemente.

Veja-se, a seguir, a figura com que Scarborough representa essa tessitura, aqui adaptada para incluir a escrita (o autor se refere apenas à leitura), e também para acrescentar o conceito de facetas proposto neste livro:

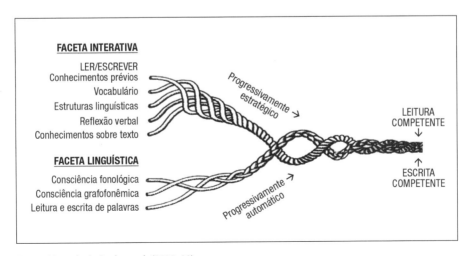

Fonte: Adaptado de Scarborough (2003: 98).

A figura evidencia que a faceta linguística – Scarborough a denomina "reconhecimento de palavras" – desenvolve-se *paralelamente* à faceta interativa – que o autor denomina "compreensão" –, embora *independentemente*, já que cada faceta demanda processos cognitivos e linguísticos próprios, portanto, uma "tessitura" peculiar. E é preciso pensar toda essa tessitura permeada pela faceta sociocultural: atividades das facetas interativa e linguística desenvolvidas em contextos em que a língua escrita esteja inserida em situações reais de seu uso social, marcadas pelo contexto cultural em que ocorrem.

Volta-se então ao *necessário, mas não suficiente*. O *ensino explícito* do sistema notacional alfabético e da norma ortográfica – da faceta linguística –, aqui reconhecido como *necessário* pelas razões anteriormente expostas, *não é suficiente*, porque não pode desenvolver-se desvinculado das demais facetas, separando a língua escrita de seu objetivo último, que é a compreensão ou expressão de mensagens de diferentes naturezas, e desse modo fragmentando artificialmente a formação da criança leitora e produtora de textos.

A integração das facetas permite que, ao mesmo tempo que vai aprendendo a codificar e decodificar, a criança vá também aprendendo a compreender e interpretar textos, de início lidos pelo(a) alfabetizador(a), aos poucos lidos por ela mesma, e a produzir textos, de início em *escrita inventada*, aos poucos em frases, em pequenos textos de diferentes gêneros, ditados para o/a alfabetizador(a), que atua como escriba, ou escritos por ela mesma. Em outras palavras, a criança se insere no mundo da escrita tal como ele **é**: aprende a ler palavras com base em textos *reais* que lhe foram lidos, que compreenderam e interpretaram – palavras destacadas desses textos, portanto, contextualizadas, não palavras artificialmente agrupadas em pseudotextos, não mais que pretextos para servir à aprendizagem de relações grafema-fonema; e aprende a escrever palavras produzindo palavras e textos *reais* – não palavras isoladas, descontextualizadas, ou frases artificiais apenas para prática das relações fonema-grafema; e ao mesmo tempo vai ainda aprendendo a identificar os usos sociais e culturais da leitura e da escrita, vivenciando diferentes eventos de letramento e conhecendo vários tipos e gêneros textuais, vários suportes de escrita: **alfabetizar letrando**.

É o que a figura representa: ao longo do processo de aprendizagem inicial da língua escrita, as duas facetas, *linguística* e *interativa*, desenvolvendo-se de forma independente, mas simultaneamente, vão-se entrelaçando, até que, tornando-se automático e fluente o reconhecimento de palavras, entrelaçam-se definitivamente, e talvez seja esse o momento em que se pode considerar que se chegou ao *término* desse processo, discutido no tópico anterior. Dessa forma, contextualiza-se o processo de alfabetização – a aprendizagem da *faceta linguística* – associando-lhe o *letramento* – o desenvolvimento simultaneamente das facetas *interativa* e *sociocultural*.

Donde se conclui que o/a alfabetizador(a) tem por objeto de ensino não só a *faceta linguística*, de que se tratou neste livro, mas também, e ao mesmo tempo, a *faceta interativa*, que envolve o desenvolvimento de habilidades de compreensão, interpretação, produção de textos, de ampliação do vocabulário, de enriquecimento de estruturas linguísticas, de conhecimentos sobre convenções a que materiais impressos obedecem...; e também a *faceta sociocultural*, que envolve o conhecimento de fatores que condicionam usos, funções e valores atribuídos à escrita em diferentes eventos de letramento. Destas duas últimas facetas não se pôde tratar neste livro, por ser excessivo para um só volume, mas é a integração das três facetas, no processo de aprendizagem inicial da língua escrita, que constitui o **alfabetizar letrando**.

No que se refere especificamente à *faceta linguística*, o que se pode concluir do conceito de **alfabetização com método** proposto no primeiro tópico deste capítulo é que alfabetizadores(as) saberão que procedimentos usar na orientação do processo de alfabetização da criança se tiverem conhecimento, por um lado, do *objeto* a ser aprendido, o sistema de representação alfabético e a norma ortográfica, por outro, dos *processos cognitivos e linguísticos* envolvidos na aprendizagem desse objeto. Dominando esses conhecimentos,[9] é possível ao/à alfabetizador(a) analisar os chamados "métodos" que, ao longo do tempo e no momento presente, têm sido propostos e

---

[9] Subjacente ao que aqui se propõe como perfil do(a) alfabetizador(a), está a questão da formação inicial e também continuada de professores(as) para a educação infantil e os anos iniciais do ensino fundamental, questão que ultrapassaria os objetivos deste livro, por sua complexidade e pelas controvérsias com que vem sendo discutida. Ficam, porém, implícitas nos capítulos deste livro e sobretudo neste capítulo final as lacunas na formação desses(as) professores(as), particularmente no que se refere à sua atuação como alfabetizadores(as). Em Soares (2014), pode-se encontrar a posição da autora a respeito deste tema.

contrapostos, e identificar em cada um deles os aspectos que atendem ou não atendem ou só atendem parcialmente à natureza das interações cognitivas da criança com o objeto linguístico *língua escrita*, em uma ortografia com as características da ortografia do português brasileiro. E sobretudo é possível ao/à alfabetizador(a) definir, com segurança e autonomia, procedimentos e ações docentes que estimulem, acompanhem e eventualmente corrijam a aprendizagem inicial da língua escrita pelas crianças *reais* que lhe cabe orientar, em um contexto social, cultural e escolar específico – lembre-se, a esse propósito, o último tópico do primeiro capítulo.

As respostas à **questão dos métodos** anunciada no título deste livro, considerando, como sugerido no primeiro capítulo, os dois sentidos da palavra **questão**, relembrados no início deste capítulo, foram propostas, com apoio e sustentação nos capítulos anteriores, neste capítulo final. Em uma síntese de conclusão, o argumento central é que, se **método** é *caminho*, como dito no primeiro tópico deste capítulo, em direção à *criança alfabetizada*, e se, para trilhar um *caminho*, é necessário conhecer seu curso, seus meandros, as dificuldades que se interpõem, alfabetizadores(as) dependem do conhecimento dos *caminhos* da criança – dos processos cognitivos e linguísticos de desenvolvimento e aprendizagem da língua escrita – para orientar seus próprios passos e os passos das crianças – é o que se denominou **alfabetizar com método**: alfabetizar conhecendo e orientando com segurança o processo de alfabetização, o que se diferencia fundamentalmente de alfabetizar trilhando caminhos predeterminados por convencionais **métodos de alfabetização**.

Referências

Abaurre, Maria Bernadete Marques (1988). The Interplay between Spontaneous Writing and Underlying Linguistic Representations. *European Journal of Psychology of Education*, v. 3, n. 4, pp. 415-30 (artigo publicado em tradução da própria autora para o português no periódico *Verba Volant*, v. 2, n. 1, 2011, pp. 167-200).

_____ (1999). Horizontes e limites de um programa de investigação em aquisição da escrita. In: Lamprecht, Regina Ritter (org.). *Aquisição da linguagem:* questões e análises. Porto Alegre: edipucrs, pp. 167-86.

_____ (2001). Dados da escrita inicial: indícios de construção da hierarquia de constituintes silábicos? In: Hernandorena, C. L. M. (org.). *Aquisição de língua materna e de língua estrangeira:* aspectos fonético-fonológicos. Pelotas: Educat/Alab, v. 1, pp. 63-85.

_____; Fiad, Raquel Saled; Mayrink-Sabinson, Maria Laura T. (1997). *Cenas de aquisição da escrita:* o sujeito e o trabalho com o texto. Campinas: Mercado de Letras.

Abramson, Marianne; Goldinger, Stephen D. (1997). What the Reader's Eye Tells the Mind's Ear: Silent Reading Activates inner Speech. *Perception and Psychophysics*, v. 59, n. 7, pp. 1059-68.

Abreu, Mônica Dourado de; Cardoso-Martins, Cláudia (1998). Alphabetic Access Route in Beginning Reading Acquisition in Portuguese: the Role of Letter-Name Knowledge. *Reading and Writing*, v. 10, n. 2, pp. 85-104.

Academia Brasileira De Letras (2009). *Vocabulário ortográfico da língua portuguesa*. 5. ed. São Paulo: Global.

Adamoli, Marco Antônio (2006). *Aquisição dos ditongos orais mediais na escrita infantil:* uma discussão entre ortografia e fonologia. Dissertação (Mestrado em Educação) – Faculdade de Educação da UFPel, Pelotas.

_____ (2010). As diferentes grafias dos ditongos variáveis em textos de escrita inicial. *Cadernos de Educação*, v. 19, n. 35, pp. 303-22.

_____ (2012). *Um estudo sobre o estatuto fonológico dos ditongos variáveis [aj] e [ej] do pb a partir de dados orais e ortográficos produzidos por crianças de séries iniciais*. Tese (Doutorado em Educação) – Faculdade de Educação da UFPel, Pelotas.

ADAMS, Marilyn Jagger (1990). *Beginning to Read:* Thinking and Learning about Print. Cambridge: MIT Press.

_____ (1991). Why not Phonics and Whole Language? In: ELLIS, William (ed.). *All Language and the Creation of literacy*. Baltimore: Orton Dyslexia Society, pp. 40-53.

_____ (1999). Theoretical Approaches to Reading Instruction. In: WAGNER, Daniel A.; VENESKY, Richard L.; STREET Brian V. (eds.). *Literacy:* an International Handbook. Colorado/Oxford: Westview Press, pp. 167-72.

_____ (2011). The Relation between Alphabetic Basics, Word Recognition, and Reading. In: SAMUELS, Jay; FARSTRUP, Alan (eds.). *What Research Has to Say about Reading Instruction*. 4. ed. Newark: International Reading Association, pp. 4-24.

_____ (2013). Modeling the Connections between Word Recognition and Reading. In: ALVERMANN, Donna E.; UNRAU, Norman J.; RUDDELL, Robert B. (eds.). *Theoretical Models and Processes of Reading*. 6. ed. Newark: International Reading Association, pp. 783-806.

_____; OSBORN, Jean (2006). Phonics and Phonemic Awareness. In: STAHL, Katherine A. Dougherty, MCKENNA, Michael C. (eds.). *Reading Research at Work:* Foundations of Effective Practice. New York; London: The Guilford Press, pp. 85-91.

ADRIÁN, José Antonio et al. (1995). Metaphonological Abilities of Spanish Illiterate Adults. *International Journal of Psychology*, v. 30, n. 3, pp. 329-53.

ALEXANDER, Jessica D.; NYGAARD, Lynne C. (2008). Reading Voices and Hearing Text: Talker-Specific Auditory Imagery in Reading. *Journal of Experimental Psychology:* Human, Perception and Performance, v. 34, n. 2, pp. 446-59.

ALEXANDER, Patricia A.; FOX, Emily (2004). A Historical Perspective on Reading Research and Practice. In: RUDDELL, Robert B.; UNRAU, Norman J. (eds.). *Theoretical Models and Processes of Reading*. 5. ed. Newark: International Reading Association, pp. 33-68.

ALFIERI, Louis et al. (2011). Does Discovery-Based Instruction Enhances Learning? *Journal of Educational Psychology*, v. 103, n. 1, pp. 1-18.

ALVARENGA, Daniel (1988). Leitura e escrita: dois processos distintos. *Educação em Revista*, n. 7, pp. 27-31.

_____; OLIVEIRA, Marco Antônio (1997). Canonicidade silábica e aprendizagem da escrita. *Revista de Estudos da Linguagem*, v. 6, n. 5, pp. 127-58.

ALVES-MARTINS, Margarida (1994). *Pré-história da aprendizagem da leitura*. Lisboa: Instituto Superior de Psicologia Aplicada.

_____; SILVA, Cristina (2006a). Phonological Abilities and Writing among Portuguese Preschool Children. *European Journal of Psychology of Education*, v. 21, n. 2, pp. 163-82.

_____ (2006b). The Impact of Invented Spelling on Phonemic Awareness. *Learning and Instruction*, v. 16, pp. 41-56.

_____ et al. (2013). The Impact of Invented Spelling on Early Apelling and Reading. *Journal of Writing Research*, v. 5, n. 2, pp. 215-37.

_____ (2014). Invented Spelling Activities in Small Groups and Early Spelling and Reading. *Educational Psychology:* an International Journal of Experimental Educational Psychology. Online (latest articles). Acesso em: dez. 2014.

ANDREWS, Sally (1997). The Effect of Orthographic Similarity on Lexical Retrieval: Resolving Neighborhood Conflicts. *Psychonomic Bulletin & Review*, v. 4, n. 4, pp. 439-61.

ARCIULI, Joanne; SIMPSON, Ian C. (2012). Statistical Learning is Related to Reading Ability in Children and Adults. *Cognitive Science*, v. 36, n. 2, pp. 286-304.

ARO, Mikko (2006). Learn to Read: the Effect of Orthography. In: JOSHI, R. Malatesha; AARON, P. G. (eds.). *Handbook of Orthography and Literacy*. Mahwah: Lawrence Erlbaum, pp. 531-50.

_____; WIMMER, Heinz (2003). Learning to Read: English in Comparison to Six more Regular Orthographies. *Applied Psycholinguistics*, v. 24, n. 4, pp. 621-35.

ASSUNÇÃO, Maria Madalena Silva de (2007). Os livros didáticos de psicologia educacional: pistas para análise da formação de professores(as) (1920-1960). *Temas em Psicologia*, v. 15, n. 1, pp. 69-84.

BAGNO, Marcos (org.) (2002). *Linguística da norma*. São Paulo: Loyola.

_____ (2011). *Gramática pedagógica do português brasileiro*. São Paulo: Parábola.
BARRERA, Sylvia Domingos; MALUF, Maria Regina (2003). Consciência metalinguística e alfabetização: um estudo com crianças da primeira série do ensino fundamental. *Psicologia:* Reflexão e Crítica, v. 16, n. 3, pp. 491-502.
BENVENISTE, Émile (1989). A forma e o sentido na linguagem. In: _____. *Problemas de linguística geral II.* Trad. Eduardo Guimarães et al. Campinas: Pontes, pp. 220-34 (original de 1967).
BERKO, Jean (1958). The Child's Learning of English Morphology. *Word*, v. 14, pp. 150-77.
BERNICOT, Josie (2000). La Pragmatique des énoncés chez l'enfant. In: KAIL, Michèle; FAYOL, Michel (orgs.). *L'Acquisition du langage:* le langage en développement – au-delà de 3 ans. Paris: Presses Universitaires de France, pp. 45-82.
BERTELSON, P et al. (1985). Phonetic Analysis Capacity and Learning to Read. *Nature*, v. 313, n. 3, pp. 73-4.
_____. (1989). Metaphonological Abilities of Adult Illiterates: New Evidence of Heterogeneity. *Journal of Cognitive Psychology*, v. 1, n. 3, pp. 239-50.
BESSE, Anne-Sophie et al. (2007). Effet des connaissances linguistiques en langue maternelle (arabe vs. portugais) sur les performances phonologiques et morphologiques en français langue seconde. *Psychologie Française*, v. 52, n. 1, pp. 89-105.
BESSE, Jean-Marie (1996). An Approach to Writing in Kindergarten. In: PONTECORVO, C. et al. (eds.). *Children's Early Text Construction*. Mahaw: Lawrence Erlbaum, pp. 127-44.
_____ (2004). L'Accès au principe phonographique: ce qui montrent les écritures approchées. In: CHAUVEAU, Gérard. *Comprendre l'enfant apprenti lecteur:* recherches actuelles en psychologie de l'écrit. Paris: Retz, pp. 130-58.
BIALYSTOCK, Ellen (1992). Symbolic Representation of Letters and Numbers. *Cognitive Development*, v. 7, n. 3, pp. 301-16.
_____ (1996). Preparing to Read: the Foundations of Literacy. In: REESE, Hayne (ed.). *Advances in Child Development and Behavior*. San Diego: Academic Press, v. 26, pp. 1-34.
_____ (2000). *Bilingualism in Development*: Language, Literacy and Cognition. Cambridge: Cambridge University Press.
BIDERMAN, Maria Tereza Camargo (1998). A face quantitativa da linguagem: um dicionário de frequências do português. *Alfa:* Revista de Linguística, v. 42, n. especial, pp. 161-81.
_____ (2009). *Dicionário ilustrado de português*. São Paulo: Ática.
BISOL, Leda (1999). A sílaba e seus constituintes. In: NEVES, Maria Helena de Moura (org.). *Gramática do português falado* – novos estudos. 2 ed. São Paulo: Humanitas/FFLCH/USP; Campinas: Editora da Unicamp, v. 7, pp. 701-42.
_____ (org.) (2005). *Introdução a estudos de fonologia do português brasileiro*. 4. ed. rev. e ampl. Porto Alegre: EDIPUCRS.
_____; VEIT, Maria Helena Degani (1986). Interferência de uma segunda língua na aprendizagem da escrita. In: TASCA, Mari; POERSCH, José Marcelino (orgs.). *Suportes linguísticos para a alfabetização*. Porto Alegre: Sagra, pp. 71-92.
BISSEX, Glenda L. (1980). *Gnys at Wrk:* a Child Learns to Write and Read. Cambridge: Harvard University Press.
BLANCHE-BENVENISTE, Claire (1997). The Unit in Written and Oral Language. In: PONTECORVO, Clotilde (ed.). *Writing Development:* an Interdisciplinary View. Amsterdam: John Benjamins, pp. 21-45.
BORBA, Francisco S. (2002). *Dicionário de usos do português do Brasil*. São Paulo: Ática.
BORGWALDT, Susanne R. et al. (2005). Onset Entropy Matters: Letter to Phoneme Mappings in Seven Languages. *Reading and Writing:* An Interdisciplinary Journal, v. 18, n. 3, pp. 211-229.
BOWEY, Judith A. (1994). Grammatical Awareness and Learning to Read: a Critique. In: ASSINK, Egbert M. H. (ed.). *Literacy Acquisition and Social Context*. London: Harvester Wheatsheaf, pp. 122-49.
_____ (2002). Reflections on Onset-Rime and Phoneme Sensitivity as Predictors of Beginning Word Reading. *Journal of Experimental Child Psychology*, v. 82, n. 1, pp. 29-40.
_____; MULLER, David (2005). Phonological Recoding and Rapid Orthographic Learning in Third-Graders' Silent Reading: a Critical Test of the Self-Teaching Hypothesis. *Journal of Experimental Child Psychology*, v. 92, n. 3, pp. 203-19.

_____; MILLER, Robyn (2007). Correlates of Orthographic Learning in Third-Grade Children's Silent Reading. *Journal of Research in Reading*, v. 30, n. 2, pp. 115-28.

BRADLEY, L; BRYANT, P. E. (1979). Independence of Reading and Spelling in Backward and Normal Readers. *Developmental Medicine and Child Neurology*, v. 21, n. 4, pp. 504-14.

_____ (1983). Categorizing Sounds and Learning to Read: a Causal Connection. *Nature*, v. 301, n. 3, pp. 419-21.

BRASLAVSKY, Berta P. de (1992). *La querella de los métodos en la enseñanza de la lectura*. Buenos Aires: Kapelusz.

BRANDÃO, Ana Carolina Perusi; SPINILLO, Alina Galvão (2001). Produção e compreensão de textos em uma perspectiva de desenvolvimento. *Estudos de Psicologia*, v. 6, n. 1, pp. 51-62.

BRYANT, Peter (1998). Sensitivy to Onset and Rhyme does Predict Young Children's Reading: a Comment on Muter, Hulme, Snowling, and Taylor. *Journal of Experimental Child Psychology*, v. 71, n. 1, pp. 29-37.

_____ (2002). It Doesn't Matter whether Onset and Rime Predicts Reading better than Phoneme Awareness does or Vice Versa. *Journal of Experimental Child Psychology*, v. 82, n. 1, pp. 41-6.

_____; BRADLEY, L. (1985). Bryant and Bradley Reply. *Nature*, v. 313, n. 3, pp. 74.

_____ et al. (1989). Nursery Rhymes, Phonological Skills and Reading. *Journal of Child Language*, v. 16, n. 2, pp. 407-28.

_____ (1990). Rhyme and Alliteration, Phoneme Detection, and Learning to Read. *Developmental Psychology*, v. 26, n. 3, pp. 429-38.

_____; NUNES, Terezinha (2004). Morphology and Spelling. In: NUNES, Terezinha; BRYANT, Peter (eds.). *Handbook of Children's Literacy*. Dordrecht: Kluwer, pp. 91-118.

BUIN, Edilaine (2002). *Aquisição da escrita:* coerência e coesão. São Paulo: Contexto.

BUS, Adriana G.; VAN IJZENDOORN, Marinus H. (1999). Phonological Awareness and Early Reading: a Meta-Analysis of Experimental Training Studies. *Journal of Educational Psychology*, v. 91, n. 3, pp. 403-14.

BYRNE, Brian (1992). Studies in the Acquisition Procedure for Reading: Rationale, Hypotheses, and Data. In: GOUGH, Philip B.; EHRI, Linnea C.; TREIMAN, Rebecca (eds.). *Reading Acquisition*. Hillsdale: Lawrence Erlbaum, pp. 1-34.

_____ (1995). Treinamento da consciência fonêmica em crianças pré-escolares: por que fazê-lo e qual o seu efeito? In: CARDOSO-MARTINS, Cláudia (org.). *Consciência fonológica e alfabetização*. Petrópolis: Vozes, pp. 37-67.

_____ (1998). *The Foundation of Literacy:* the Child's Acquisition of the Alphabetic Principle. East Sussex: Psychology Press.

_____; FIELDING-BARNSLEY, Ruth (1989). Phonemic Awareness and Letter Knowledge in the Child's Acquisition of the Alphabetic Principle. *Journal of Educational Psychology*, v. 81, n. 3, pp. 313-21.

_____ (1990). Acquiring the Alphabetic Principle: a Case for Teaching Recognition of Phoneme Identity. *Journal of Educational Psychology*, v. 82, n. 4, pp. 805-12.

_____ (1991). Evaluation of a Program to Teach Phonemic Awareness to Young Children. *Journal of Educational Psychology*, v. 83, n. 4, p. 451-55.

CAGLIARI, Luiz Carlos (1998). A respeito de alguns fatos do ensino e da aprendizagem da leitura e da escrita pelas crianças na alfabetização. In: ROJO, Roxane (org.). *Alfabetização e letramento:* perspectivas linguísticas. Campinas: Mercado de Letras, pp. 61-86.

_____ (2009). *Alfabetização e linguística*. 11. ed. São Paulo: Scipione.

CAMPOS, Jorge (2011). Chomsky vs. Pinker: na interface entre linguística e psicologia evolucionária. *Letras de Hoje*, v. 46, n. 3, pp. 12-7.

CAPOVILLA, Alessandra G. S.; CAPOVILLA, Fernando César (2000). Efeitos do treino de consciência fonológica em crianças com baixo nível socioeconômico. *Psicologia:* Reflexão e Crítica, v. 13, n. 1, pp. 7-24.

_____ (2006). *Prova de consciência sintática* (PCS). São Paulo: Memnon.

_____; _____; SOARES, Joceli V. T. (2004). Consciência sintática no ensino fundamental: correlações com consciência fonológica, vocabulário, leitura e escrita. *Psico-USF*, v. 9, n. 1, pp. 39-47.

CARAVOLAS, Marketa (2004). Spelling Development in Alphabetic Writing Systems: a Cross-Linguistic Perspective. *European Psychologist*, v. 9, n. 1, pp. 3-14.

_____ (2005). The Nature and Causes of Dyslexia in Different Languages. In: Snowling, M. J.; Hulme, C. (eds.). *The Science of Reading:* a Handbook. Oxford: Blackwell, pp. 135-54 (tradução para o português: *A ciência da leitura*. Porto Alegre: Penso, 2013).

_____ (2006). Learning to Spell in Different Languages: How Orthographic Variables might Affect Early Literacy. In: Joshi, R. Malatesha; Aaron, P. G. (eds.). *Handbook of Orthography and Literacy*. Mahwah: Lawrence Erlbaum, pp. 336-55.

Cardoso-Martins, Cláudia (1994). Rhyme Perception: Global or Analytical? *Journal of Experimental Child Psychology*, v. 57, n. 1, pp. 26-41.

_____ (1995a). Sensitivity to Rhymes, Syllables, and Phonemes in Literacy Acquisition in Portuguese. *Reading Research Quarterly*, v. 30, n. 4, pp. 808-28.

_____ (1995b). A habilidade de crianças em idade pré-escolar de identificar uma palavra impressa desconhecida por analogia a uma palavra conhecida. In: _____ (org.). *Consciência fonológica e alfabetização*. Petrópolis: Vozes, pp. 101-127.

_____ (2006). Beginning Reading Acquisition in Brazilian Portuguese. In: Joshi, R. Malatesha, Aaron, P. G. (eds.). *Handbook of Orthography and Literacy*. Mahwah: Lawrence Erlbaum, pp. 171-87.

_____; Duarte, Geisa Andrade (1994). Preschool Children's Ability to Disregard Meaning and Focus Attention on the Phonological Properties of Speech: some Discrepant Findings. *British Journal of Developmental Psychology*, v. 12, n. 4, pp. 429-38.

_____ et al. (2002). Letter Name Knowledge and the Ability to Learn to Read by Processing Letter-Phoneme Relations in Words: Evidence from Brazilian Portuguese-Speaking Children. *Reading and Writing:* An Interdisciplinary Journal, v. 15, n. 3-4, pp. 409-32.

_____ et al. (2003). Place of Environmental Print in Reading Development: Evidence from Nonliterate Adults. *Scientific Studies of Reading*, v. 7, n. 4, pp. 335-55.

_____; Batista, Anna Cláudia Eutrópio (2005). O conhecimento do nome das letras e o desenvolvimento da escrita: evidência de crianças falantes do português. *Psicologia:* Reflexão e Crítica, v. 18, n. 3, pp. 330-36.

Cardoso-Martins, Cláudia et al. (2006). Is There a Syllabic Stage in Spelling Development? Evidence from Portuguese-Speaking Children. *Journal of Educational Psychology*, v. 98, n. 3, pp. 628-41.

_____; Corrêa, Marcela Fulanete (2008). O desenvolvimento da escrita nos anos pré-escolares: questões acerca do estágio silábico. *Psicologia:* Teoria e Prática, v. 24, n. 3, pp. 279-86.

_____; _____; Marchetti, Patrícia Maria Torres (2008). O conhecimento do nome das letras e o desenvolvimento inicial da escrita: o caso do português do Brasil. In: Maluf, Maria Regina; Guimarães, Sandra Regina Kirchner (orgs.). *Desenvolvimento da linguagem oral e escrita*. Curitiba: Editora ufpr, pp. 137-53.

_____; _____; Magalhães, Luciana Freitas da Silva (2010). Dificuldade específica de aprendizagem da leitura e escrita. In: Malloy-Diniz, Leandro F. et al. (org.). *Avaliação neuropsicológica*. Porto Alegre: Artmed, 2010, pp. 133-49.

_____ et al. (2011). Letter Names and Phonological Awareness Help Children to Learn Letter-sound Relations. *Journal of Experimental Child Psychology*, v. 109, n. 1, pp. 25-38.

Carlisle, Joanne F. (1988). Knowledge of Derivational Morphology and Spelling Ability in Fourth, Sixth, and Eighth Graders. *Applied Psycholinguistics*, v. 9, n. 3, pp. 247-66.

_____ (2010). Effects of Instruction in Morphological Awareness on Literacy Achievement: an Integrative Review. *Reading Research Quarterly*, v. 45, n. 4, pp. 464-87.

Carraher, Terezinha Nunes; Rego, Lúcia Lins Browne (1981). O realismo nominal como obstáculo na aprendizagem da leitura. *Cadernos de Pesquisa*, v. 39, n. 2, pp. 3-10.

Cassidy, Jack et al. (2010). Literacy Trends and Issues: a Look at the Five Pillars and the Cement that Supports them. *The Reading Teacher*, v. 63, n. 8, p. 644-55.

_____; Grote-Garcia, Stephanie (2012). Defining the Literacy Agenda: Results of the 2013 "What's Hot, What's Not Literacy Survey". *Reading Today*, Aug./Sep., pp. 9-12.

_____ (2013). Common Core State Standards Top the 2014 "What's Hot, What's Not Survey". *Reading Today*, Aug./Sep., pp. 12-6.

CASTILHO, Ataliba T. de (2010). *Gramática do português brasileiro*. São Paulo: Contexto.

CASTLES, Anne; COLTHEART, Max (2004). Is There a Causal Link from Phonological Awareness to Success in Learning to Read? *Cognition*, v. 91, n. 1, pp. 77-111.

CHALL, Jeanne (1967). *Learning to Read*: the Great Debate. New York: McGraw-Hill.

_____ (1979). The Great Debate: Ten Years Later, with a Modest Proposal for Reading Stages. In: RESNICK, Lauren B.; WEAVER, Phyllis A. (eds.). *Theory and Practice of Early Reading*. Hillsdale: Lawrence Erlbaum, v. 1, pp. 29-55.

_____ (1983). *Stages of Reading Development*. New York: McGraw-Hill.

CHARTIER, Anne-Marie (2000). Réussite, échec et ambivalence de l'innovation pédagogique: le cas de l'enseignement de la lecture. *Recherche et Formation*. Paris: INRP, n. 34, pp. 41-56.

_____; HÉBRARD, Jean (2001). Método silábico e método global: alguns esclarecimentos históricos. *História da Educação*, v. 5, n. 10, pp. 141-54.

CHATARD, Armand et al. (2005). Impact de la féminisation lexicale des professions sur l'auto-efficacité des élèves: une remise en cause de l'universalisme masculin? *L'Année Psychologique*, v. 105, pp. 249-72.

CHOMSKY, Carol (1970). Reading, Writing and Phonology. *Harvard Educational Review*, v. 40, n. 2, pp. 287-309.

_____ (1971). Write First, Read Later. *Childhood Education*, v. 47, n. 6, pp. 296-99.

_____ (1979). Approaching Reading through Invented Spelling. In: RESNICK, Lauren B.; WEAVER, Phyllis A. *Theory and Practice of Early Reading*. Hillsdale: Lawrence Erlbaum, 1979, v. 2, pp. 43-65.

CHOMSKY, Noan (1981). *Regras e representações*. Trad. Marilda W. Averbuck, Paulo Henriques Britto, Regina Bustamante. Rio de Janeiro: Zahar.

CLARKE, Linda K. (1988). Invented versus Traditional Spelling in First Graders' Writings: Effects on Learning to Spell and Read. *Research in the Teaching of English*, v. 22, n. 3, pp. 281-309.

CLAY, Marie M. (1975). *What did I write? Beginning writing behaviour*. Portsmouth: Heinemann.

COLLISCHONN, Gisela (2005). A sílaba em português. In: BISOL, Leda (org.). *Introdução a estudos de fonologia do português brasileiro*. 4. ed. rev. e ampl. Porto Alegre: EDIPUCRS, pp. 101-33.

COLTHEART, Max (2006). Dual Route and Connectionist Models of Reading: an Overview. *London Review of Education*, v. 4, n. 1, pp. 5-17.

_____ et al. (1993). Models of Reading Aloud: Dual-Route and Parallel-Distributed-Processing Approaches. *Psychological Review*, v. 100, n. 4, pp. 589-608.

_____ (2001). DRC: a Dual Route Cascaded Model of Visual Word Recognition and Reading Aloud. *Psychological Review*, v. 108, n. 1.

CONTINI JR., José (1988). A concepção do sistema alfabético por crianças em idade pré-escolar. In: KATO, Mary A. (org.). *A concepção da escrita pela criança*. Campinas: Pontes, pp. 53-104.

CORREA, Jane (2004). A avaliação da consciência sintática na criança: uma análise metodológica. *Psicologia: Teoria e Pesquisa*, v. 20, n. 1, pp. 69-75.

_____ (2009). Habilidades metalinguísticas relacionadas à sintaxe e à morfologia. In: MOTA, Márcia da (org.). *Desenvolvimento metalinguístico:* questões contemporâneas. São Paulo: Casa do Psicólogo, pp. 55-76.

CORRÊA, Marcela Fulanete; CARDOSO-MARTINS, Cláudia; RODRIGUES, Larissa Assunção (2010). O conhecimento do nome das letras e a sua relação com o desenvolvimento da escrita: evidência de adultos iletrados. *Psicologia: Reflexão e Crítica*, v. 23, n. 1, pp. 161-5.

COULMAS, Florian (1999). *The Blackwell Encyclopedia of Writing Systems*. Oxford: Blackwell.

_____ (2009). Evaluating Merit: the Evolution of Writing Reconsidered. *Writing Systems Research*, v. 1, n. 1, pp. 5-17.

_____ (2014). *Escrita e sociedade*. Trad. Marcos Bagno. São Paulo: Parábola.

CRAIN-THORESON, Catherine; DALE, Philip S. (1992). Do Early Talkers become Early Readers? Linguistic Precocity, Preschool Language, and Emergent Literacy. *Developmental Psychology*, v. 28, n. 3, pp. 421-29.

CUETOS, Fernando; SUÁREZ-COALLA, Paz (2009). From Grapheme to Word in Reading Acquisition in Spanish. *Applied Psycholinguistics*, v. 30, n. 4, pp. 583-601.

CUNNINGHAM, Anne E. (2006). Accounting for Children's Orthographic Learning while Reading Text: do Children Self-Teach? *Journal of Experimental Child Psychology*, v. 95, n. 1, pp. 56-77.

_____; Stanovich, Keith E. (1990). Early Spelling Acquisition: Writing Beats the Computer. *Journal of Educational Psychology*, v. 82, n. 1, pp. 159-62.

_____ et al. (2002). Orthographic Learning During Reading: Examining the Role of Self-Teaching. *Journal of Experimental Child Psychology*, v. 82, n. 3, pp. 185-99.

De Abreu, Mônica Dourado; Cardoso-Martins, Cláudia (1998). Alphabetic Access Route in Beginning Reading Acquisition in Portuguese: the Role of Letter-Name Knowledge. *Reading and Writing:* An Interdisciplinary Journal, v. 10, n. 2, pp. 85-104.

De Cara, Bruno; Goswami, Usha (2002). Similarity Relations among Spoken Words: the Special Status of Rimes in English. *Behavior Research Methods, Instruments, & Computers*, v. 14, n. 3, pp. 416-23.

Defior, Sylvia (1996). Una clasificación de las tareas utilizadas en la evaluación de las habilidades fonológicas y algunas ideas para su mejora. *Infancia y Aprendizaje*, v. 73, pp. 49-63.

_____ (2004). Phonological Awareness and Learning to Read: a Cross-Linguistic Perspective. In: Nunes, Terezinha; Bryant, Peter (eds.). *Handbook of Children's Literacy*. Dordrecht: Kluwer, pp. 631-49.

_____; Martos, Francisco; Cary, Luz (2002). Differences in Reading Acquisition Development in Two Shallow Orthographies: Portuguese and Spanish. *Applied Psycholinguistics*, v. 23, v. 1, pp. 135-48.

Dehaene, Stanislas (2012). *Os neurônios da leitura*: como a ciência explica a nossa capacidade de ler. Trad. Leonor Scliar-Cabral. Porto Alegre: Penso (original francês de 2007).

_____ (2013). A aprendizagem da leitura modifica as redes corticais da visão e da linguagem verbal. *Letras de Hoje*, v. 48, n. 1, pp. 148-52.

_____ et al. (2010). Why do Children Make Mirror Errors in Reading? Neural Correlates of Mirror Invariance in the Visual Word Form Area. *NeuroImage*, v. 49, n. 2, pp. 1.837-48.

De Jong, Peter F.; Share, David L. (2007). Orthographic Learning During Oral and Silent Reading. *Scientific Studies of Reading*, v. 11, n. 1, pp. 55-71.

_____ et al. (2009). Does Phonological Recoding Occur during Silent Reading, and is it Necessary for Orthographic Learning? *Journal of Experimental Child Psychology*, v. 104, n. 3, pp. 267-82.

Del Ré, Alessandra (2006). A pesquisa em aquisição da linguagem: teoria e prática. In: _____ (org.). *Aquisição da linguagem:* uma abordagem psicolinguística. São Paulo: Contexto.

Demond, Élisabeth; Gombert, Jean-Émile (1996). Phonological Awareness as a Predictor of Recoding Skills and Syntatic Awareness as a Predictor of Comprehension Skills. *British Journal of Educational Psychology*, v. 66, n. 3, pp. 315-32.

_____ (2004). L'Apprentissage de la lecture: évolution des procédures et apprentissage implicite. *Enfance*, v. 56, n. 3, pp. 245-57.

Diaz-Argüero, Celia; Ferreiro, Emilia (2013). A fronteira entre o ortográfico e o tipográfico no início do período alfabético: relações insuspeitas entre maiúsculas e minúsculas. In: Ferreiro, Emilia. *O ingresso na escrita e nas culturas do escrito:* seleção de textos de pesquisa. Trad. Rosana Malerba. São Paulo: Cortez, pp. 273-92.

Diringer, David (1985). *A escrita*. trad. Armando Luiz. Rio de Janeiro: Editorial Verbo (original de 1962).

Duñabeitia, Jon Andoni et al. (2013). The Influence of Reading Expertise in Mirror-Letter Perception: Evidence from Beginning and Expert Readers. *Mind, Brain, and Education*, v. 7, n. 2, pp. 124-35.

Ehri, Linnea C. (1975). Word Consciousness in Readers and Prereaders. *Journal of Educational Psychology*, v. 67, n. 2, pp. 204-12.

_____ (1976). Word Learning in Beginning Readers and Prereaders: Effects of Form Class and Defining Contexts. *Journal of Educational Psychology*, v. 68, n. 6, pp. 832-42.

_____ (1989a). Movement into Word Reading and Spelling: how Spelling Contributes to Reading. In: Mason, Jana M. *Reading and Writing Connections*. Boston: Allyn and Bacon, pp. 65-81.

_____ (1989b). The Development of Spelling Knowledge and its Role in Reading Acquisition and Reading Disability. *Journal of Learning Disabilities*, v. 22, n. 6, pp. 356-65.

_____ (1991). Development of the Ability to Read Words. In: Barr, Rebecca et al. (eds.). *Handbook of Reading Research*. Mahwah: Lawrence Erlbaum, v. 2, pp. 383-417.

_____ (1992). Reconceptualizing the Development of Sight Word Reading and its Relationship to Recoding. In: GOUGH, Philip B.; EHRI, Linnea C.; TREIMAN, Rebecca (eds.). *Reading Acquisition*. Hillsdale: Lawrence Erlbaum, pp. 107-43.

_____ (1994). Development of the Ability to Read Words: Update. In: RUDDELL, Robert B.; RUDDELL, Martha Rapp; SINGER, Harry (eds.). *Theoretical Models and Processes of Reading*. 4. ed. Newark: International Reading Association, pp. 323-58.

_____ (1997). Learning to Read and Learning to Spell are One and the Same, Almost. In: PERFETTI, Charles A.; RIEBEN, Laurence; FAYOL, Michel (eds.). *Learning to Spell:* Research, Theory, and Practice Across Languages. Mahwah: Lawrence Erlbaum, pp. 237-69.

_____ (1998a). Grapheme-Phoneme Knowledge is Essential for Learning to Read Words in English. In: METSALA, Jamie L.; EHRI, Linnea C. *Word Recognition in Beginning Literacy*. Mahwah: Lawrence Erlbaum, pp. 3-40.

_____ (1998b). Research on Learning to Read and Spell: a Personal-Historical Perspective. *Scientific Studies of Reading*, v. 2, n. 2, pp. 97-114.

_____ (1999). Phases of Development in Learning to Read Words. In: OAKHILL, Jane; BEARD, Roger (eds.). *Reading Development and the Teaching of Reading*. Oxford: Blackwell, pp. 79-108.

_____ (2005a). Development of Sight Word Reading: Phases and Findings. In: SNOWLING, M.J.; HULME, C. (eds.). *The Science of Reading:* a Handbook. Oxford: Blackwell, pp. 135-54 (tradução para o português: *A ciência da leitura*. Porto Alegre: Penso, 2013).

_____ (2005b). Learning to Read Words: Theory, Findings and Issues. *Scientific Studies of Reading*, v. 9, n. 2, pp. 167-88.

_____ (2014). Orthographic Mapping in the Acquisition of Sight Word Reading, Spelling Memory, and Vocabulary Learning. *Scientific Studies of Reading*, v. 18, n. 1, pp. 5-21.

_____; SOFFER, Alison G. (1999). Graphophonemic Awareness: Development in Elementary Students. *Scientific Studies of Reading*, v. 3, n. 1, pp. 1-30.

_____ et al. (2001). Systematic Phonics Instruction Helps Students Learn to Read: Evidence from the National Reading Panel's Meta-Analysis. *Review of Educational Research*, v. 71, n. 3, pp. 393-447.

_____; MCCORMICK, Sandra. (2013). Phases of Word Learning: Implications for Instruction with Delayed and Disabled Readers. In: ALVERMAN, Donna E.; UNRAU, Norman J.; RUDELL, Robert B. *Theoretical Models and Processes of Reading*, 6. ed. Newark: International Reading Association, pp. 339-61.

EHRICH, John Fitzgerald (2006). Vygotskian Inner Speech and the Reading Process. *Australian Journal of Educational & Developmental Psychology*, v. 6, pp. 12-25.

ELBRO, Carsten (2006). Literacy Acquisition in Danish: a Deep Orthography in Cross-Linguistic Light. In: JOSHI, R. Malatesha; AARON, P. G. (eds.). *Handbook of Orthography and Literacy*. Mahwah: Lawrence Erlbaum, pp. 31-45.

ELLIS, Andrew W. (1995). *Leitura, escrita e dislexia:* uma análise cognitiva. 2. ed. Trad. Dayse Batista. Porto Alegre: Artes Médicas.

ELLIS, Nick (1997). Interactions in the Development for Reading and Spelling: Stages, Strategies, and Exchange of Knowledge. In: PERFETTI, Charles A.; RIEBEN, Laurence; FAYOL, Michel (eds.). *Learning to Spell:* Research, Theory, and Practice Across Languages. Mahwah: Lawrence Erlbaum, pp. 271-94.

FARACO, Carlos Alberto (2012). *Linguagem escrita e alfabetização*. São Paulo: Contexto.

FARNAN, Nancy; DAHL, Karin (2003). Children's Writing: Research and Practice. In: FLOOD, James et al. (eds.). *Handbook of Research on Teaching the English Language Arts*. 2. ed. Mahwah; London: Lawrence Erlbaum, pp. 993-1.007.

FENK-OCZLON, Gertraud (2009). Monosyllabism from a Systemic Typological Perspective. "Monosyllables: from Phonology to Typology", University of Bremen, Sep. 26-30. Disponível em: <wwwu.uni-klu.ac.at/gfenk/FenkBremen.pdf>. Acesso em: nov. de 2015.

FERNANDES, José Augusto (1985). *Dicionário de rimas da língua portuguesa*. Rio de Janeiro: Record.

FERNANDES, Sandra et al. (2008). Reading and Spelling Acquisition in European Portuguese: a Preliminary Study. *Reading and Writing:* an Interdisciplinary Journal, v. 21, n. 8, pp. 805-21.

Ferreira, Aurino Lima; Spinillo, Alina Galvão (2003). Desenvolvendo a habilidade de produção de textos em crianças a partir da consciência metatextual. In: Maluf, Maria Regina (org.). *Metalinguagem e aquisição da escrita:* contribuições da pesquisa para a prática da alfabetização. São Paulo: Casa do Psicólogo, pp. 119-48.

Ferreiro, Emilia (1985). *Reflexões sobre alfabetização.* Trad. Horácio Gonzalez et al. São Paulo: Cortez: Autores Associados.

_____ (1986a). The Interplay between Information and Assimilation in Beginning Literacy. In: Teale, William H.; Sulzby, Elizabeth. *Emergent Literacy:* Writing and Reading. Norwood: Ablex, pp. 15-49.

_____ (1986b). *Alfabetização em processo.* São Paulo: Cortez/Autores Associados.

_____ (1987). Os processos construtivos da apropriação da escrita. In: _____; Palacio, Margarita Gomes (coords.). *Os processos de leitura e escrita:* novas perspectivas. Trad. Luiza Maria Silveira. Porto Alegre: Artmed, pp. 102-23.

_____ (1990a). Literacy Development: Psychogenesis. In: Goodman, Yetta M. (ed.). *How Children Construct Literacy:* Piagetian Perspectives. Newark: International Reading Association, pp. 12-25.

_____ (1990b). A escrita... antes das letras. In: Sinclair, Hermine (org.). *A produção de notações na criança:* linguagem, número, ritmos e melodia. Trad. Maria Lúcia F. Moro. São Paulo: Cortez; Autores Associados, pp. 19-70.

_____ (1992). *Com todas as letras.* Trad. Maria Zilda da Cunha Lopes e Sandra Trabucco Valenzuela. São Paulo: Cortez.

_____ (1994). Luria e o desenvolvimento da escrita na criança. *Cadernos de Pesquisa,* São Paulo, n. 88, pp. 72-7.

_____ (1995). Sobre a necessária coordenação entre semelhanças e diferenças. In: castorina, J. A. et al. *Piaget-Vygotsky:* novas contribuições para o debate. Trad. Cláudia Schilling. São Paulo: Ática, pp. 147-75.

_____ (1997). The Word out of (Conceptual) Context. In: Pontecorvo, Clotilde (ed.). *Writing Development:* an Interdisciplinary View. Amsterdam: John Benjamin, pp. 47-59.

_____ (2000). *L'Écriture avant la lettre.* Paris: Hachette.

_____ (2001). *Cultura escrita e educação:* conversas de Emilia Ferreiro com José Antonio Castorina, Daniel Goldin e Rosa María Torres. Trad. Ernani Rosa. Porto Alegre: Artmed (original de 1999: *Cultura escrita y educación:* conversaciones con Emilia Ferreiro).

_____ (2004). *Relações de (in)dependência entre oralidade e escrita.* Trad. Ernani Rosa. Porto Alegre: Artmed (original de 2002).

_____ (2007). Las unidades de lo oral y las unidades de lo escrito. *Archivos de Ciencias de la Educación,* v. 1, n. 1, pp. 1-31. Disponível em: <www.fuentesmemoria.fahce.unlp.edu.ar/art_revistas/pr.694/pr.694.pdf>. Acesso em: nov. 2015.

_____ (2013a). Entre a sílaba oral e a palavra escrita. In: _____. *O ingresso na escrita e nas culturas do escrito:* seleção de textos de pesquisa. Trad. Rosana Malerba. São Paulo: Cortez, p. 157. (original de 2000 publicado em *Infancia y Aprendizaje,* v. 89, pp. 25-37).

_____ (2013b). A desestabilização das escritas silábicas: alternâncias e desordem com pertinência. In: _____. *O ingresso na escrita e nas culturas do escrito:* seleção de textos de pesquisa. Trad. Rosana Malerba. São Paulo: Cortez, pp. 63-76 (original de 2009 publicado em *Lectura y Vida,* v. 30, n. 2, pp. 6-13).

_____ (2013c). Nem tudo é ortográfico na aquisição da ortografia. In: _____. *O ingresso na escrita e nas culturas do escrito:* seleção de textos de pesquisa. Trad. Rosana Malerba. São Paulo: Cortez, pp. 247-72.

_____ (2013d). *O ingresso na escrita e nas culturas do escrito:* seleção de textos de pesquisa. Trad. Rosana Malerba. São Paulo: Cortez.

_____; Teberosky, Ana (1986). *Psicogênese da língua escrita.* Trad. Diana Myriam Lichtenstein et al. Porto Alegre: Artes Médicas (original de 1979, *Los sistemas de escritura en el desarollo del niño).*

Figueira, Rosa Attié (1995). Erro e enigma na aquisição da linguagem. *Letras de Hoje,* v. 30, n. 4, pp. 145-62.

Fijalkow, Jacques (2007). Invented Spelling in Varied Contexts. *Educational Studies in Language and Literature,* v. 7, n. 3, pp. 1-4.

_____ et al. (2009). L'Écriture inventée: empirisme, constructivisme, socioconstructivisme. *Education & Didactique,* v. 3, n. 3, pp. 63-97. Disponível em: <http://educationdidactique.revues.org/576>. Acesso em: nov. 2015.

FOULIN, Jean Noel (2005). Why is Letter-Name Knowledge such a Good Predictor of Learning to Read? *Reading and Writing*, v. 18, n. 2, pp. 129-55.

FRADE, Isabel Cristina Alves da Silva (2007). Métodos de alfabetização, métodos de ensino e conteúdos da alfabetização: perspectivas históricas e desafios atuais. *Educação*, v. 32, n. 1, pp. 21-40.

FREITAS, Gabriela Castro Menezes de (2003). Consciência fonológica: rimas e aliterações no português brasileiro. *Letras de Hoje*, v. 38, n. 2, pp. 155-70.

FRITH, Uta (1979). Reading by Eye and Writing by Ear. In: KOLERS, Paul A.; WROLSTAD, Merald E.; BOUMA, Herman (eds.). *Processing of Visible Language*, New York: Plenum Press, v. 1, pp. 379-90.

_____ (1985). Beneath the Surface of Developmental Dyslexia. In: PATTERSON, K. E.; MARSHALL, J. C.; COLTHEART, M. (eds.). *Surface Dyslexia:* Neuropsychological and Cognitive Studies of Phonological Reading. London; Hillsdale: Lawrence Erlbaum, pp. 301-30.

FROST, Ram (2005). Orthographic Systems and Skilled Word Recognition Processes in Reading. In: SNOWLING, M. J.; HULME, C. (eds.). *The Science of Reading:* a Handbook. Oxford: Blackwell, pp. 272-95 (tradução para o português, *A ciência da leitura*. Porto Alegre: Penso, 2013).

GARCIA, Tânia Mikaela (2008). *Reciclagem neuronal:* o espelhamento de grafemas na leitura de um silabário. Florianópolis. Tese (Doutorado em Linguística) – Curso de Pós-graduação em Linguística, UFSC.

GARCIA ROBERTO, Tânia Mikaela (2013). Reconhecimento das letras: considerações sobre espelhamento e variação topológica em fase inicial de aprendizagem da leitura. *Letras de Hoje*, v. 48, n. 1, pp. 12-20.

GARTON, Alison; PRATT, Chris (1998). *Learning to Be Literate:* the Development of Spoken and Written Language. 2. ed. Oxford: Blackwell.

GELB, I. J. (1963). *A Study of Writing*. 2. ed. Chicago: The University of Chicago Press.

GENTRY, J. Richard (1982). Spelling Genius at Work: an Analysis of Development Spelling in "Gnys at Wrk". *The Reading Teacher*, v. 36, n. 2, pp. 192-200.

_____ (2004). *The Science of Spelling*. Portsmouth: Heinemann.

_____ (2006). *Breaking the Code:* the New Science of Beginning Reading and Writing. Portsmouth: Heinemann.

_____ (2007a). *Assessing Early Literacy*. Portsmouth: Heinemann.

_____ (2007b). *Breakthrough in Beginning Reading and Writing*. New York: Scholastic.

_____; GILLET, Jean Wallace (1993). *Teaching Kids to Spell*. Portsmouth: Heinemann.

GIRÃO, Fernanda Michelle Pereira; BRANDÃO, Ana Carolina Perrusi (2010). Ditando e escrevendo: a produção de textos na educação infantil. In: BRANDÃO, Ana Carolina Perrusi; ROSA, Ester Calland de Sousa (orgs.). *Ler e escrever na educação infantil:* discutindo práticas pedagógicas. Belo Horizonte: Autêntica, pp. 117-37.

GIROTTO, Cynthia Graziella Guizelim Simões; SOUZA, Renata Junqueira (2010). Estratégias de leitura: para ensinar alunos a compreender o que leem. In: SOUZA, Renata Junqueira (org.). *Ler e compreender:* estratégias de leitura. Campinas: Mercado de Letras, pp. 45-114.

GLEITMAN, Lila R. et al. (1972). The Emergence of the Child as Grammarian. *Cognition*, v. 1, n. 2-3, pp. 137-318.

GODOY, Dalva Maria Alves (2005). *Aprendizagem inicial da leitura e da escrita no português do Brasil:* influência da consciência fonológica e do método de alfabetização. Florianóplis. Tese (Doutorado em Linguística) – UFSC.

GOMBERT, Jean-Émile (1992). *Metalinguistic Development*. Chicago: The University of Chicago Press (original em francês de 1990, *Le Développement métalinguistique*).

_____ (1993). Metacognition, Metalanguage and Metapragmatics. *International Journal of Psychology*, v. 28, n. 5, pp. 571-80.

_____ (2003a). Implicit and Explicit Learning to Read: Implication as for Subtypes of Dyslexia. *Current Psychology Letters*, 10, v. 1. Disponível em: <http://cpl.revues.org/index202.html>. Acesso em: nov. 2015.

_____ (2003b). Atividades metalinguísticas e aprendizagem da leitura. In: MALUF, Maria Regina (org.). *Metalinguagem e aquisição da escrita:* contribuições da pesquisa para a prática da alfabetização. São Paulo: Casa do Psicólogo, pp. 19-63.

_____ (2006). Epi/méta vs. implicite/explicite: niveau de contrôle cognitif sur les traitements et apprentissage de la lecture. *Langage et Pratiques*, n. 38, pp. 68-75.

GOMES, Inês; CASTRO, São Luís (2003). Porlex, a Lexical Database in European Portuguese. *Psychologica*, n. 32, pp. 91-108. Disponível em: <www.fpce.up.pt/labfala/porlex_gomes&castro03.pdf>. Acesso em: nov. 2015.

GONÇALVES, Carlos Alexandre (2011). *Iniciação aos estudos morfológicos:* flexão e derivação em português. São Paulo: Contexto.
GOODMAN, Kenneth S. (1986). *What's whole in whole language?* Portsmouth: Heinemann.
_____ (2003). Reading: a Psycholinguistic Guessing Game. In: FLURKEY, Alan D.; XU, Jingguo (eds.). *On the Revolution of Reading:* the Selected Writings of Kenneth S. Goodman. Portsmouth: Heinemann, pp. 46-58 (originalmente publicado em 1967 no *Journal of the Reading Specialist* – atualmente *Reading Research and instruction* –, v. 6, n. 4).
_____; GOODMAN, Yetta M. (1979). Learning to Read is Natural. In: RESNICK, Lauren B.; WEAVER, Phyllis A. (eds.). *Theory and Practice of Early Reading.* Hillsdale: Lawrence Erlbaum, v. 1, pp. 137-54 (republicado em: FLURKEY, Alan D.; XU, Jingguo (eds.). *On the Revolution of Reading:* the Selected Writings of Kenneth S. Goodman. Portsmouth: Heinemann, 2003, pp. 352-71).
GOODY, Jack (1977). *The Domestication of the Savage Mind.* New York: Cambridge University Press.
GOSWAMI, Usha (1999). Causal Connections in Beginning Reading: the Importance of Rhyme. *Journal of Research in Reading*, v. 22, n. 3, pp. 217-40.
_____ (2002a). Phonology, Reading Development, and Dyslexia: a Cross-Linguistic Perspective. *Annals of Dyslexia*, v. 52, n. 1, pp. 141-63.
_____ (2002b). In the Beginning Was the Rhyme? A Reflection on Julme, Hatcher, Nation, Brown, Adams, and Stuart. *Journal of Experimental Child Psychology*, v. 82, n. 1, pp. 47-57.
_____ (2006a). Neuroscience and Education: from Research to Practice? *Nature Reviews Neuroscience*, v. 7, n. 5, v. 9, pp. 2-7.
_____ (2006b). Phonological Awareness and Literacy. *Encyclopedia of Language and Linguistics.* 2. ed. Oxford: Elsevier, pp. 489-97.
_____ (2010). Phonology, Reading and Reading Difficulties. In: HALL, Kathy et al. (eds.). *Interdisciplinary Perspectives on Learning to Read.* London: Routledge, pp. 103-16.
_____; BRYANT, Peter (1990). *Phonological Skills and Learning to Read.* New York: Psychology Press.
_____ (1992). Rhyme, Analogy, and Children's Reading. In: GOUGH, Philip B.; EHRI, Linnea C.; TREIMAN, Rebecca (eds.). *Reading Acquisition.* Hillsdale: Lawrence Erlbaum, pp. 49-63.
GOTTARDO, Alexandra et al. (1996). The Relationship between Phonological Sensitivy, Syntactic Processing, and Verbal Working Memory in the Reading Performance of Third-Grade Children. *Journal of Experimental Child Psychology*, v. 63, n. 3, pp. 563-82.
GOUGH, Philip B.; HILLINGER, Michael L. Learning to Read: an Unnatural Act. *Bulletin of the Orton Society*, v. 30, pp. 179-96.
_____; et al. Reading, Spelling and the Orthographic Cipher. In: GOUGH, Philip B.; EHRI, Linnea C.; TREIMAN, Rebecca (eds.). *Reading Acquisition.* Hillsdale: Lawrence Erlbaum, pp. 35-48.
GRAINGER, Jonathan; ZIEGLER, Johannes C. (2008). Cross-Code Consistency in a Functional Architecture for word Recognition. In: GRIGORENKO, Elena L.; NAPLES, Adam J. (eds.). *Single-Word Reading:* Behavioral and Biological Perspectives. New York; London: Lawrence Erlbaum, pp. 129-57.
GRIGORENKO, Elena L. (2006). If John Were Ivan, would He Fail in Reading? In: JOSHI, R. Malatesha; AARON, P. G. (eds.). *Handbook of Orthography and Literacy.* Mahwah: Lawrence Erlbaum, pp. 303-20.
_____; NAPLES, Adam J. (eds.) (2008). *Single-Word Reading:* Behavioral and Biological Perspectives. New York; London: Lawrence Erlbaum.
GUIMARÃES, Elisa (2009). *Texto, discurso e ensino.* São Paulo: Contexto.
GUIMARÃES, Sandra Regina Kirchner (2003). Dificuldades no desenvolvimento da lectoescrita: o papel das habilidades metalinguísticas. *Psicologia*: Teoria e Pesquisa, v. 19, n. 1, pp. 33-45.
_____ (2005a). *Aprendizagem da leitura e da escrita:* o papel das habilidades metalinguísticas. São Paulo: Vetor.
_____ (2005b). Influência da variação linguística e da consciência morfossintática no desempenho em leitura e escrita. *Interação em Psicologia*, v. 9, n. 2, pp. 261-71.
_____ (2010). Relações entre a consciência morfossintática e o desempenho na segmentação do texto em palavras gráficas. In: MALUF, Maria Regina; GUIMARÃES, Sandra Regina Rirchner (orgs.). *Aprendizagem da língua escrita:* contribuições da pesquisa. São Paulo: Vetor, pp. 121-52.

_____ (2011). Relações entre capacidade de segmentação lexical, consciência morfossintática e desempenho em leitura e escrita. *Psicologia:* Teoria e Pesquisa, v. 27, n. 1, pp. 23-32.

GYGAX, Pascal. (2007)Lourdeur de texte et féminisation. *L'Année Psychologique*, v. 107, pp. 233-50.

_____ et al. (2009). Some Grammatical Rules Are more Difficult than Others: the Case of the Generic Interpretation of the Masculin. *European Journal of Psychology of Education*, v. 24, n. 2, pp. 235-46.

HAGEN, Vivian et al. (2010). Consciência morfológica: um panorama da produção científica em línguas alfabéticas. *Psicologia:* Teoria e Prática, v. 12, n. 3, pp. 135-48.

HARRIS, Margaret; HATANO, Giyoo (eds.). *Learning to Read and Write:* a Cross-Linguistic Perspective. Cambridge: Cambridge University Press.

HARRIS, Theodore L.; HODGES, Richard E. (orgs.) (1999). *Dicionário de alfabetização:* vocabulário de leitura e escrita. Trad. Beatriz Viegas-Faria. Porto Alegre: Artmed (original de 1995, *The Literacy Dictionary:* The Vocabulary of Reading and Writing. Newark: International Reading Association).

HEINEMANN, Isabella Lencastre; SALGADO-AZONI, Cíntia Alves (2012). Intervenção psicopedagógica com enfoque fonovisuoarticulatório em crianças de risco para dislexia. *Revista de Psicopedagogia*, v. 29, n. 88, pp. 25-37.

HMELO-SILVER, Cindy E. et al. (2007). Scaffolding and Achievement in Problem-based and Inquiry Learning: a Response to Kirschner, Sweller and Clark (2006). *Educational Psychologist*, v. 42, n. 2, pp. 99-107.

HRUBY, George G.; GOSWAMI, Usha. Neuroscience and Reading: a Review for Reading Education Researchers. *Reading Research Quarterly*, v. 46, n. 2, pp. 156-72.

HUEY, Edemund Burke (1968). *The Psychology and Pedagogy of Reading*. Cambridge: MIT Press (original de 1908).

HULME, Charles (2002). Phonemes, Rimes, and the Mechanisms of Early Reading Development. *Journal of Experimental Child Psychology*, v. 82, n. 1, pp. 58-64.

_____ et al. (1998). Segmentation does Predict Early Progress in Learning to Read Better than Rhyme: A Reply to Bryant. *Journal of Experimental Child Psychology*, v. 71, n. 1, pp. 39-44.

_____ et al. (2002). Phoneme Awareness is a Better Predictor of Early Reading Skill than Onset-Rime Awareness. *Journal of Experimental Child Psychology*, v. 82, n. 1, pp. 2-28.

_____ (2005). Phonological Skills Are (Probably) One Cause of Success in Learning to Read: a Comment on Castles and Coltheart. *Scientific Studies of Reading*, v. 9, n. 4, pp. 351-65.

JAKOBSON, Roman (2001). Linguística e poética. In: _____. *Linguística e comunicação*. Trad. Izidoro Blikstein e José Paulo Paes. 22. ed. São Paulo: Cultrix, pp. 150-207 (original de 1963; a 1ª ed. da trad. para o português é de 1967).

JARDINI, Renata S. R.; SOUZA, Patrícia T. (2006). Alfabetização e reabilitação dos distúrbios de leitura/escrita por metodologia fonovisuoarticulatória. *Pró-Fono Revista de Atualização Científica*, v. 18, n. 1, pp. 69-78.

JOBARD, G.; CRIVELLO, F.; TZOURIO-MAZOYER, N. (2003). Evaluation of the Dual Route Theory of Reading: a Metanalysis of 35 Neuroimaging Studies. *NeuroImage*, v. 20, n. 2, pp. 693-712.

JOSHI, R. Malatesha; AARON, P. G. (eds.) (2006) *Handbook of Orthography and Literacy*. Mahwah: Lawrence Erlbaum.

JUEL, Connie. Beginning Rading. In: BARR, R. et al. (eds.). *Handbook of Reading Research*. Mahwah: Lawrence Erlbaum, v. 2, pp. 759-88.

JUSTI, Cláudia Nascimento Guaraldo; JUSTI, Francis Ricardo dos Reis (2009). Os efeitos de lexicalidade, frequência e regularidade na leitura de crianças falantes do português brasileiro. *Psicologia:* Reflexão e Crítica, v. 22, n. 2, pp. 163-72.

JUSTI, Francis Ricardo dos Reis; PINHEIRO, Ângela Maria Vieira (2006). O efeito de vizinhança ortográfica no português do Brasil: acesso lexical ou processamento estratégico? *Revista Interamericana de Psicologia*, v. 40, n. 3, pp. 275-88.

_____ (2008). O efeito de vizinhança ortográfica em crianças brasileiras: estudo com a tarefa de decisão lexical. *Revista Interamericana de Psicologia*, v. 42, n. 3, pp. 559-69.

KAMII, Constance et al. (1990). Spelling in Kindergarten: a Constructivist Analysis Comparing Spanish-Speaking and English-Speaking Children. *Journal of Research in Childhood Education*, v. 4, n. 2, pp. 91-7.

KANDHADAI, Padmapriya; SPROAT, Richard (2010). Impact of Spacial Ordering of Graphemes in Alphasyllabic Scripts on Phonemic Awareness in Indic Languages. *Writing Systems Research*, v. 2, n. 2, pp. 105-16.

Karmiloff-Smith, Annette (1992). *Beyond Modularity:* a Developmental Perspective on Cognitive Science. Cambridge: MIT Press.

_____ et al. (1996). Rethinking Metalinguistic Awareness: Representing and Accessing Knowledge about What Counts as a Word. *Cognition*, v. 58, n. 2, pp. 197-219.

Kato, Mary A. (1988). A busca da coesão e da coerência na escrita infantil. In: _____ (org.). *A concepção da escrita pela criança*. Campinas: Pontes, pp. 193-206.

_____ (1999). Aquisição e aprendizagem da língua materna: de um saber inconsciente para um saber metalinguístico. In: Cabral, Loni Grimm; Morais, José (orgs.). *Investigando a linguagem*: ensaios em homenagem a Leonor Scliar-Cabral. Florianópolis: Editora Mulheres, pp. 201-25.

Katz, Leonard; Feldman, Laurie B. (1983). Relation between Pronunciation and Recognition of Printed Words in Deep and Shallow Orthographies. *Journal of Experimental Psychology:* Learning, Memory, and Cognition, v. 9, n. 1, pp. 157-66.

_____; Frost, Ram (1992). The Reading Process is Different for Different Orthographies: the Orthographic Depth Hypothesis. In: Frost, Ram; Katz, Leonard (eds.). *Orthography, Phonology, Morphology, and Meaning.* Amsterdam: North Holland, pp. 67-84.

Kavanach, James F.; Mattingly, Ignatius G. (eds.) (1972). *Language by Ear and by Eye:* the Relationships between Speech and Reading. Cambridge: MIT Press.

Kemp, Nenagh. The Spelling of Vowels is Influenced by Australian and British English Dialect Differences. *Scientific Studies of Reading*, v. 13, n. 1, pp. 53-72.

Kessler, Brett (2009). Statistical Learning of Conditional Orthographic Correspondences. *Writing Systems Research*, v. 1, n. 1, pp. 19-34.

_____ et al. (2013). Frequency Analyses of Prephonological Spellings as Predictors of Success in Conventional Spelling. *Journal of Learning Disabilities*, v. 46, n. 3, pp. 252-59.

Kintsch, Walter (2009). Learning and Constructivism. In: Tobias, Sigmund; Duffy, Thomas M. (eds.). *Construtivist Instruction:* Success or Failure? New York; London: Routledge, pp. 223-41.

Kirby, John R. et al. (2012). Children's Morphological Awareness and Reading Ability. *Reading and Writing*, v. 25, n. 2, pp. 389-410.

Kirschner, Paul A. et al. (2006). Why Minimal Guidance during Instruction does not Work: an Analysis of the Failure of Constructivist, Discovery, Problem-Based, Experiential, and Inquiry-Based Teaching. *Educational Psychologist*, v. 41, n. 2, pp. 75-86.

Klahr, David. Coming up for Air: but is it Oxygen or Phlogiston? A Response do Taber's Review of "Constructivist Instruction: Success or Failure?" *Education Review*, v. 13, n. 13. Disponível em: <www.edrev.info/essays/v13n13.pdf>. Acesso em: nov. 2015.

Koch, Ingedore Grunfeld Villaça (2009). *Introdução à linguística textual:* trajetória e grandes temas. 2. ed. São Paulo: Martins Fontes.

Kolinsky, Régine (1998). Spoken Word Recognition: a Stage-Processing Approach to Language Differences. *European Journal of Cognitive Psychology*, v. 10, n. 1, pp. 1-40.

Kress, Gunther (1996). Writing and Learning to Write. In: Olson, David R.; Torrance, Nancy (eds.). *The Handbook of Education and Human Development*: New Models of Learning, Teaching and Schooling. Oxford: Blackwell, p. 225-56.

_____ (1997). *Before Writing:* Rethinking the Paths to Literacy. London/New York: Routledge.

Krick, Geneviève et al. (2007). *Apprendre à lire:* la querelle des méthodes. Paris: Gallimard.

Kucer, Stephen B. (2005). *Dimensions of Literacy:* a Conceptual Base For Teaching Reading and Writing in School Settings. 2. ed. Mahwah; London: Lawrence Erlbaum.

Kuhn, Deanna (2007). Is Direct Instruction an Answer to the Right Question? *Educational Psychologist*, v. 42, n. 2, pp. 109-13.

Kuo, Li-jen; Anderson, Richard C. (2006). Morphological Awareness and Learning to Read: a Cross-Language Perspective. *Educational Psychologist*, v. 41, n. 3, pp. 161-80.

Kyte, Christiane S.; Johnson, Carla J. (2006). The Role of Phonological Recoding in Orthographic Learning. *Journal of Experimental Child Psychology*, v. 93, n. 2, pp. 166-85.

LANDERL, Karin et al. (1997). The Impact of Orthographic Consistency on Dyslexia: a German-English Comparison. *Cognition*, v. 63, n. 1, pp. 315-34.

LEAL, Telma; MORAIS, Artur Gomes (2006). *A argumentação em textos escritos:* a criança e a escola. Belo Horizonte: Autêntica.

LEHTONEN, Annukka; BRYANT, Peter (2005). Active Players or Just Passive Bystanders? The Role of Morphemes in Spelling Development in a Transparent Orthography. *Applied Psycholinguistics*, v. 26, n. 2, pp. 137-55.

LEME, Maria Isabel da Silva (2008). Reconciliando divergências: conhecimento implícito e explícito na aprendizagem. *Psicologia USP*, v. 19, n. 2, pp. 121-27.

LEMLE, Miriam (1987). *Guia teórico do alfabetizador.* São Paulo: Ática.

LEVIN, Iris; ARAM, Dorit (2013). Promoting Early Literacy via Practicing Invented Spelling: a Comparison of Different Mediation Routines. *Reading Research Quarterly*, v. 458, n. 3, pp. 221-36.

LIBERMAN, Alvin M. (1995). The Relation of Speech to Reading and Writing. In: DE GELDER, Beatrice; MORAIS, José (eds.). *Speech and Reading:* a Comparative Approach. Hove: Erlbaum; Taylor & Francis, pp. 17-31.

_____ (1999). The Reading Researcher and the Reading Teacher Need the Right Theory of Speech. *Scientific Studies of Reading*, v. 3, n. 2, pp. 95-111.

LIBERMAN, Isabelle Y.; LIBERMAN, Alvin M. (1992). Whole Language vs. Code Emphasis: Underlying Assumptions and their Implications for Reading Instruction. In: GOUGH, Philip B.; EHRI, Linnea C.; TREIMAN, Rebecca (eds). *Reading Acquisition.* Hillsdale: Lawrence Erlbaum, pp. 343-66.

LIMA, Ana Laura Godinho; CATANI, Denice Bárbara (2015). Que tipo de aluno é esse?: psicologia, pedagogia e formação de professores. *Revista Brasileira de Educação*, v. 20, n. 62, pp. 571-93.

LIMA, César F.; CASTRO, São Luís (2010). Reading Strategies in Orthographies of Intermediate Depth are Flexible: Modulation of Length Effects in Portuguese. *Journal of Cognitive Psychology*, v. 22, n. 2, pp. 190-215.

LORANDI, Aline (2011). *From Sensitivity to Awareness:* the Morphological Knowledge of Brazilian Children between 2 and 11 Years Old and the Representational Redescription Model. Porto Alegre. Tese (Doutorado em Letras) – Faculdade de Letras, PUC-RS.

_____; KARMILOFF-SMITH, Annette (2012). From Sensitivy to Awareness: Morphological Knowledge and the Representational Redescription Model. *Letras de Hoje*, v. 47, n. 1, pp. 6-16.

LOURENÇO FILHO, Manoel Bergström (1954). *Testes ABC:* para verificação da maturidade necessária à aprendizagem da leitura e escrita. 5. ed. São Paulo: Melhoramentos (original de 1934).

LÚCIO, Patrícia Silva (2008). *Investigação psicométrica de uma tarefa de leitura em voz alta de palavras isoladas.* Belo Horizonte. Dissertação (Mestrado em Psicologia) – Faculdade de Filosofia e Ciências Humanas, UFMG.

_____; PINHEIRO, Ângela Maria Vieira Pinheiro (2011). Vinte anos de estudo sobre o reconhecimentos de palavras em crianças falantes do português: uma revisão da literatura. *Psicologia:* Reflexão e Crítica, v. 24, n. 1, pp. 170-79.

_____; _____; NASCIMENTO, Elizabeth do (2010). A influência de fatores sociais, individuais e linguísticos no desempenho de crianças na leitura em voz alta de palavras isoladas. *Psicologia:* Reflexão e Crítica, v. 23, n. 3, pp. 496-505.

LUKATELA, G.; POPADIC, D.; OGNENOVIC, P (1980). Lexical Decision in a Phonologically Shallow Orthography. *Memory and Cognition*, v. 8, n. 2, pp. 124-32.

_____; TURVEY, Michael T. (1998). Reading in Two Alphabets. *American Psychologist*, v. 53, n. 9, pp. 1.057-72.

_____ et al. (1995). Phonological Awareness in Illiterates: Observations from Serbo-Croatian. *Applied Psycholinguistics*, v. 16, n. 4, pp. 463-87.

_____ (2004). Vowel Duration Affects Visual Word Identification: Evidence that the Mediating Phonology is Phonetically Informed. *Journal of Experimental Psychology*, v. 30, n. 1, pp. 151-62.

LUKE, Allan (1998). Getting over Method: Literacy Teaching as Work in New Times. *Language Arts*, v. 75, n. 4, pp. 305-13.

LURIA, Alexander R. (1988). O desenvolvimento da escrita na criança. In: VYGOTSKY L. S.; LURIA, A. R.; LEONTIEV, A. N. *Linguagem, desenvolvimento e aprendizagem.* Trad. Maria da Penha Villalobos. São Paulo: Ícone: Editora da Universidade de São Paulo, pp. 103-17 (original de 1929).

Lyytinen, Heikki et al. (2006). Children's Language Development and Reading Acquisition in a Highly Transparent Orthography. In: Joshi, R. Malatesha; Aaron, P.G. (eds.). *Handbook of Orthography and Literacy*. Mahwah: Lawrence Erlbaum, pp. 47-62.

Maciel, Francisca Izabel Pereira (2002). As cartilhas e a história da alfabetização no Brasil: alguns apontamentos. *História da Educação*. Revista da Associação Sul-Rio-Grandense de Pesquisadores em História da Educação. Pelotas, v. 6, n. 11, abr., pp. 147-68.

Maluf, Maria Regina; Barrera, Sylvia Domingos (1997). Consciência fonológica e linguagem escrita em pré-escolares. *Psicologia: Reflexão e Crítica*, v. 10, n. 1.

_____; Gombert, Jean Émile (2008). Habilidades implícitas e controle cognitivo na aprendizagem da linguagem escrita. In: Maluf, Maria Regina; Guimarães, Sandra Regina Kirchner (orgs.). *Desenvolvimento da linguagem oral e escrita*. Curitiba: Editora ufpr, pp. 123-35.

_____; Zanella, Maura Spada (2011). *Alfabetização e metalinguagem*: revendo contribuições brasileiras. Apresentação no Seminário Internacional de Alfabetização, puc/sp, 23-25 maio.

_____; _____; Pagnez, Karina (2006). Habilidades metalinguísticas e linguagem escrita nas pesquisas brasileiras. *Boletim de Psicologia*, v. 56, n. 24, pp. 67-92.

Marcuschi, Luiz Antonio (2009). *Linguística de texto:* o que é e como se faz? Recife: Editora Universitária da ufpe.

Marec-Breton, Nathalie; Gombert, Jean Emile (2004). A dimensão morfológica nos principais modelos de aprendizagem da leitura. In: Maluf, Maria Regina (org.). *Psicologia educacional:* questões contemporâneas. São Paulo: Casa do Psicólogo, pp. 105-21.

Marques, Luciana Ferreira (2008). *Estruturas silábicas do português do Brasil:* uma análise tipológica. São Paulo. Dissertação (Mestrado em Semiótica e Linguística Geral) – Faculdade de Filosofia, Letras e Ciências Humanas da usp.

Mathews, Mitford M. (1996). *Teaching to Read*: Historically Considered. Chicago: The University of Chicago Press.

Mattingly, Ignatius G. (1972). Reading, the Linguistic Process, and Linguistic Awareness. In: Kavanach, James F.; Mattingly, Ignatius G. (eds.). *Language by Ear and by Eye:* the Relationships between Speech and Reading. Cambridge: mit Press.

Matzenauer, Carmen Lúcia Barreto (2004). Bases para o entendimento da aquisição fonológica. In: Lamprecht, R. R. (org.). *Aquisição fonológica do português*. Porto Alegre: Artmed, pp. 33-58.

_____; Miranda, Ana Ruth Moresco (2012). A construção do conhecimento fonológico na aquisição da linguagem. *Revista de Estudos da Linguagem*, v. 20, n. 2, pp. 91-124.

Mayer, Richard E. (2004). Should there Be a Three-Strikes Rule against Pure Discovery Learning? *American Psychologist*, v. 59, n. 1, pp. 14-9.

_____ (2009). Constructivism as a Theory of Learning versus Constructivism as a Prescription for Instruction. In: Tobias, Sigmund; Duffy, Thomas M. (eds.). *Constructivist Instruction:* Success or Failure? New York; London: Routledge, pp. 184-200.

McClelland, James L.; Rumelhart, David E. (1981). An Interactive Activation Model of Context Effects in Letter Perception: Part 1: an Account of Vasic Findings. *Psychological Review*, v. 88, n. 5, pp. 375-407.

Meireles, Elisabet de Sousa; Correa, Jane (2005). Regras contextuais e morfossintáticas na aquisição da ortografia da língua portuguesa por crianças. *Psicologia:* Teoria e Pesquisa, v. 21, n. 1, pp. 77-84.

Mezzomo, Carolina; Menezes, Gabriela (2001). Comparação entre a aquisição da estrutura da sílaba no português brasileiro (pb) e no português europeu (pe). *Letras de Hoje*, v. 36, n. 3, pp. 691-98.

Miranda, Ana Ruth Moresco (2008). A aquisição ortográfica das vogais do português: relações com a fonologia e a morfologia. *Letras*. Santa Maria: Programa de Pós-Graduação em Letras da ufsm, n. 36, pp. 151-68.

_____ (2009a). Os dados de aquisição oral e escrita e o estatuto das codas mediais do português. In: Ferreira-Gonçalves, Giovana; Keske-Soares, Márcia; Brum-De-Paula, Mirian (orgs.). *Estudos em aquisição fonológica*. Santa Maria: Sociedade Vicente Pallotti, v.2, pp. 111-30.

_____ (2009b). A grafia de estruturas silábicas complexas na escrita de crianças das séries iniciais. In: Pinho, Sheila de (org.). *Formação de educadores:* o papel do educador e sua formação. São Paulo: Unesp, pp. 409-26.

_____ (2011a). Aspectos da escrita espontânea e da sua relação com o conhecimento fonológico. In: Lamprecht, Regina (org.). *Aquisição da linguagem:* estudos recentes no Brasil. Porto Alegre: edipucrs, pp. 263-76.

_____ (2011b). As vogais pretônicas do português e os dados de aquisição da escrita. In: Ferreira-Gonçalves, Giovana; Brum-De-Paula, Mirian; Keske-Soares, Márcia (orgs.). *Estudos em aquisição fonológica*. Pelotas: Editora da UFPel, v.3, pp. 297-314.

_____ (2012). Reflexões sobre a fonologia e a aquisição da linguagem oral e escrita. *Veredas*, volume especial: Aquisição da linguagem. Juiz de Fora: Programa de Pós-Graduação em Linguística, ufjf, pp. 122-40.

_____ (2014). A fonologia em dados de escrita inicial de crianças brasileiras. *Linguística*, Associação de Linguística e Filologia da América Latina – Alfal, v. 30, n. 2. Número monográfico sobre o tema Gramática do Português: Variedades de Além e Aquém-mar, pp. 45-80.

_____; Cunha, Ana Paula Nobre da (2013). Indícios de reestruturação do conhecimento fonológico da criança em dados de reparo na escrita inicial. *Letras de Hoje*, v. 48, n. 3, pp. 343-54.

_____; Matzenauer, Carmen Lúcia Barreto (2010). Aquisição da fala e da escrita: relações com a fonologia. *Cadernos de Educação*, n. 35, pp. 359-405.

Molinari, Cláudia; Ferreiro, Emilia (2013). Identidades e diferenças na escrita em papel e em computador nas primeiras etapas do processo de alfabetização. In: Ferreiro, Emilia. *O ingresso na escrita e nas culturas do escrito*. Trad. Rosana Malerba. São Paulo: Cortez, pp. 77-100.

Monteiro, Sara Mourão (2007). *O processo de aquisição da leitura no contexto escolar por alfabetizandos considerados portadores de dificuldades de aprendizagem*. Belo Horizonte. Tese (Doutorado em Educação) – Faculdade de Educação, ufmg.

_____; Soares, Magda (2014). Processos cognitivos na leitura inicial: relação entre estratégias de reconhecimento de palavras e alfabetização. *Educação e Pesquisa*, v. 40, n. 2, pp. 449-66.

Moogen, Sônia (coord.) (2007). *Confias – consciência fonológica:* instrumento de avaliação sequencial. São Paulo: Casa do Psicólogo.

Morais, Artur Gomes de (1986). *O emprego de estratégias visuais e fonológicas na leitura e escrita em português*. Recife. Dissertação (Mestrado em Psicologia) UFPE.

_____ (1998). *Ortografia:* ensinar e aprender. São Paulo: Ática.

_____ (2004). A apropriação do sistema de notação alfabética e o desenvolvimento de habilidades de reflexão fonológica. *Letras de Hoje*, v. 39, n. 3, pp. 175-92.

_____ (2005). Se a escrita alfabética é um sistema notacional (e não um código), que implicações isso tem para a alfabetização? In: Morais, Artur Gomes de; Albuquerque, Eliana Borges Correia de; Leal, Telma Ferraz (orgs.). *Alfabetização:* apropriação do sistema de escrita alfabética. Belo Horizonte: Autêntica, pp. 29-46.

_____ (2010). A consciência fonológica de alfabetizandos jovens e adultos e sua relação com o aprendizado da escrita alfabética. In: Leal, Telma Ferraz; Albuquerque, Eliana Borges Correia de; Morais, Artur Gomes de (orgs.). *Alfabetizar letrando na eja:* fundamentos teóricos e propostas didáticas. Belo Horizonte: Autêntica, pp. 49-69.

_____ (2012). *Sistema de escrita alfabética*. São Paulo: Melhoramentos.

Morais, José (1996). *A arte de ler*. Trad. Álvaro Lorencini. São Paulo: Editora da Unesp. (original em francês de 1994, *L'Art de lire*. Paris: Odile Jacob).

_____ (2003). Levels of Phonological Representation in Skilled Reading and in Learning to Read. *Reading and Writing*, v. 16, n. 1-2, pp. 123-51.

_____; Robillard, Guy (eds.) (1998). *Apprendre à lire*. Paris: Observatoire National de la Lecture; Editions Odile Jacob.

_____; Kolinsky, Régine (1995). The Consequences of Phonemic Awareness. In: de Gelder, Beatrice; Morais, José (eds.). *Speech and Reading:* a Comparative Approach. Hove: Erlbaum; Taylor & Francis, pp. 317-37.

_____ et al.(1987). The Relationships between Segmental Analysis and Alphabetic Literacy: an Interactive View. *Cahiers de Psychologie Cognitive*, v. 7, n. 5, pp. 415-38.

_____ et al. (1986). Literacy Training and Speech Segmentation. *Cognition*, v. 24, n. 1-2, pp. 45-64.

_____ (1979). Does Awareness of Speech as Sequence of Phones Arise Spontaneously? *Cognition*, v. 7, n. 4, pp. 323-31.

Moreira, Cláudia Martins (2009a). *O estatuto da sílaba na aprendizagem da leitura:* comparando o percurso de crianças e adultos. Salvador. Tese (Doutorado em Letras e Linguística) – Instituto de Letras, ufba.

_____ (2009b). Os estágios de aprendizagem da escritura pela criança: uma nova leitura para um antigo tema. *Linguagem em (Dis)curso*, v. 9, n. 2, pp. 359-85.

Mortatti, Maria do Rosário Longo (2000). *Os sentidos da alfabetização:* São Paulo, 1876-1994. São Paulo: Editora Unesp; Conped.

Morton, John (1969). Interaction of Information in Word Recognition. *Psychological Review*, v. 76, n. 2, pp. 165-78.

Mota, Márcia da (2009). A consciência morfológica é um conceito unitário? In: _____ (org.). *Desenvolvimento metalinguístico:* questões contemporâneas. São Paulo: Casa do Psicólogo, pp. 41-53.

Moura, Ellen Michelle Barbosa de; Paula, Fraulein Vidigal de (2013). A pós-graduação e o estudo das relações entre habilidades metalinguísticas e linguagem escrita. *Estudos e Pesquisas em Psicologia*, v. 13, n. 2, pp. 480-99.

Mousinho, Renata; Correa, Jane (2009). Habilidades linguístico-cognitivas em leitores e não leitores. *Pró-Fono Revista de Atualização Científica*, v. 21, n. 2, pp. 113-18.

Murray, Bruce A. (1998). Gaining Alphabetic Insight: Is Phoneme Manipulation Skill or Identity Knowledge Causal? *Journal of Educational Psychology*, v. 90, n. 3, pp. 461-75.

Muter, Valerie et al. (1998). Segmentation, not Rhyming, Predicts Early Progress in Learning to Read. *Journal of Experimental Child Psychology*, v. 71, n. 1, pp. 3-27.

Nagy, William E.; Anderson, Richard C. (1999) Metalinguistic Awareness and Literacy Acquisition in Different Languages. In: Wagner, Daniel A.; Venezky, Richard L.; Street, Brian V. (eds.). *Literacy:* an International Handbook. Colorado; Oxford: Westview Press, pp. 155-60.

Nation, Kate; Snowling, Margaret J. (2000). Factors Influencing Syntactic Awareness Skills in Normal Readers and Poor Comprehenders. *Applied Psycholinguistics*, v. 21, n. 2, pp. 229-41.

_____ et al. (2007). Orthographic Learning via Self-Teaching in Children Learning to Read English: Effects of Exposure, Durability, and Context. *Journal of Experimental Child Psychology*, v. 96, n. 1, pp. 71-84.

National Institute for Literacy (nifl) (2001). *Put Reading First:* the Research Building Blocks for Teaching Children to Read. Disponível em: <http://lincs.ed.gov/publications/pdf/PRFbooklet.pdf>. Acesso em: nov. 2015.

National Institute of Child Health and Human Development (nichd) (2000a). *Report of the National Reading Panel – Teaching Children to Read:* an Evidence-Based Assessment of the Scientific Research Literature on Reading and its Implications for Reading Instruction. Washington: U.S. Government Printing Office. Disponível em: <www.nichd.nih.gov/publications/pubs/nrp/Pagds/ack.aspx>. Acesso em: nov. 2015.

_____ (2000b). *Report of the National Reading Panel – Teaching Children to Read:* an Evidence-Based Assessment of the Scientific Research Literature on Reading and its Implications for Reading Instruction: Report of the Subgroups, Chapter 2 – Alphabetics. Washington: U.S. Government Printing Office. Disponível em: <www.nichd.nih.gov/publications/pubs/nrp/Documents/report.pdf>. Acesso em: nov. 2015.

Nobre, Alena; Roazzi, Antonio (2011). Realismo nominal no processo de alfabetização de crianças e adultos. *Psicologia: Reflexão e Crítica*, v. 24, n. 2, pp. 326-34.

Nóbrega, Maria José (2013). *Ortografia*. São Paulo: Melhoramentos.

Norris, Dennis (2013). Models of Visual Word Recognition. *Trends in Cognitive Sciences*, v. 17, n. 10, pp. 517-24.

Nunes, Terezinha (1992). Leitura e escrita: processos e desenvolvimento. In: Alencar, Eunice M. S. Soriano de. *Novas contribuições da psicologia aos processos de ensino e aprendizagem*. São Paulo: Cortez, pp. 13-50.

_____ (2004). Looking across Languages: Introduction. In: Nunes, Terezinha; Bryant, Peter (eds.). *Handbook of Children's Literacy*. Dordrecht: Kluwer, pp. 625-29.

_____ ; Bryant, Peter (eds.) (2004). *Handbook of Children's Literacy*. Dordrecht: Kluwer.

_____ (2006). *Improving Literacy by Teaching Morphemes*. London: Routledge.

_____ (2009). *Children's Reading and Spelling:* Beyond the First Steps. Oxford: Wiley-Blackwell.

_____ (2014). *Leitura e ortografia:* além dos primeiros passos. Trad. Vivian Niclel. Porto Alegre: Penso (trad. de Nunes e Bryant em 2009, com adaptação para a língua portuguesa).

_____ ; Hatano, Giyoo (2004). Morphology, Reading and Spelling: Looking across Languages. In: Nunes, Terezinha, Bryant, Peter (eds.). *Handbook of Children's Literacy*. Dordrecht: Kluwer, pp. 651-72.

OLIVEIRA, Marco Antônio de (2010a). Variação fonológica: o indivíduo e o léxico como atratores na perspectiva dos sistemas complexos. *Congresso Internacional de Línguas Pluricêntricas – Variação Linguística e Dimensões Sociocognitivas*, Universidade Católica de Portugal-Braga.

_____ (2010b). Trabalhando com a sílaba no ensino da escrita. In: *Guia da Alfabetização*. São Paulo: Segmento, n. 1, pp. 76-90.

OLSON, David R. (1999). Literacy and Language Development. In: WAGNER, Daniel A.; VENEZKY, Richard L.; STREET, Brian V. *Literacy:* an International Handbook. Oxford: Westview Press. p. 132-36.

OUELLETTE, Gene; FRASER, Jillian R. (2009). What Exactly is a "yait" Anyway: the Role of Semantics in Orthographic Learning. *Journal of Experimental Child Psychology*, v. 104, n. 2, pp. 239-51.

_____; SÉNÉCHAL, Monique (2008a). A Window into Early Literacy: Exploring the Cognitive and Linguistic Underpinnings of Invented Spelling. *Scientific Studies of Reading*, v. 12, n. 2, pp. 195-219.

_____ (2008b). Pathways to Literacy: a Study of Invented Spelling and its Role in Learning to Read. *Child Development*, v. 79, n. 4, pp. 899-913.

_____; _____; HALEY, Allyson (2013). Guiding Children's Invented Spellings: a Gateway into Literacy Learning. *The Journal of Experimental Education*, v. 81, n. 2, pp. 261-79.

PARENTE, Maria Alice de Mattos Pimenta et al. (1997). As palavras do português escrito. In: LECOURS, André Roch; PARENTE, Maria Alice de Mattos Pimenta. *Dislexia:* implicações do sistema de escrita do português. Porto Alegre: Artes Médicas, pp. 41-55.

PASA, Laurence et al. (2006). Écriture inventée: pluralité des traitements et variabilité selon la structure syllabique. *Education et Francophonie*, v. 34, n. 2, pp. 84-102.

PAULA, Fraulein Vidigal de (2007). *Conhecimento morfológico implícito e explícito na linguagem escrita*. Tese (Doutorado em Psicologia) – Instituto de Psicologia da USP/Université Haute-Bretagne Rennes 2.

_____; CORREA, Jane; SPINILLO, Alina Galvão (2012). O conhecimento metalinguístico de crianças: o papel das aprendizagens implícitas e explícitas. In: DIAS, Marian Ávila de Lima e; FUKUMITSU, Karina Okajima; MELO, Aurélio Fabrício Torres de (orgs.). *Temas contemporâneos em psicologia do desenvolvimento*. São Paulo: Vetor, pp. 161-96.

_____; LEME, Maria Isabel da Silva (2010). Aprendizagem implícita e explícita: uma visão integradora. *Psicologia em Pesquisa*, v. 4, n. 1, pp. 15-23.

PAULESU, E. et al. (2001). Dyslexia: Cultural Diversity and Biological Unity. *Science*, v. 291, n. 5.511, Mar., pp. 2.165-67.

PEDROSA, Ivane; DUBEUX, Maria Helena (1994). Acompanhando a conquista da leitura e da escrita: o que as crianças aprendem? In: BUARQUE, Lair Levi; REGO, Lúcia Browne (orgs.). *Alfabetização e construtivismo:* teoria e prática. Recife: Editora Universitária da UFPE, pp. 79-99.

PEREA, Manuel; ROSA, Eva (2000). The Effects of Orthographic Neighborhood in Reading and Laboratory Word Identification Tasks: a Review. *Psicológica*, v. 21, n. 2, pp. 327-40.

PERFETTI, Charles A. (2003). The Universal Grammar of Reading. *Scientific Studies of Reading*, v. 7, n. 1, pp. 3-24.

_____; RIEBEN, Laurence; FAYOL Michel (eds.) (1997). *Learning to Spell:* Research, Theory, and Practice across Languages. Mahwah: Lawrence Erlbaum.

PERINI, Mário A. (2010). *Gramática do português brasileiro*. São Paulo: Parábola.

PERRONE-BERTOLOTTI, Marcela et al. (2012). How Silent Is Silent Reading? Intracerebral Evidence for Top-Down Activation of Temporal Voice Areas during Reading. *The Journal of Neuroscience*, v. 32, n. 49, pp. 17.554-62.

PESSOA, Ana Cláudia Rodrigues Gonçalves; MORAIS, Artur Gomes de (2010). Relações entre habilidades metafonológicas, explicitação verbal e desempenho ortográfico. *Cadernos de Educação*, v. 35, pp. 109-38.

PESSOA, Ana Paula Perdigão et al. (2010). Contexto de produção e o estabelecimento da coerência na escrita de histórias por crianças. *Psicologia:* Reflexão e Crítica, v. 23, n. 2, pp. 253-60.

PFROMM NETO, Samuel et al. (1974). Aprendizagem inicial da leitura e da escrita. In: _____ (orgs). *O livro na educação*. Rio de Janeiro: Primor/INL, pp. 154-69.

PIAGET, Jean (2005). *A representação do mundo na criança*. 2. ed. Trad. Adail Ubirajara Sobral. Aparecida: Ideias & Letras (original de 1926).

Pinheiro, Ângela Maria Vieira (1994). *Leitura e escrita:* uma abordagem cognitiva. Campinas: Editorial Psy ii.
_____ (1995). Reading and Spelling Development in Brazilian Portuguese. *Reading and Writing*, v. 7, n. 1, pp. 111-38.
_____ (2007). Banco de palavras de baixa frequência de ocorrência, para crianças brasileiras da 1ª a 4ª série do ensino fundamental, classificadas em termos de estrutura silábica, número de letras e regularidade para leitura e para escrita. In: Sim-Sim, Inês; Viana, Fernanda Leopoldina. *Para a avaliação do desempenho de leitura*. Lisboa: Gabinete de Estatística e Planeamento da Educação, Ministério da Educação. Disponível em: <www.planonacionaldeleitura.gov.pt/PNLEstudos/uploads/ficheiros/avaliacao-desempenho-leitura.pdf>. Acesso em: nov. 2015.
_____ (2008). *Leitura e escrita:* uma abordagem cognitiva. 2. ed. Campinas: Livro Pleno.
_____ et al. (2005). Reconhecimento de palavras reais e de não palavras em crianças de 1ª a 4ª série: uma tarefa de decisão lexical. *Revista de Estudos Linguísticos*, v. 13, n. 2, pp. 145-70.
_____et al. (2008). Tarefa de leitura de palavras em voz alta: uma proposta de análise dos erros. *Revista Portuguesa de Educação*, v. 21, n. 2, pp. 115-38.
_____ et al. (2008). Avaliação cognitiva de leitura: o efeito de regularidade grafema-fonema e fonema-grafema na leitura em voz alta de palavras isoladas no português do Brasil. *Psicologia:* Teoria e Prática, v. 10, n. 2, pp. 16-30.
_____; Rothe-Neves, Rui (2001). Avaliação cognitiva de leitura e escrita: as tarefas de leitura em voz alta e ditado. *Psicologia:* Reflexão e Crítica, v. 14, n. 2, pp. 399-408.
Pinker, Steven (2002). *O instinto da linguagem:* como a mente cria a linguagem. Trad. Claudia Berliner. São Paulo: Martins Fontes.
Pollo, Tatiana Cury et al.(2005). Vowels, Syllables, and Letter Names: Differences between Young Children's Spelling in English and Portuguese. *Journal of Experimental Child Psychology*, v. 92, n. 2, pp. 161-81.
_____ (2009). Statistical Patterns in Children's Early Writing. *Journal of Experimental Child Psychology*, v. 104, n. 4, pp. 410-26.
_____ et al. (2008a). Preschoolers Use Partial Letter Names to Select Spellings: Evidence from Portuguese. *Applied Psycholinguistics*, v. 29, n. 2, pp. 195-212.
_____ (2008b). Three Perspectives on Spelling Development. In: Grigorenko, Elena L.; Naples, Adam J. *Single-Word Reading:* Behavioral and Biological Perspectives. New York; London: Lawrence Erlbaum, pp. 175-89.
Pontecorvo, Clotilde; Orsolini, Margherita (1996). Writing and Written Language in Children's Development. In: Pontecorvo, C. et al. *Children's Early Text Construction*. Mahaw: Lawrence Erlbaum, pp. 3-23.
Pratt, Christopher; Grieve, Robert (1984). The Development of Metalinguistic Awareness: an Introduction. In: Tunmer, William E,; Pratt, Christopher; Herriman, Michael L. (eds.). *Metalinguistic Awareness in Children:* Theory, Research, and Implications. Berlin: Springer-Verlag, pp. 2-11.
Pritchard, Stephen C. et al. (2012). Nonword Reading: Comparing Dual-Route Cascaded and Connectionist Dual-Process Models with Human Data. *Journal of Experimental Psychology:* Human Perception and Performance, v. 38, n. 5, pp. 1.268-88.
Ravid, Dorit. Hebrew Orthography and Literacy (2006). In: Joshi, R. Malatesha; Aaron, P. G. (eds.). *Handbook of Orthography and Literacy*. Mahwah: Lawrence Erlbaum, pp. 339-64.
Read, Charles (1971). Preschool Children's Knowledge of English Phonology. *Harvard Educational Review*, v. 41, n. 1, pp. 1-34.
_____ (1975). Lessons to Be Learned from the Preschool Orthographer. In: Lenneberg, Eric H., Lenneberg; Elizabeth (eds.). *Foundations of Language Development:* a Multidisciplinary Approach. New York: Academic Press, v. 2, pp. 329-46.
_____ (1986). *Children's Creative Spelling*. London: Routledge and Kegan.
_____ et al. (1986). The Ability to Manipulate Speech Sounds Depends on Knowing Alphabetic Writing. *Cognition*, v. 24, n. 1-2, pp. 31-44.
Reber, Arthur S. (1989). Implicit Learning and Tacit Knowledge. *Journal of Experimental Psychology:* General, v. 118, n. 3, pp. 219-35.

REED, Deborah K. (2008). A Synthesis of Morphology Interventions and Effects on Reading Outcomes for Students in Grades K-12. *Learning Disabilities Research & Practice*, v. 23, n. 1, pp. 36-49.

REGO, Lúcia Browne (1988). Descobrindo a língua escrita antes de aprender a ler: algumas implicações pedagógicas. In: KATO, Mary A. (org.). *A concepção da escrita pela criança*. Campinas: Pontes, pp. 105-34.

_____ (1993). O papel da consciência sintática na aquisição da língua escrita. *Temas em Psicologia*, v. 1, n. 1, pp. 79-87.

_____ (1994). A alfabetização numa perspectiva construtivista. In: BUARQUE, Lair Levi; REGO, Lúcia Browne (orgs.). *Alfabetização e construtivismo:* teoria e prática. Recife: Editora Universitária da UFPE, pp. 11-39.

_____ (1995a). A relação entre a evolução da concepção de escrita da criança e o uso de pistas grafofônicas na leitura. In: CARDOSO-MARTINS, Cláudia (org.). *Consciência fonológica e alfabetização*. Petrópolis: Vozes, pp. 69-100.

_____ (1995b). Diferenças individuais na aprendizagem inicial da leitura: papel desempenhado por fatores metalinguísticos. *Pedagogia:* Teoria e Pesquisa, v. 11, n. 1, pp. 51-60.

_____ (1997). The Connection Between Syntatic Awareness and Reading: Evidence from Portuguese-Speaking Children Taught by a Phonic Method. *International Journal of Behavioral Development*, v. 20, n. 2, pp. 349-65.

_____ (1999). Phonological Awareness, Syntatic Awareness and Learning to Read and Spell in Brazilian Portuguese. In: HARRIS, Margaret; HATANO, Giyoo (eds.). *Learning to Read and Write:* a Cross-Linguistic Perspective. Cambridge: Cambridge University Press, pp. 71-88.

RIBEIRO, Sérgio Costa (1991). A pedagogia da repetência. *Estudos Avançados*, v. 12, n. 5, pp. 7-21.

RICKETTS, Jessie et al. (2011). The Role of Self-Teaching in Learning Orthographic and Semantic Aspects of New Words. *Scientific Studies of Reading*, v. 15, n. 1, pp. 47-70.

RIEBEN, Laurence et al. (2005). Effects of Various Early Writing Practices on Reading and Spelling. *Scientific Studies of Reading*, v. 9, n. 2, pp. 145-66.

ROAZZI, Antonio et al. (2010). Competência metalinguística antes da escolarização formal. *Educar em Revista*, Curitiba, n. 38, pp. 43-56.

ROBINS, Sarah; TREIMAN, Rebecca (2009). Talking About Writing: What We Can Learn from Conversations Between Parents and Their Young Children. *Applied Psycholinguistics*, v. 30, n. 3, pp. 463-84.

_____ et al. (2012). Parent-Child Conversations about Letters and Pictures. *Reading and Writing*, v. 25, n. 8, pp. 2.039-59.

_____ et al. (2014). Letter Knowledge in Parent-Child Conversations. *Reading and Writing*, v. 27, n. 3, pp. 407-29.

ROBINSON, Richard D. et al. (1998). Literacy and the Pendulum of Change: Lessons for the 21st Century. *Peabody Journal of Education*, v. 73, n. 3, pp. 15-30.

ROCCO, Maria Thereza Fraga (1990). Acesso ao mundo da escrita: os caminhos paralelos de Luria e Ferreiro. *Cadernos de Pesquisa*. São Paulo, n. 75, pp. 25-34.

ROCHA, Gladys (1999). *A apropriação das habilidades textuais pela criança*. Campinas: Papirus.

ROSA, João Manuel; NUNES, Terezinha (2008). Morphological Priming Effects on Children's Spelling. *Reading and Writing*, v. 21, n. 8, pp. 763-81.

RUDDELL, Robert B., UNRAU, Norman J. (eds.) (2004). *Theoretical Models and Processes of Reading*. 5. ed. Newark: International Reading Association.

SADOSKI, Mark (2004). *Conceptual Foundations of Teaching Reading*. New York; London: The Guilford Press.

SALLES, Jerusa Fumagalli de (2005). *Habilidades e dificuldades de leitura e escrita em crianças de 2ª série:* abordagem neuropsicológica cognitiva. Porto Alegre. Tese (Doutorado em Psicologia) – Instituto de Psicologia, UFRGS.

_____; PARENTE, Maria Alice de Mattos Pimenta (2002). Processos cognitivos na leitura de palavras em crianças: relações com compreensão e tempo de leitura. *Psicologia:* Reflexão e Crítica, v. 15, n. 2, pp. 321-31.

_____ (2007). Avaliação da leitura e escrita de palavras em crianças de 2ª série: abordagem neuropsicológica cognitiva. *Psicologia:* Reflexão e Crítica, v. 20, n. 2, pp. 220-28.

_____ et al. (2013). Normas de desempenho em tarefa de leitura de palavras/pseudopalavras isoladas (LPI) para crianças de 1º ano a 7º ano. *Estudos e Pesquisas em Psicologia*, v. 13, n. 2, pp. 397- 419.

Santos, Maria José dos; Maluf, Maria Regina (2010). Consciência fonológica e linguagem escrita: efeitos de um programa de intervenção. *Educar em Revista*, n. 38, pp. 57-71.

Sapir, Edward (1921). *Language.* New York: Harcourt, Brace & World.

Saussure, Ferdinand de (2006). *Curso de linguística geral.* Trad. Antônio Chelini, José Paulo Paes e Izidoro Blikstein. São Paulo: Cultrix (original de 1916, obra póstuma: anotações de cursos ministrados por Saussure organizadas por Charles Bally e Albert Sechehaye, com a colaboração de Albert Riedlinger).

Scarborough, Hollis S. (2003). Connecting Early Language and Literacy to Later Reading (Dis)Abilities: Evidence, Theory, and Practice. In: Neuman, Susan B.; Dickinson, David K. (eds.). *Handbook of Early Literacy Research.* New York; London: The Guilford Press, pp. 97-110.

Schmidt, Henk G. et al. (2007). Problem-Based Learning Is Compatible with Human Cognitive Architecture: Commentary on Kirschner, Sweller and Clark (2006). *Educational Psychologist*, v. 42, n. 2, pp. 91-7.

Scholes, Robert J.; Willis, Brenda J. (1991). Linguists, Literacy, and the Intensionality of Marshall McLuhan's Western Man. In: Olson, David R.; Torrance, Nancy (eds). *Literacy and Orality.* Cambridge: Cambridge University Press, pp. 215-35.

Scliar-Cabral, Leonor (2003a). *Princípios do sistema alfabético do português do Brasil.* São Paulo: Contexto.

_____ (2003b). *Guia prático de alfabetização, baseado em princípios do sistema alfabético do português do Brasil.* São Paulo: Contexto.

_____ (2010). Evidências a favor da reciclagem neuronal para a alfabetização. *Letras de Hoje*, v. 45, n. 3, pp. 43-7.

_____ (2013). Avanços das neurociências para a alfabetização e a leitura. *Letras de Hoje*, v. 48, n. 3, pp. 277-82.

_____ et al. (1997). The Awareness of Phonemes: so Close – so Far Away. *International Journal of Psycholinguistics*, v. 13, n. 3, pp. 211-40.

Scribner, Sylvia; Cole, Michael (1981). *The Psychology of Literacy.* Cambridge: Harvard University Press.

Sebba, Mark (2007). *Spelling and Society:* the Culture and Politics of Orthography around the World. Cambridge: Cambridge University Press.

_____ (2009). Sociolinguistics Approaches to Writing Systems Research. *Writing Systems Approach*, v. 1, n. 1, pp. 35-49.

sela, Itamar et al. (2014). A Functional Near-Infrared Spectroscopy Study of Lexical Decision Task Supports the Dual Route Model and the Phonological Deficit Theory of Dyslexia. *Journal of Learning Disabilities*, v. 47, n. 3, pp. 279-88.

Sénéchal, Monique et al. (2012). The Role of Invented Spelling on Learning to Read in Low-Phoneme Awareness Kindergartners: a Randomized-Control-Trial Study. *Reading and Writing*, v. 25, n. 4, pp. 917-34.

Serrano, Francisca et al. (2010/2011). Variations in Reading and Spelling Acquisition in Portuguese, French and Spanish: a Cross-Linguistic Comparison. *Journal of Portuguese Linguistics*, v. 9, n. 2; v. 10, n. 1, pp. 183-204.

Seymour, Philip H. K. (2005). Early Reading Development in European Orthographies. In: Snowling, M. J.; Hulme, C. (eds.) (2005). *The Science of Reading:* a Handbook. Oxford: Blackwell, pp. 296-315 (tradução para o português, *A ciência da leitura*. Porto Alegre: Penso, 2013).

_____ (2006). Theoretical Framework for Beginning Reading in Different Orthographies. In: Joshi, R. Malatesha, Aaron, P. G. (eds.). *Handbook of Orthography and Literacy.* Mahwah: Lawrence Erlbaum, pp. 441-62.

_____ et al. (2003). Foundation Literacy in European Orthographies. *British Journal of Psychology*, v. 94, n. 2, pp. 143-74.

Shahar-Yames, Daphne; Share, David L. (2008). Spelling as a Self-Teaching Mechanism in Orthographic Learning. *Journal of Research in Reading*, v. 31, n. 1, pp. 22-39.

Shankweiler, Donald; Fowler, Anne E. (2004). Questions People Ask about the Role of Phonological Processes in Learning to Read. *Reading and Writing:* an Interdisciplinary Journal, v. 17, n. 5, pp. 483-515.

_____; Lundquist, Eric (1992). On the Relations between Learning to Spell and Learning to Read. In: Frost, Ram; Katz, Leonard (eds.). *Orthography, Phonology, Morphology, and Meaning.* Amsterdam: North-Holland, pp. 179-92.

Share, David L. (1995). Phonological Recoding and Self-Teaching: sine qua non of Reading Acquisition. *Cognition*, v. 55, n. 2, pp. 151-218.

_____ (1999). Phonological Recoding and Orthographic Learning: a Direct Test of the Self-Teaching Hypothesis. *Journal of Experimental Child Psychology*, v. 72, n. 2, pp. 95-129.

_____ (2004). Orthographic Learning at a Glance: on the Time Course and Developmental Onset of Self-Teaching. *Journal of Experimental Child Psychology*, v. 87, n. 4, pp. 267-98.

_____ (2008a). On the Anglocentricities of Current Reading Research and Practice: the Perils of Overreliance on an "Outlier" Ortography. *Psychological Bulletin*, v. 134, n. 4, pp. 584-615.

_____ (2008b). Orthographic Learning, Phonological Recoding, and Self-Teaching. In: KAIL, Robert V. *Advances in Child Development and Behavior*. Amsterdam: Elsevier; Academic Press, v. 36, pp. 31-82.

SILVA, Cristina; ALVES-MARTINS, Margarida (2003). Phonological Skills and Writing of Presyllabic Children *Reading Research Quarterly*, v. 37, n. 4, pp. 466-83.

SILVA, Maria Alice Souza (1988). *Construindo a leitura e a escrita*. São Paulo: Ática.

SILVA, Maurício (2008). *O novo acordo ortográfico da língua portuguesa*. São Paulo: Contexto.

SILVA, Myriam Barbosa da (1981). *Leitura, ortografia e fonologia*. São Paulo: Ática.

SILVA, Thaïs Cristófaro (1999). *Fonética e fonologia do português*. São Paulo: Contexto.

_____ (2011). *Dicionário de fonética e fonologia*. São Paulo: Contexto.

_____; GRECO, Amana (2010). Representações fonológicas: contribuições da oralidade e da escrita. *Letras de Hoje*, v. 45, n. 1, pp. 87-93.

SIM-SIM, Inês; RAMOS, Cláudia (2006). A consciência fonológica e a emergência da escrita antes do ensino formal. In: SIM-SIM, Inês (coord.). *Ler e ensinar a ler*. Porto: Edições Asa, pp. 171-91.

_____; VIANA, Fernanda Leopoldina (2007). *Para a avaliação do desempenho de leitura*. Lisboa: Gabinete de Estatística e Planeamento da Educação, Ministério da Educação. Disponível em:<www.planonacionaldeleitura.gov.pt/PNLEstudos/uploads/ficheiros/avaliacao-desempenho-leitura.pdf>. Acesso em: nov. 2015.

SINCLAIR, Hermine (org.) (1990). *A produção de notações na criança:* linguagem, número, ritmos e melodias. Trad. Maria Lúcia F. Moro. São Paulo: Cortez; Autores Associados.

SLAVIN, Robert E. (1989). PET and the Pendulum: Faddism in Education and How to Stop It. *Phi Delta Kappan*, n. 70, pp. 752-75.

SMITH, Frank (1971). *Understanding Reading:* a Psycholinguistic Analysis of Reading and Learning to Read. New York: Holt, Rinehart and Winston.

_____ (1973). *Psycholinguistics and Reading*. New York: Holt, Rinehart and Winston.

_____ (1989). *Compreendendo a leitura:* uma análise psicolinguística da leitura e do aprender a ler. Trad. Daise Batista. Porto Alegre: Artmed (tradução da 4. ed. do original de 1988).

_____ (2004). *Understanding Reading:* a Psycholinguistic Analysis of Reading and Learning to Read. 6. ed. New York: Holt, Rinehart and Winston.

SOARES, Magda (1986). *Letramento:* um tema em três gêneros. Belo Horizonte: Autêntica.

_____ (2004). Letramento e alfabetização: as muitas facetas. *Revista Brasileira de Educação*, n. 25, jan./abr., pp. 5-17.

_____ (2005). Ler, verbo transitivo. In: PAIVA, Aparecida et al. (orgs.). *Leituras literárias:* discursos transitivos. Belo Horizonte: Ceale; Autêntica, pp. 29-34.

_____ (2006). Pesquisa em educação no Brasil – continuidades e mudanças. Um caso exemplar: a pesquisa sobre alfabetização. *Perspectiva*, Revista do Centro de Ciências da Educação da UFSC. Florianópolis, v. 24, n. 2, jul./dez., pp. 393-417.

_____ (2014). Formação de rede: uma alternativa de desenvolvimento profissional de alfabetizadores/as. *Cadernos Cenpec*, v. 4, n. 2, pp. 146-73.

_____; MACIEL, Francisca (2000). *Alfabetização no Brasil:* o estado do conhecimento. Brasília: Comped/Inep.

SPINILLO, Alina Galvão (2001). A produção de histórias por crianças: a textualidade em foco. In: CORREA, Jane; SPINILLO, Alina; LEITÃO, Selma. *Desenvolvimento da linguagem:* escrita e textualidade. Rio de Janeiro: Nau Editora; Faperj, pp. 73-116.

_____ (2009). A consciência metatextual. In: MOTA, Márcia da (org.). *Desenvolvimento metalinguístico:* questões contemporâneas. São Paulo: Casa do Psicólogo, pp. 77-113.

_____; Mahon, Érika da Rocha (2007). Compreensão de texto em crianças: comparações entre diferentes classes de inferência a partir de uma metodologia on-line. *Psicologia:* Reflexão e Crítica, v. 20, n. 3, pp. 463-71.

_____; Simões, Patrícia Uchôa (2003). O desenvolvimento da consciência metatextual em crianças: questões conceituais, metodológicas e resultados de pesquisas. *Psicologia:* Reflexão e Crítica, v. 16, n. 3, pp. 537-46.

Spiro, Rand J.; DeSchryver, Michael (2009). Constructivism: When It's the Wrong Idea and When Is the Only Idea. In: Tobias, Sigmund; Duffy, Thomas M. (eds.). *Construtivist Instruction:* Success or Failure? New York; London: Routledge, pp. 106-23.

Sprenger-Charolles, Liliane (2004). Linguistic Processes in Reading and Spelling: the Case of Alphabetic Writing Systems: English, French, German and Spanish. In: Nunes, Terezinha; Bryant, Peter (eds.). *Handbook of Children's Literacy*. Dordrecht: Kluwer Academic Publishers, pp. 43-66.

_____; Siegel, Linda S.; Bonnet, Philippe (1998). Reading and Spelling Acquisition in French: the Role of Phonological Mediation and Orthographic Factors. *Journal of Experimental Child Psychology*, v. 68, n. 2, pp. 134-65.

_____; Colé, Pascale; Serniclaes, Willy (2006). *Reading Acquisition and Developmental Dyslexia*. Hove: Psychology Press.

Stahl, Steven A. (1999). Why Innovations Come and Go (and mostly Go): the Case of Whole Language. *Educational Researcher*, v. 28, n. 8, pp. 13-22.

_____ (2006). Understanding Shifts in Reading and Its Instruction. In: Stahl, Katherine A. Dougherthy; McKenna, Michael C. (eds.). *Reading Research at Work:* Foundations of Effective Practice. New York; London: The Guilford Press, pp. 45-75.

_____; Hayes, David A. (eds.) (1997). *Instructional Models in Reading*. Mahwah: Lawrence Erlbaum.

Stanovich, Keith E. (1991). Cognitive Science Meets Beginning Reading. *Psychological Science*, v. 1, n. 2, pp. 70; 77-81.

_____ (1992). Speculations on the Causes and Consequences of Individual Differences in Early Reading Acquisition. In: Gough, Philip B.; Ehri, Linnea C.; Treiman, Rebecca (eds.). *Reading Acquisition*. Hillsdale: Lawrence Erlbaum, pp. 307-42.

_____ (2000). Putting Children First by Putting Science First: the Politics of Early Children Instruction. In: _____. *Progress in Understanding Reading:* Scientific Foundations and New Frontiers. New York;London: The Guilford Press, pp. 361-91.

_____ et al. (2000). Assessing Phonological Awareness in Kindergarten Children. In: Stanovich, Keith E. *Progress in Understanding Reading:* Scientific Foundations and New Frontiers. New York; London: The Guilford Press, pp. 80-93 (publicado originalmente em *Journal of Experimental Child Psychology*, v. 38, 1984, pp. 175-90).

Stein, Lilian Milnitsky (1994). *TED:* teste de desempenho escolar. São Paulo: Casa do Psicólogo.

Suárez-Coalla, Paz et al. (2014). Orthographic Learning in Spanish Children. *Journal of Research in Reading* (*early view on line* no site do periódico em 22 de dez. de 2014).

Sucena, Ana; Castro, São Luís (2005). Estratégias fonológicas e ortográficas na aprendizagem da leitura do português europeu. *IberPsicología:* Revista Electrónica de la Federación Española de Asociaciones de Psicología, v. 10, n. 3. Anales del ii Congreso Hispano-Português de Psicología (Lisboa, 2004). Disponível em: <www.researchgate.net/publication/28259767>. Acesso em: nov. 2015.

_____; _____; Seymour, Philip (2009). Developmental Dyslexia in an Orthography of Intermediate Depth: the Case of European Portuguese. *Reading and Writing:* an Interdisciplinary Journal, v. 22, n. 7, pp. 791-810.

Sweller, John et al. (2007). Why Minimally Guided Teaching Techniques do Not Work: a Reply to Commentaries. *Educational Psychologist,* v. 42, n. 2, pp. 115-21.

Taber, Keith S. (2010). Constructivism and Direct Instruction as Competing Instructional Paradigms: an Essay Review of Tobias and Duffy's "Constructivist Instruction: Success or Failure?" *Education Review*, v. 13, n. 8. Disponível em: <www.edrev.info/essays/v13n8.pdf>. Acesso em: nov. 2015.

Tangel, Darlene M.; Blachman, Benita A. (1992). Effect of Phoneme Awareness Instruction on Kindergarten Children's Invented Spelling. *Journal of Reading Behavior*, v. 24, n. 2, pp. 233-61.

_____ (1995). Effect of Phoneme Awareness Instruction on the Invented Spelling of First-Grade Children: a One-Year Follow-up. *Journal of Reading Behavior*, v. 27, n. 2, pp. 153-85.

TEALE, William H.; SULZBY, Elizabeth (eds.) (1986a). *Emergent Literacy:* Writing and Reading. Norwood: Ablex.

_____ (1986b). Emergent Literacy as a Perspective for Examining how Young Children Become Writers and Readers. In: _____ (eds.). *Emergent Literacy:* Writing and Reading. Norwood: Ablex, pp. VII-XXII.

TOBIAS, Sigmund; DUFFY, Thomas M. (eds.) (2009). *Construtivist Instruction:* Success or Failure? New York/London: Routledge.

TOLCHINSKY-LANDSMANN, Liliana (1995). *Aprendizagem da língua escrita:* processos evolutivos e implicações didáticas. São Paulo: Ática.

_____ (1996). Aprender sons ou escrever palavras? In: TEBEROSKY, Ana; TOLCHINSKY, Liliana (orgs.). *Além da alfabetização:* a aprendizagem fonológica, ortográfica, textual e matemática. Trad. Stela Oliveira. São Paulo: Ática, pp. 37-59.

_____ (2003). *The Cradle of Culture and What Children Know about Writing and Numbers Before Being Taught.* Mahwah: Lawrence Erlbaum.

_____ (2004). Childhood Conceptions of Literacy. In: NUNES, Terezinha, BRYANT, Peter (eds.). *Handbook of Children's Literacy.* Dordrecht: Kluwer Academic Publishers, pp. 11-29.

_____; KARMILLOFF-SMITH, Annette (1992). Children's Understanding of Notations as Domains of Knowledge versus Referential-Communicative Tools. *Cognitive Development*, v. 7, n. 3, pp. 287-300.

_____; LEVIN, Iris (1985). Writing in Preschoolers: an Age-Related Analysis. *Applied Psycholinguistics*, v. 6, pp. 319-39.

_____ (1987). Writing in Four- to Six-Year-Olds: Representation of Semantic and Phonetic Similarities and Differences. *Journal of Child Language*, v. 14, n. 2, pp. 127-44.

_____; TEBEROSKY, Ana (1997). Explicit Word Segmentation and Writing in Hebrew and Spanish. In: PONTECORVO, Clotilde (ed.). *Writing Development:* an Interdisciplinary View. Amsterdam: John Benjamins. p. 77-97.

_____ (1998). The Development of Word Segmentation and Writing in Two Scripts. *Cognitive Development*, v. 13, n. 1, pp. 1-24.

TRACEY, Diane H.; MORROW, Lesley Mandel (2006). *Lenses on Reading:* an Introduction to Theories and Models. New York; London: The Guilford Press.

TRASK, R. L. (2004). *Dicionário de linguagem e linguística*. Trad. adap. Rodolfo Ilari. São Paulo: Contexto.

TREIMAN, Rebecca (1992). The Role of Intrasyllabic Units in Learning to Read and Spell. In: GOUGH, Philip B.; EHRI, Linnea C.; TREIMAN, Rebecca (eds.). *Reading Acquisition*. Hillsdale: Lawrence Erlbaum, pp. 65-106.

_____ (1998). Why Spelling? The Benefits of Incorporating Spelling into Beginning Reading Instruction. In: METSALA, Jamie L.; EHRI, Linnea C. (eds.). *Word Recognition in Beginning Literacy*. Mahwah: Lawrence Erlbaum, pp. 289-313.

_____ (2004). Spelling and Dialect: Comparison between Speakers of African-American Vernacular English and White Speakers. *Psychonomic Bulletin & Review*, v. 11, n. 2, pp. 338-42.

_____; BARRY, Christopher (2000). Dialect and Authography: some Differences between American and British Spellers. *Journal of Experimental Psychology:* Learning, Memory and Cognition, v. 26, n. 6, pp. 1.423-30.

_____; BOURASSA, Derrick (2000). Children's Written and Oral Spelling. *Applied Psycholinguistics*, v. 21, n. 2.

_____; KESSLER, Brett (2004). The Role of Letter Names in the Acquisiton of Literacy. In: KAIL, Robert (ed.). *Advances in Child Development and Behavior*. San Diego: Academic Press, v. 31, pp. 105-35.

_____; KESSLER, Brett; POLLO, Tatiana Cury (2006). Learning about the Letter Name Subset of the Vocabulary: Evidence from US and Brazilian Preschoolers. *Applied Psycholinguistics*, v. 27, n. 2, pp. 211-27.

_____; TINCOFF, Ruth (1997). The Fragility of the Alphabetic Principle: Children's Knowledge of Letter Names Can Cause them to Spell Syllabically rather than Alphabetically. *Journal of Experimental Child Psychology*, v. 64, n. 3, pp. 425-51.

_____ et al. (1995). The Special Role of Rimes in the Description, Use, and Acquisition of English Orthography. *Journal of Experimental Psychology: General*, v. 124, n. 2, pp. 107-36.

_____ (1997). Effects of Dialect on American and British Children's Spelling. *Child Development*, v. 68, n. 2, pp. 229-45.

_____ (1998). Children's Phonological Awareness: Confusions between Phonemes that Differ Only in Voicing. *Journal of Experimental Child Psychology*, v. 68, n. 1, pp. 3-21.

_____ (2015). Parents' Talk about Letters with Their Young Children. *Child Development*, v. 86, n. 5, pp. 1.406-18.

TUNMER, William E. et al. (1983). The Development of Young Children's Awareness of the Word as a Unit of Spoken Language. *Journal of Psycholinguistic Research*, v. 12, n. 6, pp. 567-94.

_____ et al. (eds.) (1984). *Metalinguistic Awareness in Children:* Theory, Research, and Implications. Berlin: Springer-Verlag.

VERNON, Sofía A. (1993). Initial Sound/Letter Correspondences in Children's Early Written Productions. *Journal of Research in Childhood Education*, v. 8, n. 1, pp. 12-22.

_____ (1998). Escritura y conciencia fonológica en niños hispano-parlantes. *Infancia y Aprendizaje*, v. 21, n. 1, pp. 105-120.

_____; FERREIRO, Emilia (2013). Desenvolvimento da escrita e consciência fonológica: uma variável ignorada na pesquisa sobre consciência fonológica. In: FERREIRO, Emilia. *O ingresso na escrita e nas culturas do escrito:* seleção de textos de pesquisa. Trad. Rosana Malerba. São Paulo: Cortez (publicação original na *Harvard Educational Review*, v. 69, n. 4, 1999, pp. 395-415).

VOTRE, Sebastião Josué (1986). Um léxico para cartilha. In: TASCA, Mari; POERSCH, José Marcelino (orgs.). *Suportes linguísticos para a alfabetização*. Porto Alegre: Sagra, pp. 93-107.

VYGOTSKY, L. S. (1988). Aprendizagem e desenvolvimento intelectual na idade escolar. In: _____; LURIA, A. R.; LEONTIEV, A. N. *Linguagem, desenvolvimento e aprendizagem*. Trad. Maria da Penha Villalobos. São Paulo: Ícone: Editora da Universidade de São Paulo, pp. 103-17 (original de 1933).

_____ (1989). *Pensamento e linguagem*. Trad. Jeferson Luiz Camargo. São Paulo: Martins Fontes (original de 1934, publicação póstuma).

_____ (1984). A pré-história da língua escrita. In: _____. *A formação social da mente*. Trad. José Cipolla Neto et al. São Paulo: Martins Fontes, pp. 119-34 (original de 1935, publicação póstuma).

WIMMER, Heinz; FRITH, Uta (1997). Reading Difficulties among English and German Children: Same Cause, Different Manifestation. In: PONTECORVO, Clotilde (ed.). *Writing Development:* an Interdisciplinary View. Amsterdam: John Benjamins, pp. 259-71.

_____; GOSWAMI, Usha (1994). The Influence of Orthographic Consistency on Reading Development: Word Recognition in English and German Children. *Cognition*, v. 51, n. 1, pp. 91-103.

WOLF, Maryanne (2007). *Proust and the Squid:* the Story and Science of the Reading Brain. New York: Harper Collins.

YAO, Bo et al.(2011). Silent Reading of Direct versus Indirect Speech Activates Voice-Selective Areas in the Auditory Cortex. *Journal of Cognitive Neuroscience*, v. 23, n. 10, pp. 3.146-52.

ZIEGLER, Johannes C.; GOSWAMI, Usha (2005). Reading Acquisition, Developmental Dyslexia, and Skilled Reading across Languages: a Psycholinguistic Grain Size Theory. *Psychological Bulletin*, v. 131, n. 1, pp. 3-29.

ZORZI, Jaime Luiz (1998). *Aprender a escrever:* a apropriação do sistema ortográfico. Porto Alegre: Artmed.

_____ (2001). A inversão de letras na escrita: o fantasma do espelhamento. *Psicopedagogia. Revista da Associação Brasileira de Psicopedagogia*, v. 13, n. 2, pp. 212-18.

_____ (2003). *Aprendizagem e distúrbios da linguagem escrita:* questões clínicas e educacionais. Porto Alegre: Artmed.

ZORZI, Marco (2010). The Connectionist Dual Process (CDP) Approach to Modelling Reading Aloud. *European Journal of Cognitive Psychology*, v. 22, n. 5, pp. 836-60.

ZUTELL, Jerry (2008). Changing Perspectives on Word Knowledge: Spelling and Vocabulary. In: FRESH, Mary Jo (ed.). *An Essential History of Current Reading Practices*. Newark: International Reading Association, pp. 186-206.

A autora

Magda Soares é professora titular emérita da Faculdade de Educação da UFMG – Universidade Federal de Minas Gerais. Pesquisadora do Centro de Alfabetização, Leitura e Escrita (CEALE) da Faculdade de Educação da UFMG. Graduada em Letras, doutora e livre-docente em Educação, é autora do livro *Alfabetização e letramento*, publicado pela Editora Contexto.

LER E COMPREENDER
os sentidos do texto

Ingedore Villaça Koch e *Vanda Maria Elias*

Ingedore V. Koch, uma das mais importantes autoras de obras de Língua Portuguesa e Linguística em nosso país, com a colaboração de Vanda Maria Elias, apresenta neste livro seu pensamento sistematizado como uma ponte entre teorias sobre texto e leitura e práticas docentes. Escrito, principalmente, para professores do ensino fundamental e médio, *Ler e compreender* simplifica sem banalizar as concepções da professora Ingedore. A leitura de um texto exige muito mais que o simples conhecimento linguístico compartilhado pelos interlocutores: o leitor é, necessariamente, levado a mobilizar uma série de estratégias, com o fim de preencher as lacunas e participar, de forma ativa, da construção do sentido. Dessa forma, autor e leitor devem ser vistos como estrategistas na interação pela linguagem. O objetivo deste livro é, portanto, apresentar, de forma simples e didática, as principais estratégias que os leitores têm à sua disposição para construir um sentido que seja compatível com a proposta apresentada pelo seu produtor.

CADASTRE-SE
EM NOSSO SITE,
FIQUE POR DENTRO DAS NOVIDADES
E APROVEITE OS MELHORES DESCONTOS

LIVROS NAS ÁREAS DE:

História | Língua Portuguesa
Educação | Geografia | Comunicação
Relações Internacionais | Ciências Sociais
Formação de professor | Interesse geral

ou
editoracontexto.com.br/newscontexto

Siga a Contexto
nas Redes Sociais:
@editoracontexto

GRÁFICA PAYM
Tel. [11] 4392-3344
paym@graficapaym.com.br